ZEIT- UND GRUNDFRAGEN DER PÄDAGOGIK

Eine Einführung in pädagogisches Denken

von

Theo Dietrich

8., erweiterte und überarbeitete Auflage

1998

VERLAG JULIUS KLINKHARDT · BAD HEILBRUNN

Für
Job-G. Klink
(2.6.1929 – 15.3.1980)

Die Deutsche Bibliothek – CIP-Einheitsaufnahme

Dietrich, Theo:
Zeit- und Grundfragen der Pädagogik : eine Einführung in
pädagogisches Denken / von Theo Dietrich. - 8., erw. und überarb.
Aufl. - Bad Heilbrunn/Obb. : Klinkhardt, 1998
ISBN 3-7815-0923-0

`

1998.1.lr. © by Julius Klinkhardt
Gesamtherstellung: WB-Druck GmbH & Co. Buchproduktions-KG, Rieden
Printed in Germany 1998
Gedruckt auf chlorfrei gebleichtem alterungsbeständigem Papier
ISBN 3-7815-0923-0

Inhalt

5

Vorwort zur 1. Auflage

Mit diesem Buch möchte ich praxisorientiert und berufsfeldbezogen in die Pädagogik/Erziehungswissenschaft einführen. Die »Einleitung« gibt detailliert Auskunft darüber, welche Aufgaben uns gestellt sind. Zuvor einige Worte über die entscheidenden Anregungen, die zu der Konzeption dieser »Einführung« beigetragen haben, verbunden mit dem Dank an Kollegen und Freunde, mit denen ich mich um praxisbezogene Modelle für das Eingangsstudium der Pädagogik/Erziehungswissenschaft bemüht habe.

An erster Stelle nenne ich die »Hochschulkonferenz für Erziehungswissenschaft und Fachdidaktik« bzw. ihre Vorgängerin, die »Konferenz Pädagogischer Hochschulen«. Die »Konferenz« hat seit 1951 auf ihren Hochschultagen die Probleme praxisbezogener Studiengänge besonders im Hinblick auf die Lehrerausbildung bearbeitet und Lösungsvorschläge vorgelegt. U. a. hat sich der Hochschultag in Bremen 1968 mit den Fragen der Praxis als Motivationsfeld im rechtswissenschaftlichen, Medizin- und Pädagogik-Studium befaßt. Der Hochschultag in Regensburg 1971 hat die »Funktion Schulpraktischer Studien in erziehungswissenschaftlicher und fachdidaktischer Forschung und Lehre« untersucht, und der Hochschultag in Landau 1974 hat »Modelle der Eingangsphase« für Studienanfänger diskutiert. Für diese Kongresse sind Programme, Studieneinheiten und Fallstudien entwickelt und ausprobiert worden. An diesen Aufgaben war ich mitbeteiligt und habe in Grundsatzreferaten entweder die Ergebnisse der vorbereitenden Untersuchungen zusammengefaßt oder selbst Vorschläge für die Durchführung berufsfeldorientierter Studiengänge gemacht.[1] Allen Kolleginnen und Kollegen, die hier mitgewirkt haben, möchte ich herzlich Dank sagen. Stellvertretend für die Vielen nenne ich die Kollegen Hans Stock, Göttingen, und Hans Michael Elzer, Frankfurt a. Main, der am 17.3.1982 plötzlich und unerwartet verstorben ist.

Schon lange vor und neben den genannten Hochschultagen habe ich mich mit Fragen der Verbindung von erziehungswissenschaftlicher Theorie und Praxis beschäftigt. Abgesehen von dem persönlichen Bedürfnis, die erzieherische Wirklichkeit handelnd mitzugestalten, denke ich gern an die Anregungen zurück, die ich durch meine Mitarbeit bei Peter Petersen in der Jena-Plan-Pädagogik erfahren habe oder die mir aus der Zusammenarbeit mit dem Altmeister der deutschen Pädagogik, Wilhelm Flitner, über das »Kernstudium der Erziehungswissenschaft« (1968) erwachsen sind. Besonders richtungweisend waren die Gesprä-

---

[1] Vgl. Zeitschrift für Pädagogik, 8. Beiheft »Hochschuldidaktik«, hrsg. von Hans Stock, Weinheim 1969 – 11. Beiheft »Schulpraktische Studien in der Lehrerbildung«, hrsg. von Th. Dietrich, H.-M. Elzer, K. O. Frank u. O. Malsch, Weinheim 1972 – Modelle der Eingangsphase in der Lehrerausbildung, hrsg. von Job-G. Klink, Kastellaun 1976.

che mit Mitarbeitern und Studenten in den ersten Nachkriegsjahren, als wir Lösungen für die Frage suchten: Wie kann man Studenten in hochschulgemäßer Weise auf ihr Berufsfeld vorbereiten?[2] Wiederum stellvertretend für viele möchte ich zwei ehemaligen Mitarbeitern Dank sagen: Frau Akademische Oberrätin Barbara Götze, Göttingen, und meinem Kollegen und Freund Franz-Josef Kaiser, Professor für Wirtschaftsdidaktik an der Universität Paderborn.

Bis gegen Ende der 70er Jahre standen für die Einführung in die Pädagogik/ Erziehungswissenschaft weit mehr Semesterwochenstunden zur Verfügung als heute, nämlich in Verbindung mit den »Schulpraktischen Studien« bis zu acht Wochenstunden. In der Zwischenzeit ist ein bedauerlicher Wandel eingetreten. Wenig mehr als die genannte Stundenzahl muß ausreichen, um die Studenten mit dem gesamten Problemfeld der Pädagogik/Erziehungswissenschaft vertraut zu machen. Die »Einführung« beschränkt sich heute in der Regel auf eine zweistündige theoretische Veranstaltung. Hierfür will das Buch die Grundlagen vermitteln: es werden »Zeit- und Grundfragen« diskutiert, die dazu anregen möchten, tiefer in das weite Feld der Pädagogik/Erziehungswissenschaft einzudringen.

Die Universität Bayreuth hat die Herausgabe dieses Bandes großzügig unterstützt. Die Verleger Michael und Peter Klinkhardt haben in einer für pädagogische Verlage schwierigen Zeit dieses Buch in ihr Verlagsprogramm aufgenommen. Es wäre vermutlich nicht zustande gekommen, wenn nicht meine Sekretärin, Frau Irene Goldfuß, mit unermüdlichen Einsatz das Schreiben und Umschreiben der einzelnen Kapitel und die damit verbundene Kleinarbeit ausgeführt hätte. Dieter Kasnenko zeichnete die Grafiken und half bei den Korrekturen.

Ihnen allen sei dafür herzlich gedankt.

Die fruchtbarsten und tiefsten Gespräche und Diskussionen über die Fragen und Probleme, die hier ausgebreitet werden, sowie über ihre methodisch-didaktische Gestaltung im Rahmen des Pädagogik-Studiums hatte ich von den endfünfziger Jahren an mit meinem Freund und Kollegen Job-G. Klink. Er verstand es, ein aufgeworfenes Problem bis in seine letzten Verzweigungen hinein zu durchdringen. Als er am 15.3.1980 von uns ging, hat er in mir eine Leere hinterlassen, die schwer auszufüllen ist. Seinem Andenken widme ich dieses Buch. Er war Präsident des letzten Hochschultages der »Hochschulkonferenz für Erziehungswissenschaft und Fachdidaktik« in Landau 1974.

---

[2] Vgl. u.a. Th. Dietrich, Der Unterrichtsbesuch als Grundlage des erziehungswissenschaftlichen Studiums, in: Lebendige Schule, 2/1957, S. 72-86 – Gedanken zum Aufbau, der Gliederung und dem Zusammenhang der pädagogischen Studien, in: Päd. Rundschau, 4/1966, S. 713-728 – Einführung in die Erziehungswissenschaft auf empirisch-pragmatischer Grundlage, in: Der Aufbau der erziehungswissenschaftlichen Studien und der Lehrerberuf, hrsg. von H. Scheuerl u. H. Bockelmann, Heidelberg 1970, S. 176-197.

Damit schließt sich der Kreis. Ich würde mich freuen, wenn das Buch in der Fachwelt, bei Studenten, Lehrern, Bildungspolitikern und interessierten Laien eine gute Aufnahme fände. Möchten die Ausführungen dazu beitragen, dem Leser einen Zugang zur wissenschaftlichen Pädagogik zu vermitteln und die Probleme im Felde der Erziehung und des Unterrichts sachgemäß lösen zu lernen.

Bayreuth, den 2. Juni 1983   Theo Dietrich

Vorwort zur 8. Auflage

Die gute Nachfrage, die die bisherigen Auflagen gefunden haben, war für mich Ermutigung und Verpflichtung zugleich, die achte Auflage erneut zu überarbeiten und den Leser mit neuesten Erkenntnissen der erziehungswissenschaftlichen Disziplinen und ihrer Nachbargebiete vertraut zu machen.

Die Grundkonzeption, die Fragestellungen und die Inhalte der zwölf Themen sind aber beibehalten worden. Ernstzunehmende Kritiker haben zwar darauf hingewiesen, daß »*Zeit- und Grundfragen der Pädagogik*« heute auch die Diskussion von Themen erfordern wie Friedenserziehung, Technik und Bildung, Informationstechnische Grundbildung, Sexualerziehung, Umwelterziehung u.v.a.m. Das ist richtig! Aber die Einbeziehung solcher und ähnlicher Fragestellungen hätte 1. den Umfang des Buches vergrößert und 2. meine Absicht ›verstellt‹, nämlich mit Hilfe der hier als Exempla für pädagogische Grundfragen ausgewählten Zeitthemen zugleich in die Pädagogik/Erziehungswissenschaft einzuführen und einen Überblick und Aufriß über das Ganze der Disziplin zu geben, also die Zielstellung und die Aufgaben, die Inhalte und Methoden der Pädagogik/Erziehungswissenschaft zu erläutern.

Im *Vorwort zur ersten Auflage* habe ich die Grundintention des Buches genannt, nämlich pädagogische Zeitfragen auf ihre pädagogisch-anthropologischen und gesellschaftlichen Grundlagen zurückzuführen und ein mögliches System der Pädagogik/Erziehungswissenschaft, also nicht *das* System, *praxisorientiert und berufsfeldbezogen* zu entwickeln. Die Art und Weise der Darstellung soll vor allem das pädagogische Denken anregen; sie dient dem Problemerkennen und weniger dem ›Einlernen‹ von Wissensbeständen. An diesem Ziel wird auch in der neuen Auflage festgehalten.

Selbstverständlich sind die Literaturhinweise zu den einzelnen Themen erneuert und ergänzt worden. Allerdings konnten aus der Fülle der vorhandenen Literatur nur jeweils einige Bücher kommentiert werden, und zwar in erster Linie solche, die dem Studienanfänger weiterhelfen können. Nicht berücksichtigte Autoren bitte ich um Verständnis und Nachsicht. Auch die Angaben der im Text

9

verwendeten Literatur sind behutsam und mit Blick auf den Studienanfänger angereichert worden.

Ich würde mich freuen, wenn das Buch in der neuen Fassung dem gleichen Interesse begegnete wie die sieben Vorauflagen. Im übrigen wäre ich für kritische Stellungnahmen, die der weiteren Verbesserung dienen könnten, jederzeit sehr dankbar.

Abschließend möchte ich den zahlreichen KollegInnen und StudentInnen Dank sagen dafür, daß sie durch konstruktive Mitarbeit und kritische Auseinandersetzung ihr Interesse an meinen Ausführungen bekundet und mich bereichert haben. Mein besonderer Dank gilt dem schon im *Vorwort zur ersten Auflage* genannten Personenkreis, ferner meinen Freunden und Kollegen Hans-Karl Beckmann (Universität Erlangen-Nürnberg), Hans Glöckel (ebd.), Dietrich Kegler (Universität Düsseldorf) und Willi Maier (Pädagogische Hochschule Ludwigsburg). Durch ihre wertvolle Kritik haben sie dazu beigetragen, Inhalt und Darstellung weiter zu verbessern. Meine ehem. Sekretärin, Frau Irene Goldfuß, hat in ihrer Freizeit die Herstellung der Druckvorlage besorgt. Mein Freund, Dr. Gerhard Götz, hat mich bei den Korrekturarbeiten hilfreich unterstützt und sachkundig beraten. Dafür möchte ich beiden Anerkennung und Dank sagen. Und schließlich fühle ich mich dem Verlag Julius Klinkhardt, besonders Herrn Andreas Klinkhardt, für die Förderung und Betreuung des Buches zu Dank verpflichtet.

Bayreuth, Herbst 1997   Theo Dietrich

Hinweise für den Leser

Das Buch muß nicht in der vorgegebenen Abfolge studiert werden. Der Leser beschäftige sich zunächst mit der »Einleitung« und überfliege die »Schlußüberlegungen«. Sie sind allerdings für den Studienanfänger nicht leicht zu verstehen. Daher sollte sie der Leser immer wieder zu Rate ziehen. Es ist empfehlenswert, sich dann zuerst mit dem Thema 1 zu beschäftigen. Danach kann der Leser sich die Themen auswählen, deren Fragestellungen ihn am meisten interessieren. Die Themen 8 und 9 sollten zusammenhängend bearbeitet werden. Hier gibt es Wiederholungen und Überschneidungen. Wir hoffen, daß dadurch die angesprochenen Probleme tiefer erfaßt werden. Hat der Leser alle Themen bearbeitet, dann sollte er sich die »Schlußüberlegungen« nochmals gründlich vornehmen.

Alle Zitate sowie einzelne Begriffe aus benutzten Quellen sind in » « gesetzt. Mußten Zitate umgestellt und zum besseren Verständnis Wörter eingefügt werden, dann stehen sie in Klammern. Wichtige Hervorhebungen einzelner eigener

Aussagen sind in › ‹ kenntlich gemacht. Dasselbe Zeichen innerhalb von Zitaten bezeichnet eine Hervorhebung durch den betreffenden Autor.

Das *Sachverzeichnis* enthält nur die wichtigsten Begriffe. Es will dem Leser Anregungen und Anhaltspunkte sowohl für Querverbindungen innerhalb der einzelnen Themen als auch zwischen den Themen vermitteln und zu problemgeschichtlichen Vergleichen anregen. Aus diesem Grunde sind vorwiegend Problemfelder zusammengestellt worden. Keinesfalls wird der Anspruch auf Vollständigkeit erhoben, d. h., es wird nicht jede Seite genannt, die z. B. den Begriff »Schule« enthält, sondern nur jene Seiten, auf denen über Schule etwas Wesentliches ausgesagt wird. Die Stichwörter führen den Leser also zu den Stellen des Buches, die für den genannten Begriff bedeutsam sind, selbst wenn er auf der betreffenden Seite nicht erscheint. Der Leser wird sich im übrigen leicht weitere Zusammenstellungen aufgrund eigener Fragestellungen machen können.

Das *Personenverzeichnis* umfaßt alle Namen, die im Text, in den Anmerkungen sowie in den »Literaturhinweisen« erscheinen.

Einleitung

Die »Einleitung« gibt Auskunft darüber, welche Zielstellungen wir mit diesen »*Zeit- und Grundfragen der Pädagogik*« verfolgen (1.); außerdem werden Vorüberlegungen zu der Frage angestellt: Was versteht man unter Pädagogik/Erziehungswissenschaft? (2.)

1. Zur Zielsetzung

Wir wollen in »pädagogisches Denken« einführen und dadurch zugleich eine »Einführung in die Pädagogik« geben

Das kann auf verschiedenen Wegen erfolgen. Man kann Grundbegriffe wie Pädagogik, Erziehung, Bildung, Unterricht, Sozialisation, Mündigkeit, Lehren und Lernen u.v.a.m. klären, *oder* man kann anhand des Werkes bedeutender Pädagogen wie Platon, Rousseau, Pestalozzi, Herbart, Fröbel, Diesterweg, Petersen, Dewey, Litt, Spranger, Flitner u.a. pädagogische Grundfragen erörtern, *oder* man kann grundlegende Denkweisen wie den Naturalismus, Realismus, Idealismus, Liberalismus, Materialismus, Personalismus usw. auf ihre pädagogische Bedeutung und Konsequenzen hin befragen, *oder* man kann von gegenwärtigen Konzeptionen und Richtungen der Pädagogik ausgehen wie der geisteswissenschaftlichen Pädagogik, der empirischen Pädagogik, der kritisch-emanzipatorischen Pädagogik, der kritisch-rationalistischen Pädagogik, der handlungsorientierten Pädagogik, der realistischen Pädagogik usw. und von da aus die grundlegenden Fragen einführend diskutieren.

Wir ›führen ein‹, indem wir pädagogische Zeitfragen auf ihre Grundlagen zurückführen

Alle diese Wege sind mit Erfolg beschritten worden. Wir bevorzugen hier ein anderes Verfahren. Wir gehen von aktuellen Fragestellungen aus, die für Lehrer und Erzieher eine besondere Bedeutung haben, und führen sie auf ihre Grundlagen und Ursprünge zurück. So greifen wir beispielsweise beim *Thema 1* die zentrale Frage der »Erziehung« auf – jedoch nicht in allgemeiner und abstrakter Weise, sondern eingebettet in die gegenwärtige Diskussion. Zahlreiche Erzieher – Eltern wie Lehrer – behaupten nämlich, man müsse das Kind/den Menschen im Erziehungsprozeß »in Zucht« nehmen, anleiten und führen. Nur auf diese Weise könne das Kind ein »nützliches Glied« der menschlichen Gesellschaft werden. Andere vertreten die Ansicht, man dürfe in die Erziehung nicht eingreifen, andernfalls könne der Mensch nicht zu seinem »wahren Selbst« gelangen. Die beiden gegensätzlichen Standpunkte werden wir unter Einbeziehung von Beispielen sowie ihrer historischen und philosophisch-anthropologischen Wurzeln zu klären versuchen, um dadurch ein sachliches Urteil in dieser Auseinandersetzung zu gewinnen. Dieser Weg soll dazu verhelfen, die Praxis der Erziehung richtig einzuschätzen und zu handhaben.

Die Bearbeitung der einzelnen Themen erfolgt dialektisch, d. h., einer These wird die Antithese entgegengestellt

Jedes Thema wird auf Behauptung und Gegenbehauptung hin geprüft. Aufgrund der Kenntnis gegensätzlicher Standpunkte wird dann der Versuch unternommen, eine Lösung der anstehenden Frage zu erarbeiten. Dafür ein Beispiel: Beim *Thema 6*, das das Problem der »Begabung« behandelt, stellen wir die beiden kontroversen Standpunkte gegenüber: 1. Die Begabung eines Kindes/eines Menschen beruht auf dem Erbe, 2. sie ist milieubedingt, d. h., man kann ein Kind/ einen Menschen ›mit Gaben ausstatten‹ oder ›be-gaben‹. Wir fragen dann: Welcher Standpunkt ist der ›wahre‹? Auch hier werden wir die historischen und anthropologischen Wurzeln dieser Ansichten mit einbeziehen und zeigen, daß der Streit um die »wahre« Auffassung schon Jahrhunderte währt. Wir befragen dann weiter die Genetik (Vererbungswissenschaft) und suchen eine Lösung, die der gegenwärtigen wissenschaftlichen Erkenntnis entspricht und die dazu verhilft, die Möglichkeiten und Grenzen erziehlichen und unterrichtlichen Bemühens im Hinblick auf die Begabung eines Schülers richtig einzuschätzen.

In dieser Weise bearbeiten wir *zwölf Fragestellungen*, mit denen der Erzieher und Lehrer tagtäglich konfrontiert ist oder wird und die für die Praxis der Erziehung und des Unterrichts von Bedeutung sind. Wenn man davon ausgeht, daß die Aufgabe des Lehrers im Erziehen, Unterrichten, Beraten, Beurteilen und in der Teilnahme an der Weiterentwicklung des Schulwesens besteht[1], dann werden die genannten Aufgaben bis auf das Beurteilen direkt oder indirekt angesprochen und behandelt. Auf das Beurteilen sind wir deswegen nicht näher eingegangen, weil dazu Gesichtspunkte herangezogen werden müßten, die von Fach zu Fach verschieden sind. Das würde die hier entwickelten mehr allgemeinen Grundgedanken sprengen.

---

[1] Vgl. hierzu die »Empfehlungen der Bildungskommission« des »Deutschen Bildungsrates«: Strukturplan für das Bildungswesen, Stuttgart 1970, vgl. auch das Thema 12.

Das Ziel ist: ein tieferes Verständnis von Pädagogik/Erziehungswissenschaft gewinnen

Durch das Studium der zwölf erzieherisch und unterrichtlich relevanten Fragestellungen soll sich jeder Leser ein eigenes Urteil über Pädagogik/Erziehungswissenschaft bilden; gleichzeitig soll er einen Einblick in ihre Aufgabenfelder und Teildisziplinen und in die Nachbar- oder Ergänzungswissenschaften erhalten. Es wäre sicherlich anregend und lernintensiv, wenn jeder Leser diese Aufgabe an Hand der Ausführungen selbsttätig lösen würde. Er könnte sich selbst z. B. eine Tabelle entwerfen, auf der er die inhaltlichen Schwerpunkte auflistet, die bei den einzelnen Themen abgehandelt werden. Er würde z. B. beim *Thema 1* herausfinden, daß hier philosophisch-anthropologische Fragen im Mittelpunkt stehen, daß aber auch vergleichende und historische sowie soziologische Gesichtspunkte eine Rolle spielen. Das *Thema 6* (Begabung) würde er vermutlich schwerpunktmäßig der Nachbarwissenschaft der Pädagogik zuordnen, nämlich der Psychologie oder der Pädagogischen Psychologie. Aber auch hier werden andere Gebiete der Pädagogik mit angeschnitten wie die historische Pädagogik oder die Theorie des Unterrichts. Denn das Begabungsproblem hat u. a. eine historische *und* eine unterrichtliche Dimension.

Wenn der Leser jedes einzelne Thema in dieser Weise ›durchforstet‹, wird er immer wieder auf philosophisch-anthropologische, psychologische, soziologische, historische, vergleichende, schul-, unterrichts- und lehrplantheoretische Erörterungen stoßen. Auf diese Weise gewinnt er ein ›Bild‹ von der Pädagogik, von ihren Teilbereichen und Untergliederungen. Um vor allem dem Anfänger diese Arbeit zu erleichtern, haben wir im Inhaltsverzeichnis bei jedem Thema den inhaltlichen Schwerpunkt genannt, auf S. 287 eine Übersicht über die Teildisziplinen der Pädagogik/Erziehungswissenschaft vorgegeben und für einige Themen die Eintragungen vorbereitet. Das haben wir vor allem deshalb getan, weil man ein Wissenschaftsgebiet erst dann gliedern kann, wenn man die Grundbegriffe und die möglichen Einteilungsgesichtspunkte kennt und durchdacht hat. So reizvoll es für jeden ›Anfänger‹ wäre, eigenständig-empirisch Gliederungsgesichtspunkte zu entwerfen, so bedürfte er zur Korrektur seines eigenen Denkens das Gespräch. Das läßt sich aber in der Regel nicht bewerkstelligen. Daher mußten wir eine Gliederung ›vorgeben‹.

Für das *Thema 2* haben wir auf der angegebenen Seite die Eintragungen bereits vorgenommen. Dabei haben wir den zentralen Inhalt mit zwei Punkten und die weniger zentralen Fragestellungen und Gedankengänge mit je einem Punkt markiert. Der Leser möge dies überprüfen, die angeführten Themen in gleicher Weise bearbeiten, die noch fehlenden Themen ebenfalls auflisten und die entsprechenden Eintragungen vornehmen.

Im *Schlußabschnitt* nehmen wir die folgenden *Vorüberlegungen* zur Frage, was man unter wissenschaftlicher Pädagogik/Erziehungswissenschaft versteht, wieder auf und erweitern und vertiefen die hier gemachten Ausführungen aufgrund der ›Erfahrungen‹, die wir beim Studium der zwölf Themen gemacht haben.

Was Pädagogik/Erziehungswissenschaft ist, soll durch Mitdenken ›erfahren‹ werden

Hervorheben möchten wir noch einmal: Es ist nicht das vorwiegende Anliegen unserer Ausführungen, in das oder in ein System der Pädagogik einzuführen oder ein solches zu entwickeln. Vielmehr soll mit Hilfe von brennenden Zeitfragen und ihrer Rückführung auf die Grundlagen das *pädagogische Denken* angeregt werden. Dadurch werden auch Gesichtspunkte für *pädagogisches Handeln* gewonnen. Erst in zweiter Linie geht es in enger Verbindung mit dem Hauptanliegen, nämlich das pädagogische Denken zu aktivieren, um ein Verständnis von wissenschaftlicher Pädagogik/Erziehungswissenschaft. Wir wollen eingedenk der Aussage von *I. Kant*, nämlich daß »Begriffe ohne Anschauungen ... leer« und »Anschauungen ohne Begriffe ... blind« sind, zunächst ›Erfahrungen‹ im Umgang mit pädagogischen Zeit- und Grundfragen sammeln, um uns im Vollzug dieser Arbeit und daran anschließend einen vertieften Begriff von Pädagogik/Erziehungswissenschaft zu erarbeiten. Die Begriffe sollen also zu Beginn unserer Überlegungen nicht definiert und dadurch womöglich zu starr festgelegt werden, sondern jeder Leser soll die Möglichkeit zum Mitdenken sowie zur Urteilsfindung und -begründung erhalten. Wir gehen also – wo immer möglich – von Anschauungen und Erfahrungsberichten aus, führen sie auf ihre Grundgedanken und -prinzipien zurück und fassen sie dann in Begriffe.

Um das eigene Denken zu aktivieren, haben wir am Schluß eines jeden Themas Arbeitsaufgaben formuliert. Sie liegen sozusagen ›quer‹ zu unseren Ausführungen und sollen dazu dienen, die einzelnen Themen noch einmal unter bestimmten Gesichtspunkten und unter Heranziehung leicht zugänglicher Literatur wie Lexika, Nachschlagwerken u. ä. zu überdenken. Außerdem kommentieren wir zu jedem Thema einige Schriften, die uns für das Weiterstudium als geeignet erscheinen. Wir bitten die zahlreichen Autoren zu den einschlägigen Themen um Nachsicht, die nicht genannt worden sind bzw. werden konnten. Wir haben den Studienanfänger und den interessierten Laien im Auge. Von diesem Gesichtspunkt aus ist die Auswahl begründet. Beide Lesergruppen werden über die ›sparsamen‹ Literaturhinweise hinaus leicht Zugang zu einem vertieften Studium der anstehenden Fragestellung finden können.

2. Was versteht man unter wissenschaftlicher Pädagogik/Erziehungswissenschaft?

Es sollen hier nur *Vorüberlegungen* angestellt werden. Wir beginnen damit, daß wir in aller Kürze den Weg der Pädagogik vom unreflektierten erzieherischen Handeln bis hin zur Wissenschaft aufzeigen:

Pädagogik heißt ursprünglich »Knabenführung« und umfaßt alle Aufgaben, die damit verbunden sind

Die *Pädagogik als Wissenschaft* hat sich erst im Verlauf der letzten 200 Jahre herausgebildet und zu ihrem gegenwärtigen Stand hin entwickelt. Pädagogik als die Summe der Erfahrungen und Einsichten über erzieherisches Handeln besteht jedoch, seitdem Menschen über diese Aufgaben nachgedacht haben, also seit der Existenz des Menschen. Der Begriff selbst taucht in der Antike auf. Bei den Griechen und Römern ist der »*Pädagoge*« der »Knabenführer«, in der Regel ein gebildeter Sklave. Er begleitete den Knaben einer vornehmen Familie zur Schule. Heute versteht man unter dem Pädagogen einen Erzieher, Lehrer, Schulfachmann, aber auch den Hochschullehrer, der die Disziplin »Pädagogik« vertritt. Entsprechend meint *Pädagogik* im ursprünglichen Sinn »Knabenführung«; sie schließt alle Erziehungsaufgaben und -fragen ein, die mit der »Knabenführung« verbunden sind, also das Anleiten zu gutem Betragen oder gesittetem Verhalten, die Regelung des Tagesablaufs, das Bereitstellen der Schulmaterialien, die Hilfen bei Spiel und Arbeit usw. bis hin zu Strafen bei Verstößen gegen die Ordnung. Später hat man für diese Aufgaben und das Nachdenken darüber den Begriff »Erziehungskunst« oder »Erziehungslehre« verwendet, und heute werden diese Fragen in der »wissenschaftlichen Pädagogik« oder der »Erziehungswissenschaft« abgehandelt.

Pädagogik als Wissenschaft versteht sich als »Theorie«

An der Entwicklung der Pädagogik von der »Knabenführung« über die »Erziehungskunst« und »Erziehungslehre« bis hin zur Wissenschaft kann man den *Weg ihrer Theoriebildung* aufzeigen, d. h., die Pädagogik hat sich im Verlauf eines langen Prozesses zu einer *Theorie* ausgebildet. Auch dieser Begriff ist griechischen Ursprungs. Er bedeutet soviel wie »Betrachtung«, und zwar geht es dabei um die »denkende Betrachtung der Dinge« (Aristoteles, um 350 v. Chr.). Man nimmt Dinge wahr – ursprünglich meinte Aristoteles damit Dinge oder »Tatsachen« der Natur – und stellt darüber »Betrachtungen«, also Überlegungen, an.

Man denkt über die »Dinge« nach und bemüht sich um eine vielseitige und tiefgründige Erklärung der wahrgenommenen Dinge, Tatsachen und Erscheinungen.

Wenn wir diese Auffassung von »Theorie«, nämlich als denkende Betrachtung der Dinge«, auf die »Dinge« = Tatsachen und Erscheinungen der Pädagogik anwenden, dann heißt das: alle Tatsachen und Erscheinungen der Erziehung sind der »denkenden Betrachtung« zu unterziehen. Darunter fallen u. a. die Maßnahmen und Mittel, die Erziehung bewirken sollen, sowie alle Prozesse, die im erzieherischen Handeln vorfindbar sind, also z. B. das Loben und Tadeln, das Belohnen, das Bestätigen und Ermutigen, das Strafen und Disziplinieren, das Miteinander-Spielen und -Arbeiten, die Akte des Helfens, das Kooperieren und Konkurrieren, das Werte-Vermitteln und die Aufnahme und das Verwirklichen der Werte, das Verfolgen von Zielen sowie ihre Durchsetzung, also alle Einwirkungen, Auswirkungen und Folgen, die sich in Handlungen und Haltungen zeigen.

Die genannten und viele ähnliche Vorgänge und ihre Verwirklichung haben seit der Existenz des Menschen seine Erziehung ausgemacht. Über alle diese »Dinge«, »Tatsachen«, »Prozesse« und »Ergebnisse« haben die Menschen nachgedacht, also über das Verhalten der Kinder, über den Erfolg oder Mißerfolg, den bestimmte erzieherische Maßnahmen und Prozesse bewirken, über die anzustrebenden, verwirklichten oder verfehlten Ziele u.v.a.m.

Die Theoriebildung der Pädagogik verläuft in drei Hauptstufen

Jeder erwachsene Mensch hat aufgrund von Erziehungshandlungen, -erfahrungen und -erinnerungen sowie aufgrund eigenen Nachdenkens und Vergleichens verschiedener Erziehungsfälle ein *Wissen über Erziehung* gesammelt. Dieses lebendige Wissen hat den Charakter eines Gebrauchs- oder Handlungswissens. Es wird angewendet, also in ein Tun umgesetzt, ohne daß darüber in vertiefter Weise reflektiert wird. Man erzieht im Sinne einer »Kunst« und meint damit ein praktisches Können, das auf überliefertem und selbsterfahrenem Wissen beruht. Der Begriff »Kunst« in der Wortverbindung »Erziehungskunst« hat also nichts zu tun mit »Kunst« im ästhetischen Sinne. Er steht hier gleichbedeutend mit »Können«. »Erziehungskunst« ist »Erziehen-können« aufgrund von Erfahrungen und mündlichen und auch schriftlichen Überlieferungen z. B. in Sagen, Dichtungen und Erzählungen. Dabei spielt das eigene Nach-Denken durchaus eine Rolle. Allerdings erreicht es nur einen geringen Grad allgemeiner Gültigkeit. D. h., das Können bezieht sich auf bestimmte, konkrete Erziehungsgelegenheiten. Über zu verallgemeinernde Beziehungen zwischen einer Situation und einer Maßnahme wird kaum nachgedacht. Die »Erziehungskunst« im eben entwickelten Sinne kann man als eine untere oder als die *erste Stufe der pädagogischen Theoriebildung* ansehen.

Eine zweite Stufe der Theoriebildung ist dann erreicht, wenn man Beobachtungen und Erfahrungen anderer zur Kenntnis nimmt, sich darüber austauscht, sie sammelt, auswertet, vergleicht, ordnet und aufschreibt. Auf diese Weise sind Bücher über Erziehung entstanden, die sog. »Erziehungslehren«. Sie teilen Kenntnisse über Erziehung mit, z. B. über die Erziehung des Heranwachsenden. Sie sagen dem ratsuchenden Erzieher, wie er erziehen soll, welche Mittel und Maßnahmen er in diesem oder in jenem Falle ergreifen könnte, wie er sich z. B. verhalten soll, wenn der Dreijährige einen »Wutanfall« hat, wenn der Siebenjährige sich weigert, Schularbeiten zu machen, wenn die 16jährige Tochter gegen elterliche Gebote opponiert usw.

Die beiden bisher besprochenen Stufen der Theoriebildung verdeutlichen wir an einem *Beispiel*: Eine Mutter ertappt ihr Kind beim Lügen. Die Mutter hat bereits von ihren Eltern gelernt, daß man nicht lügen darf. Das weiß sie u. a. auch aus dem Religionsunterricht. Infolgedessen fühlt sie sich verpflichtet, bei ihrem Kinde das Lügen zu unterbinden. Welche erzieherischen Maßnahmen soll sie ergreifen? Sie erinnert sich, daß sie von ihren Eltern einmal eine Ohrfeige wegen einer Lüge erhalten hat. Da das aber wenig genützt hat, geht die Mutter einen Schritt weiter: Sie denkt darüber nach, *warum* ihr Kind gelogen hat. Sie kommt zu dem Ergebnis, daß sie sehr streng zu ihrem Kind ist, zu oft verbietet und gebietet, und daß sich das Kind bei Verbotsübertretungen der zu erwartenden Strafe durch Lügen zu entziehen versucht. Die Mutter nimmt sich daraufhin vor, ihr Verhalten zu ändern.

Das Beispiel gehört vorwiegend zur *ersten Stufe der Theoriebildung*, greift aber auch auf die zweite Stufe über. Auf der *zweiten Stufe* würde die Mutter das Verhalten ihres Kindes und die eigenen Maßnahmen mit dem Verhalten anderer Kinder und den Maßnahmen von deren Müttern vergleichen. Durch Gespräche wird sie erfahren, daß andere Kinder auch lügen, ja, daß die Lüge im Leben der Menschen weit verbreitet ist. Ein Komplex von Fragen taucht auf: Warum lügen Menschen? Wie ist das Lügen zu erklären? Wie kann man das Lügen eindämmen oder gar verhindern? Wie weit könnte man Toleranz gegenüber Notlügen üben? Welche Maßnahmen kann man ergreifen, um Lügen zu vermeiden? Kann man sie völlig ausschließen? Diese und viele andere Fragen gehen der Mutter durch den Kopf. Da sie nicht alle Fragen lösen kann und darüber mehr wissen möchte, holt sie Rat aus »Erziehungslehren«, die den Eltern für Erziehungsfragen Hilfen anbieten.

Erst die dritte Theoriestufe entspricht dem Standpunkt der Wissenschaft

Bis jetzt haben wir den Boden der *Wissenschaft* noch nicht betreten. Zwar beruhen Erziehungslehren heute auch auf Erkenntnissen, die die wissenschaftliche Pädagogik, die Psychologie sowie die Psychoanalyse, die Medizin und die Soziologie zur Verfügung stellen. Aber die »Erziehungslehren« erheben nicht den Anspruch, die »Wissenschaft« selbst darzustellen, wenn sie auch deren Ergebnisse übernehmen und verwenden. Die *dritte Stufe*, also die *wissenschaftliche* und damit die *eigentliche Stufe der Theoriebildung*, ist erst dann erreicht, wenn man die vorgefundenen Erscheinungen oder Tatsachen gründlich, d. h. bis »zum Grunde hin«, und systematisch untersucht.

Das Lügen gründlich und systematisch zu untersuchen, hieße z. B., folgende Fragen zu klären: In welchem Alter unterscheidet das Kind zwischen Lüge und Wahrheit? Welche Arten von Lügen treten auf? Diese Frage setzt voraus, daß man vorher schon erkannt hat, daß es verschiedene Arten von Lügen gibt, und man klassifiziert sie z. B. in phantastische, heroische, egoistische, pathologische und konventionelle Lügen. Nun kann man weiter fragen, in welchem Alter welche Arten von Lügen gehäuft auftreten. Auch über die Grundfrage muß nachgedacht und eine Lösung angeboten werden, nämlich über das »Warum« der Lüge und ihre Entstehung und Bedeutung im menschlichen Leben. Daß über viele dieser Fragen bereits Überlegungen in der vorwissenschaftlichen Literatur angestellt worden sind, macht deutlich, daß die Wissenschaft niemals an einem Nullpunkt beginnt, sondern daß die auf den vorangegangenen Stufen der Theoriebildung gewonnenen, vorwissenschaftlichen Fragestellungen und Erkenntnisse aufgenommen werden und nun mit wissenschaftlichen Methoden exakt und systematisch untersucht und dargestellt werden. Da sich aus den so entstandenen wissenschaftlichen Aussagen immer wieder neue Fragestellungen ergeben, ist es naheliegend, die Theoriebildung oder die Wissenschaftsentwicklung als einen fortwährenden Prozeß und die Wissenschaft als ein »offenes System« zu betrachten, d. h., sie ist nie abgeschlossen und nie endgültig. Daher könnte man die hier entwickelte Dreistufigkeit noch weiter differenzieren und verfeinern.[2]

---

[2] Vgl. E. Weniger, Theorie und Praxis in der Erziehung, in: Die Eigenständigkeit der Erziehung in Theorie und Praxis, Weinheim 1952, S. 7-22.

19

Das wissenschaftliche System der Pädagogik besteht aus der Zusammenfassung ihrer Theorien

Auf dem soeben besprochenen Wege gelangt man über Teiltheorien zu immer umfassenderen, wenn auch offenen »Theorien« – jetzt nicht mehr verstanden als »denkende Betrachtung« der Einzelprobleme, sondern vielmehr als *Aussagen- und Erkenntnissysteme*. Darunter verstehen wir systematisch zusammengestellte Aussagen und Erkenntnisse über pädagogisches Geschehen und Handeln in der Familie, im Kindergarten, in der Schule, in der Erwachsenenwelt. Die Pädagogik als Wissenschaft oder die Erziehungswissenschaft hat es also zu tun mit der Summe solcher (Teil-)Theorien und ihrer systematischen Weiterentwicklung.

Erzieherisches Handeln erfolgt auf der Ebene aller drei Theoriestufen

Bisher haben wir die drei Stufen der Theoriebildung als historische Abfolge betrachtet, d. h., wir haben sie in einem Nacheinander dargestellt: Eine Stufe treibt die nächsthöhere aus sich heraus, die höhere baut auf der niedrigeren auf. Die wissenschaftliche Pädagogik hat sich tatsächlich auf diese Weise entwickelt. Das heißt aber nun nicht, daß sich die Menschen unserer Zeit in ihrem erzieherischen Handeln von den Erkenntnissen der pädagogischen Wissenschaft leiten lassen, daß sie also durchweg auf der Grundlage der dritten Stufe der Theoriebildung handeln. Auch in den Hochkulturen, in denen Wissenschaft und Bildung hohen Rang und großes Ansehen haben, erfolgt erzieherisches Handeln auf der Ebene aller Theoriestufen. Selbst eine Person, die wissenschaftlich geklärte pädagogische Kenntnisse besitzt, erzieht vielfach im Sinne der ersten Theoriestufe, wenn Erziehungsaufgaben bei den eigenen Kindern anstehen und gelöst werden müssen.

Die Kenntnis der Theorie bürgt nicht für erzieherisch ›richtiges‹ Handeln

Diese Aussage, die jeder theoretisch vorgebildete Erzieher im Umgang mit Zu-Erziehenden immer wieder erfährt, muß noch begründet werden. Wir tun dies, indem wir zwei Fragen stellen und klären, die eng miteinander verbunden sind:
1. Welcher Art sind die Erkenntnisse in der pädagogischen Wissenschaft?
2. Kann und darf die Pädagogik als Wissenschaft Anweisungen für die Praxis geben?

1. Welcher Art sind die Erkenntnisse in der pädagogischen Wissenschaft?

Die Erkenntnisse in der pädagogischen Wissenschaft sind mehrdeutig und ›ungenau‹

Kurz gefaßt kann man sagen : Die Erkenntnisse sind nicht von der Art, wie sie von den Naturwissenschaften erbracht werden. Man kann sie nicht in Gesetze fassen, die für jeden Einzelfall zutreffen. Das liegt daran, daß die Ursachen menschlichen Handelns in der Regel nicht exakt nachweisbar sind. Und selbst wenn man sie erforschen könnte, so bleiben sie stets mehrdeutig. Außerdem besitzt der Mensch eine – wenn auch begrenzte – Entscheidungsfreiheit (vgl. hierzu besonders Thema 1): er macht Erfahrungen und wertet sie für die jeweiligen Aufgaben situationsentsprechend aus. In den Naturwissenschaften dagegen gilt das Gesetz von Ursache und Wirkung. Mit Hilfe des Experiments, d. h. der absichtsvollen Herbeiführung eines Vorganges, werden unter planmäßiger Abwandlung der Bedingungen die Gesetzmäßigkeiten erforscht. Die Erkenntnisse erhalten dadurch einen allgemeingültigen Charakter. Man sagt: sie sind generalisierbar. Zwar folgen in der Pädagogik auch Ursachen und Wirkungen aufeinander, aber diese Abfolge ist in den meisten Fällen nicht eindeutig, sondern – wie wir schon sagten – mehrdeutig.

Pädagogische Sachverhalte müssen aus dem Zusammenhang heraus gedeutet werden

Die Pädagogik als Wissenschaft muß ihre Sachverhalte und Prozesse aus dem individuellen und gesellschaftlichen Zusammenhang heraus zu ›verstehen‹ versuchen und – ›deuten‹; sie muß auch die Frage nach dem Sinn der Erziehung und des Menschseins stellen und zu beantworten versuchen. Erst dadurch wird sie ihrer Aufgabe vollauf gerecht. Im Verstehens- und Deutungsprozeß muß der ›Sinn‹ einer Sache oder eines Geschehens freigelegt und interpretiert werden. Da die Antworten aufgrund religiöser, weltanschaulicher und politischer Einstellungen unterschiedlich ausfallen, ergibt sich daraus als Konsequenz, daß sich eine allgemeingültige pädagogische Wissenschaft nicht begründen läßt und daß man eigentlich von »Pädagogiken« sprechen müßte. Wenn wir hier dennoch wie allgemein üblich den Begriff »Pädagogik« verwenden, so dürfen wir das nur eingedenk der Tatsache tun, daß es sich um einen Sammelbegriff handelt, der unser Wissen und unsere Erkenntnisse aus ›Pädagogiken‹ zusammenfaßt.

Von diesen Aspekten und der Aufgabenstellung aus gesehen ist die Pädagogik im Vergleich zu den Naturwissenschaften eine ›deutungsbedürftige‹ und ›ungenaue‹ Wissenschaft. Diesen Wissenschaftscharakter teilt sie mit vielen anderen Wissenschaften, die es mit dem Menschen zu tun haben, also mit der Psychologie, Medizin, Soziologie, Geschichte u. ä. Wissenschaften. Die Gründe hierfür ergeben sich aus der Besonderheit des zentralen Gegenstandes der genannten Wissenschaften: das ist der Mensch. Der Mensch aber ist nicht mit Hilfe von Maß und Zahl ›feststellbar‹. Er ist ein Wesen relativer Freiheit. Er ist Subjekt und Objekt der Geschichte und Kultur zugleich und seine Handlungen unterliegen weithin der Sinndeutung.

2. Kann und darf die Pädagogik als Wissenschaft Anweisungen für die Praxis geben?

Diese Auffassung ist umstritten. Die einen sagen: Wissenschaft darf nur auf Erkenntnisgewinn ausgerichtet sein und Theorien aufstellen. Was in der Lebens- und gesellschaftlichen Wirklichkeit mit diesen Erkenntnissen und Theorien geschieht, ob sie und wie sie verarbeitet und angewendet werden, gehört nicht in den Bereich der Wissenschaft. Andere sind der Meinung, daß Wissenschaft über den Erkenntnisgewinn hinaus Anweisungen für die Praxis geben müsse. Diese gegensätzlichen Auffassungen findet man innerhalb ein und derselben Wissenschaft, ganz besonders in der Pädagogik.

Wir meinen, daß diese Frage nicht durch die Wissenschaft selbst entschieden werden kann. Hier spielt die Einstellung des Wissenschaftlers zur Wissenschaft allgemein und zu seiner eigenen Wissenschaft im besonderen eine ausschlaggebende Rolle. Da der Pädagogik als Wissenschaft ein Erziehungsgeschehen vorausgeht und da die Mehrzahl der Fragen, die die Pädagogik untersucht, der »Wirklichkeit der Erziehung« entnommen sind, muß sie unserer Ansicht nach auch einen Beitrag zur Änderung und Verbesserung dieser Erziehungswirklichkeit leisten. Das bedeutet, daß diejenigen, die auf diesem ›Feld‹ tätig sind, die Ergebnisse ihres Forschens für die Praxis ›aufbereiten‹ müssen und daß sie für eine Verwertung der Erkenntnisse mitverantwortlich sind.

So werden Untersuchungen über das Strafen, über die Ermüdung während des Unterrichts, über das Interesse an den Unterrichtsfächern, über das produktive Unterrichten, über die Methoden des Lernens und Lehrens, über die Differenzierung des Unterrichts, d. h. über die Aufgliederung der Schüler in Leistungsgruppen oder Interessengruppen usw., nicht um ihrer selbst willen vorgenommen. Die ›unvollkommene Praxis‹ drängt danach, diese und ähnliche Fragen zu klären, und die Ergebnisse sollten der Praxis wieder zugeführt werden und sie positiv verändern. Ob das tatsächlich der Fall ist und ob die Erkenntnisse richtig ›umgesetzt‹ werden, hängt selbstverständlich nicht von der Wissenschaft ab, sondern von den Menschen, die die wissenschaftlichen Erkenntnisse und die daraus entwickelten Ratschläge benutzen. Trotz unseres Votums, daß die Theorie der Pädagogik im Dienste der Praxis zu stehen habe, läuft die Praxis nicht immer, ja, sogar häufig nicht der Theorie entsprechend ab. Daher kann man oft die Meinung hören:

Die Praxis ist ganz anders als die Theorie

Das ist richtig. Die Praxis ist Handeln, und die Theorie kann nicht für alle Einzelfälle eine Antwort bereithalten. Daraus darf man aber keinen unüberbrückbaren Gegensatz zwischen Theorie und Praxis ableiten. Im Gegenteil, diese beiden Bereiche sind aufeinander bezogen und ineinander verzahnt. Die Theorie faßt die Einzelfälle und -erfahrungen aus Vergangenheit und Gegenwart zusammen und klärt sie grundlegend und systematisch. Sie faßt sie zu allgemeinen, wenn auch ›offenen‹ Aussagen zusammen, die in der Praxis angewendet werden sollen. Sofern dabei spekulative und utopische Vorstellungen ausgeschlossen werden und der Boden der Wirklichkeit nicht verlassen wird, was in der Pädagogik (leider!) nicht immer der Fall ist, kann die Theorie dem Lehrer und Erzieher eine Hilfe zur Bewältigung der Praxis geben. Es gilt also auch heute noch die Aussage von *Friedrich Wilhelm Dörpfeld* (1829-1893):

»Eine richtige Theorie ist das Praktischste, was
es gibt«

Fragt sich nur, was eine »richtige« Theorie ist. Kurz gesagt: Wir dürfen eine Theorie dann als »richtig« beurteilen und annehmen, wenn sie von der pädagogischen Wirklichkeit ausgeht und die dort entstehenden Fragen und Probleme mit den Mitteln untersucht und beantwortet, die die pädagogische Wissenschaft und ihre Nachbarwissenschaften wie Psychologie, Soziologie, Medizin u. a. in der jeweiligen Gegenwart bereitstellen. Wenn man jedoch die gegenwärtige Praxis allein zum Ausgangspunkt der Theoriebildung nimmt, dann könnte das dazu führen, daß eine Weiterentwicklung der Praxis im Sinne einer Reform verhindert wird. Daher müssen auch pädagogische Entwürfe in die Theoriebildung einbezogen werden, die z. B. im Gegensatz zur bestehenden Schulpraxis stehen, deren Realisierung aber möglich erscheint, d. h., es dürfen sich keine utopischen Vorstellungen ›einschleichen‹. Aber die Grenzen zwischen Utopie und Wirklichkeit sind gewiß fließend.

Welche Schwierigkeiten im Kreislauf: pädagogische Praxis – »richtige« Theorie – Verbesserung der pädagogischen Praxis dennoch entstehen können, ja, immer wieder auftauchen und zu bewältigen sind, zeigt folgendes Beispiel: Der »Deutsche Bildungsrat« hat in seinem »Strukturplan für das Bildungswesen« (1970) die folgende These aufgestellt:

»International schätzen die Kinderpsychologen heute übereinstimmend die Lernfähigkeit des Kindes höher ein als früher.« (S. 41)

Diese Behauptung ist richtig und falsch zugleich. Es kommt darauf an, wie man »Lernfähigkeit« interpretiert. Bezieht man »Lernfähigkeit« darauf, daß man Kinder gezielt zahlreiche Erfahrungen aus ihrer Umgebung machen läßt und sie mit ihnen auswertet, dann kann dadurch die Erfahrungswelt des Kindes ausgeweitet und die »Lernfähigkeit« erhöht werden. Bezieht man aber die »Lernfähigkeit« einseitig auf »kognitive« Prozesse, also auf die Denkfähigkeit, und schult man Vorschulkinder im Lesen und in der Mathematik, entwickelt Trainingsprogramme für die genannten Gebiete und hält die Kinder dadurch und daran zum »Lernen« an, dann führt das in der Regel zu Mißerfolgen – eben weil die Denkfähigkeit der Kinder zur Lösung solcher Aufgaben noch nicht entwickelt ist (vgl. Thema 10).

Eine theoretische Aussage wie die obenstehende muß also »richtig« interpretiert und in rechter Weise in die Praxis überführt werden. Da es aber in jeder Wissenschaft, die es mit den Menschen zu tun hat, verschiedene wissenschaftliche Richtungen gibt, die mit dem Anspruch auf Wahrheit auftreten, muß sich die Pädagogik auf jene Aussagen ihrer Nachbarwissenschaften und ihrer selbst stützen, die dem Kind und dem Heranwachsenden in seinem Sosein entsprechen. Diese Behauptung enthält wieder eine Fülle von Problemen, nämlich was ist ›das‹ Kind, ›der‹ Heranwachsende, das Sosein als qualitativ bestimmtes Dasein? Das klingt abstrakt, macht aber zugleich deutlich, daß die Theorie keine unmittelbar anwendbaren Regeln zu bieten vermag. Die Theorie kann den jeweiligen ›Fall‹ immer nur problematisieren; eindeutige Lösungen hält sie nicht bereit. Sie müssen in und aus der jeweiligen Situation heraus eigenständig gewonnen und gehandhabt werden. Zwischen Theorie und Praxis tritt das selbständige pädagogische Denken, das die Praxis theoriegestützt leitet, wie umgekehrt die Theorie von den Anforderungen der Praxis ›lebt‹. *Joh. Fr. Herbart* hat diesen Vorgang in seiner Göttinger Antrittsvorlesung (1802) als »pädagogischen Takt« bezeichnet; er versteht darunter jenes »Mittelglied«, das zwischen Theorie und Praxis ver-mittelt: der Lehrer müsse darüber verfügen, um in der Situation zu einer »schnellen Beurteilung und Entscheidung« zu gelangen. Dazu bedarf er der Theorie und einer reflektierten Praxis.

Was versteht man also unter Pädagogik/
Erziehungswissenschaft?

Aufgrund unserer bisherigen Ausführungen können wir nunmehr unsere Ausgangsfrage *vorläufig* beantworten:

Wissenschaftliche Pädagogik oder Erziehungswissenschaft ist der oberste, allgemeine Sammelbegriff für die Wissenschaft, die sich mit den Tatbeständen und Prozessen der Erziehung (der Bildung und des Unterrichts) befaßt. Sie hat die Aufgabe,

1. über die in diesem Gegenstandsbereich entstehenden Fragen und Probleme nachzudenken, und zwar unter Einbeziehung aller verfügbaren Argumente und Gegenargumente,
2. methodisch geordnete Untersuchungen anzustellen, d. h. erzieherische (bildnerische und unterrichtliche) Vorgänge zu beobachten, zu beschreiben, zu ordnen, zu analysieren, in Beziehung zueinander zu setzen und zu Erkenntnissen zu gelangen und sie allgemeinverständlich zu formulieren,
3. für eine Umsetzung ihrer Erkenntnisse in pädagogisches Handeln zu sorgen.

Diese Umschreibung mag vorerst genügen. Nach der Beschäftigung mit Einzelfragen der Erziehungswirklichkeit und -wissenschaft kommen wir am Schluß unserer Ausführungen auf diese wissenschaftstheoretischen Überlegungen zurück.[3]

Arbeitsaufgaben:

1. Suchen Sie in (päd.) Lexika oder Handbüchern heraus, was dort über Pädagogik als Wissenschaft/Erziehungswissenschaft ausgesagt wird und vergleichen Sie die Aussagen mit den vorstehenden Ausführungen.
2. Machen Sie sich die Stufen der Theoriebildung anhand eigener Beispiele deutlich. Denken Sie dabei u. a. an Fälle aus den Bereichen der »körperlichen Strafe«, des autoritären Verhaltens oder des »Zuspätkommens« eines Schülers in der Schule. Ziehen Sie hierzu den wichtigen Beitrag von W. Klafki heran: »Stufen des pädagogischen Denkens«, in: H. Röhrs (Hrsg.): Erziehungswissenschaft und Erziehungswirklichkeit, Frankfurt a. M. 1964, S. 145-176.
3. Begründen Sie in wenigen Sätzen, warum die Pädagogik nicht in den Kreis der generalisierenden Wissenschaften gehört.

Kommentierte Literaturhinweise:

Giesecke, H.: Einführung in die Pädagogik, München 1969, 12. Aufl. 1992
Der Verfasser führt an Hand von fünf Fragestellungen in die Pädagogik ein. Er behandelt u. a. die Grundlagen der Erziehung, nämlich die Voraussetzungen, die Erziehung erforderlich machen; dann betrachtet er Erziehung als ein kulturelles Phänomen, das dem menschlichen Dasein eine pädagogische Dimension verleiht. Über sozialpädagogische Probleme (sozial auffällige und entwicklungsgestörte Kinder und Jugendliche) gelangt der Verfasser zu Aussagen über die »Erziehungswissenschaft« selbst; sie werden unter das Generalthema »Lernen« gestellt. Bei allen Themen steht die »Priorität der pädagogischen Praxis« am Anfang; von hier steigt der Verfasser zur »wissenschaftlichen Reflexion« auf.

---

[3] H. Tschamler, Wissenschaftstheorie – Eine Einführung für Pädagogen, 3. Aufl., Bad Heilbrunn 1996.

Gudjons, H.: Pädagogisches Grundwissen, 4. Aufl., Bad Heilbrunn 1995

G. vermittelt einen »orientierenden Überblick« über den Gesamtbereich der Pädagogik/Erziehungswissenschaft. Zu diesem »Grundwissen« zählen u. a. die Gliederung und die Richtungen der Erziehungswissenschaft, ihre Forschungsmethoden, die Geschichte der Pädagogik u. a. mit Locke, Roussseau, Pestalozzi, Humboldt, Herbart, der Reformpädagogik; es folgen ein »Abriß der Entwicklungspsychologie«; weitere Kapitel beschäftigen sich mit der »Sozialisation«, der »Erziehung und Bildung«, dem »Lernen«, der »Didaktik«, dem »Aufbau des Bildungswesens« und der »Bildungsreform«. Nicht die Wissensaneignung steht im Vordergrund; vielmehr sollen auf der Grundlage einschlägiger Sachkenntnisse das Weiterdenken und die Auseinandersetzung angeregt werden. Die Ausführungen dienen der Examensvorbereitung und sind in einer verständlichen Sprache geschrieben.

Kaiser, A./Kaiser, R.: Studienbuch Pädagogik, Königstein/Ts., 4. Aufl. 1989

Die Verfasser behandeln in sieben Kapiteln die wichtigsten systematischen Teilgebiete der Erziehungswissenschaft. Sie beginnen mit den anthropologischen Voraussetzungen der Erziehung, diskutieren das Problem der Erziehungsziele und betrachten dann die Erziehung unter verschiedenen Dimensionen, nämlich unter der Dimension des Lernens, der Soziologie, der Gesellschaft, der Didaktik und der Wissenschaftstheorie. Das Buch ist als Arbeitsbuch aufgebaut und will das Grund- und Prüfungswissen zusammenstellen.

Lassahn, R.: Einführung in die Pädagogik, Heidelberg, 5. Aufl. 1988 (UTB 178)

L. weist die Breite und Fülle erziehungswissenschaftlicher Denkansätze nach, nämlich der geisteswissenschaftlichen Pädagogik, des Neopositivismus, der normativen Pädagogik, der marxistischen und neomarxistischen Pädagogik. Es werden jeweils die wissenschaftstheoretischen Voraussetzungen geklärt, dann die Konsequenzen für Theoriebildung und Praxis aufgezeigt. Dadurch soll der Anfänger die Möglichkeit erhalten, einen Überblick über die wesentlichen Richtungen (»Denkansätze«) der Pädagogik zu gewinnen und die Hintergründe der beobachteten oder eigenen Praxis zu deuten.

Weber, E. (Hrsg.): Pädagogik – Eine Einführung, Donauwörth 1972 u. ö. – Neuausgabe 1997
Bd. 1: Grundfragen und Grundbegriffe (E. Weber), 7. Aufl. 1986 – Neuausgabe 1997
Bd. 2: Erziehungsmethoden (H. Domke), 5. Aufl.. 1987 – Neuausgabe 1997
Bd. 3: Erziehungsinstitutionen (H. Hierdeis), 5. Aufl. 1983 – Neuausgabe 1997
Bd. 4: Erziehungsprobleme in der modernen Gesellschaft (E. Weber), 3. Aufl. 1983 – Neuausgabe 1997

Die Bücher sind für die Sekundarstufe II und für das Grundstudium vorgesehen. Pädagogik wird »als eine auf die Praxis bezogene, wissenschaftlich fundierte ›Theorie der Erziehung‹ und der sie beeinflussenden erzieherischen bedeutsamen Wirklichkeit verstanden«. In diesem Sinne werden im 1. Band, Teil 1, die anthropologischen und die phylogenetischen Voraussetzungen der Erziehung geklärt, der Teil 2 befaßt sich mit den entwicklungspsychologischen und lebensgeschichtlichen Voraussetzungen der Erziehung und der Teil 3 mit den Grundvorgängen und den Zielvorstellungen der Erziehung im Einzel- und im gesellschaftlichen Leben. Im 2. Band stehen die »Erziehungsmethoden und -praktiken« sowie die verschiedenen Erziehungsstile zur Diskussion. Im 3. Band werden die Erziehungsinstitutionen wie Familie, Vorschule, Schule, Jugendgruppen und Erwachsenenbildung abgehandelt, und im 4. Band geht es um die Erziehungsprobleme in der modernen Industriegesellschaft.

Thema 1
Muß der Mensch erzogen werden, oder kann er sich aus sich selbst heraus zum Menschen entwickeln? – Vom Wesen und vom Sinn der Erziehung – ein Problem aus der »Pädagogischen Anthropologie«

Einführung: Darf ein Erzieher auf ein Kind ›einwirken‹?

Erziehen heißt Einflußnehmen

In pädagogischen Diskussionen wird heute immer wieder die Forderung nach »Rückgewinnung des Erzieherischen« erhoben. Eltern und Lehrer sollen wieder mehr »Mut zur Erziehung« haben. Grundsätzlich scheint man also der Auffassung zu sein, daß das Kind/der Schüler erzogen werden müsse, d. h., daß es/er in einer fördernden Weise zu beeinflussen sei. Nur dadurch könne die von der Gesellschaft festgelegte Ordnung eingehalten und das sittliche Gebot geachtet und erfüllt werden. Erziehung könnte man hiernach *vorläufig* als eine fürsorgende, führende und fordernde Einwirkung auffassen, die von reiferen Menschen an Heranwachsenden vorgenommen wird, und zwar in der Absicht, die Jüngeren zu einem sinn- und werterfüllten Leben in der menschlichen Gesellschaft anzuleiten und sie fähig zu machen, das Leben selbst zu gestalten. Tatsächlich ist Erziehung von zahlreichen Pädagogen in dieser oder einer ähnlichen Weise gedeutet worden. So lesen wir in einer nach dem 2. Weltkrieg vielfach benutzten »Einführung in die Pädagogik«:

»Erziehung ist Umgang von Erwachsenen mit Kindern. Dieser Umgang bezweckt einen bestimmten Einfluß, nämlich dem Kind behilflich zu sein, mündig zu werden.«[1]

In ähnlicher Weise definiert der Prager Pädagoge *Otto Willmann* (1839-1920) Erziehung aus dem Denken des 19. Jahrhunderts heraus als

»die fürsorgende, regelnde und bildende Einwirkung gereifter Menschen auf die Entwicklung werdender, um diesen an die Lebensgemeinschaften begründenden Gütern (= an die sittlichen Werte und Verhaltensweisen; d. Verf.) Anteil zu geben«.[2]

---

[1] M. J. Langeveld, Stuttgart 1951 u. ö., S. 21.
[2] O. Willmann, Erstes Jahrbuch des Vereins für christliche Erziehungswissenschaft, Kempten u. München 1908; wieder abgedruckt in: E. Weber (Hrsg.): Der Erziehungs- und Bildungsbegriff im 20. Jh., Bad Heilbrunn 1969, S. 22 – Willmann ist besonders durch seine »Didaktik als Bildungslehre« (1882-1889 u. ö.) bekannt geworden.

Erziehung besteht nach der Auffassung der genannten Autoren in der Einflußnahme von Erwachsenen auf ›Noch-nicht-Erwachsene‹ mit dem Ziel, die ›Noch-
Unreifen‹ auf sittliche Werte ›auszurichten‹ und das Selbständigwerden der Heranwachsenden zu fördern. Das geht nicht, ohne das Triebleben, die Strebungen
und willentlichen Kräfte der jungen Menschen zu disziplinieren und auf Ziele
hinzulenken, wenn notwendig sogar unter Verwendung von Zwang (vgl. die
Themen 3, 4 u. 5). Der Heranwachsende muß also im Erziehungsprozeß von
außen durch verantwortliche Erwachsene beeinflußt werden, um sein Verhalten
positiv auszurichten. Die Person soll – und dies ist das Entscheidende – durch
einwirkende Maßnahmen ›gebessert‹ werden. Dadurch sollen zugleich die
Kräfte der Selbsterziehung mobilisiert und Mündigkeit, also selbstverantwortliches, normengerechtes Handeln, erreicht werden.

Erziehung ist »Selbstregulierung«

In jüngerer Zeit, etwa um 1970, ist die gegenteilige Auffassung vertreten worden. Man proklamierte eine »repressionsfreie Erziehung«, also eine Erziehung,
die keinen Druck und Zwang auf den Heranwachsenden ausübt. Das Kind und
der junge Mensch sollen durch Selbsterfahrung und Selbstbestimmung zu einem
Mitglied der Gesellschaft heranwachsen. Die Erziehung müsse daher »anti-autoritär« erfolgen. Sie

»beruht auf dem Prinzip der Selbstregulierung der kindlichen Bedürfnisse, d. h., das Kind soll
in jedem Alter und auf allen Lebensgebieten (wie Essen, Schlafen, Sexualität, Sozialverhalten,
Spielen, Lernen usw.) seine Bedürfnisse frei äußern und selbst regulieren können, es soll Gelegenheit haben und darin unterstützt werden, seine Interessen individuell und kollektiv zu
erkennen und angemessen zu vertreten.«[3]

Nach der anti-autoritären Erziehungsauffassung sollen die Kinder in einem Frei-
heitsraum leben, in dem sie abgeschirmt von den Anpassungs- und Zwangsfor-
derungen der gegenwärtigen Leistungsgesellschaft das pädagogische Programm
der »Selbstregulierung« verwirklichen können. Das Ziel ist das sich selbst regu-
lierende Kind, das seine Bedürfnisse unter Beachtung der Bedürfnisse anderer
ausleben kann.

Beispiele für die gegensätzliche Auffassung
über Erziehung aus der Geschichte

Beide Auffassungen von Erziehung, nämlich die beeinflussende, einwirkende,
prägende Form auf der einen Seite und die freiheitliche Erziehung auf der ande-

---

[3] G. Bott, Erziehung zum Ungehorsam, Frankfurt 1971, S. 48.

ren Seite, die in ihrer extremen Ausprägung ein bloßes »Wachsenlassen« darstellt, haben im Verlauf der Geschichte immer wieder um das Vorrecht gestritten. Die zuerst genannte Richtung finden wir sehr früh u. a. im *Alten Testament*. Der Mensch gilt als Geschöpf Gottes, d. h., Gott hat ihn in einem Schöpfungsakt geschaffen, hat ihn angesprochen und angenommen. Insofern ist der Mensch die zu Vertrauen und Gehorsam berufene Kreatur. Alle seine Kräfte sind letztlich nur ver-liehene oder geliehene Kräfte. Nach Genesis 1,26 ff. soll der Mensch über die niederen Kreaturen herrschen, sein Tun aber stets Gott gegenüber verantworten. Insofern steht der Mensch in der »Furcht des Herrn«; er hat auf den Ruf Gottes zu hören, der sich in seiner Barmherzigkeit zu Gehör gebracht hat und den Menschen den Weg gottähnlichen Handelns weist.

»Ich bin der Herr, Dein Gott, ... du sollst keine anderen Götter neben mir haben ...; denn ich, der Herr, Dein Gott, bin ein eifersüchtiger Gott, der die Schuld der Väter heimsucht bis ins dritte und vierte Geschlecht an den Kindern derer, die mich hassen, der aber Gnade übt bis ins tausendste Geschlecht an den Kindern derer, die mich lieben und meine Gebote halten« (Exodus 20,1-6).

Widersetzt sich der Mensch der Ordnung Gottes, dann wird er »heimgesucht«, also von Gott in seinem »Heim« (Haus) aufgesucht und zur Rechenschaft gezogen. Gottes Offenbarung als eines gütigen, aber auch strafenden Gott-Vaters ist auf die reale Ordnung des Zusammenlebens der Menschen in Familie und Gemeinde (Gesellschaft) übertragen worden. Wie sich Gott als höchste Urmacht in allem Sein und Werden erschließt, so ist der Vater in der Familie der ›Allmächtige‹; wie Gott-Vater an seinen Menschen-Kindern handelt, so geht der Menschen-Vater mit seinen Kindern um. Die herausgehobene Stellung des Vaters ist auch soziologisch begründet und abgestützt durch die damals bestehende patriarchalische Familienstruktur. Der Vater ist der Starke und Überlegene; er schützt die Familie vor den Unbilden der Natur, sorgt für Nahrung und Kleidung, Unterkunft und für wärmendes Feuer. Dadurch gewinnt er eine Vormachtstellung in der Familie und im öffentlichen Leben. Er ist für alle Familienmitglieder permanent gegenwärtig und unmittelbar wirkendes Vorbild. Seiner Anordnung haben sich daher alle Familienmitglieder zu unterwerfen, insbesondere die Kinder und Heranwachsenden. Hört das Kind nicht auf den Vater, wird es in ›Zucht‹ genommen und – wenn erforderlich – tatsächlich gezüchtigt.

Das alttestamentliche Gottes- und Menschenverständnis und die diesem Verständnis entsprechende patriarchalische Familienstruktur haben bis weit in das 19. Jh. hinein die Auffassung von Erziehung als eine eingreifend-ordnende und ›Zucht‹-Maßnahme bestimmt, und sie beeinflussen auch heute noch das Erziehungsverhalten in manchen Familien und auch in Schulen.

Die extreme Gegenposition des Wachsenlassens oder des Nicht-Erziehens wird auf den Genfer Kulturkritiker, Erziehungsreformer und Wegbereiter der

Französischen Revolution, *J. J. Rousseau* (1712-1778), zurückgeführt. Rousseau hat in seinem »Emile oder über die Erziehung« (1762) den Begriff der »negativen Erziehung« geprägt. Damit will er sagen, der Erzieher soll »verhüten, daß etwas getan werde«. Obwohl Rousseau diese Vorschrift ausdrücklich nur für die »erste Erziehung« im Säuglings- und frühen Kindesalter angewendet wissen will, ist sie später auf die Erziehung aller Altersstufen übertragen worden. Das hat dazu geführt, die Vorstellung einer beeinflussenden Erziehung zu überdenken. Die Anhänger Rousseaus meinten jedoch, die Erziehung müsse fortan »naturgemäß«, d. h. wachsenlassend, nicht eingreifend, sein. Nur durch eine »negative«, also durch die Nicht-Erziehung könnten sich die ursprünglich menschlichen Eigenschaften entfalten und entwickeln. Das aber setzt voraus, daß man mit Rousseau anerkennt: der Mensch ist von Natur aus »gut«.

»Alles, was aus den Händen des Schöpfers kommt, ist gut; alles entartet unter den Händen des Menschen. Er zwingt einen Boden, die Erzeugnisse eines anderen zu züchten, einen Baum, die Früchte eines anderen zu tragen. Er vermischt und verwirrt Klima, Elemente und Jahreszeiten. Er verstümmelt seinen Hund, sein Pferd, seinen Sklaven. Er erschüttert alles, entstellt alles – er liebt die Mißbildung, die Monstren. Nichts will er so, wie es die Natur gemacht hat, nicht einmal den Menschen. Er muß ihn dressieren wie ein Zirkuspferd. Er muß ihn seiner Methode anpassen und umbiegen wie einen Baum in seinem Garten« (Reclam-Ausgabe, Stuttgart 1963, S. 107).

Rousseaus Aussage: ›Was und wie es die Natur gemacht hat, ist gut; alles entartet unter menschlicher Einflußnahme‹, ist vielfach wörtlich genommen worden, nämlich laßt den Menschen, der ja ursprünglich gut ist, einfach wachsen, und zwar auch unter den Bedingungen der jeweils gegenwärtigen Gesellschaft. Der Erzieher hat nur dafür zu sorgen, daß sich die ursprünglich-guten menschlichen Eigenschaften entfalten können. Hierfür muß man dem Kind eine naturgemäße Umwelt ›zur Verfügung stellen‹ , in der es sich naturgemäß entfalten und ›gut‹ bleiben kann. Dadurch entsteht eine neue, harmonische Gesellschaft, in der die Menschen friedlich miteinander leben.

Nichts ist falscher als dieses vordergründige Verständnis der Auffassung Rousseaus. Schon die Frage, wie nämlich die ursprünglich-menschlichen Eigenschaften beschaffen sind, ist unlösbar. Der Mensch ist eben kein ›reines‹ Natur-, sondern ein Kulturwesen. Was wir als ›Natur‹ empfinden und deuten, wird von der jeweiligen Kultur bestimmt. Rousseaus Aussage des »von Natur aus guten Menschen« bezieht sich daher auch nicht auf den Menschen, wie wir ihn empirisch kennen, sondern auf den »einsamen Wilden« des »Urzustandes«, der eben ein ›Noch-nicht-Mensch‹ ist. Rousseau entwirft das Bild des »Urzustandes« zu dem Zwecke, um dem ›verdorbenen‹ und dekadenten Menschen seiner Epoche den ›wahren‹ und besseren Menschen vor Augen zu stellen. In Wirklichkeit handelt es sich aber gar nicht um einen Menschen, sondern um einen ›Vor- oder Tier-Menschen‹.

Um immer wiederkehrenden Mißdeutungen vorzubeugen, soll Rousseaus Denken im Zusammenhang dargestellt werden: 1750 beantwortet Rousseau die Preisfrage der Akademie von Dijon, nämlich »ob die Neubelebung der Wissenschaften und Künste dazu beigetragen habe, die Sitten zu läutern«. Er verneint die Frage und setzt sich dadurch von der allgemeinen Auffassung der Aufklärungsepoche ab, daß Wissenschaft und Kunst den Menschen zu bessern vermögen. Rousseau weist auf die »Widersprüche des sozialen Systems« hin und bekennt, »daß der Mensch von Natur gut ist, und daß es nur diese Einrichtungen (nämlich die gesellschaftlichen Umstände; d. Verf.) sind, durch die die Menschen schlecht werden«. Sinngemäß wiederholt Rousseau ›seine Erkenntnis‹ im ersten Absatz des »Emile«.

Um Rousseaus Antwort in der »Ersten Preisschrift« zu verstehen, muß man die »Zweite« heranziehen: Nach der »Abhandlung über den Ursprung und die Grundlagen der Ungleichheit unter den Menschen« (1755) ist der »von Natur gute Mensch« – wie bereits angedeutet – identisch mit dem »einsamen Wilden« des »Urzustandes«. Dieser ›Tier-Mensch‹ lebt in einem vorgesellschaftlichen und auch vormenschlichen, also tierähnlichen, Stadium – jenseits von Gut und Böse; er irrt »ohne Sprache, ohne Heim, ohne Krieg und ohne Bindung, ohne jedes Verlangen nach seinesgleichen wie auch ohne irgendeinen Wunsch, diesen zu schaden« in den Wäldern umher; er ist »selbstgenügsam«, nur auf die Erfüllung »seiner wahren Bedürfnisse« und »Interessen« bedacht; »zufällige Entdeckungen« vermag er nicht weiterzugeben, weil er »nicht einmal seine Kinder kannte ... es gab weder Erziehung noch Fortschritt ... die Jahrhunderte (flossen) dahin in der ganzen Unbeholfenheit der ersten Jahre; die Gattung war schon alt, und der Mensch blieb immer noch Kind.«[4] Rousseau beschreibt den »Urzustand« aber nur zu dem Zwecke, um »in der gegenwärtigen Natur des Menschen das Ursprüngliche vom Künstlichen zu unterscheiden und ... um unseren jetzigen Zustand richtig zu beurteilen« (58) – einen Zustand also, der durch die gesellschaftlichen Umstände »entartet« ist, aber dem Schöpferwillen widerspricht.

Der Naturzustand und damit auch der »von Natur gute Mensch« hat hiernach also den Charakter einer »regulativen Idee«. Rousseau benötigt diesen ›Maßstab‹, um daraus für seine Gegenwart die Prinzipien einer »naturgemäßen Erziehung« ableiten und den Menschen zu seinem ›wahren Sein‹ zurückführen zu können. Erziehung und Gewohnheiten haben die ursprünglichen Eigenschaften zwar »verderben, nicht aber zerstören können« (64). Es kommt darauf an, sie wieder zu entdecken, freizulegen und »wachsenzulassen« – immer aber eingedenk der Tatsache, daß der Mensch aufgrund der Verdorbenheit der menschli-

---

[4] H. Röhrs (Hrsg.), Preisschriften und Erziehungsplan, in: »Klinkhardts Pädagogische Quellentexte«, Bad Heilbrunn, 3. Aufl. 1983.

chen Gesellschaft *und* seiner »Leidenschaften«, also einmal aufgrund von Umweltbedingungen und zum anderen aufgrund innerer Antriebe, ein ›gefährdetes Wesen‹ ist und daher die ›natürliche Unschuld‹ niemals erreichen kann. Dennoch: Dem Menschen kann geholfen werden durch »natürliche Erziehung«, ohne daß dadurch wesensmäßig und auf Dauer ein ›besserer Mensch‹ oder eine ›vollkommene Gesellschaft‹ entsteht. Rousseau sowie die Erzieher der kommenden Generationen benötigen also die Vorstellungen von der »natürlichen Erziehung« als Regulativ für die degenerierte Erziehung der (jeweils) eigenen Gegenwart. Das bedeutet praktisch: entwicklungsgemäße Erziehung, Erziehung vom Kinde aus, und zwar ausgehend von den »natürlichen« Bedürfnissen und Interessen des Kindes, keine Verfrühung, Berücksichtigung lernpsychologischer Prinzipien wie die Anschauung, die Nähe, die Erfahrung, das eigene Tun usw.

Von dieser Grundauffassung aus läßt es sich rechtfertigen, daß die Erziehung im Kleinkindalter »negativ« und in der weiteren Entwicklung selbstbestimmend sein soll und sein muß. Erst auf dem Hintergrund dieses anthropologischen Ansatzes kann eine freie Erziehung, d. h. eine Erziehung des Wachsenlassens, stattfinden und verteidigt werden. Sie ermöglicht dem Menschen, zu sich selbst zu finden und nicht bloß Abbild eines fremden Willens zu werden. Aber das bedeutet nicht, daß das Wachsenlassen ein stetig-aufwärtssteigender Prozeß ist, der zu einem ›höheren Zustand‹ des menschlichen und gesellschaftlichen Seins hinaufführt. Aufgrund der im Menschen vorhandenen »Leidenschaften« ist der Prozeß auch rückläufig. Innere Antriebe und eine »verführerische« Umwelt ›stören‹ ein nach oben führendes Wachsenlassen.

Etwa 150 Jahre nach Rousseau hat die schwedische Pädagogin und Frauenrechtlerin *Ellen Key* (1849-1926) in ihrem Buch »Das Jahrhundert des Kindes« (1900, dt. 1902) die Erziehungsvorstellungen des großen Genfers neu belebt:

»Ruhig und langsam die Natur sich selbst helfen lassen und nur sehen, daß die umgebenden Verhältnisse die Arbeit der Natur unterstützen. Das ist Erziehung.«[5]

Wieder ein halbes Jahrhundert später befürwortet der Engländer *A. S. Neill* (1883-1972) und die ihm folgende antiautoritäre Erziehungsbewegung aus ähnlichen anthropologischen Vorstellungen und Grundsätzen heraus die repressionsfreie Erziehung. Sie allein könne den Kindern ein Leben in Freiheit und Selbstbestimmung vermitteln. Demgegenüber bezweifeln viele Erzieher die ursprüngliche und naturgemäße Güte des Menschen und gehen davon aus, daß der Mensch zwar das Gute will, aber aus Unvermögen immer wieder gegen Sitte und Gebot verstößt – eben weil dem Menschen die Spannung des Gut- und Böseseins in die Seele ›gebrannt‹ sei. Aus diesem Grunde *müsse* der Mensch erzogen werden.

---

[5] Zitiert nach Th. Dietrich (Hrsg.), Die pädagogische Bewegung »vom Kinde aus« (Klinkhardts Pädagogische Quellentexte), 4. erw. Aufl., Bad Heilbrunn 1982, S. 5.

Welche der beiden gegensätzlichen Grundpositionen ist die richtige?

Die beiden Auffassungen über Erziehung stehen sich seit Jahrhunderten scheinbar unversöhnlich gegenüber. Der Grund dafür liegt in den unterschiedlichen Vorstellungen über den Menschen, die in den dargestellten erzieherischen Grundpositionen zum Ausdruck kommen. Eine Entscheidung für die eine oder die andere Richtung ist besonders deshalb nicht einfach, weil jede Richtung von bedeutenden Denkern vertreten worden ist und wird. Welcher Standpunkt ist der richtige? Um eine klärende und befriedigende Antwort zu finden, müssen wir weiter ausholen, uns tiefer mit dem Wesen und der Aufgabe der Erziehung befassen und vor allem die Grundfrage nach dem Sinn der Erziehung im menschlichen und gesellschaftlichen Leben zu beantworten versuchen.

Bei der Lösung dieser Aufgabe gehen wir nach folgender Gliederung vor: Wir untersuchen 1. zunächst das Wort »erziehen« nach seiner etymologischen, also ursprünglichen, Bedeutung sowie im umgangssprachlichen Gebrauch. Wir machen uns 2. ein Bild vom Erziehungsvorgang, und zwar 1. in überschaubaren Gesellschaften und in wenig differenzierten Kulturverhältnissen, 2. in der technischen Massengesellschaft und in der parlamentarischen Demokratie. Daraus ziehen wir 3. Konsequenzen im Hinblick auf unser Thema. Wir beantworten dann 4. die gestellte Grundfrage aus anthropologischer Sicht. Da wir mehrfach Erziehen und Lernen in gleicher Bedeutung verwenden, stellen wir 5. die Frage, ob Erziehen und Lernen identisch sind. Schließlich fassen wir 6. das Ergebnis unseres Nachdenkens unter der Fragestellung zusammen: Was ist »Erziehung«?

Zu 1.: Zur Bedeutung des Wortes »erziehen«: etymologische Ableitung und umgangssprachlicher Gebrauch

Das Wort »erziehen« ist aus dem Verbum »ziehen« und der Vorsilbe »er-« zusammengesetzt. Die Vorsilbe »er-« bedeutet im Mittelhochdeutschen (ahd.: ar-, ir- oder ur-) soviel wie »heraus aus, von«. »Er-ziehen« meint also ein »Herausziehen aus«. Das Verbum »ziehen« weist auf einen Krafteinsatz hin. Wenn wir einen Wagen ziehen oder wenn der Zahnarzt einen Zahn zieht, muß Kraft eingesetzt und ein Widerstand überwunden werden. Der Gegenstand, der bewegt werden soll, wird dabei an einen anderen Ort gezogen. Im übertragenen Sinn sprechen wir von »ziehen«, wenn wir z. B. sagen: Der Gärtner zieht eine Pflanze, oder: Wir ziehen am gleichen Strange. Im ersten Falle soll zum Ausdruck gebracht werden, daß der Gärtner der Pflanze zum Wachsen und Größerwerden verhilft, im zweiten Falle, daß zwei oder mehrere das gleiche Ziel anstreben.

Damit nähern wir uns bereits dem auf geistige und seelische Vorgänge bezogenen Begriff des »Erziehens«. Hier geht es nicht um die Fortbewegung eines Körpers oder die bloße Aufzucht eines Organismus, sondern – wenn wir den Begriff zunächst wörtlich nehmen – um ein »Herausziehen aus etwas«. Fragt man, »aus was« oder »woraus« der Mensch »gezogen« werden soll, so kann man – nun in übertragenem Sinne – von einem »Herausziehen« aus der Unselbständigkeit, der Unmündigkeit oder der elterlichen Vormundschaft sprechen. Von einer Ausgangslage her soll der Mensch in einen neuen Zustand »hinaufgezogen« werden: zur Eigenständigkeit, zur Selbstverantwortung, zur Mündigkeit.

Anzumerken ist hier, daß dieser neue Zustand nicht mit unbedingter Sicherheit erreicht wird. Der Vorgang und die Anstrengung des Erziehens allein bieten keine Gewähr dafür, daß man zum Ziel gelangt oder daß die anerzogenen Verhaltensweisen wirksam bleiben.[6]

Von der Wortbedeutung her meint »erziehen« also Einflußnehmen, und zwar in Richtung der Besserung des Verhaltens. Die Einflußnahme erfolgt in erster Linie von Erwachsenen aus und richtet sich auf Jüngere, eben auf Zu-Erziehende. Dessenungeachtet ist in der Erziehungsgeschichte immer wieder die Frage gestellt worden, auf die wir schon hingewiesen haben: Muß der Mensch überhaupt erzogen, d. h., in vielerlei Hinsicht beeinflußt und geformt werden, oder erreicht er – vielleicht seiner Natur gemäßer – seine Verwirklichung in mündiger Verantwortung dadurch, daß man ihn ohne direkten erzieherischen Einfluß aufwachsen läßt? Diese Problematik ist in der pädagogischen Literatur seit den zwanziger Jahren unter der Fragestellung behandelt worden: »Führen oder Wachsenlassen?«[7]

Zu 2.: Der Erziehungsvorgang in unterschiedlich differenzierten Gesellschaften

Wir suchen nun nach einer Antwort auf die Frage, was Erziehung ist, indem wir uns Erziehungsvorgänge in unterschiedlichen sozialen und kulturellen Verhältnissen vergegenwärtigen. Denn es könnte sein, daß die Frage, welche Art der

---

[6] Vgl. Josef Dolch, Worte der Erziehung in den Sprachen der Welt, in: W. Brezinka, Weltweite Erziehung 1961; wieder abgedruckt in: E. Weber (Hrsg.), Der Erziehungs- und Bildungsbegriff im 20. Jh. (Klinkhardts Pädagogische Quellentexte), 2. Aufl. 1976, S. 7-15; ferner: J. Dolch, Der Erfahrungsbegriff der Erziehung – Versuch einer Explikation, in: Zeitschrift für Pädagogik, Jg. 1966, Heft 3, S. 213-237.
[7] Th. Litt, Führen oder Wachsenlassen (1927), 4. Aufl., Stuttgart 1947 u. ö. – P. Petersen, Erziehung und Führung – ein Grundproblem der allgemeinen Erziehungswissenschaft, in: Mainzer Abhandl. z. Philos. u. Päd., hrsg. von E. Feldmann, Karlsruhe 1926.

Erziehung die ›richtige‹ ist, von unterschiedlichen Lebensverhältnissen aus unterschiedlich beantwortet wird.

2.1: Erziehungsvorgänge in überschaubaren Gesellschaften und in wenig differenzierten Kulturverhältnissen

Die amerikanische Anthropologin *Margaret Mead* (1901-1979) hat sich mit der Kultur und Erziehung in sog. Primitivkulturen befaßt. Ihr Forschungsraum waren die Südseeinseln. U. a. hat sie bei den Manus auf den Admiralitätsinseln gelebt und dort u. a. die *Erziehung im Kindesalter* studiert. Sie schreibt darüber:

»Die Manuskinder (das sind die Kinder der Manus auf der Insel »Manus«; der Verf.) sind im Wasser vollkommen zuhause. Weder fürchten sie es, noch bietet es ihnen besondere Schwierigkeiten oder Gefahren. Die Anforderungen haben sie scharfsinnig, findig und körperlich geschickt gemacht wie die Eltern. Jedes Kind kann mit fünf Jahren gut schwimmen. Ein Manuskind, das nicht schwimmen kann, wäre genauso unnormal wie ein amerikanisches Kind, das mit fünf Jahren noch nicht laufen kann ...

Nach der gleichen Methode lernen die Kinder auch noch in anderer Beziehung, sich ihrer Umwelt anzupassen ... Die Kenntnisse, die die kleinen Kinder sich aneignen müssen, sind ›das Haus verstehen‹, ›das Kanu verstehen‹ und ›die See verstehen‹.

Zu ›das Haus verstehen‹ gehört, daß man vorsichtig über schadhafte Böden geht, daß man die Leiter oder an den gekerbten Pfosten von der Veranda zum Haus hinaufsteigen kann, daß man daran denkt, ein Bodenbrett wegzuheben, wenn man ausspucken oder urinieren muß oder Abfälle wegwerfen will ...

Die Kinder lernen dadurch sprechen, daß die Männer und älteren Knaben so gern mit ihnen spielen. Man hält es nicht für nötig, daß ein Kind richtigen Unterricht bekommt: Es lernt nur durch das Spielen mit den Erwachsenen. Eine Hilfe dabei ist z. B. die Freude am Wiederholen ...«[8]

---

[8] M. Mead, Leben in der Südsee, München 1965, S. 175 ff. – Die Ergebnisse von M. Meads Forschungen sind inzwischen auf heftige Kritik gestoßen. Das betrifft aber nicht die hier wiedergegebenen Ausführungen über die Art der Kindererziehung. Die Einwände beziehen sich auf Meads Behauptung, daß die Bewohner der Südseeinseln glückliche, freundliche und friedliebende Menschen seien, die keine Konflikte kennen und in einem ›wahren Paradies‹ leben. Dieses Samoa-Bild, das harmonische gesellschaftliche Verhältnisse auf der Grundlage der Milieutheorie und des Kulturdeterminismus postuliert (= eine heitere und die materiellen Lebensbedürfnisse befriedigende Landschaft ›produziert‹ heitere, friedliche Menschen), ist durch den amerikanischen Anthropologen D. Freemann (vgl. M. Mead and Samoa, Harvard University Press 1983) ›entzaubert‹ und berichtigt worden.

Erziehung ist hiernach ein Vorgang des Hineinlebens und des Hineingelebtwerdens in die
Normen und Verhaltensweisen der Gruppe
oder einer Lebensgemeinschaft

Man hat nicht den Eindruck, daß die Kinder aus der elterlichen Vormundschaft
»herausgezogen« und zum Selbst oder zur Individualität oder Persönlichkeit
»hinaufgezogen« werden. Es handelt sich aber auch nicht um ein bloßes
»Wachsenlassen«, so wie die Pflanze in der freien Natur aufwächst. Schon eher
kann man sagen, daß die Kinder in die den Erwachsenen gestellten Aufgaben
»hineinwachsen«. Sie übernehmen auf dem Wege des Zuschauens und Nachma-
chens die Tätigkeiten, die sie für ihr Leben als Erwachsene auf Manus benötigen. Das alles lernen sie durch den Umgang mit den Sachen. Sie lernen, die See,
das Haus, das Kanu verstehen, indem sie mit dem Wasser, dem Haus, dem Kanu
»umgehen«; sie sammeln Erfahrungen mit den Elementen und Dingen und ziehen
daraus Folgerungen. »Lernen« heißt hier wie anderswo: Erfahrungen machen
oder sammeln und diese auswerten und anwenden.[9]
    Das gleiche Prinzip gilt für das Sprechenlernen und das Erlernen des Zusam-
menlebens. Die Kinder lernen sprechen »durch das Spielen mit Erwachsenen« –
ein Vorgang übrigens, der sich auf der ganzen Welt in ähnlicher Weise auch
heute so abspielt. Weiter: Die Kinder beobachten das Leben und die Tätigkeiten
der Erwachsenen und ahmen sie nach, machen dabei eigene Erfahrungen, werten
sie aus und versuchen, ihr Tun zu verbessern. Gelingt es nicht, durch Nachahmen oder durch »Versuch und Irrtum« einen Vorgang richtig zu erfassen und
auszuführen, dann dürfen wir annehmen, daß andere Kinder, Geschwister, Eltern
oder erfahrene Stammesangehörige dem Kind behilflich sind, die lebenswichti-
gen Erfordernisse wie Kanufahren, Fischen, Hausbauen usw. in rechter Weise zu
handhaben. Die bloße Nachahmung und das Selbsterproben werden durch wie-
derholendes Tun gefestigt und durch Hinweise und Berichtigungen der Erwachsenen vertieft. Die Grundlage des Hineinlebens und Hineingelebtwerdens in die
Erwachsenengesellschaft bildet aber stets das Vormachen und Nachahmen.
»Erziehen« bedeutet hier also soviel wie »Hineinziehen« in die Tradition oder in
das Kulturerbe des Stammes der Manus. Dieser Vorgang vollzieht sich für die
Kinder unbewußt; er ist aber von der Erwachsenengesellschaft gewollt und wird
von ihr mehr oder minder bewußt gesteuert.
    Erziehung als Anpassungs- und Nachahmungsvorgang hat sich bis in die Ge-
genwart überall dort erhalten, wo das gesellschaftliche Leben auf der Tradition
beruht. Das gilt z. B. für die Verhältnisse in den ländlichen Gebieten Mitteleuro-

---

[9] Vgl. W. Guyer, wie wir lernen, Zürich 1952 (u. ö.), S. 15 ff.

pas während der ersten Hälfte des vorigen Jahrhunderts. Die Kinder wachsen in der Großfamilie auf. Das Leben ist wenig differenziert und daher überschaubar. Die Kinder werden in die von der Tradition bestimmte statische Agrarkultur ›eingepaßt‹. Auch das mitmenschlich-sittliche Verhalten, das durch die christliche Ethik unwidersprochen festgelegt ist, wird durch das Miteinanderleben ›eingeprägt‹. Vater und Mutter, die Großeltern, die Nachbarschaft, der Lehrer und der Dorfpfarrer sind für die Jugend noch sichtbare Vorbilder. Diese Personen regen zur Nachahmung ihres Verhaltens an; von den Heranwachsenden wird das als »Pflicht« zur Übernahme des Vorbildes empfunden.

Erziehung ist hier wesentlich ein Assimilationsvorgang. Die Kinder und Jugendlichen »assimilieren« das soziale Verhalten und die Kultur der Erwachsenen. Daß die Kinder und Jugendlichen besonders jene Personen und ihre Tätigkeiten ›nachzuahmen‹ versuchen, zu denen sie eine enge Bindung haben, die sie lieben und achten, spielt dabei eine wichtige Rolle. Das gilt für die Südseeinseln und für frühe Kulturen ebenso wie für die Gegenwart.

Erziehung stellt sich also bisher vorwiegend dar als ein Vorgang des Hineinwachsens in die Überlieferung oder als ein Anpassungsprozeß an das gesellschaftliche Leben, als ein Übernehmen der Traditionen, die seit langem Gültigkeit besitzen. Weiter gefaßt ist Erziehung gleichbedeutend mit dem Erwerb der Kultur eines Volkes bzw. ein Vorgang der Übertragung der Kultur auf die nachfolgende Generation. Der Anpassungsprozeß beruht auf Vormachen und Nachahmen, Beobachten und Auswerten der Beobachtungen, auf Wachsenlassen und Führen – allerdings weniger in einem individuellen, sondern eher in einem kollektiven Sinne. Dabei werden von der Erwachsenengeneration bewußt oder unbewußt auch Zwänge ausgeübt, nämlich dann, wenn sich ein Kind oder ein Jugendlicher den gültigen Normen widersetzt.

Die Erziehungswissenschaft hat den bisher beschriebenen Vorgang eindeutiger zu formulieren versucht

Die Erziehungswissenschaft der 20er Jahre hat den Vorgang des Hineinwachsens, des Einlebens und der Übernahme der Norm- und Leitvorstellungen mit dem Begriff der »*funktionalen Erziehung*« bezeichnet. Damit soll zum Ausdruck gebracht werden, daß sich Erziehung in weiten Bereichen als Assimilationsprozeß vollzieht. Erziehung ist – so gesehen – Funktion der Gesellschaft, der Gemeinschaft oder der Gruppe, in der der junge Mensch aufwächst und in die er hineinwächst. Erziehung ›funktioniert‹ (= geschieht, ereignet sich) also im Leben und durch das Leben. Anders gesagt: Erziehung ›funktioniert‹ im Umgang und im Zusammenleben mit anderen Menschen. Dadurch übernimmt das Kind und ebenso der Erwachsene unbewußt die Sprache, die Wertvorstellungen, die Verhaltensweisen der Gruppe oder der Gemeinschaft, in der das Kind oder der Erwachsene aufwächst. Auch Erlebnisse und Erfahrungen, die existentielle Betroffenheit auslösen und einen Menschen in seinem Denken und Handeln ›umformen‹, verändern und versittlichen, gehören in den Bereich der ›funktionalen‹ Erziehung. Im Unterschied dazu hat man alle bewußten und geplanten Erziehungsvorgänge als »*intentionale Erziehung*« bezeichnet.

Die Übergänge zwischen den beiden Formen der Erziehung sind fließend. So kann die Ausgestaltung eines Klassenraumes zur »Schulwohnstube« vom Lehrer als bewußte und geplante Erziehungsmaßnahme eingestuft werden, während die wohnliche Atmosphäre und das dadurch bewirkte vertrauliche Lernklima vom Schüler als unbewußt und ungeplant erlebt wird.

Die erziehungswissenschaftliche Theorie verwendet seit den 70er Jahren für die beschriebenen Vorgänge, nämlich 1. des Hineinlebens und ›Hineingelebtwerdens‹ in die gesellschaftlichen Verhältnisse und 2. der Übernahme der Kultur, ebenfalls zwei unterschiedliche Begriffe: den ersten Vorgang bezeichnet man mit einem Begriff aus den angelsächsischen Sozialwissenschaften als »*Sozialisation*«. Das bedeutet soviel wie »Sozial-machen« und »Sozial-werden«.[10] Die Übernahme oder das Erlernen der Kultur oder auch das Hineinleben in die geistigen Gehalte einer Kultur wird mit einem Begriff aus der Kulturanthropologie umschrieben: mit »Enkulturation«.[11]

Durch diese Differenzierung – so meint man – würde das komplexe Erziehungsgeschehen schärfer und eindeutiger beschrieben. Das wäre dann tatsächlich der Fall, wenn die beiden Begriffe von allen Autoren einheitlich verwendet werden würden. Das ist aber nicht so. Eine Festlegung und eindeutige Definition der Grundbegriffe ist innerhalb der Geisteswissenschaften und damit auch in der Pädagogik schwierig, weil die Begriffe aus der jeweiligen sozio-kulturellen Situation immer wieder neu formuliert und gedeutet werden müssen. Daher ist es notwendig, daß ein Autor selbst angibt, in welcher Weise er einen Begriff verwendet (vgl. hierzu die »Schlußüberlegungen«).

Den umfassenden Erziehungsbegriff, nämlich daß Erziehung nicht nur ein intentionaler, bewußt geleiteter Vorgang ist, nimmt das »Wörterbuch der Pädagogik« von W. Böhm (20. Aufl., Stuttgart 1994) auf. Dort werden als Erziehung alle

---

[10] H. Fend, Sozialisierung und Erziehung – eine Einführung in die Sozialisierungsforschung, Weinheim 1969 u. ö.
[11] W. Loch, Enkulturation als anthropologischer Grundbegriff der Pädagogik, in: Bildung und Erziehung, 1968, S. 161 ff.; wieder abgedruckt in: E. Weber (Hrsg.), vgl. Anm. 4 – G. Wurzbacher, Sozialisation, Enkulturation, in: Wurzbacher (Hrsg.): Der Mensch als soziales und personales Wesen, Stuttgart 1963.

»jene Maßnahmen und Prozesse (verstanden), die den Menschen zu Autonomie und Mündigkeit hinleiten und ihm helfen, alle seine Kräfte und Möglichkeiten zu aktuieren (also zu verwirklichen oder wirksam werden zu lassen; d. Verf.) und in seine Menschlichkeit hineinzufinden«.

Erziehung bezieht hiernach alle jene »Maßnahmen und Prozesse« ein, die den Menschen in seinem Leben bewußt *und* unbewußt erzieherisch beeinflussen und dadurch seine »Menschlichkeit« fördern. »Das ganze Leben des Menschen ist (also) ein Leben der Erziehung«, wie schon *Friedrich Fröbel* in seiner »Menschenerziehung« (1826) formulierte.

2.2: *Der Erziehungsvorgang in der technischen Massengesellschaft und in der parlamentarischen Demokratie*

Das Beispiel aus dem Leben der Manus stammt aus einer einfachen und überschaubaren Kultur. Wie vollzieht sich Erziehung in den Hochkulturen der Gegenwart? Ist der Vorgang des Erziehens als Sozialisation und Enkulturation in einer differenzierten Kultur unter den Bedingungen der Gegenwart der gleiche?

Differenzierte gesellschaftliche Verhältnisse
komplizieren den Vorgang der Erziehung

Die Kleinkindererziehung weist in den heutigen hochspezialisierten Gesellschaften ähnliche Strukturen auf wie in den wenig differenzierten Kulturen der Naturvölker. Das Kleinkind übernimmt die Sitten und Gepflogenheiten seiner Familie. Es lernt, wie es sich am Mittagstisch zu verhalten hat, wie das Zubettgehen und Aufstehen vor sich geht, wie man Feste feiert, wie man die Erwachsenen zu grüßen hat usw.; es lebt sich und wächst in solche Situationen hinein. Aber schon bald merkt auch das jüngere Kind, daß man in einer anderen Familie z. B. Weihnachten anders oder gar nicht feiert, daß man über das Zubettgehen, Händewaschen, Grüßen, am Tische sitzen, über vieles, was in der einen Familie als erlaubt oder verboten gilt, in anderen Familien andere Ansichten hat und daß andere Vorschriften und Tabus gelten. Je älter das Kind wird, desto öfter und tiefgreifender wird es mit differenzierten Anschauungen, Verhältnissen, Anforderungen und Verhaltensweisen konfrontiert. Es muß lernen, aus der Vielfalt der Angebote und »*Handlungsmuster*« für sich auszuwählen und sich immer wieder und auch immer neu zu orientieren und zu entscheiden. Die Stileinheit und die relative Geschlossenheit des Lebens, wie sie in traditionsbestimmten Gesellschaften bestehen, ist in den vom Pluralismus bestimmten Hochkulturen endgültig vorüber. Der Pluralismus im Sinne der Vielgestaltigkeit gesellschaftlicher, politischer, weltanschaulicher u. ä. Verhältnisse oder einfach des »Mehrheitsstandpunktes« macht das Zustandekommen von einheitlichen Auffassungen schwierig, wenn nicht unmöglich.

Einschneidende historische Ereignisse verändern die traditionsbestimmte Erziehungsstruktur – Die Bedeutung des Renaissance-Zeitalters (14./15. Jh..)

Der Übergang zu einem anderen Erziehungsdenken und -verhalten, das aber die bisher beschriebene Form keineswegs völlig überwindet und auch nie ganz ausschließt, wird in Europa in der *Renaissance* vorbereitet, wenn wir von der griechischen Antike absehen. In der Renaissance wird ein »neuer« Mensch geboren: der Selbstdenker.

In den Städten des ausgehenden Mittelalters weicht die Homogenität des Lebens, wie wir sie noch bis weit ins 19. Jh. hinein auf dem Lande vorfinden, einer größeren Vielfältigkeit. Man begegnet dort reisenden Kaufleuten, die vom Leben in fernen Ländern zu berichten wissen. Man hört von »fahrenden Scholaren« über das Leben und Treiben auf den »hohen Schulen« und Universitäten. Zu den Privilegien ihrer Lehrer zählt u. a. das Recht, ohne Einschränkungen durch die Kirche zu lehren. Fast gleichzeitig entstehen Stadtschulen, für die sich der Rat der Stadt und nicht die Kirche verantwortlich fühlt. Die neuen Unterrichtsstätten vermitteln die Bildungsgüter des klassischen Altertums und beleben dadurch den Geist der Antike. Bisher unbekannte Erkenntnisse aus Philosophie und Naturwissenschaft dringen durch die Begegnung mit dem Kulturkreis der Araber nach Europa vor und stellen das überlieferte Wissen in Frage. Das Bild der Welt mit der Erde als Mittelpunkt wird durch die Entdeckung des *Nikolaus Kopernikus* (1473-1543) völlig umgestürzt. Hier und dort wird sogar die Lehre der römischen Kirche angezweifelt.

Das alles verändert das Lebensgefühl der Menschen jener Zeit. Während sich der Mensch des Mittelalters als Glied einer christlichen Lebensordnung empfindet, sein Leben auf das Jenseits hin ausrichtet und der Autorität der Kirche bedingungslos gehorcht, wendet sich der »neue« Mensch der Welt zu. Er nimmt Abschied von den geltenden Autoritäten und gestaltet sein Leben im Vertrauen auf die eigene Vernunft. Der Mensch fühlt sich als *Individuum*, d. h. als ein selbständiges und vernunftbegabtes Wesen. Die Emanzipation des Menschen aus seiner »selbstverschuldeten Unmündigkeit« (I. Kant) setzt ein – langsam, zögernd –, aber sie beginnt und ist fortan nicht mehr aufzuhalten.

Die Geburt des »neuen« Menschen verändert die bisherigen Vorstellungen von der Erziehung. ›Individuum-werden‹ kann nicht durch eine Erziehung erfolgen, die sich als bloße Anpassung an die Tradition und damit an vorbestimmte Autoritäten versteht. Wenn der Mensch seine eigene Vernunft gebrauchen und sich selbst bestimmen lernen soll, dann muß auch die Erziehung eine »Hilfe zur Selbsthilfe« oder anders gesagt: eine Hilfe der Erwachsenen(-generation) zur fortschreitenden Selbstbestimmung der Heranwachsenden sein.

Weitere historische Ereignisse verändern die Auffassung von Erziehung und setzen neue Akzente

Erziehung als »Hilfe zur Selbsthilfe« hat erst viel später *Joh. Heinr. Pestalozzi* (1746-1827) gefordert. Der Idee nach finden wir sie aber bereits in der Renaissance, ja in Ansätzen schon in der Antike. In der Realität der gesellschaftlichen Wirklichkeit setzt sie sich aber erst von der zweiten Hälfte des 19. Jahrhunderts ab langsam und allmählich durch. Es sind vor allem drei historische Ereignisse, die das bis dahin gültige, auf der Tradition beruhende und anpassungsbedachte Erziehungsdenken verändern: 1. die rapide Zunahme der Bevölkerung, 2. die Technisierung und 3. die Demokratisierung.

Deutschland in den Grenzen des Deutschen Reiches von 1937 besitzt am Anfang des 19. Jh. eine Bevölkerungszahl von etwa 24 Millionen (1816); ein Jahrhundert später sind es 65 Millionen. Es entstehen zahlreiche Städte und Großstädte, in denen die Menschen anonym leben. Die Technisierung fördert diesen Prozeß. Beide Vorgänge begünstigen den Abbau traditionsbestimmten Verhaltens. Die Jugend richtet sich nicht mehr ausschließlich am Vorbild der Väter oder der Mütter, überhaupt der Alten aus, zumal Väter und Mütter vielfach außer Hause arbeiten. Neue Philosophien und Weltanschauungen sowie die zunehmende Gleichgültigkeit gegenüber der christlichen Lebensauffassung verstärken den Prozeß der Auflösung der überlieferten Ordnung. Die Umwertung bisher gültiger Werte dringt zwar nur sehr zögernd in das Bewußtsein einer größeren Zahl von Menschen ein. Aber dieser Vorgang bildet dennoch in Verbindung mit den einsetzenden Demokratisierungsbestrebungen den Anlaß dafür, daß *die Erziehung nicht mehr nur der Einbahnstraße der Tradition folgen kann*. Sie muß sich den Anforderungen gegenüber öffnen, die eine sich rasch differenzierende Zivilisation und Kultur an die Menschen und vor allem an die Jugend stellen. Die Heranwachsenden müssen in dieser Situation lernen, eigene Entscheidungen zu treffen, sei es im Hinblick auf die Freunde, die Kleidung, den Beruf, den Arbeitsplatz, die Freizeitgestaltung, die Vorbilder, die politischen Parteien, die sittlichen Normen, oder sei es im Hinblick auf die Wahl der eigenen Frau, die dem jungen Mann in der traditionsbestimmten Gesellschaft von den Eltern mehr oder minder zugeführt worden ist.

Zu 3.: Konsequenzen für Wesen und Aufgabe der Erziehung

Erziehen ist Führen und Wachsenlassen,
Wachsenlassen und Führen

Erziehung ist heute bemüht bzw. muß sich bemühen, die Kinder und Jugendlichen neben der erforderlichen Eingliederung vor allem zur individuellen Entscheidungsfähigkeit und einer dieser entsprechenden Handlungsfähigkeit hinzuführen. Erziehung hat heute mehr denn je die Aufgabe zu erfüllen, wie sie in der ursprünglichen Bedeutung des Wortes angedeutet ist, nämlich den jungen Menschen aus der Unmündigkeit oder Vormundschaft der Eltern »herauszuführen« und zur Selbständigkeit und Mündigkeit »hinzuführen«. Bei diesem Vorgang müssen die Erwachsenen helfend, regulierend, steuernd, führend, notfalls auch formend eingreifen, ohne dabei den Heranwachsenden als Objekt ihrer erzieherischen Maßnahmen zu ›benutzen‹. Es gilt vielmehr, das Subjektsein des jungen Menschen anzuerkennen und im Erziehungsprozeß zu beachten. Gleichzeitig sollte das familiäre, schulische und das gesellschaftlich-politische Umfeld Erfahrungsräume anbieten, die dem Heranwachsenden die Selbstfindung ermöglichen und das Kooperationsverhalten fördern.

Wenn aber die Heranwachsenden lernen sollen, nicht nur die Kultur zu übernehmen, sondern sich aus dem reichhaltigen Angebot der Kultur und ihrer Werte, der Weltanschauungen, der religiösen und philosophischen Strömungen, der Ansichten über Besitz und Eigentum, über die Staatsformen und über Staatslenkung usw. das ihnen Gemäße und Richtige auszuwählen und danach zu handeln, und zwar auf der Basis von gesellschaftlich festgesetzten und anerkannten Grundwerten und in Konfrontation mit ihnen (vgl. Thema 3) – dann muß die Erziehung ›offen‹ sein, d. h., sie darf nicht nur regulieren, prägen, formen oder ›einpassen‹ wollen. Erziehung muß vielmehr als »Entwicklungshilfe« verstanden werden, die das Kind und den jungen Menschen zur Mit- und Selbstbestimmung anleitet, und zwar unter Beachtung und Anerkennung der im Kinde vorhandenen Kräfte und Fähigkeiten; sie muß aber dort »Führung« sein, wo das Kind den Weg nicht selbst findet. Mit *Th. Litt* (1880-1962), der bereits 1927 den einseitigen Standpunkt des »Wachsenlassens« zurückgewiesen hat, können wir daher als »letzten Schluß« der »pädagogischen Weisheit« formulieren:

»In verantwortungsbewußtem Führen niemals das Recht vergessen, das dem aus eigenem Grunde wachsenden Leben zusteht – in ehrfürchtig-geduldigem Wachsenlassen niemals die Pflicht vergessen, in der der Sinn erzieherischen Tuns sich gründet – das ist der pädagogischen Weisheit letzter Schluß.«[12]

---

[12] Vgl. Anm. Nr. 5, S. 81/2.

Diese Sinnbestimmung von Erziehung wirft zahlreiche neue Fragen auf, nämlich u. a.: Wann und in welchen Situationen soll/muß der Erzieher eingreifen bzw. sich zurückhalten? Und weiter: Wer sagt den jungen Menschen und auch den Erwachsenen, was das Gemäße und Richtige ist, wie sie es finden und verwirklichen? Welche Ziele soll die Erziehung verfolgen? Wir können hier diese Fragen nur stellen. Wir gehen darauf im Rahmen des Themas 3 ein. Die Fragen machen aber deutlich, daß die Klärung des Wesens und der Aufgabe der Erziehung immer auch an die Zielfrage heranführt. Zunächst aber müssen wir uns der Hauptfrage unseres Themas weiter zuwenden. Daher:

Zu 4.: Warum muß der Mensch erzogen werden?

Bisher haben wir uns in erster Linie mit dem *Vorgang der Erziehung* befaßt. Zu fragen bleibt aber noch, *warum der Mensch überhaupt erzogen werden muß*, um die in seiner Gruppe geltenden Verhaltensgrundsätze zu übernehmen und vor allem einzuhalten, und warum das »Wachsenlassen« oder das bloße ›Hineinwachsen‹ nicht genügt oder ausreicht. Eine klare und exemplarische Antwort auf diese Frage gibt *Pestalozzi*. In einer nahezu dramatischen Schilderung entwirft er ein Bild des Menschen, wie der Mensch, sich selbst überlassen, notwendigerweise zum gewissenlosen »Wilden« wird:

»Der Mensch ... ist von Natur, wenn er sich selbst überlassen wild aufwächst, träg', unwissend, unvorsichtig, unbedachtsam, leichtsinnig, leichtgläubig, furchtsam und ohne Grenzen gierig, und wird dann noch durch die Gefahren, die seiner Schwäche, und die Hindernisse, die seiner Gierigkeit aufstoßen, krumm, verschlagen, heimtückisch, mißtrauisch, gewaltsam, verwegen, rachgierig und grausam. Das ist der Mensch, wie er von Natur, wenn er sich selbst überlassen wild aufwächst, werden muß; er raubt, wie er ißt, und mordet, wie er schläft.«[13]

Von »Natur aus« findet der Mensch offenbar nicht zu seiner eigentlichen menschlichen Lebensform. *Er bedarf vielmehr der Erziehung durch andere Menschen, um die Verhaltensnormen zu erfahren und einhalten zu lernen, die mit-menschliches und gesellschaftliches Leben verbürgen.* Wo liegen die Ursachen dieser »Erziehungsbedürftigkeit«, die die »Erziehungsnotwendigkeit« postuliert?

---

[13] Jh. Heinr. Pestalozzi, Lienhard und Gertrud (1781), neu hrsg. von A. Reble (Klinkhardts Pädagogische Quellentexte), 3. Aufl. 1981, S. 237 f.

Der Mensch bedarf der Erziehung, weil er im
Unterschied zum Tier relative Freiheit besitzt
und dadurch seine Bestimmung als Mensch
verfehlen kann

Die Notwendigkeit der Erziehung für die Existenz des Menschen wird besonders
deutlich, wenn man sich die instinkt- und umweltgebundene Lebensweise der
Tiere vor Augen führt. Da zeigt sich, daß jedes Tier seine spezifische Umwelt
und ein mehr oder minder festes Repertoire an Verhaltensweisen besitzt. Das
Tier muß sozusagen auf »vorgepfadeten Wegen«[14] sein Leben ›leben‹ und voll-
enden. An einem sehr einfachen Beispiel zeigt der Biologe *J. v. Uexküll* die
Grundstruktur tierischen Seins auf. Er beschreibt das Leben der Zecke (Holz-
bock).[15]

Die Zecke ist ausgestattet mit nur wenigen Sinnesorganen (»Merkorganen«),
nämlich 1. dem *Lichtsinn* der Haut, der sie aus dem Dunkel des Unterholzes an
das Licht ›treibt‹, d. h. an das Ende eines Baumastes, wo viel Licht ist; 2. dem
Geruchssinn, der nur auf den Duft der Buttersäure reagiert, die den Hautdrüsen
aller Säugetiere entströmt. Nimmt die Zecke diesen Geruch wahr, dann heißt das
für sie: fallen lassen. Fällt sie dabei auf ein Tier, dann wird 3. der *Temperatur-
sinn* ausgelöst, der auf bestimmte Wärmegrade abgestellt ist. Endlich leitet 4.
der *Tastsinn* die Zecke an eine haarfreie Stelle. Nunmehr kann das Blutsaugen
beginnen. Danach läßt sich die Zecke fallen, legt Eier – und eine neue Generation tritt nach dem gleichen Lebensschema an. Ist die Zecke beim Fallen jedoch
auf dem Waldboden ›gelandet‹, wird sie durch den Lichtsinn wieder nach oben
zum Licht ›geleitet‹. Am äußeren Ende eines Astes bleibt sie sitzen – vergan-
genheits- und zukunftslos –, bis der Duft der Buttersäure ihren Geruchssinn erneut reizt.

Jede Tierart ist – wie von Uexküll nachgewiesen hat – mit einer ganz bestimmten »Merkwelt« ausgestattet, der eine ebenso festgelegte »Wirkwelt« entspricht. Mit den »Merkorganen« (Sinnesorganen) nimmt das Tier die Reize seiner Umwelt auf; es reagiert in immer gleicher Weise mit den »Wirkorganen«
(z. B. Muskel-Greifapparat), mit denen es in seine Umwelt hineinwirkt. Bei den
höheren Säugetieren, besonders bei den Anthropoiden, werden die Möglichkeiten der Umweltbeherrschung zwar reichhaltiger und überschreiten die Schwelle
von Reiz und Reaktion. Aufgrund der Erkenntnisse der Verhaltensforschung
können wir nicht ausschließen, daß bei bestimmten Tierarten, z. B. bei Vögeln
oder Säugetieren, auf der Grundlage der Wahrnehmung »ein gewisser Grad von

---

[14] M. Landmann, Der Mensch als Schöpfer und Geschöpf der Kultur, München 1961.
[15] J. v. Uexküll, Streifzüge durch die Umwelten von Tieren und Menschen, Hamburg 1956,
S. 23 ff.

44

bewußtem Denken, von Voraussicht und Wahl« das Verhalten mitbestimmen. So lernen z. B. Silbermöwen aufgrund von Erfahrungen, Schalentiere dorthin zu fliegen, wo Felsen sind, lassen dann die Beute fallen, gegebenenfalls mehrfach, bis die harte Schale aufgebrochen ist und somit der Inhalt verzehrt werden kann. Bei Hyänen und Löwen hat man beobachtet, daß und wie sie ihre Jagdpraktiken zu planen scheinen.[16] W. *Köhler* war bereits 1917 durch seine »Intelligenzprüfungen an Menschenaffen« zu ähnlichen Aussagen gelangt, nämlich daß die von ihm untersuchten Schimpansen »einsichtiges Verhalten von der Art des beim Menschen bekannten« zeigen.

In den letzten Jahrzehnten ist aufgrund der Untersuchungen über tierische Intelligenz und sprachliche Verständigung mit Primaten nachgewiesen worden, daß die ›dressierten‹ Tiere bis zu 130 Zeichen aus der amerikanischen Zeichensprache (AZS; der Gehörlosensprache) beherrschen lernen und dadurch einfache Gedanken und Wünsche ausdrücken lernen; sie beziehen sich vor allem auf die Bitte nach Futter. Um auf die Frage des Lehrers »Was willst Du?« antworten zu können, muß sich das Tier die Frucht, z. B. eine Banane oder eine Apfelsine oder Nüsse, »vorstellen« oder »riechen« oder »schmecken« und die Banane von Nüssen und anderen ›Freßmaterialien‹ unterscheiden können. Menschenaffen ist es also möglich, auf Fragen des Lehrers in einem bestimmten, erlernten Umfang zu antworten, d. h. zu ›reagieren‹. Sie wenden das Gelernte auch in ihrer Gruppe an. Man hat beobachtet, daß sich Primaten an Mitglieder ihrer Gruppe wenden, und zwar ohne vorausgehende Dressurakte, und durch expressives Verhalten und Signale auf Gefahren aufmerksam machen oder daß sie durch Arm- oder Handausstrecken einen Artgenossen zum Fellreinigen auffordern. Unsere nächsten Verwandten im Tierreich – die Primaten – besitzen also sowohl Intelligenz als auch kommunikative Fähigkeiten. Man kann daher heute nicht mehr von einem grundsätzlich qualitativen Unterschied zwischen Tier und Mensch sprechen. Es sind vielmehr Übergänge vorhanden, die mit der Entwicklung der Großhirnrinde im Zusammenhang stehen, u. a. mit der Ausbildung des Sprachzentrums.[17] Der Mensch und seine tierischen Vorfahren sind alle ›Kinder der Evolution‹ oder – religiös gesprochen – Geschöpfe Gottes.

Das alles macht deutlich, daß der Mensch »unter den allgemeinen Gesetzen der Evolution« steht und daß er keinen »einmaligen Entwurf« (A. Gehlen) darstellt, vielmehr morphologische und biochemische Gemeinsamkeiten mit dem Tierreich besitzt, besonders mit den Anthropoiden. Dennoch können wir sagen, daß im Tierreich trotz ›Vorstufen von Freiheit‹ das Prinzip der »Umwelt-

---

[16] Vgl. hierzu: D. R. Griffin, Wie Tiere Denken – Ein Vorstoß ins Bewußtsein der Tiere (1984), dt. München 1990, bes. S. 15 ff. u. 100 ff.
[17] J. Goodall, The Chimpanzees of Combe. Patterns of Behavior, Cambridge 1987; J. C. Eccles, Die Evolution des Gehirns (1989), dt. München 1989, 2. Aufl. 1993, S. 233 ff.

gebundenheit« vorherrscht, während der Mensch als »umweltungebunden« oder »weltoffen« betrachtet werden kann.[18]

Die »Weltoffenheit« des Menschen, wie die Anthropologie die Seinsweise des Menschen bezeichnet, hat u. a. schon *Johann Gottfried Herder* (1744-1803) erkannt. Er deutet den Menschen als »ersten Freigelassenen der Schöpfung«. Der Mensch ist hiernach also nicht-festgelegt, d. h. nicht instinktgesichert. Er wird trotz der Tatsache, daß er auch mit biologisch verwurzelten ›Programmen‹ ausgestattet ist, nicht mit einem Repertoire geboren, das sein Verhalten steuert. Der Baseler Zoologe *A. Portmann* (1897-1982) hat nachweisen können, daß das Neugeborene in einem »extra-uterinen Frühjahr« aufwächst. In diesem ersten Lebensjahr werden durch Umgang mit der mitmenschlichen und kulturellen Umwelt die typischen menschlichen Merkmale erst ausgebildet, nämlich die aufrechte Haltung, die Anfänge der Sprache und die des Denkens. Der Mensch macht also trotz unverkennbarer Zusammenhänge, die mit höher organisierten Tieren bestehen, von Anfang an eine arteigene, menschenspezifische Entwicklung durch.[19] Seine Geschichte ist relativ offen, wiederholt sich nicht; die Geschichte der Natur wiederholt sich.

Wenn diese Entwicklung durch schicksalhafte Ereignisse verhindert wird, Kinder z. B. nicht in menschlicher Umgebung aufwachsen wie die sog. »Wolfskinder« von Midnapore oder Kaspar Hauser, dann bilden sich die menschlichen Wesenseigentümlichkeiten nicht oder nur sehr unvollkommen aus. Das zeigt auch das »Experiment« des Hohenstaufenkaisers Friedrich II. (1194-1250). Der wissenschaftlich interessierte Kaiser wollte klären, ob Säuglinge bzw. Kleinstkinder eine allen Menschen gemeinsame Ursprache aus sich heraus entwickeln, wenn sie keine Worte hören und keine menschliche Ansprache erfahren, sondern nur genährt und gepflegt werden. Alle Kinder sind bei diesem Versuch im frühesten Alter gestorben – eben weil sie keine mitmenschliche Umwelt erlebten. Der Chronist, der uns darüber berichtet, schreibt:»Sie konnten ja nicht leben, ohne den Beifall, die Gebärden, freundlichen Mienen und Liebkosungen ihrer Wärterinnen und Ammen.«[20] Wir können auch sagen: Sie konnten nicht leben, weil sie keine Erziehung erfahren haben.

Diese und viele andere Beispiele zeigen, daß der an Instinkten arme und dadurch nicht-festgelegte Mensch zur Ausbildung seines Menschseins die menschlich-kulturelle Umwelt benötigt. Sie vermittelt ihm durch Erziehung (Sozialisation, Enkulturation) die Verhaltensweisen und Normen der Menschengruppe,

---

[18] M. Liedtke, Evolution und Erziehung – Ein Beitrag zur integrativen Pädagogischen Anthropologie, 2. Aufl., Göttingen 1976, S. 47 ff.

[19] A. Portmann, Biologische Fragmente zu einer Lehre vom Menschen, 2. Aufl., Basel 1951.

[20] J. Ibrahim, Über die Mütter, Jena 1917, S. 22.

in die er hineingeboren ist. Während das Tier seine jeweils bestimmte »Lebens-melodie« (K. v. Baer) abspielt und in vielen Situationen seines Lebens ›weiß‹, wie es zu leben hat, muß der Mensch sein Leben selbst ›in die Hand nehmen‹; er muß es ›führen‹ und verantworten. Nur im menschlichen Leben gibt es Verbre-chen, Schuld, Irrtum, Frevel auf der einen Seite und Opferbereitschaft, Güte, Hilfe für den Nächsten und am Nächsten sowie Unschuld bis hin zur Heiligkeit auf der anderen Seite. Der Mensch ist, weil nicht festgelegt, in sittlicher Hinsicht ein Gratwanderer, der sich heute überwindet und Gutes tut und morgen abfällt und in tiefste Tiefen stürzen kann. Er ist aufgrund seiner Seinsweise konstitutiv gefährdet, immer auch ›gekettet‹ an das Triebhafte in ihm. Daher bedarf er der Erziehung. Die Erziehung bildet das Äquivalent für seine wesensmäßige Unsi-cherheit; sie hilft ihm, das »Gute« zu tun und mitmenschlich zu handeln, d. h., die Würde des anderen Menschen nicht zu verletzen. Erziehung hat somit die Aufgabe, den fehlbaren und den die Normen verfehlenden Menschen an den Be-reich der Normen zu binden und ihn zurückzuführen, wenn er ›entweicht‹ und ›stürzt‹. Kein Mensch entwickelt sich also aus sich heraus aufgrund seiner Anla-gen und seines Erbpotentials zum Menschen. Er kann nur Mensch im vollen Sinne durch Erziehung werden. Diese Erkenntnis ist so alt wie die Menschheit selbst.

Erziehung als bloßes Wachsenlassen ist Utopie

Es ist daher eine Utopie zu glauben, daß aus der »reinen«, »natürlichen« und »unverdorbenen« Kindheit heraus ein guter Mensch und eine unverdorbene Ge-sellschaft entstehen. Immer sind zuerst die Erwachsenen da, die auf der Grund-lage des Kulturerbes an ihrem mitmenschlichen Leben und an ihrer Gesellschaft und Kultur weiterbauen, und es müssen Kinder geboren werden, die in diese Kultur hineinwachsen, in sie eingeführt werden und sie übernehmen, bevor sie das Erbe in eigener Verantwortung fortentwickeln können. Das ist ohne Erzie-hung nicht möglich.

Zu 5.: Ist Erziehung gleichbedeutend mit Lernen?

Im Zusammenhang mit dem Vorgang der Erziehung haben wir mehrfach den Begriff des »Lernens« verwendet: das Manuskind soll *lernen*, das Kanu zu be-herrschen; die Menschen *sollen* lernen, ihr Verhalten zu ändern; sie sollen *ler-nen*, menschlich miteinander umzugehen usw. Besteht also eine Gleichheit zwi-schen den beiden Begriffen, so daß man u. U. auf den Begriff der Erziehung verzichten könnte, wie in jüngster Zeit vor allem in den USA vorgeschlagen worden ist?[21]

Um uns in dieser Frage entscheiden zu können, müssen wir den Lernprozeß und den Erziehungsprozeß sowie deren Ergebnisse miteinander vergleichen. Unter *Lernen* versteht man ganz allgemein das Sammeln von Erfahrungen und deren Auswertung; dadurch gelangt man zu Kenntnissen und Erkenntnissen. Was man gelernt hat, soll auch eingeprägt, behalten und angewendet werden. Ein Jugendlicher lernt z. B. Mathematik oder Geographie usw., d. h., er »sammelt Erfahrungen« mit diesen ›Gegenständen‹, wertet sie aus und versucht, sich Einzeltatsachen und deren Beziehungen ›einzuverleiben‹. Er vergleicht sie mit ähnlichen und anderen Lerninhalten, gelangt dadurch zu neuen und umfassenderen Kenntnissen und Erkenntnissen und setzt das Wissen der Einzeltatsachen und der Zusammenhänge beim Neuerwerb von Wissensinhalten sinnvoll ein.

Im *Erziehungsprozeß* soll der Mensch dagegen zu einem »guten« oder »sittlichen« Verhalten hin erzogen werden und zu einer sittlichen Haltung gelangen. Das erfolgt nicht primär durch Denkprozesse, sondern durch Handeln in der Gemeinschaft. Aber auch die Erfahrung und deren Auswertung (Durchdenken) spielen wie beim Lernen dabei eine wichtige Rolle. So sammelt ein Schüler Erfahrungen im Umgang mit anderen und wertet sie aus, indem er z. B. mit bestimmten Schülern Freundschaft schließt, mit ihnen zusammenarbeitet, spielt, bastelt, sie unterstützt, ihnen vertraut usw., während er andere Schüler meidet. Mehr als beim Lernen ist bei solchen Akten der ganze Mensch beteiligt – die Gefühlsgrundlage, mitmenschliche Gefühlsregungen, volitive Akte, aber auch das Denken. Selbstverständlich können beim Lernen alle diese Funktionen ebenfalls eine Rolle spielen. Ihr Zusammenspiel ist besonders wichtig, wenn ein hoher Wirkungsgrad beim Lernen erreicht werden soll. Das ist dann der Fall, wenn die ganze Person am Lernakt beteiligt ist, also die Erlebnisgrundlage einbezogen wird.

Das alles zeigt, daß zwischen beiden Vorgängen enge Beziehungen bestehen. Erziehungsvorgänge sind mit Lernvorgängen gekoppelt; umgekehrt wirken Lernvorgänge auf die Erziehung ein. Das ist besonders dann der Fall, wenn das Lernen in Gruppen stattfindet, und die Schüler sich bei der Lösung von Aufgaben gegenseitig helfen und unterstützen. Hierbei werden mitmenschliche Verhaltensweisen herausgefordert, geübt und verbessert. Man hat daher diese Art des Lernens in den letzten Jahren als »soziales Lernen« bezeichnet und vom kognitiven Lernen abgehoben. Der Begriff des »sozialen Lernens« sollte zugleich den Erziehungsbegriff ersetzen. Von daher gesehen ist die Frage berechtigt, ob man an dem Begriff der Erziehung festhalten soll.

---

[21] Vgl. für die Bundesrepublik Deutschland u. a. H. Giesecke, Einführung in die Pädagogik, 8. Aufl., München 1978, S. 49 ff. – Das Ende der Erziehung, Stuttgart 1985.

Trotz der engen Beziehungen, die zwischen den beiden Prozessen bestehen, sind aber doch Bedenken anzumelden, den Begriff der Erziehung auszuschalten und statt dessen nur den Begriff des Lernens beizubehalten, und zwar aus folgenden Gründen.

1. Bisher hat man unter Lernen in erster Linie die geistigen oder »kognitiven« Prozesse der Aneignung, des Erwerbs von Kenntnissen und Erkenntnissen verstanden. Um die mitmenschlichen Akte zu betonen, die in der Erziehung die wesentliche Rolle spielen, müßte man das »Soziale« im Lernen hervorheben, also den Begriff des »sozialen Lernens« anstelle von Erziehung gebrauchen. Dadurch wird aber die ursprüngliche Bedeutung von Lernen erweitert. Neben Lernen im überlieferten Sinne müßte man vom »sozialen Lernen« sprechen, wenn man Erziehungsprozesse meint.

2. Lernen vollzieht sich nach sehr unterschiedlichen Prozessen. Sie reichen vom Reiz-Reaktions-Lernen bis hin zum einsichtigen Lernen mit ihren spezifischen lerntheoretischen Begründungen (vgl. Thema 10). Wir würden in große begriffliche und systematische Schwierigkeiten geraten, wenn wir versuchen würden, aus den verschiedenen Lerntheorien die heraussuchen zu wollen, die jeweils mit Erziehung korrespondieren.

3. Erziehung betrifft einen Vorgang, der den Menschen in den Bereich der sittlichen Normen einführt und ihm eine Lebenshilfe ›anbietet‹, damit er sein Leben menschlich gestaltet und für das Zusammenleben in der Gesellschaft tauglich wird. Der Mensch soll durch Erziehung eine Haltung gewinnen und verantworten. Dieser Prozeß wird gewiß immer auch durch Lernvorgänge unterstützt, umgreift sie jedoch.

Aus den genannten Gründen halten wir es für sinnvoll, die beiden Begriffe nebeneinander bestehen zu lassen und sie voneinander abzugrenzen.

Neben die Begriffe Erziehung und Lernen im Sinne von Erziehung ist seit dem frühen 19. Jh. der Bildungsbegriff getreten. Damit beschäftigen wir uns eingehend beim Thema 7, S. 165 ff.

Zu 6.: Ergebnis: Was ist nun »Erziehung«?

Einleitend haben wir die Ansicht von zwei Pädagogen über Erziehung wiedergegeben (S. 27), später eine dritte (S. 39) hinzugefügt. Langeveld und Willmann begrenzen Erziehung auf den »Umgang von Erwachsenen mit Kindern«. Erziehung hat nach ihrer Auffassung – und der stimmen wir völlig zu – die Aufgabe, das Kind immer mehr ›freizusetzen‹ und zur Mündigkeit zu führen, so daß es sein Leben eines Tages selbst gestalten kann. Dazu bedarf das Kind der Führung und des Wachsenlassens, des Wachsenlassens und der Führung. Mit diesen gegensätzlichen Begriffen haben wir den grundsätzlich antinomischen Prozeß der

Erziehung charakterisiert, d. h., Erziehung erfolgt in dem unaufhebbar gegensätzlichen Prozeß von Führen *und* Wachsenlassen oder – wie wir auch sagen können: von Binden *und* Befreien. Dieser Vorgang erfolgt und ›ereignet‹ sich stets im Umgang mit anderen. Das Kind/der Mensch lebt grundsätzlich in und aus Verbundenheit mit seinesgleichen. Daher verstehen wir Erziehung im Unterschied zu Langeveld und Willmann als einen Vorgang, der sich nicht nur auf Unmündige bezieht, der vielmehr auch unter Erwachsenen wirksam sein kann und der das Zusammenleben der Menschen durchwirkt, und zwar auf der Basis und in der Atmosphäre des Vertrauens, der Liebe und der gegenseitigen Förderung. Neben der intentionalen gibt es also auch die funktionale Erziehung. Das dritte Zitat drückt diesen Gedanken aus.

In diesem Sinne heißt es – wir wiederholen – bei *Friedrich Fröbel* (1782-1852): »Das ganze Leben des Menschen ist ein Leben der Erziehung.« Hiernach leitet Erziehung als zwischenmenschliches Phänomen die Menschwerdung des Menschen ein und vollendet sie. Aufgrund der Verhaltensunsicherheit des Menschen benötigt der Mensch *während seines ganzen Lebens* die erzieherische Ansprache und Herausforderung. Durch Erziehung soll er größtmögliche Sicherheit des Verhaltens unter Beachtung der Normen gewinnen, die in seiner Gesellschaft und darüber hinaus in der Menschheit gelten. Letztlich will Erziehung eine Dauerwirkung erreichen. Die wesensmäßige Ungesichertheit des Menschen gefährdet sie jedoch. Von daher gesehen ist Erziehung eine nie vollendete und beendete Aufgabe. Das setzt allerdings voraus, daß der Mensch tatsächlich auch erziehbar ist, d. h., daß er auf Ziele, Werte, Normen hin beeinflußbar und ›verbesserbar‹ ist oder daß er durch Selbsterziehung zu seiner ›Verbesserung‹ beitragen kann. Das haben wir bisher stillschweigend angenommen. Die Erfahrungen, die man in dieser Beziehung zu allen Zeiten mit Kindern/Erwachsenen gemacht hat, berechtigen zu dieser Annahme. Dennoch wird uns diese Frage in den folgenden Themen weiterhin begleiten.

Arbeitsaufgaben:

1. Der katholische Pädagoge Josef Göttler († 1935) definiert in seinem »System der Pädagogik« (1915, 9. Aufl. neubearb. v. J. B. Westermayr, München 1950) Erziehung als »die höherführende geistpflegende (entbindende, belehrende, inspirierende und übende) Entwicklungsbeeinflussung der reifenden Generation durch die gereifte, um sie auf selbständige Lebensführung innerhalb der sie umschließenden Lebensgemeinschaften und damit auf verständnisvolle Verwirklichung der die letzteren begründenden Werte einzustellen« (S. 49).
   Im »Pädagogischen Taschenlexikon« (hrsg. v. K. E. Maier, Regensburg 1978) wird Erziehung zusammenfassend so beschrieben: »Es ist ein unveräußerliches Kennzeichen der Erziehung, Menschen zu verbessern bzw. sie in ihrer Qualität zu erhalten und zu festigen. Erziehung im inhaltlich engeren Sinne zielt vor allem auf moralische Ertüchtigung, morali-

sche Mündigkeit. Erziehung im inhaltlich weiteren Sinne meint alle Lernhilfen, die sich auf den ganzen psychischen Bereich des Heranwachsenden beziehen, schließt also vor allem auch die geistige Persönlichkeitsbildung, deren Ziel die geistige Mündigkeit ist, ein« (S. 106).

Vergleichen Sie die beiden Definitionen, arbeiten Sie Gleiches und Unterschiedliches auch im Hinblick auf die Ausführungen beim Thema 1 heraus.

2. Durchdenken Sie Ihre eigene Erziehungsgeschichte auf die beiden Grundpositionen hin: Wo und bei welcher Gelegenheit haben Sie Erziehung als An- und Einpassung empfunden, wo haben Sie »Widerstand« geleistet?

3. Suchen Sie Beispiele für die intentionale und die funktionale Erziehung in Familie, Schule und im gesellschaftlichen Leben.

Kommentierte Literaturhinweise:

Flitner, A.: Konrad, sprach die Frau Mama ... – Über Erziehung und Nicht-Erziehung, München, 4. Aufl. 1989

Der Verf. diskutiert die Frage, ob Erziehung und ihr »Rechtfertigungssystem« tatsächlich für das Erwachsenwerden hilfreich sind oder ob Erziehung mehr Schaden stiftet. Das erfolgt in Auseinandersetzung mit der historischen Überlieferung sowie mit der Textsammlung Katharina Rutschkys zur »Schwarzen Pädagogik«, d. i. eine Pädagogik, die prinzipiell die ›bürgerliche‹ Pädagogik als lebensfeindlich oder tödlich charakterisiert und als solche auf alle Erziehungsprozesse übertragen wird. Weiter prüft Fl. die Thesen der gegenwärtigen Antipädagogik, u. a. auch im Zusammenhang mit der Antipsychiatrie, die schlimme Folgen der Erziehung tatsächlich oder vermeintlich aufgedeckt hat. Einen breiten Raum nimmt die Auseinandersetzung mit Alice Miller ein, die in ihren Büchern ebenfalls heftige Kritik an aller Erziehung übt. Zum Schluß denkt Fl. darüber nach, was Erziehung sein soll und was sie nicht sein darf, und weiter: Welche Aufgaben sie in unserer »spannungsvollen Welt« hat.

Hamann, B.: Pädagogische Anthropologie, Bad Heilbrunn 1982, 2. Aufl. 1993

Auf 208 Seiten führt der Autor in einer übersichtlichen, verständlichen und klar formulierten Darstellung in den gegenwärtigen Problem- und Diskussionsstand zur (Pädagogischen) Anthropologie ein. Die stärker philosophisch orientierten Konzeptionen kommen auf der Grundlage der Besonderheiten menschlicher Seins- und Lebensweise ebenso zur Sprache wie die naturwissenschaftlichen.

Lassahn, R.: Pädagogische Anthropologie – eine historische Einführung, Heidelberg 1983

L. umreißt das Problemfeld einer wissenschaftlichen Anthropologie und geht dann zu Fragen über wie: »Warum hielt man in einer Zeit die Kinder für böse und glaubte, sie bestrafen zu müssen? Warum sah man in einer anderen Zeit in der Kindheit eine Epoche der Unschuld? Was bewog die Menschen ... in ihren Kindern träge Geschöpfe zu sehen, die bewegt, angeregt und angereizt werden müßten, ein andermal hingegen organische Kräfte, die über Aktivität und Kreativität verfügen, sobald man sie nur gewähren läßt? ...« (21) Wie sieht sich der Mensch selbst »mitten in der Wirklichkeit seines Lebens, und wie gestaltet er aus der jeweiligen Sicht heraus sein Leben?« L. will mit der Beantwortung dieser und ähnlicher Fragen »Realanthropologie« betreiben. Sie klärt das Sein des Menschen in der Welt. Dazu gehört auch die historische Dimension. An Hand einer Fülle geistesgeschichtlicher und naturwissenschaftlicher Belege macht der Verf. deutlich, wie der Mensch sein Handeln am jeweiligen

Welt- und Menschenbild ausrichtet. Hier liegt die »Nahtstelle« zur Pädagogischen Anthropologie.

Scheuerl, H.: Pädagogische Anthropologie – Eine historische Einführung, Stuttgart 1982

Sch. stellt zunächst die Frage: Was heißt Anthropologie, und was heißt pädagogische A.? Dann verfolgt er die Wandlungen des Menschenbildes im Erziehungsdenken von der Antike bis zur Gegenwart, und zwar am Beispiel ausgewählter Persönlichkeiten wie Platon, Augustinus, Comenius, Rousseau, Pestalozzi, Kant und Herder. Dabei werden die sozial- und geistesgeschichtlichen Hintergründe aufgedeckt, in deren Zusammenhang die unterschiedlichen Positionen zu sehen sind. Abschließend führt Sch. an die aktuelle Diskussion heran und zeigt am Beispiel von Fr. Nietzsche und A. Portmann »Parallelen und Kontraste« auf.

Weber, E. (Hrsg.): Der Erziehungs- und Bildungsbegriff im 20. Jh. (Klinkhardts Pädagogische Quellentexte), 2. Aufl., Bad Heilbrunn 1976

Der Text besteht aus 15 Arbeiten von bekannten Pädagogen wie Jos. Dolch, P. Petersen, E. Spranger, W. Klafki, K. Mollenhauer, W. Loch u. a.; die Verfasser setzen sich mit der im Titel genannten Thematik auseinander. Vgl. hierzu auch die Literatur am Schluß der »Einleitung«, S. 24.

Weber, E.: Pädagogik, Teil 1, s. S. 26.

Thema 2
Tragen die Eltern oder der Staat (die Gesellschaft) die Verant-
wortung für die Erziehung? – Von der Legitimation erzieheri-
scher Einflußnahme – ein Problem der »Theorie der Erziehung«
und der Gesellschaftspolitik

Einführung:
Sollen die Eltern oder der Staat/die Gesellschaft die Erziehung der
Kinder leiten? – Wie hat man in der Vergangenheit darüber ge-
dacht, und was sagt man dazu in der Gegenwart?

Diskutiert man mit Eltern über die gestellte Frage, dann erhält man in der Regel
die folgende Antwort: Im Klein- und Schulkindalter haben sie – die Eltern – das
primäre Recht und die Aufgabe, die Erziehung der Kinder zu leiten; je erwachsener und reifer die Kinder werden, so treten weitere Personen und Institutionen
hinzu, bis schließlich der Heranwachsende selbst mehr und mehr mit- und selbstbestimmend sein Leben ›in die Hand‹ nimmt. Dem Staat und der Gesellschaft
billigen die Eltern lediglich eine unterstützende, helfende und eine kontrollierende Funktion zu, wenn entweder den Eltern die erforderlichen Mittel zur Erziehung der Kinder fehlen oder wenn sie die ihnen zustehenden »natürlichen«
Rechte verletzen.

Gegenüber dieser Ansicht setzt sich eine kleine, wenn auch zahlenmäßig zunehmende Gruppe von Eltern dafür ein, daß Staat und Gesellschaft von Anfang
an stärker an der Erziehung der Kinder zu beteiligen seien, da viele Eltern – eines Tages vielleicht sogar die Mehrheit – tagsüber berufstätig sind und sich nicht
um die Erziehung der Kinder kümmern können.[1] Das sei besonders wichtig für
die an Zahl zunehmende Ein-Kind-Familie oder für die ebenfalls wachsende
Zahl der sog. ›Problemkinder‹, die bereits in den ersten Monaten ihren Eltern zur
›Nervensäge‹ werden oder in späteren Jahren psychische Störungen erleiden.
Außerdem würden in unserer komplizierten, modernen Gesellschaft so hohe und
differenzierte Anforderungen an die Erziehung gestellt, daß sie von den Eltern
als ›ungelernten Erziehern‹ nicht hinreichend erfüllt werden könnten. Es wäre
daher für die Kinder vorteilhafter und für ihre Entwicklung angebrachter, wenn
statt der Eltern gut ausgebildete Berufserzieher das ›Geschäft der Erziehung und
Ausbildung‹ übernehmen würden. Schließlich wird auch darauf hingewiesen,
daß die Erziehung prinzipiell einen sozialen Charakter habe und sich im sozialen

---

[1] Vgl. hierzu: F. Hopflinger u. a., Familienleben und Berufsarbeit, zum Wechselverhältnis
zweier Lebensbereiche, Zürich 1991 – H. Hierdeis, Erziehungsinstitutionen, Donauwörth
1997 (s. S. 26).

Milieu vollziehe, daß also die individual-egozentrische Natur des Kindes mit Beginn des Lebens sozialisiert werden müsse. Kurzum: Jeder Mensch sei ein Glied der Gesellschaft und habe als solches eine gesellschaftliche Rolle zu übernehmen. Auch unter diesem Gesichtspunkt sei es richtiger, das Kind und den jungen Menschen möglichst frühzeitig von der Gesellschaft aus auf die Gesellschaft hin zu erziehen.

Exemplarische Beispiele für die beiden Grundauffassungen der Erziehung

Die beiden Standpunkte sind im Verlauf der Geschichte der Menschheit und damit der Geschichte der Erziehung immer wieder vertreten worden. Die Auseinandersetzung um die Vormachtstellung einer der beiden Erziehungskonzeptionen ist unter Fragestellungen wie Individual- *oder* Sozialerziehung, elterliche *oder* Kollektiv-Erziehung, Einzel- *oder* gesellschaftliche bzw. Staats-Erziehung geführt worden. Obwohl die genannten Begriffe keineswegs einheitlich verwendet worden sind und werden, versteht man im allgemeinen unter den jeweils zuerst genannten Begriffen eine Erziehung, die das individuelle Sein oder die Besonderheit, die Einmaligkeit und Unvergleichbarkeit des Individuums im Auge hat und fördert, während die an zweiter Stelle gebrauchten Begriffe darauf hinweisen, daß der Mensch als ein »zoon politikon« (Aristoteles) anzusehen ist, also dem Begriff nach als ein »politisches Tier« oder sinngemäß als ein gesellschaftlich handelndes Wesen.

Die *erste Auffassung* beruht auf der Überzeugung, daß der Mensch ein individuelles oder personales Sein besitzt. Der Mensch ist Person, d. h., jedem Menschen kommt Einmaligkeit zu. Dabei wird vorausgesetzt, daß die Person im Zusammenleben mit anderen Personen die Ansprüche dieser anderen anerkennt und sie wertend in das eigene Handeln mit einbezieht. Die Erziehungsreformen seit *J. J. Rousseau* gehen von dieser Grundeinstellung aus: Die Erziehung ist auf die Entwicklung der kindlichen (menschlichen) Individualität ausgerichtet; sie muß daher »vom Kinde« oder »vom Menschlichen« ausgehen. Ein Anhänger der Erziehungskonzeption Rousseaus, der Engländer *A. S. Neill* (1883-1972), gibt diesem Gedanken folgenden Ausdruck:

»Leben nach eigenen Gesetzen, das ist das Recht des Kleinkindes (und des Heranwachsenden; der Verf.) auf freie Entfaltung, ohne äußere Autorität in seelischen und körperlichen Dingen ... Freiheit ist für ein Kind nötig, weil es sich nur in Freiheit natürlich – und das heißt gut – entwickeln kann ... Einem Kind Freiheit geben, heißt, es sein eigenes Leben leben lassen ...

54

Ein Kind zum Lernen zu zwingen, ist das gleiche, wie jemanden durch Gesetz zu zwingen, eine bestimmte Religion anzunehmen.«[2]

Nur eine freie, kindgemäße Erziehung bürgt dafür, daß sich die »Natur« im Menschen ›durchsetzt‹, d. h., daß die persönliche Eigenart und Einzigartigkeit verwirklicht wird. Hierfür sei die Familie, also das Zusammenleben von Eltern und Kindern, der geeignete Ort; nur hier könne das Kind seine Individualität ausbilden; die Familie sei aufgrund ihrer Überschaubarkeit und Zuwendung auch erfolgversprechender bei der Lösung der oben angedeuteten und überhaupt von Erziehungsschwierigkeiten. In der gesellschaftlichen Erziehung sei das nicht oder nur unter Schwierigkeiten möglich. Obwohl Rousseau und auch Neill von der Erziehungsfähigkeit der Eltern bzw. der Familie nicht viel gehalten haben, weil die Familie von der Natur abgefallen und durch die Zivilisation ›erkrankt‹ sei und weil sie vielfach dirigistische Erziehungsmaßnahmen verwende, ist das Modell der individuellen Erziehung in der Regel mit der Familienerziehung gekoppelt worden. Der Sozialraum »Familie« – so wird immer wieder betont – bürge dafür, daß das Individuum sich zu seinem Selbst entwickeln könne.

Die *zweite Auffassung* gesteht dem Menschen kein individuelles oder personales Sein und Handeln zu. Der Mensch gilt vielmehr nach Ursprung und Bestimmung als Teil einer Sozietät, eben als gesellschaftliches Wesen. *Platon* (427-347 v. Chr.) hat in seinem »Staat« die Prinzipien der gesellschaftlichen Erziehung erstmals umfassend dargestellt und Erziehung als soziale Zucht beschrieben, die in der Gesellschaft und um der Gesellschaft willen zu erfolgen habe. Seinen Spuren sind zahlreiche Philosophen und Pädagogen gefolgt. U. a. hat im 19. Jh. *Joh. Gottlieb Fichte* (1762-1814) eine »Nationalerziehung« für alle Deutschen seiner Zeit gefordert. Die gesamte Jugend sollte für die Dauer einer Generation in abgeschlossenen Heimen von gut ausgebildeten Erziehern »geformt« werden.[3] Auch *Karl Marx* (1818-1883) hat das Wesen des Menschen als ein gesellschaftliches ›bestimmt‹ und daraus die Folgerung für die Erziehung gezogen: der Mensch müsse durch die Gesellschaft und für die Gesellschaft erzogen werden. Marx setzt dabei allerdings die klassenlosen Zustände der ›Endgesellschaft‹ voraus. Die Antinomie zwischen Individuum und Gesellschaft als ein unaufhebbarer Gegensatz existiert hiernach nicht.[4]

Die Konsequenz aus dieser Auffassung lautet: Die Familienerziehung muß durch eine öffentliche Erziehung ersetzt – nicht nur ergänzt – werden. An die

---

[2] A. S. Neill, Theorie und Praxis der antiautoritären Erziehung – Das Beispiel Summerhill, Reinbek 1969, S. 115 ff.
[3] Joh. Gottl. Fichte, Reden an die deutsche Nation (1807/08), hrsg. v. M. Kronenberg, Stuttgart 1923.
[4] Vgl. hierzu: Th. Dietrich, Sozialistische Pädagogik – Ideologie ohne Wirklichkeit, Bad Heilbrunn 1966.

Stelle der Familie tritt das Kinder- und Jugendkollektiv, das in einem Heim untergebracht und von Erziehern betreut wird, die sich ausschließlich der Gesellschaft und dem Staate verpflichtet fühlen.

Die unterschiedlichen Grundauffassungen beruhen auf unterschiedlichen Vorstellungen über den Menschen

Die Beispiele aus der Geschichte der Erziehung verdeutlichen die unterschiedlichen Grundrichtungen. Sie zeigen, daß hinsichtlich der Frage nach der Verantwortung für die Erziehung das jeweilige Menschenverständnis die Auffassung von der Erziehung bestimmt. Betont man die substantielle Selbständigkeit und Eigenwertigkeit des Menschen, dann fällt der Entscheid zugunsten der Familienerziehung aus. Legt man die gegenteilige Auffassung zugrunde, nämlich daß der Mensch von Ursprung her ein gesellschaftliches Wesen ist, dann wird man die gesellschaftliche oder Kollektiverziehung bevorzugen. Sie wird durch pragmatische Erwägungen bekräftigt wie die schon genannten: Die Eltern haben zu wenig Zeit und zu geringe Kenntnisse für die Kindererziehung; die Kinder wachsen heute in der Regel als Einzelkinder auf; sie benötigen für eine ›gesunde‹ Erziehung von früh auf die Gruppe. Das Modell der individuellen und Familienerziehung wird unter diesen Aspekten als rückständig betrachtet und abgewertet: es reproduziere die Erziehung in der bürgerlichen Gesellschaft. Für die Arbeiterfamilie und die moderne industrielle Gesellschaft mit ihren Belastungen und Beschäftigungsproblemen sei dieses Konzept überholt.

Die bisherigen Ausführungen haben unseren Blick für das Problem geschärft, um das es hier geht, nämlich um die Frage, wer die *Verantwortung für die Erziehung der Kinder und Heranwachsenden* trägt oder tragen sollte, und wo die Erziehung durchgeführt werden sollte. Kommt diese Aufgabe der Familie oder einer außerfamiliären, kollektiv ausgerichteten Institution zu?

Bevor wir auf diese Frage eine Antwort geben, sammeln wir zunächst weitere Kenntnisse über diesen Themenkreis. Zu diesem Zwecke fragen wir 1. Wie denkt man über die Verantwortung für die Erziehung in unserem Staat, also in der Bundesrepublik Deutschland? Wir werden feststellen, daß nach dem Grundgesetz den Eltern das Recht auf die Erziehung ihrer Kinder zusteht. Wenn das so ist, entsteht die weitere Frage: 2. Darf der Staat die Kinder zum Schulbesuch verpflichten und die Schullaufbahn eines Kindes bestimmen? Daran schließen wir die wichtige Frage an, 3. ob die Schule die Schüler zu Staatsbürgern erziehen darf, wie das für die gesellschaftliche Erziehungsauffassung selbstverständlich ist. Da auch bei uns die Schule »unter der Aufsicht des Staates« (GG Art. 7.1) steht, kann es zwischen Elternhaus und Schule im Hinblick auf die eben genannten Problemkreise zu Konflikten kommen. Das gilt weniger für das reiche

Netz von »Schulen in freier Trägerschaft« oder für die sog. »Alternativschulen«; ihre Einrichtung ist durch GG Art. 7 Abs. 4 garantiert. Die hier bestehende pädagogische und/oder weltanschaulich-religiöse Übereinstimmung aller Beteiligten führt eher und rascher zu Gemeinsamkeiten statt zum Gegeneinander. Um unsere Kenntnisse über das Verhältnis von Staat/Schule und Elternhaus zu vertiefen, werfen wir 4. einen Blick auf entsprechende Regelungen in der früheren DDR. Schließlich geben wir 5. Entscheidungshilfen zur Lösung der aufgeworfenen Problematik.

Zu 1.: *Wie denkt man über die Verantwortung für die Erziehung in unserem Staat, also in der Bundesrepublik Deutschland?*

Das Grundgesetz der Bundesrepublik Deutschland bestimmt in Art. 6 Abs. 2: »Pflege und Erziehung der Kinder sind das natürliche Recht der Eltern und die zuvörderst ihnen obliegende Pflicht.« Zwar wird dieses Recht im folgenden Satz eingeschränkt: »Über ihre (d. h. der Eltern) Betätigung wacht die staatliche Gemeinschaft.« Ein staatlicher Eingriff darf aber nach Abs. 3 nur dann erfolgen, wenn »die Erziehungsberechtigten versagen oder wenn die Kinder aus anderen Gründen zu verwahrlosen drohen«. In diesem Falle können die Kinder »auf Grund eines Gesetzes von der Familie getrennt werden«. Die Eltern haben also das primäre »Recht« und vor allem auch die »Pflicht« zur Erziehung der Kinder. Staat, Kirche und andere gesellschaftliche Institutionen und Interessengruppen können erst in zweiter Linie Einfluß auf die Erziehung nehmen. Der Staat anerkennt durch die Formulierung des Grundgesetzes, daß das Elternrecht ein »natürliches Recht« ist, d. h., daß es sich um ein Naturrecht handelt. Als solches ist es dem vorstaatlichen Recht zuzurechnen, wird aber als ein positives, d. h. als ein auf Gewohnheit beruhendes, Recht betrachtet. Das Elternrecht hat als Naturrecht praktisch den Rang eines »unverletzlichen und unveräußerlichen Menschenrechtes« und steht somit in enger Beziehung zum GG Art. 1 Abs. 2:

»Das Deutsche Volk bekennt sich darum zu unverletzlichen und unveräußerlichen Menschenrechten als Grundlage jeder menschlichen Gemeinschaft, des Friedens und der Gerechtigkeit in der Welt.«

Der Begriff des »natürlichen Rechts« ist
›ungenau‹

Er ist nämlich immer abhängig von der Auffassung über die »Natur des Menschen« und unterliegt damit historischen Einflüssen und weltanschaulichen Überzeugungen. Je nach der Zeitsituation wird unter der »Natur des Menschen«

seine Gottebenbildlichkeit oder seine Gefühlswelt oder seine ursprüngliche Güte oder seine Vernunftbegabtheit u. ä. verstanden. Der Inhalt des Naturrechts wandelt sich also und richtet sich am Menschenverständnis der jeweiligen Epoche aus. Vieles, was lange Zeit hindurch als »natürliches Recht« oder als unveräußerliche Naturordnung gegolten hat wie z. B. die im Alten Testament geforderte Unterordnung der Frau unter den Mann, ist geschichtlich bedingt und wird – wie in diesem Beispiel – als zeitbedingte Form des Patriarchats heute abgelehnt (vgl. dazu S. 29).

Das Grundgesetz geht bei der inhaltlichen Bestimmung des »natürlichen« Erziehungsrechts der Eltern von zwei Tatsachen aus, nämlich 1. von der rein abstammungsmäßigen, biologischen »Natur« des Menschen und 2. dem »natürlichen Sittengesetz«, das durch die Schöpfungsordnung Gottes in den Menschen gelegt worden sei. Die ›Väter‹ des Grundgesetzes setzen also voraus, daß das »natürliche Recht« der Eltern auf »Pflege und Erziehung der Kinder« bereits in der »natürlichen«, d. h. göttlichen, Weltordnung ruht und daß es demzufolge die »zuvörderst ... obliegende Pflicht« der Eltern ist, dieser Aufgabe nachzukommen.

Das hat Konsequenzen für den Sinn und die Aufgabe der Erziehung. Sie ist gebunden an christliche und humanistische Wertvorstellungen, die unserem Gemeinwesen zugrunde liegen und die es bestimmen – gleichgültig ob sich der einzelne zur christlichen Kirche oder zum Humanismus bekennt oder nicht. Dennoch ist in der Rechtsprechung das »natürliche« Erziehungsrecht der Eltern interpretierbar, sofern man es auf das »natürliche Sittengesetz« bezieht. Da hierüber in den parlamentarischen Demokratien der Gegenwart unterschiedliche und sogar abweichende Auffassungen bestehen, wird das Naturrecht und somit auch das »natürliche Recht« der Eltern auf die Erziehung ihrer Kinder, sofern man es nicht allein auf die »natürliche« Abstammung bezieht, immer wieder neu auf seinen Sinn hin befragt werden müssen.

Was versteht das Grundgesetz im einzelnen
unter dem »natürlichen Recht der Eltern« auf
»Pflege und Erziehung ihrer Kinder« und der
»ihnen zuvörderst obliegenden Pflicht?«

Das Grundgesetz weist mit der Formulierung nicht nur auf das Erziehungsrecht der Eltern gegenüber ihren Kindern hin, sondern die Eltern werden darüber hinaus verpflichtet, dieses Recht als »zuvörderst obliegende Pflicht«, als *vor* allen anderen Pflichten, wahrzunehmen. Dazu zählt in erster Linie das Sorgerecht, d. h., alle Erziehungsmaßnahmen sind zum Wohle des Kindes durchzuführen und im gegenseitigen Einvernehmen so zu planen, daß das Kind keine körperlichen und seelischen Schäden erleidet. In diesem Sinne haben die Eltern das

Recht, über die sittliche und religiöse Erziehung in der Familie zu entscheiden, den Stil der Erziehung und den außerhäuslichen Umgang des Kindes zu bestimmen. Sie haben dafür zu sorgen, daß das Kind leiblich und seelisch gesund aufwächst und individuell und gesellschaftlich tüchtig wird. Vor allem haben die Eltern das Recht, die Bildung und Ausbildung ihrer Kinder zu regeln. Das Recht der Eltern erstreckt sich also sowohl auf die innerfamiliäre und außerschulische Erziehung als auch auf den schulischen Bereich, z. B. auf die Entscheidung über die Schullaufbahn bis hin zur erstrebten Berufswahl des Kindes, sofern keine konkurrierende Grundrechtsbestimmung dem primären Erziehungsrecht der Eltern entgegensteht. Und diese könnte sich aus dem staatlichen Erziehungsauftrag ergeben, der grundgesetzlich ebenfalls besteht. Diese Frage wird uns in den folgenden Abschnitten noch beschäftigen. Alle genannten und ähnliche Entscheidungen sollen in gegenseitigem Einvernehmen der Eltern zum Wohle des Kindes erfolgen und – pädagogisch gesehen – für das Kind den Charakter von Orientierungshilfen haben. Je nach Alter und Reifegrad sollen die Kinder an den Entscheidungsprozessen mitbeteiligt werden, bis sie mit 18 Jahren im rechtlichen Sinne mündig und damit selbstverantwortlich werden.

Zu 2.: Darf der Staat die Kinder zum Schulbesuch verpflichten und die Schullaufbahn eines Kindes weitgehend bestimmen?

Wenn den Eltern ein so umfassendes Recht – ein Naturrecht – auf Pflege und Erziehung der Kinder eingeräumt wird, dann ist zu fragen: Mit welcher Berechtigung ›beruft‹ der Staat die Sechs-/Siebenjährigen zur Schule ein? Bricht hier das Staatsrecht den elterlichen Willen? Es wäre doch denkbar, daß Eltern ihre Kinder selbst unterrichten oder daß sich Elterngruppen zusammenschließen und die Kinder unterrichten oder unterrichten lassen, wie das in anderen Staaten und hierzulande in den viel zu gering verbreiteten »Alternativschulen« zulässig ist. In den USA findet man hier und dort »Straßenschulen«, sog. »Gegenschulen«, die von Eltern oder deren Beauftragten geleitet werden.[5] Wenn die Eltern für die Schulerziehung verantwortlich sind und sie sogar selbst übernehmen, dann könnte die Familienerziehung ohne Bruch fortgesetzt werden, und es gäbe keine

---

[5] Vgl. hierzu: J. Ramseger, Gegenschulen – Radikale Reformschulen in der Praxis, Bad Heilbrunn 1975 – G. Dennison, Lernen in Freiheit. Aus der Praxis der First Street School (1969), dt. Frankfurt a. M. 1971 – U. Klemm u. A.-K. Treml (Hrsg.), Apropos Lernen. Alternative Entwürfe und Perspektiven zur Staatsschulpädagogik, München 1989 – H. Kemper, Wie alternativ sind alternative Schulen – Theorie, Geschichte und Praxis, Weinheim 1991 - A. Hellmich u. P. Teigeler (Hrsg.), Montessori-, Freinet-, Waldorfpädagogik, Weinheim 1992 - Zur Jenaplanpädagogik: Th. Dietrich, Die Pädagogik Peter Petersens: der Jenaplan – Beispiel einer humanen Schule, 6. Aufl., Bad Heilbrunn 1995.

Diskrepanz zwischen den Erziehungsgrundsätzen in der Familie und denen einer Institution des Staates, die den Unterricht durchführt.

In der Vorschulerziehung wird das schon vielfach so gehandhabt: Eltern betreuen ihre Kinder zusammen mit Kindergärtnerinnen, die von den Eltern ausgewählt und angestellt werden. Warum soll dieses Modell nicht auch auf die Schule übertragen werden können? Statt dessen bemächtigt sich der Staat der Kinder und gibt den Eltern lediglich ein begrenztes Mitspracherecht. Der Staat baut sogar Barrieren hinsichtlich der Schullaufbahn auf. Wenn Eltern und ihre Kinder eine von ihnen bevorzugte Schule zu besuchen wünschen oder eine bestimmte Schullaufbahn (Hauptschule, Realschule, Gesamtschule, Gymnasium) einzuschlagen beabsichtigen, nimmt der Staat für sich das Recht in Anspruch, die Kinder unter Umständen zurückzuweisen. Das könnte man als harte Eingriffe in das Recht der Eltern betrachten.

Zwar wird nach GG Art. 7 (Schulwesen) Satz 4 »das Recht zur Errichtung von Privatschulen« zugestanden. Aber die *Privatschulen* – darunter verstehen wir hier allgemeinbildende Schulen in nichtstaatlicher Trägerschaft – »bedürfen der Genehmigung des Staates«; sie wird nur unter ganz bestimmten Bedingungen erteilt. So dürfen im Bereich der Grund- und Hauptschulen nur dann Privatschulen eingerichtet werden,

»wenn die Unterrichtsverwaltung ein besonderes pädagogisches Interesse anerkennt oder auf Antrag von Erziehungsberechtigten, wenn sie als Gemeinschaftsschule, als Bekenntnis- oder Weltanschauungsschule errichtet werden soll und eine öffentliche Volksschule dieser Art in der Gemeinde nicht besteht« (Satz 5).

Der Staat nimmt also für sich das Schulmonopol in Anspruch, setzt Bedingungen und macht dadurch die Errichtung von Privatschulen fast unmöglich, obwohl gerade die Privatschulen wie Landerziehungsheime oder Waldorfschulen durch ihre eigenständigen pädagogischen Konzeptionen dem staatlichen Schulwesen zahlreiche Anregungen gegeben haben und noch geben. Bisher haben nur die Waldorfschulen, das sind Schulen auf weltanschaulicher (anthroposophischer) Basis, und einige wenige Versuchsschulen für den Bereich der Grund- und Hauptschulen sowie im gymnasialen Bereich eine Anzahl kirchlich gebundener und von der Kirche getragener Schulen das Recht der Errichtung durchgesetzt.

Die Eltern bedürfen im Hinblick auf die schulische Erziehung der Kinder der Hilfe des Staates

Wenn man den Eltern die unterrichtliche Betreuung ihrer Kinder überließe, müßten allerdings die folgenden Gegenfragen zur Zufriedenheit aller gelöst werden: Wäre die Gesamtheit oder die Mehrheit der Eltern überhaupt bereit und fähig, ihre Kinder auf die hochdifferenzierten Aufgaben in unserer technischen

Gesellschaft vorzubereiten? Haben sie die Mittel dazu? Die Antworten hierauf sind zu verneinen. Die unterrichtliche Betreuung kann nur mit Hilfe der Fürsorgepflicht des Staates und der Gesellschaft gelöst werden. Die Eltern sind weder von den sachlichen Anforderungen noch von den finanziellen Belastungen her in der Lage, den Unterricht für ihre Kinder selbst zu übernehmen oder selbst zu regeln. Was für die Vorschul- und Grundschulperiode unter günstigen Voraussetzungen vielleicht noch durchführbar wäre, läßt sich für die folgende Schulzeit nicht bewältigen. Die Eltern haben als Bürger unseres Staates sogar einen Anspruch auf diese Leistungen. Sie können vom Staat aufgrund seiner Fürsorgepflicht sowie der Zielbestimmungen des Grundgesetzes (Sozialstaat, Demokratie, Rechtsstaat) verlangen, Erziehungseinrichtungen zu schaffen und zu unterhalten, die den gegenwärtigen Ausbildungsbedingungen genügen.

Historischer Exkurs über die Entwicklung der
Unterrichts- und Schulpflicht

Es besteht kein Zweifel darüber, daß der Staat von einer bestimmten kulturellen Entwicklungsstufe der Gesellschaft ab nicht nur das Recht, sondern sogar die Pflicht hat, die Kinder zum Schulbesuch anzuhalten, und zwar in der Regel vom 6./7. Lebensjahr ab. Aus dieser kulturellen Verantwortung heraus ist die *Schulpflicht* in den deutschen Ländern im 18. Jahrhundert eingeführt worden. Man hat sie für notwendig erachtet, weil damals das bloße Mit-Leben und Mit-Tun auf dem Bauernhof oder in der Handwerkerstube nicht mehr ausreichten, um die Kenntnisse zu erwerben, die für die Berufsvorbildung und die Bewältigung des Lebens als erforderlich angesehen worden sind. Zwar hatte sich schon *M. Luther* (1483-1546) dafür eingesetzt, daß man »die Kinder zur Schule (an)halten soll« (1530), und die Landesfürsten haben im folgenden Jahrhundert den pflichtgemäßen Schulbesuch aller Kinder durch Erlaß von Schulordnungen angeordnet, so Weimar (1619), Gotha (1640), Preußen (1717). Aber erst das preußische »General-Land-Schul-Reglement« (1763) legt die Schulpflicht aus aufklärerischem Denken heraus fest: Alle Kinder und alle Menschen sollen ›aufgeklärt‹ werden und mehr Wissen aufnehmen. Nach dem »Reglement« sind

»alle Unsere Untertanen ..., denen die Erziehung der Jugend obliegt, (verpflichtet), ihre ... anvertrauten Kinder, Knaben oder Mädchen ... vom fünften Jahre ihres Alters in die Schule (zu) schicken ... (und) bis ins dreizehnte und vierzehnte Jahr ... so lange zur Schule (zu) halten ... bis sie nicht nur das Nötigste vom Christentum gefaßt haben und fertig lesen und schreiben (können), sondern auch von demjenigen Rede und Antwort geben können, was ihnen nach den von Unsern Konsistorien verordneten ... Lehrbüchern beigebracht werden soll.«[6]

Da aber die Kinder auf dem Lande im Sommer Gänse und Kühe gehütet sowie Feldarbeiten verrichtet haben, ist der pflichtmäßige Schulbesuch immer wieder umgangen worden.

Als dann im 19. Jh. aufgrund der Industrialisierung von den Kindern mehr Kenntnisse als in den vorhergehenden Jahrhunderten gefordert worden sind, haben die meisten deutschen Länder die *Unterrichtspflicht* eingeführt. Sie konnte aber auch durch Privatunterricht abgegolten werden. Dessen ungeachtet hat die große Mehrheit der Kinder die Unterrichtspflicht in der öffentlichen Schule erfüllt. Erst die »Weimarer Verfassung« (1919) hat in ihrem Art. 145 anstelle der Unterrichtspflicht die *allgemeine Schulpflicht* begründet und erklärt: »Es besteht allgemeine Schulpflicht.«

Die kurze Darstellung der Entwicklung der Schulpflicht zeigt, daß die Bemühungen um einen regelmäßigen Schulbesuch zwar schon in der Reformationszeit einsetzen, daß aber Staat und Gesellschaft die Einführung der Unterrichts- und/ oder der Schulpflicht verstärkt betrieben haben, als mit der industriellen Revolution die Ansprüche an die Vermittlung vorberuflicher Kenntnisse zunahmen. D. h., der Staat hat aus seiner Fürsorgepflicht staatliche Schulen gegründet und dadurch jedem Kind die Lebensvorsorge ›garantiert‹.

Darf der Staat über die Verpflichtung zum Schulbesuch hinaus auch auf die Schullaufbahn eines Kindes Einfluß nehmen?

Anders gefragt: Darf der Staat eine Schulart, die er generell für die Ausbildung zur Verfügung stellt, dem einen oder anderen Kind verweigern? Bejaht man diese Frage, dann heißt das, daß das Entscheidungsrecht der Eltern im Hinblick auf die Wahl der Schulart beschnitten wird. Verneint man sie, dann hätte das zur Folge, daß ein Großteil der Eltern ihre Kinder in *die* Schule zu schicken versucht, die das höchste Ansehen genießt und die größten Sozialchancen vergibt. Das ist im mehrgliedrigen Schulsystem das Gymnasium; in der Gesamtschule

---

[6] Diese und die anderen erwähnten »Schulordnungen« in: Dietrich/Klink, Zur Geschichte der Volksschule, Band I (Klinkhardts Pädagogische Quellentexte), Bad Heilbrunn, 2. Aufl. 1972. – In Bayern wurde die Schulpflicht zwischen 1793 und 1795 eingeführt. Trotz dieser Schulordnungen konnte sich ein Kind die ›wissensnotwendigen Kenntnisse‹ auch außerhalb der Schule aneignen, z. B. durch Privatunterricht. Erst die Weimarer Verfassung legte 1919 die Schulpflicht in Art. 145 fest: »Es besteht allgemeine Schulpflicht. Ihrer Erfüllung dient grundsätzlich die Volksschule mit mindestens acht Schuljahren und die anschließende Fortbildungsschule bis zum vollendeten achtzehnten Lebensjahre. Der Unterricht und die Lernmittel sind ... unentgeltlich.«

sind es die A-Kurse (vgl. hierzu die Themen 8 und 9). Der Staat hat auch in dieser Frage ähnlich wie bei der Schulpflicht eine Fürsorgepflicht zu erfüllen, nämlich den Wunsch der Eltern bei der Wahl der Schullaufbahn der Kinder zu berücksichtigen.

Trotz dieses Gebots kann man jedoch immer wieder feststellen, daß der Staat die Schüler für eine bestimmte Schulart »ausliest« und den Elternwunsch mißachtet. Ist das zulässig? In diesem Falle stoßen der verständliche Wunsch der Eltern nach *Förderung* ihrer Kinder und die Notwendigkeit einer *Auslese* durch den Staat hart aufeinander. Der Staat und in seinem Auftrag die auslesende Schule begründet das Recht auf Auslese mit der Überlegung, daß ein Schüler aus einer Lerngruppe ausgeschieden werden muß, wenn er die Entwicklung seiner Mitschüler hemmt (negative Auslese). Wann aber hemmt ein Schüler seine Mitschüler? Wer stellt das fest? Mit welchen Methoden wird das stichhaltig nachgewiesen? Wir können auf diese Fragen hier nicht weiter eingehen, sondern wollen nur auf die Schwierigkeiten einer gerechten Lösung des Problems und auf die damit verbundene Verantwortung der Personen hinweisen, die die »Auslese« durchzuführen haben. Grundsätzlich muß bei der Schullaufbahn-Entscheidung das Recht der Eltern und vor allem das Recht des in der Entwicklung stehenden Kindes beachtet werden. Ein Schüler ist in erster Linie zu fördern; er sollte nicht ausgelesen werden. Andererseits kann man das Ausleseprinzip als Recht des Staates nicht einfach abweisen, und zwar sowohl um der positiv als auch der negativ Ausgelesenen willen. Die unterschiedlich begabten Schüler haben das Recht auf eine ihnen gemäße Förderung (vgl. hierzu Thema 9). Das »Recht auf Bildung«, das nach dem GG jedem zusteht, besagt also, daß jeder den Anspruch auf gleiche Chancen der Entfaltung hat; das gilt entsprechend bei der Wahl der Ausbildungsstätte.[7]

Eltern und Staat sollten hinsichtlich der Entscheidung über die Schullaufbahn eines Kindes zusammenarbeiten

In diesem Sinne weist das Bundesverfassungsgericht in einer Entscheidung vom 6. Dezember 1972 ausdrücklich auf die gemeinsame Verantwortung von Schule und Elternhaus hin; es betrachtet den staatlichen Erziehungsauftrag und das elterliche Erziehungsrecht als gleichgeordnet:

»Der staatliche Erziehungsauftrag der Schule, von dem Art. 7 Abs. 1 GG ausgeht (»Das gesamte Schulwesen steht unter der Aufsicht des Staates«; der Verf.), ist in seinem Bereich dem

---

[7] Vgl. hierzu u. a. H. G. Rolff, Sozialisation und Auslese durch die Schule (1967), 4. Aufl. 1974; W. Brinkmann (Hrsg.), Erziehung – Schule – Gesellschaft, Bad Heilbrunn 1980 (s. komm. Lit.); E. Geißler u. a., Fördern statt Auslesen, 1967.

elterlichen Erziehungsrecht nicht nach-, sondern gleichgeordnet. Diese gemeinsame Aufgabe von Eltern und Schule, welche die Bildung der einen Persönlichkeit des Kindes zum Ziele hat, läßt sich nicht in einzelne Kompetenzen zerlegen. Sie ist in einem sinnvoll aufeinander bezogenen Zusammenwirken zu erfüllen.«

Den Eltern wird zwar prinzipiell das »natürliche Recht« auf die Erziehung ihrer Kinder zugestanden; aber auch der Staat hat auf Grund des staatlichen Schulwesens einen grundgesetzlich verbürgten Erziehungsauftrag. Daraus ergibt sich die Verpflichtung der partnerschaftlichen Zusammenarbeit *der* Institutionen, die an der Erziehung der Kinder beteiligt sind.

So bedeutsam diese Fragen für Eltern und Kinder sind und so schwierig ihre Lösung im einzelnen oft ist - man bedenke nur, wie oft die Verwaltungsgerichte von Eltern zwecks Durchsetzung ihrer Rechte gegenüber dem Staat angerufen werden –, sie haben im Hinblick auf das öffentlich-rechtliche Bewußtsein gegenüber der folgenden Frage sekundären Charakter, nämlich ob die Kinder zu Staatsbürgern erzogen werden dürfen. In diesem Punkt stoßen schulisch-staatlicher Erziehungsauftrag und Elternwille oft hart aufeinander.

Zu 3.: Darf die Schule die Schüler zu Staatsbürgern erziehen?

Jeder Mensch ist in der Regel Bürger eines Staates. Er wächst von Kindesbeinen an in die Ordnungen eines bestimmten Staates und einer bestimmten Gesellschaft hinein und kann sich dagegen zunächst nicht ›zur Wehr‹ setzen (vgl. Thema 1). Die Schule als Institution des Staates übernimmt es, die Schüler zu Bürgern *dieses* Staates zu erziehen. Das gilt für die Bundesrepublik Deutschland, für die Vereinigten Staaten wie für die ehem. Sowjetunion. Alle Unterrichtsfächer und das gesamte Schulleben sind an dieser Aufgabe mitbeteiligt, insbesondere natürlich die *politische Erziehung und Bildung.* Daß hierbei qualitative Unterschiede bestehen, haben wir durch den Hinweis auf Staaten mit unterschiedlicher gesellschaftspolitischer Grundauffassung angedeutet. Wir kommen darauf noch einmal zurück, wollen aber zunächst die gestellte Frage für die Bundesrepublik Deutschland beantworten.

Staatsbürgerliche/politische Erziehung darf die
Menschenrechte nicht verletzen

Für die Erziehung der Schüler zu Staatsbürgern gilt als oberster Leitsatz der Art. 1 des GG:

»Die Würde des Menschen ist unantastbar. Sie zu achten und zu schützen ist Verpflichtung aller staatlichen Gewalt.«

64

Sofern sich die politische Bildung und Erziehung (im weitesten Sinne als Teilnahme am Leben des Staates und der Gesellschaft) an diese Bestimmung halten, können kaum Einwände im Hinblick auf die Erziehung zum Staatsbürger erhoben werden. Die »Würde des Menschen« wird im Grundgesetz inhaltlich nicht näher bestimmt. Sie beruht aber auf den »Menschenrechten«, die dem Grundgesetz vorgegeben sind, ihm sozusagen vorangehen. Dazu gehören die unveräußerlichen Rechte des Menschen, wie sie zum ersten Male 1776 in der amerikanischen Unabhängigkeitserklärung, dann 1789 in der Französischen Revolution verkündet worden sind. Die Internationale Charta der Menschenrechte, die 1948 von den Vereinten Nationen beschlossen worden ist, weist insbesondere auf folgende Menschenrechte hin: auf das Recht eines jeden Menschen auf persönliche Freiheit und Sicherheit, auf Gleichheit vor dem Gesetz, auf freie Meinungsäußerung, auf Glaubens- und Gewissensfreiheit, auf Besitz, auf Arbeit, auf soziale Sicherheit, und zwar unabhängig von Rasse, Sprache, Religion, Herkunft und Geschlecht. Die genannten »Rechte« sollen die »Würde des Menschen« schützen; sie wollen das Bewußtsein des einzelnen sowie das öffentliche Bewußtsein darauf verpflichten, das Menschsein des Menschen nicht anzutasten oder zu verletzen. Der Mensch darf also nicht zum Objekt anderer Menschen oder eines Staates oder einer Ideologie gemacht werden, sondern er soll Person-Subjekt bleiben, und man geht davon aus, daß jede Person nach Maßgabe der Menschenwürde zu handeln befähigt und bereit ist.

Wenn man anerkennt, daß die Menschenrechte den Charakter einer Norm – einer Richtlinie des Handelns – haben, dann hat die Schule im allgemeinen und im politischen Unterricht im besonderen die Aufgabe, die Schüler für die Wertvorstellungen empfänglich und reif zu machen, die die »Würde des Menschen« begründen sowie ein entsprechendes Verhalten zu fördern. Die Schule darf die jungen Menschen also nicht in erster Linie auf die Gesetze des Staates verpflichten und »Bürger für die Gesetze bilden«, wie es *Lykurg* (9. Jh. v. Chr.), der Gesetzgeber für Sparta, gefordert hat, sondern sie muß auf der Grundlage der genannten Wertvorstellungen ein demokratisches Bewußtsein aufbauen helfen. Dieses Ziel kann nur durch die offene Diskussion über die Lebensfragen unserer Gesellschaft und unseres Staates erreicht werden; nur sie – die offene Diskussion – kann dazu beitragen, die Wertvorstellungen der parlamentarischen Demokratie zu problematisieren, zu überdenken, zu begründen und in Handlungen ›umzusetzen‹. Ein allgemeinbildender und politischer Unterricht, der sich diesem Prinzip verpflichtet fühlt und der Verständnis für die Würde des Menschen zu erwecken versucht, kann nicht in Widerspruch zur Familie und zum Recht der Eltern geraten. Der Staat ist in gleicher Weise wie die Familie an das Humanum gebunden.[8] Mit anderen Worten: Schüler und Eltern dürfen erwarten, daß in der Schule der Geist der Duldsamkeit herrscht.

Nun behauptet allerdings jeder Staat, daß er die Menschenwürde achtet. Diese Frage soll am Beispiel der ehem. DDR unter Einbeziehung der Frage nach dem Träger der Verantwortung in der Erziehung problematisiert und untersucht werden.

Zu 4.: Das Beispiel DDR

Die DDR besteht seit dem 3. Okt. 1990 nicht mehr. Wenn wir diesen Abschnitt dennoch unverändert übernehmen, so sind dafür zwei Gründe maßgebend: 1. Uns stehen die gesellschaftlich-ideologischen Grundlagen der Erziehung in der ehem. DDR noch deutlich vor Augen; aufgrund dieses ›Anschauungsunterrichts‹ können wir ihre Gefahren klarer erfassen. 2. Kein Staat und keine Gesellschaft sind davor geschützt, unter bestimmten politischen und gesellschaftlichen Bedingungen totalitären Regierungsstrukturen anheimzufallen. Die Demokratieverdrossenheit vieler Jugendlicher mag dafür ein warnendes Beispiel sein. Das Erziehungs- und Bildungssystem der ehem. DDR vermittelt uns einen Einblick darüber, wie die Erziehung in Elternhaus und Schule unter einer übergeordneten ideologischen Zielsetzung ›funktioniert‹.

In der »Verfassung der Deutschen Demokratischen Republik« vom 6. August 1968 (in der Fassung des Gesetzes zur Ergänzung und Änderung der Verfassung der Deutschen Demokratischen Republik vom 7. Oktober 1974), Art. 2 Abs. 1 Satz 2 heißt es:

»Der Mensch steht im Mittelpunkt aller Bemühungen der sozialistischen Gesellschaft und ihres Staates.« In diesem Zusammenhang steht auch der Abs. 3 des Art. 2, demzufolge »Die Ausbeutung des Menschen durch den Menschen für immer beseitigt« ist und: »Was des Volkes Hände schaffen ... des Volkes Eigen« sei.

Aufgrund dieses Textes waren der Staat und die Gesellschaft der ehem. DDR verpflichtet, sich mit allen Kräften um den Menschen zu bemühen. Der Mensch war also auch hier Gegenstand gesellschaftlicher und staatlicher Fürsorge. Ein menschenwürdiges Leben kann nach der Ideologie des Marxismus-Leninismus aber erst dann ›gelebt‹ werden, wenn die Ausbeutung des Menschen durch den Menschen überwunden worden ist und jeder Mensch am Volkseigentum teilhat.

---

[8] Siehe u. a. G. Kerschensteiner, Der Begriff der staatsbürgerlichen Erziehung (1928), Neuausgabe München 1950 – G. M. Rückriem, Der gesellschaftliche Zusammenhang der Erziehung, in: W. Klafki u. a., Erziehungswissenschaft Bd. 1 (Fischer-Bücherei), Frankfurt a. M. 1970 u. ö., S. 257-322 – F. Salzmann, Bürger für die Gesetze, Bern 1949 – H. W. Kuhn u. P. Massing (Hrsg.), Politische Bildung in Deutschland, Opladen 1990.

Erst dann ist ein Leben im »Reiche der Freiheit« (Engels) möglich. Daher hieß es in der Verfassung: »Was des Volkes Hände schaffen, ist des Volkes Eigen.« Die Teilhabe aller am Volkseigentum sollte einen Bewußtseinswandel bei den Menschen bewirken, so daß solidarische Gefühle entstehen, die wiederum solidarisches Handeln auslösen.

Der zitierte Text stand nun aber noch in einem weiteren Zusammenhang. Der dem Satz 2 vorausgehende Satz 1 lautete:

»Alle politische Macht in der Deutschen Demokratischen Republik wird von den Werktätigen in Stadt und Land ausgeübt.« Und in Art. 1, 1. Abs. heißt es: »Die Deutsche Demokratische Republik ist ein sozialistischer Staat der Arbeiter und Bauern. Sie ist die politische Organisation der Werktätigen in Stadt und Land unter Führung der Arbeiterklasse und ihrer marxistisch-leninistischen Partei.«

In der DDR-Verfassung von 1949 hieß es noch: »Alle Staatsgewalt geht vom Volke aus.« Das »Volk« wurde nunmehr durch die »Arbeiterklasse« ersetzt, und zwar deshalb, weil unter sozialistischen Produktions- und Eigentumsverhältnissen der Arbeiterklasse und ihrer marxistisch-leninistischen Partei die Aufgabe zukam, als Avantgarde das noch in Klassen gespaltene Volk zu führen und dadurch den gesellschaftlichen Fortschritt zu garantieren.

Der Mensch der DDR-Verfassung war seinem
Wesen nach »gesellschaftlicher Mensch« und
Objekt des Geschichtsprozesses

Ohne hier auf weitere Einzelheiten der marxistisch-leninistischen Grundlagen der DDR-Verfassung eingehen zu können, erkennt man an Hand dieser wenigen Textstellen, daß der Mensch, »der im Mittelpunkt aller Bemühungen der sozialistischen Gesellschaft und ihres Staates« stand, auf einem sozialistischen Verständnis beruhte. Er ist gesellschaftlicher Mensch und damit zugleich Objekt eines Geschichtsprozesses, der sich nach der Ideologie von Marx/Engels/Lenin mit innerer Notwendigkeit auf die klassenlose Gesellschaft zubewegt. Es bestand hier also keine grundsätzliche anthropologische Weltoffenheit des Menschen, wie wir sie beim Thema 1 aufgrund des Vergleichs zum tierischen Verhalten festgestellt haben und wie sie für die politische Erziehung in der BRD gilt, wenngleich in der Praxis Verstöße möglich sind und tatsächlich auch vorkommen. Der Mensch wird nach der Ideologie des Marxismus-Leninismus erst dann frei, wenn der »Sprung aus dem Reiche der Notwendigkeit in das Reich der Freiheit« (Engels), d. i. aus dem Reiche der Klassengesellschaft in das Reich der klassenlosen Gesellschaft, erfolgt ist. »Frei« ist der Mensch aber nur insoweit, als er sich »frei« für die Ideologie, den »wissenschaftlichen Sozialismus« entscheidet.

Wenn die ehem. DDR-Verfassung also vom Menschen sprach, dann war immer der Mensch im anthropologischen Verständnis des Marxismus/Leninismus gemeint. Staat und Gesellschaft wollten den Menschen als gesellschaftliches Wesen mit Hilfe der Verfassungsbestimmungen auf das ideologische Ziel ›festlegen‹. Für den im Sozialmus aufwachsenden Menschen waren die Weichen von vornherein so gestellt, daß er nur auf dem Schienenstrang sich vorwärtsbewegen konnte und durfte, der zum menschlichen und gesellschaftlichen Heil hinführte. Das war der einzige Weg zur Wahrheit hin.

Die Rechte der Eltern waren durch die sozialistische Gesellschaftsordnung festgelegt

Das Beispiel der DDR macht zweierlei deutlich: 1. Die Erziehung des Menschen und des künftigen Bürgers war identisch mit der Erziehung zum Sozialisten und Kommunisten; sie folgte den Vorgegebenheiten und Vorschriften der marxistisch-leninistischen Ideologie. 2. Die Eltern hatten keine freie Entscheidung über die Erziehung ihrer Kinder; die Erziehung bestimmte primär der Staat auf der Grundlage der Ideologie. Dem widersprach nicht der Art. 38 Abs. 4 der Verfassung, der besagte:

»Es ist das Recht und die vornehmste Pflicht der Eltern, ihre Kinder zu gesunden und lebensfrohen, tüchtigen und allseitig gebildeten Menschen, zu staatsbewußten Bürgern zu erziehen. Die Eltern haben Anspruch auf ein enges und vertrauensvolles Zusammenwirken mit den gesellschaftlichen und staatlichen Erziehungs- und Bildungseinrichtungen.«

Die Rechte und Pflichten der Eltern auf die Erziehung ihrer Kinder waren hiernach von vornherein begrenzt, und zwar durch die übergeordneten Zielsetzungen des sozialistischen Staates. Diesem Ziel mußten sich die Eltern mit ihren Erziehungsmaßnahmen ›einpassen‹, da sie andernfalls den ›rechten‹ Weg verlassen hätten. Die sozialistische Staats- und Gesellschaftsordnung bestimmte also letztlich, welche Rechte die Eltern in der Erziehung hatten, und welche Pflichten sie erfüllen *mußten*. Nur unter diesen Voraussetzungen hatten die Eltern einen »Anspruch auf ein enges und vertrauensvolles Zusammenwirken mit den gesellschaftlichen und staatlichen Erziehungs- und Bildungseinrichtungen«. Wenn die Eltern also bei der Erziehung ihrer Kinder in Schwierigkeiten gerieten oder wenn sie bestimmte Wünsche hatten, dann konnten sie sich zwar »vertrauensvoll« an die gesellschaftlichen und staatlichen Organe wenden. Da diese jedoch an die Prinzipien der Ideologie gebunden waren und ihre Entscheidungen nur auf dem Boden der Erkenntnisse des »wissenschaftlichen Sozialismus« fällen durften, mußten sie praktisch nach dem Prinzip verfahren: Der einzelne ist nichts, Staat und Gesellschaft sind alles.[9]

Zu 5.: Entscheidungshilfen zur Lösung der aufgeworfenen Problematik unter pädagogischem Aspekt

Obwohl durch das Grundgesetz unsere Ausgangsfrage bereits entschieden ist, nämlich daß in der Regel die Eltern für die Erziehung ihrer Kinder verantwortlich sind, hält die Diskussion darüber an. Auf der Grundlage weltanschaulicher Überzeugungen, die die soziale Seinsweise des Menschen betonen, aber auch aus pädagogisch-theoretischen Einsichten heraus, nämlich daß die Erziehung die Aufgabe hat, den Menschen vom Punkte Null seines Lebens an zu sozialisieren sowie aus pragmatischen Erwägungen, wird von bestimmten Gesellschaftsgruppen eine größere Verantwortung des Staates für die Erziehung der Kinder gefordert. Dabei wird auf entsprechende Erfahrungen aus Ländern mit sozialistischer Gesellschaftsordnung, aus der Kibbuzerziehung in Israel, den Kinderläden und Wohnkommunen in der Bundesrepublik Deutschland verwiesen. Das zeigt, daß trotz der grundgesetzlichen Entscheidung ein Konsens nicht leicht herzustellen ist. Andererseits muß jeder Staat/jede Gesellschaft eine Lösung finden, die von der Mehrheit der Bürger akzeptiert und von der Minderheit respektiert werden kann. Im folgenden versuchen wir, aus der Sicht der Pädagogik heraus Entscheidungshilfen für das anstehende Problem zu geben.

Dabei gehen wir von *zwei Voraussetzungen* aus: 1. Der Mensch besitzt sowohl ein individuales als auch ein soziales Sein. 2. Er muß aus der Unselbständigkeit zur Selbständigkeit hingeführt werden.

Zu 1.: Der Mensch ist Individuum *und* gesellschaftliches Wesen. Das Individuelle und das Gesellschaftliche bilden im Menschen eine spannungsvolle Einheit. Ohne diese beiden konstituierenden Komponenten kann der Mensch nicht existieren. Beim Eintritt ins Leben bringt er seine individuale Natur mit, nämlich eine bestimmte Form der Gefühlsansprechbarkeit, der Willensstärke, der Empfindungen, der Begabungen, der Motorik, der Aufmerksamkeitshaltung usw. Diese individuale Natur bleibt konstitutiv für die weitere Entwicklung. Sie wird aber von Anbeginn an mit Inhalten gefüllt, die vom sozialen Milieu oder von der Gesellschaft ausgehen und die das soziale Sein oder genauer: die soziale Empfänglichkeit des Individuums ausbilden. Ohne diese Empfänglichkeit und ohne eine entsprechende An-Sprache könnte das Kind nicht Voll-Mensch werden, wie

---

[9] Zum Bildungssystem der DDR vgl.: H. Klein, Bildung in der DDR, Reinbek 1974 (aus der Sicht der DDR) – H. Hettwer, Das Bildungswesen in der DDR, Köln 1976 (aus der Sicht der BRD).

die Beispiele zeigen, über die wir beim Thema 1 berichtet haben. So gesehen wird das Kind also bereits in der Familie »soziabel« ›gemacht‹, d. h. gesellschaftlich ausgerichtet, wie umgekehrt eine rein gesellschaftliche Erziehung die Ausbildung der individualen Seinsweise nicht (völlig) verhindern kann.

Zu 2.: Das Kind befindet sich zunächst im Stande der Unmündigkeit. Es soll im Laufe der Entwicklung zur Mündigkeit hin erzogen werden. Daß hierbei möglichst repressionsarm vorgegangen wird, gehört zu den Grundforderungen demokratischer Erziehung. Keinesfalls kann sich das Kind aber von Anfang an selbst bestimmen. Um zur Selbstbestimmung zu gelangen und seinen Weg aus sich heraus zu finden, bedarf es der Hilfe des Erwachsenen. Aufgrund dieser Voraussetzungen braucht das Kind für seine Entwicklung reifere, erfahrenere Personen, die sich um das Kind ›sorgen‹ und es betreuen, also die Verantwortung tragen, und es benötigt die Gruppe etwa gleichaltriger Kinder, mit denen es spielt, umgeht und soziale Erfahrungen macht (vgl. Thema 1). Wer wäre für den ersten Personenkreis in der Regel besser geeignet als die Eltern, die das Kind gezeugt und geboren haben? Staatlich ausgebildeten und angestellten Erziehern soll diese Eignung keineswegs abgesprochen werden; aber sie werden kaum oder nur unter günstigen Bedingungen die »nahen Beziehungen« (Pestalozzi) zu einem Kinde entwickeln können, die bei den Eltern durch Zeugung und Geburt sozusagen naturhaft vorgegeben sind. Der Staat kann aus finanziellen Gründen die Kindergruppen nicht so klein halten, daß sich für jedes Kind »nahe Beziehungen« entwickeln können. Sie aber bilden – wie gesagt – die Voraussetzung für die normale seelisch-geistige Entfaltung der Kinder.

Die Verantwortung des Staates für die Erziehung
darf Eltern und Kinder nicht ›bedrücken‹; sie
muß als Dienst betrachtet und ausgeführt werden

Im Verlauf der Entwicklung eines jungen Menschen, besonders von dem Zeitpunkt des Schulbesuchs an, muß die Hilfe und Verantwortung des Staates ein immer größeres Gewicht annehmen. Das ist unabdingbar aufgrund der Kulturhöhe unserer Gesellschaft. Die Eltern besitzen weder die Mittel noch haben sie die Kenntnisse, ihre Kinder für das Leben in unserer Gesellschaft voll auszurüsten. Daher muß der Staat fürsorgend und fördernd eingreifen, ohne dabei die Freiheitsrechte der einzelnen zu verletzen. Der Staat hat also den Elternwillen in Verbindung mit dem reifenden Willen des Heranwachsenden zu achten unter der Voraussetzung, daß die Eltern und die Heranwachsenden dem vom Grundgesetz gestellten Erziehungs- und Selbsterziehungsauftrag nachkommen und die Rechte anderer nicht verletzt werden. Das bedeutet praktisch, daß der Staat ein reichhaltiges und differenziertes Bildungs- und Ausbildungswesen aufbauen und der Gesellschaft zur Verfügung stellen muß. Es steht »unter der Aufsicht des Staates«. Dieser Auftrag verleitet die Organe des Staates hin und wieder dazu, Einfluß zu nehmen und auch Macht auszuüben. Das ist verständlich aufgrund der Tatsache, daß der Staat seiner Funktion nach immer auch Ordnungs-Macht ist und Reglementierungen vornehmen muß.

Aber der Staat sollte in Verfolgung des staatlichen Erziehungsauftrages stets mit ›leichter Hand‹ regieren und den Willen der verschiedenen Gruppen achten, besonders den elterlichen Erziehungswillen. Das bedeutet, daß Elternwille und staatlicher Erziehungsauftrag in Kooperation gelöst werden müssen. Da aber die Eltern Anforderungen an die Schule stellen, wie umgekehrt die Schule an die Eltern bzw. an deren Kinder, sind Konflikte auf dem Gebiet des staatlichen Schulwesens niemals auszuschließen. Mit dieser Spannung müssen Eltern und Schule (Lehrer, Schulverwaltung) in der parlamentarischen Demokratie leben. Beide Seiten sollten sich jedoch an die Pflicht zur Kooperation gebunden fühlen.

Der staatliche Erziehungsauftrag geht also über eine bloß »unterstützende, helfende und eine kontrollierende Funktion« hinaus, wie es am Anfang dieser Ausführungen heißt. Der Staat/die Schule besitzt einen selbständigen, von den Eltern unabhängigen Erziehungsauftrag. Dieser staatliche Anspruch wird jedoch grundgesetzlich durch das »natürliche Recht der Eltern« auf »Pflege und Erziehung der Kinder« eingegrenzt. Daraus kann man ableiten, daß die Zuständigkeit der Eltern in Erziehungsfragen Vorrang hat, daß aber in Fragen der schulischen Erziehung aufgrund unterschiedlicher Verantwortung und Verantwortungsfähigkeit ein Kooperieren erforderlich ist.

Das Ergebnis unserer Überlegungen kann man so zusammenfassen: Die Demokratie muß die Vielfalt politischer, weltanschaulicher und kultureller Interessen und Meinungen achten und darf nicht dirigistisch eingreifen; sie muß das ›Pluralismusgebot‹ ernstnehmen und einhalten; d. h. im Hinblick auf unsere Fragestellung: relative Entscheidungsfreiheit in allen Erziehungs- und Schulfragen gewährleisten. Das geht am besten dort, wo sich die Schulen als »Schulgemeinden« verstehen, in denen Lehrer, Schüler und Eltern gemeinsam über die schulischen Angelegenheiten entscheiden.[10]

Arbeitsaufgaben:

1. Untersuchen Sie das Problem des »natürlichen Rechts« bzw. des Naturrechts aufgrund unserer Hinweise. Benutzen Sie dazu das GG (Art. 1-19), Kommentare zum GG und Lexika (z. B. Herders Theologisches Taschenlexikon).
2. Es gibt Befürworter dafür, die »Politische Erziehung« aus der Schule herauszunehmen, weil Schülern bis zu etwa 16 Jahren das Verständnis dafür fehle, und Jugendverbänden

---

[10] Vgl. hierzu: H.-K. Beckmann, Schule unter pädagogischem Anspruch, Donauwörth 1983, bes. S. 118-134; vgl. den Literaturhinweis beim Thema 7, S. □.

oder der Volkshochschule u. ä. Institutionen zu übertragen. Andere meinen, dieser Aufgabe dürfe die Schule nicht ausweichen. Erarbeiten Sie auf Grund Ihrer Erfahrungen eine Stellungnahme. Denken Sie dabei auch an die Möglichkeit der Indoktrination durch Unterricht.

3. Elternhaus und Schule müssen im Hinblick auf zahlreiche Probleme partnerschaftlich zusammenarbeiten. In welchen Fragen können/müssen sich die Partner abstimmen, um zu einem gemeinsamen Handeln zu kommen? Durchdenken Sie einige Fälle (z. B. Lerninhalte wie Sexualkunde; Schullandheimaufenthalt) und überlegen Sie sich einzelne Maßnahmen.

Kommentierte Literaturhinweise:

Brinkmann, W. (Hrsg.): Erziehung – Schule – Gesellschaft (Klinkhardts Pädagogische Quellentexte), Bad Heilbrunn 1980

Der Quellenband enhält Arbeiten, die die vielschichtigen Beziehungen und wechselseitigen Abhängigkeiten zwischen Erziehung, Bildung und Ausbildung auf der einen und den politisch-ökonomischen Strukturen unserer Gesellschaft auf der anderen Seite aufdecken. Dazu werden vier grundlegende Problemfelder entfaltet, nämlich 1. Zur Sozialfunktion des Bildungssystems; hier kommt Emile Durkheim mit dem grundlegenden Beitrag zu Worte: »Erziehung, ihre Natur und ihre Rolle« (»Der Mensch ist in der Tat nur Mensch, weil er in der Gesellschaft lebt.«); 2. Zur Qualifikation des Erziehungssystems; 3. Zur Selektionsfunktion des Erziehungssystems mit Arbeiten u. a. von H. Schelsky »Soziologische Bemerkungen zur Rolle der Schule in unserer Gesellschaftsverfassung« (Schule ist »die entscheidende zentrale soziale Dirigierungsstelle für ... den künftigen sozialen Rang«.); 4. Zur Legitimationsfunktion des Erziehungssystems. Hier weist u. a. der bedeutende engl. Mathematiker u. Philosoph, Bertrand Russel, in dem Beitrag über »Erziehung als politische Institution« auf die politische Relevanz von Erziehungsprozessen hin: Erziehung muß einen Weg finden, um Autorität in Übereinstimmung mit dem Geist der Freiheit auszuüben.

Keck, R. W. (Hrsg.): Kooperation Elternhaus – Schule, Bad Heilbrunn 1979

Der Sammelband enthält Beiträge, die die Zusammenarbeit zwischen Elternhaus und Schule betreffen. Anhand konkreter Beispiele aus verschiedenen Aufgabenbereichen der Schule und des Unterrichts wie Religions-, Literatur- und Sachunterricht oder der Berufsvorbereitung wird gezeigt, wie Eltern, Lehrer und Schüler zusammenwirken können. Ein Beitrag behandelt auch das Erziehungsrecht und die Erziehungspflicht vor dem Hintergrund des Bonner Grundgesetzes (S. 81-91).

Weber, E.: Erziehungsprobleme in der modernen Gesellschaft, Teil 1: Industrialisierung und Demokratisierung als pädagogische Herausforderung, Donauwörth 1997

Ausgehend von einer Charakterisierung der Gegenwartsgesellschaft, nämlich dem Leben in einer sich beschleunigt verändernden Welt, werden dann »zwei Hauptdimensionen« dieser Gesellschaft beschrieben, die alle Lebensbereiche durchziehen: die Industrialisierung und die Demokratisierung. Die beiden Dimensionen werden auf ihre pädagogischen Herausforderungen hin befragt. In diesem Zusammenhang spielen auch die Fragen der Bildungspolitik und der Demokratisierung der Schule eine wichtige Rolle.

Scholz, G. (Hrsg.): Schule in der Wende, Weinheim 1992

Das Buch gliedert sich in drei Problemkreise: 1. die Lebenssituation von Kindern in der Umbruchszeit der ehem. DDR; 2. Lehrerstudenten, Lehrer und Erzieher vor, während und nach der Wende; 3. die Bewertung der bildungs- und schulpolitischen Veränderungen in Deutschland aus der Sicht des »Outsiders«. Durch alle Beiträge zieht sich die zentrale Frage des Wandels der Lebenswelt und die Auswirkungen auf Schule, Unterricht und die individuelle Neuorientierung.

Thema 3
Nach welchen leitenden Zielen soll sich erzieherisches Handeln ausrichten, und wer setzt diese Ziele? – Von den Normen der Erziehung – ein Problem aus der »Philosophie der Erziehung«

Einführung: Woraufhin sollen wir erziehen?

Erziehung ist ein zielgerichtetes Handeln. Ziele werden zunächst von außen gesetzt: von den Eltern, den Lehrern, der Gesellschaft, vom Staat. Mit zunehmendem Alter bestimmen die Ziele dann die Richtung der Selbsterziehung. Sie regeln auch das Gemeinschaftsleben; hier beeinflussen sie rein ›funktional‹, also ohne planmäßige erzieherische Eingriffe, das Handeln und Verhalten der einzelnen Mitglieder. Die Frage aber heißt:

Nach *welchen* Zielen soll sich die Erziehung ausrichten? Vor allem: Gibt es ein oberstes oder leitendes Erziehungsziel, das in unserer pluralistischen Gesellschaft für alle Menschen in gleicher Weise gültig ist? Und weiter: Wer setzt diese Ziele?

Das sind Fragen, die die Pädagogik seit eh und je beschäftigt haben und die in jeder Gegenwart erneut zur Diskussion stehen. Es ist allerdings nicht unbestritten, ob sich die wissenschaftliche Pädagogik auf diese Fragen einlassen soll und darf. Versteht man Pädagogik als intersubjektiv nachprüfbare, empirische Sozialwissenschaft, deren Aufgabe in der Beschreibung und Analyse erzieherischer Vorgänge sowie in der Erkenntnisbildung und Information besteht, dann fällt der hier angeschnittene Problemkreis aus der Betrachtung heraus und müßte einer »Praktischen Pädagogik« zugeordnet werden. Denn sowohl die Aufstellung von Erziehungszielen als vor allem ihre Übernahme und Verwirklichung entziehen sich dem Postulat der exakten Überprüfbarkeit. Wir haben dazu unsere Auffassung gesagt (vgl. S. 21 ff. u. 299 ff.).[1] Das leitende Erziehungsziel zu formulieren, das unserer Zeit gemäß ist und das von allen Menschen oder von der Mehrheit unseres Volkes anerkannt werden kann, scheint fast oder überhaupt unmöglich. Die Entscheidung für ein Ziel wird nämlich immer mitbestimmt durch Einstellungen und Grundüberzeugungen, die im Glauben, in einer Weltanschauung oder einer Ideologie wurzeln. Auch Politik, Wirtschaft, individuelles Schicksal, Lebensbedingungen wie Armut oder Wohlhabenheit u.a.m. sind mit ausschlaggebend für den Aufbau und den Abbau von *leitenden Zielvorstellungen*.

---

[1] Vgl. dazu W. Brezinka: Von der Pädagogik zur Erziehungswissenschaft, Weinheim 1971 u. ö.; Metatheorie der Erziehung, München 1978.

Geschlossene Gesellschaften haben weniger
Schwierigkeiten, einheitliche Zielstellungen zu
formulieren

In früheren Jahrhunderten war es einfacher, ein allgemein-gültiges Erziehungsziel zu finden und durchzusetzen. So galten z. B. in den relativ einheitlichen, geschlossenen und traditionsbestimmten Agrargesellschaften Mitteleuropas bis
weit in das 19. Jh. hinein die ethischen Prinzipien des Christentums als verbindlich. Von dieser Grundlage aus wurde das für alle gültige Erziehungsziel formuliert. Es bestand in der Aufforderung Christi: »Kommt und folget mir nach.«
»Tut Gutes denen, die euch hassen.« Die Tugenden der Bergpredigt, nämlich
Sanftmütigkeit und Demut, sollten gelebt werden, wenngleich der einzelne und
die Gesellschaften immer wieder dagegen verstießen. Aber die Zielvorstellungen
des »sittlich-religiösen Menschen« ist bis in die Zeit nach dem Zweiten Weltkrieg erhalten geblieben (vgl. u. a. Bayer. Verf. 1946; s. S. 79).

Pluralismus und Krisensituationen erschweren
die Wertorientierung

Die Zerbröckelung der christlichen Wertordnung auf der einen Seite und die Zunahme eines immer mehr um sich greifenden geistigen Pluralismus auf der anderen machen die Einigung auf einen obersten Wert fast oder ganz unmöglich. Die
erschütternden Erfahrungen der beiden Weltkriege mit dem Menschen und den
von ihm ausgelösten Verbrechen haben die geistige Krisensituation noch ver-
schärft. Neben der christlichen Glaubensüberzeugung streiten Weltanschauungen, Philosophien und Ideologien um die Vormachtstellung der in ihnen wur-
zelnden Normen, Werte und Zielvorstellungen. Viele Beobachter dieser Situation sind daher der Meinung, daß die Wissenschaft hier regelnd eingreifen oder
doch zur Klärung beitragen müsse. Andere erhoffen sich eine Entscheidung
durch *den* Staat oder *die* Gesellschaft. Sind aber Wissenschaft, Staat oder Gesellschaft berechtigt und befugt, Erziehungsziele zu setzen und verbindlich vor-
zuschreiben? Sind sie dazu überhaupt in der Lage? Jede der genannten »Institutionen« beruht heute selbst auf pluralen Grundlagen, wenn wir von den nunmehr
im Schwinden begriffenen Volksdemokratien absehen. Andererseits kann kein
Staat und keine Gesellschaft auseinanderfallende oder gar widersprüchliche
Wertordnungen dulden und nebeneinander existieren lassen. Man kann nicht für
Ziele wie Selbstlosigkeit, Uneigennützigkeit, Opferwilligkeit eintreten und sich
gleichzeitig zum Fürsprecher für einen uneingeschränkten Individualismus machen oder das Prinzip der Macht betonen.

Bevor wir auf die Hauptfrage nach dem leitenden Erziehungsziel eine Antwort
suchen, sollen noch einige wichtige Probleme aus dem Zusammenhang dieser

komplexen Thematik bearbeitet werden. Zunächst untersuchen wir die Frage, 1. warum Erziehungsziele überhaupt notwendig sind? Dann gehen wir 2. auf pädagogische Zielstellungen ein, die zur Zeit diskutiert werden, und erörtern die Probleme, die damit verbunden sind. Aus diesen Überlegungen ergeben sich eine Anzahl weiterer Problemstellungen. Wir greifen zwei wichtige Gedankengänge heraus und behandeln sie nach einer »Zwischenbetrachtung«, in der wir die Begriffe »Norm«, »Erziehungsziel« und »Wert« klären (3.). Dann folgen die soeben schon angedeuteten Fragen: 4. Wie kommen Erziehungsziele zustande? und 5. Haben Erziehungsziele allgemeine Gültigkeit? Unter Punkt 6. kehren wir zur Ausgangsfrage zurück: Gibt es für alle Mitglieder unserer Gesellschaft oder zumindest für ihre Mehrzahl ein verbindliches Erziehungsziel?

Zu 1.: Warum sind Erziehungsziele überhaupt notwendig?

Erziehungsziele sind unabdingbar, weil der
Mensch handeln muß und dabei scheitern kann

»Der Mensch kann nur Mensch werden durch Erziehung.« Was aber ist der Mensch? Anthropologisch gesehen – sagten wir –: das relativ »unfestgelegte« oder »weltoffene« Wesen. Der Mensch besitzt nicht wie das Tier ein Instinktrepertoire, das ihn sicher und auf ›vorgepfadeten Bahnen‹ leitet (vgl. Thema 1). Der Mensch muß vielmehr vielfältige und unbekannte Lebenssituationen bewältigen. Dabei muß er Entscheidungen treffen, für die er keine sicheren Handlungsmuster besitzt. Seine Antriebe, Kräfte und Willensregungen setzen sich also nicht in eindeutig festgelegte Handlungsweisen um. Wenn es dann keine Zielsetzungen und damit im Zusammenhang stehende Regeln, Vorschriften, Orientierungspunkte, Normen und Wertordnungen gäbe, an denen sich der Mensch ausrichten kann und die ihn gleichzeitig ›in Pflicht‹ nehmen, dann könnte sich jede Entscheidung und die ihr folgende Handlung wider den Menschen richten. Die Selbstsucht könnte sich durchsetzen; ein Zusammenleben in Gruppen oder Gesellschaften wäre nicht möglich, und der Krieg aller gegen alle (bellum omnium contra omnes) wäre unausbleiblich. Ein solcher Kriegszustand hat nach der Auffassung des englischen Philosophen *Thomas Hobbes* (1588-1679) den Naturzustand des Menschen beherrscht – im Gegensatz zu Rousseaus Auffassung.

Zielsetzungen und daraus ableitbare Sollens-Vorschriften sind also notwendig. Sie sagen dem Menschen, wie er handeln und sich verhalten *soll*, z. B. die Wahrheit sagen, die Eltern achten, im Umgang mit anderen höflich sein, die Überzeugungen von Mitmenschen respektieren, eine Arbeit korrekt ausführen, sich einer gesunden Lebensführung befleißigen, Notleidenden helfen ... Da die Erfüllung dieser und ähnlicher Vor-Schriften oder Zielsetzungen von jedem einzelnen Einsatzbereitschaft und Anstrengung erfordert und gegebenenfalls die Überwindung entgegenstehender Bedürfnisse, z. B. der eigenen Trägheit, der Denkfaulheit oder des ›Sich-gehen-Lassens‹, verlangt, müssen die Menschen im Erziehungsprozeß dazu angehalten werden, ihre Handlungen nach Zielen auszurichten. Die wesensmäßige Unfestgelegtheit des Menschen und die darin begründete Fehlbarkeit und Unsicherheit machen also Zielsetzungen notwendig.

Ordnungen/Verhaltensvorschriften/Gebote entlasten den Menschen in Alltagsentscheidungen,
sollten aber Problemlösen in offenen Situationen ermöglichen

Ordnungen, Verhaltensvorschriften und Gebote erwachsen aus gesellschaftlichen und institutionellen Anforderungen oder Zielvorstellungen. Der Mensch/der Bürger soll z. B. die Regeln des Zusammenlebens ›be-denken‹. Besucht er eine politische Versammlung, dann soll er die Versammlungs-Ordnung beachten. Das Kind soll in der Familie z. B. die Tischsitten und die Gepflogenheiten des Tagesablaufs einhalten ... Der Schüler soll z. B. die Schulordnung nicht verletzen; er soll sich also diszipliniert verhalten, pünktlich zum Unterricht erscheinen, seine Hausaufgaben sorgfältig ausführen, den Unterricht nicht stören, im Schulgebäude nicht lärmen ... Obwohl man nicht ausschließen kann und darf, daß sowohl das Kind als auch der Schüler oder der Erwachsene die gebotene Ordnung bewußt oder unbewußt mißachtet, entlasten solche Ordnungen, Gebote oder Richtlinien den Menschen im Hinblick auf Alltagsentscheidungen. Sie regeln häufig wiederkehrende Situationen, indem sie das Verhalten vor-schreiben.
    Solche Ordnungsgebote und -regeln verändern sich im Verlauf der Geschichte oft und vielfach. Das wird auch weiterhin so sein. Das hängt damit zusammen, daß jede junge Generation eingespielte Ordnungen auf ihre Berechtigung befragt. Hält man sie nicht für sinnvoll, dann werden sie in der Regel abgewandelt oder völlig abgeschafft – oft nach Auseinandersetzungen mit der älteren Generation. Die Änderung der Formen des ehelichen Zusammenlebens bildet nur ein Beispiel für einen solchen Wandlungsprozeß. In unserem Zusammenhang interessiert jedoch der Wandel einmal festgelegter Ordnungen weniger. Entscheidend ist vielmehr die Tatsache, daß im gesellschaftlichen Zusammenleben eine Regelung des Verhaltens auf der Grundlage von Normen und Zielstellungen notwendig ist – eben weil der Mensch ohne verbindliche Ordnungen gesellschaftlich nicht leben kann. Das gilt auch und besonders in der pluralen Gesellschaftsordnung, andernfalls wäre die Anarchie vorprogrammiert. Abgesehen davon machen vorgegebene Verhaltensvorschriften frei für andere wichtige Aufgaben. Gebote, die ein Verhalten regeln, sind daher auch aus ökonomischen Gründen unerläßlich – und zwar auch dann, wenn sich der einzelne nicht sklavisch an die

festgelegten und vorherrschenden Muster hält, sondern wenn er sie auf Grund eigener Überlegungen modifiziert. Es ist wichtig, solche überlieferten oder von außen gesetzten Vor-Schriften im Prozeß der Erziehung zu klären, damit sie nicht oder nicht nur als Zwänge erlebt und angesehen werden.

Während sich der einzelne in Alltagssituationen in der Regel den bestehenden Forderungen anpaßt, muß er in neuen, noch nicht bewältigten Situationen, also in »offenen Situationen«, selbsttätig und kreativ Entscheidungen treffen lernen. Dabei orientiert er sich zwar an den ›vorgefertigten‹ und überlieferten Normen-, Wert- und Zielsystemen, verwendet sie aber nur als Orientierungsrahmen für eine relativ freie Entscheidung. Die Entscheidung ist also niemals völlig ›frei‹; sie ist nur in begrenztem Umfang eigenständig, weil sich der Mensch immer an vorhandenen Wertsystemen ausrichtet und diese seiner Entscheidungsfindung zugrundelegt. Aber der Mensch ›reagiert‹ in »offenen Situationen« nicht einfach auf bestimmte Anforderungen, sondern er ›agiert‹ in einem Feld, dessen Grenzen durch die jeweilige Situation bestimmt ist. Dabei kann er durchaus auch unter »Handlungszwänge« geraten, die die eigenen Entscheidungs- und Handlungs-möglichkeiten stark einengen.

Zu 2.: Erziehungsziele der Gegenwart und ihre Probleme

2.1.: Erziehungsziele in Gegenwartsdokumenten und im individuellen und gesellschaftlichen Bewußtsein

Im *Grundgesetz* Art. 1 Abs. 1 wird gesagt, daß

»die Würde des Menschen ... unantastbar (ist). Sie zu achten und zu schützen, ist Verpflich-tung aller staatlichen Gewalt.« Im folgenden Art. 2 sind die »Persönlichkeitsrechte« festge-legt: »Jeder hat das Recht auf die freie Entfaltung seiner Persönlichkeit.« Dabei dürfen aller-dings »die Rechte anderer (nicht) verletzt und nicht gegen die verfassungsmäßige Ordnung oder das Sittengesetz« verstoßen werden.

»Würde des Menschen« und »Persönlichkeitsrechte« achten, meint, daß der Mensch als Person das Recht hat, seine individuelle Eigenart zu entfalten, daß er aber zugleich verpflichtet ist, die fundamentalen Sitten, Gesinnungen, Normen und Wertungen einzuhalten, die das Zusammenleben der Menschen regeln und bestimmen. Da hierfür die Anerkennung der allgemeinen Menschenrechte wie Freiheit, Eigentum, Sicherheit und das Recht zum Widerstand gegen Unterdrük-kung die Voraussetzung bildet, wird nicht nur von den Bürgern der Bundes-republik, sondern von allen Menschen erwartet, daß sie durch ihre Verhaltens- und Handlungsweisen die Würde und Freiheit des Menschen beachten. Die Achtung vor der »Würde des Menschen« und der »Freiheit der Persönlichkeit« hat den

Charakter einer »sittlichen Norm« (von lat. norma = Richtschnur, Maßstab, Regel, Vorschrift) oder eines sittlichen Wertes.

Als solche bilden sie den Maßstab für jedes erzieherische Handeln (vgl. S. 83 ff.). Die *Bayerische Verfassung* (1946) weist in ihren Artikeln 98 ff. auf ähnliche »Grundrechte und Grundpflichten« wie das Grundgesetz hin. Im Art. 131,2 werden die Erziehungsziele – hier als »Bildungsziele« bezeichnet – genannt:

> »Oberste Bildungsziele sind Ehrfurcht vor Gott, Achtung vor der religiösen Überzeugung und vor der Würde des Menschen, Selbstbeherrschung, Verantwortungsgefühl und Verantwortungsfreudigkeit, Hilfsbereitschaft, Aufgeschlossenheit für alles Wahre, Gute und Schöne.«

Gleiche oder ähnliche Aussagen finden wir auch in anderen *Landesverfassungen*. Sie unterscheiden sich lediglich dadurch, daß entweder die ethischen Forderungen vorwiegend christlich oder stärker humanistisch-weltlich begründet werden. Immer geht es aber um die gleichen Grundwerte. Sie werden häufig in dem überlieferten, wenn auch keineswegs eindeutigen Begriff der »sittlichen Persönlichkeit« zusammengefaßt. Auf die Problematik, die mit dieser Formulierung verbunden ist, werden wir noch eingehen (S. 85 ff.).

In *Lehrplänen* wird vorgeschrieben, daß die Schüler auf ihre »Verantwortung in Gesellschaft und Staat« vorzubereiten sind und daß ihre »Sensibilität und Kreativität« zu fördern sei (Bayern). Im »*Strukturplan*« des Deutschen Bildungsrates (1970), in dem die Organisation eines einheitlichen Bildungswesens für die Bundesrepublik Deutschland vorgeschlagen wird, ist gleich eingangs als Ziel der Erziehung das »Recht auf die freie Entfaltung der Persönlichkeit« genannt.[2] Während der einzelne seine Fähigkeiten so entwickeln soll, daß er das

> »individuelle und gesellschaftliche Leben« meistert, und zwar »verstanden als seine Fähigkeit, die Freiheit und die Freiheiten zu verwirklichen, die ihm die Verfassung gewährt und auferlegt«[3],

sollen Lehrer und Erzieher die Erziehung so leiten, daß sie der genannten Zielstellung entspricht.

Im *pädagogischen Schrifttum* findet man neben zahlreichen Zielbestimmungen aus den Bereichen des Verhaltens, der Kenntnisse und Fertigkeiten schon vom 18. Jh. ab als obersten Zielbegriff die »Mündigkeit«. Seit über zwei Jahrzehnten sind an seine Stelle Begriffe wie »Emanzipation«, »Selbstbefreiung« und »Selbststeuerung« getreten.

Im Gegensatz dazu steht im *Bewußtsein von Eltern* vielfach die Gehorsamserziehung im Vordergrund. Die Kinder sollen den Eltern gehorchen, sie sollen

---

[2] Deutscher Bildungsrat, Empfehlungen der Bildungskommission: Strukturplan für das Bildungswesen, Stuttgart 1970, S. 25.
[3] Ebd., S. 29.

sich unter- und einordnen, anständig, tüchtig, fleißig und ordnungsliebend sein. Diesen und ähnlichen Zielstellungen lassen sich unschwer zahlreiche weitere hinzufügen, die wir im *individuellen und öffentlichen Bewußtsein* vorfinden. Wir nennen ohne Gliederungsgesichtspunkte: Lebenstüchtigkeit, Wahrhaftigkeit, Gerechtigkeit, Solidarität, Toleranz, Friede, Gesundheit, Gewissenhaftigkeit, Hilfsbereitschaft, Gründlichkeit, Glück, Harmonie, staatsbürgerliche Gesinnung, Pflichterfüllung, Urteils- und Handlungsfähigkeit, Kritikfähigkeit, Wissen und Können auf verschiedenen Gebieten, Nächstenliebe, Höflichkeit, Sparsamkeit, gute Umgangsformen u.v.a.m.

2.2.: *Probleme, die allgemein mit Zielsetzungen verbunden sind, sowie Fragen, die sich daraus ergeben*

Zielsetzungen sind in der Regel mehrdeutig, formal und unscharf formuliert

Das trifft nicht nur auf die Zielsetzungen in Gesetzestexten u. ä. Vorschriften zu. Das gilt auch für die pädagogische Literatur und für den mündlichen Gebrauch. Erziehungsziele umfassen in der Regel ein breites Spektrum von wünschenswerten Verhaltensweisen. Was versteht man z. B. heute unter Pflichterfüllung oder Höflichkeit oder Sparsamkeit? Außerdem können Ziele in unterschiedlichen Wertsystemen eine je andere Bedeutung haben. Wahrhaftigkeit, Gerechtigkeit, Kritikfähigkeit – um nur einige leitende Zielbestimmungen herauszugreifen – haben im christlichen oder im marxistischen oder im faschistischen oder im demokratischen Wertesystem jeweils andere Aufgaben zu erfüllen. So betrachten es die Bürger der parlamentarischen Demokratien als gerecht, jeden Menschen ohne Unterschied seines Standes, seiner Religionszugehörigkeit und seines Geschlechts gleich zu behandeln. Das gilt z. B. nicht für den Marxisten, der sich an Lenins Forderung zu halten hat: »Sittlich ist, was der Arbeiterklasse nützt.« Diese Prämisse bindet auch die anderen, eben genannten Zielstellungen an die marxistische Doktrin von der weltgeschichtlichen Bedeutung der Arbeiterklasse und der durch sie zu errichtenden klassenlosen Gesellschaft. Unter anderen weltanschaulichen oder religiösen Voraussetzungen wandeln sich die Inhalte der Zielsetzungen entsprechend.

Die formale und wenig präzise Formulierung von Zielsetzungen fällt besonders in Gesetzes- u. ä. Texten auf. Was bedeutet z. B. im GG: »Jeder hat das Recht auf freie Entfaltung seiner Persönlichkeit«? Gilt diese Aussage uneingeschränkt, oder gibt es Grenzen der »freien Entfaltung«? Sind sie durch den Zusatz eindeutig geklärt, daß dieses Recht das »Sittengesetz« oder »die Rechte anderer« nicht verletzen darf? Was heißt hier »Sittengesetz«? Im allgemeinen versteht man darunter das Gebot, das Gute zu tun und das Böse zu unterlassen. Aber damit stehen wir erneut vor der Schwierigkeit, das »Gute« inhaltlich zu bestimmen. Hierüber gibt es unterschiedliche Auffassungen. So wird nach abendländisch-christlichen Maßstäben als »gut« angesehen, einem anderen Menschen zu helfen, wenn dieser in Not gerät, wie es vorbildhaft der barmherzige Samariter im biblischen Gleichnis tut. Ein weiteres Beispiel: Es gilt als ›gut‹, das Eigentum anderer zu schützen und nicht zu schädigen; sein Gebrauch soll zugleich dem Wohl der Allgemeinheit dienen (GG Art. 14). Diese Forderung ist aber für einen Heranwachsenden uneinsichtig, der in einer Familie aufwächst, in der der Grundsatz gilt: »Eigentum ist Diebstahl« (M. Bakunin, 1871). Er wird sich ohne ›Gewissensbisse‹ am Eigentum anderer vergreifen, weil er von früh auf im Rahmen dieses Normensystems ›sozialisiert‹ worden ist. Auch der Marxist wird das Gute anders auslegen und nicht der abendländischen Tradition folgen können, weil er sich dem oben zitierten Standpunkt Lenins verpflichtet fühlt. Noch ein Beispiel: Handelt eine Mutter »gut«, die ihr Kind liebevoll betreut, es aber an sich bindet und ihm dadurch den Weg zur Selbständigkeit erschwert? Das kann man nicht ohne weiteres bejahen. Man wird weiter fragen müssen: In welchen Situationen ist eine liebevolle Betreuung erforderlich, die die Bindung des Kindes zur Mutter vertieft, wann dagegen muß die Fähigkeit zur Selbstbestimmung gefördert werden, die dem Kind Freiheit gibt?

Die Beispiele machen deutlich, daß Zielsetzungen in der Regel nicht eindeutig formuliert sind, daß man sie immer wieder auf ihren Inhalt hin befragen und aus einem religiösen oder politischen oder weltanschaulichen Kontext heraus deuten muß.

Die eben gestellte Frage nach der rechten Förderung eines Kindes im Hinblick auf Freiheit und Bindung verweist auf neue Probleme. Wir greifen *drei* heraus:

1. Die Bedingungen, die die Zielverwirklichung begünstigen, lassen sich nicht klar festlegen

Die allgemein gehaltenen Formulierungen der Erziehungsziele sagen nichts über die Situationen aus, in denen erwartet werden kann, daß entsprechend der Zielformulierung gehandelt wird. Sie beschreiben also nicht die Bedingungen, unter denen ein Ziel, z. B. »Gehorsam« oder »Selbstbestimmung«, »Zucht« oder »Freiheit«, zu erfüllen ist und realisiert werden kann. »Gehorsam« und »Zucht« sind ebenso unabdingbar für einen Menschen wie »Selbstbestimmung« und »Freiheit«. Wann aber muß das eine Ziel, wann das andere angestrebt werden? Das läßt sich nur an Hand konkreter Situationen aufzeigen. Die komplexen Zielangaben können also nur mit Hilfe der Analyse des jeweiligen pädagogischen Sachverhalts präzisiert werden. Nur dadurch wird man den Dissens vermindern können, der in jeder allgemein gefaßten Zielformulierung steckt.

2. Die Überprüfung des Erfolgs von Zielstellungen ist schwierig

Die ›Unschärfe‹ der Zielsetzungen erschwert es, das Ergebnis – hier: den Erfolg – festzustellen. Man kann das ›Resultat‹ nicht wie im naturwissenschaftlichen Experiment mit dem Maßband messen. Selbst die präziser beschreibbaren Unterrichts- und Lehrziele können nur dort überprüft werden, wo ein abrufbares Wissen vermittelt wird. Wie sich der punktuelle Bestand an Wissen auf das weitere Lernen, auf umfangreichere Zusammenhänge oder gar auf die Erziehung auswirkt, ist jedoch – wenn überhaupt – nur schwer zu ermitteln. Um wieviel schwieriger ist es, den Erfolg von Erziehungsmaßnahmen im Hinblick auf Erziehungsziele zu überprüfen. Wie will man z. B. feststellen, ob und wann das Ziel, ein »erfülltes Menschenleben verwirklichen« erreicht worden ist?

3. Die Realisierung von Erziehungszielen setzt die Ausbildung von psychischen Dispositionen voraus

Erziehungsziele geben wünschenswerte Verhaltensweisen an; sie postulieren Zustände, über die der Mensch verfügen soll. Wir sagen: Das Kind/der Mensch soll mitmenschlich handeln, selbstbewußt, aufmerksam, zufrieden, sparsam usw. sein. Ein Erziehungsziel gibt also immer das Verhalten oder den Zustand an, das oder der erreicht werden soll. Hierfür müssen im Verlauf der Erziehung die entsprechenden Fähigkeiten ausgebildet werden. Was durch die Angabe eines Zieles, z. B. Ordnungsliebe, bewirkt werden soll, muß durch die Ausbildung psychischer Dispositionen in die Wege geleitet werden. Erziehungsziele müssen also so beschaffen sein, daß sie tatsächlich auch in die Lebenspraxis umgesetzt werden können, d. h., sie müssen eines Tages ›gekonnt‹ werden. »Selbstbestimmung« läßt sich z. B. nur dadurch verwirklichen, daß man dem Kind von früh an die Möglichkeit zur eigenen Entscheidung gibt. Das wiederum setzt voraus, daß die Entscheidungsfähigkeit angesprochen und entwickelt und daß die Denk- und Handlungsfähigkeit durch begründetes Wahlverhalten gefördert wird. Gleichzeitig muß die Fähigkeit zur Verantwortung ausgebildet werden, also Willenskomponenten, die die Selbstbestimmung fördern, aber auch das Selbst ›in Zucht‹ nehmen. Denn Selbstbestimmung heißt nicht, sich frei machen von ethischen Wertvorstellungen, sondern Ausrichtung des Selbst auf der Grundlage eines Wertsystems und kritisches Handeln im Sinne dieser Wertvorstellungen.

Diese Hinweise machen noch einmal deutlich, daß »Selbstbestimmung« nicht eines Tages, also zu einem bestimmten Zeitpunkt, vorhanden ist oder mit einem bestimmten Alter ›auftritt‹ oder ein Zustand ist, der – wenn einmal erreicht – in jeder Lebenssituation ›funktioniert‹. Die Hinführung zur »Selbstbestimmung« besteht vielmehr in einem lebenslangen Prozeß. Im Verlauf dieses Prozesses muß der Erzieher das Ziel stets vor Augen haben, nämlich daß der junge Mensch höhere Grade der Autonomie gewinnt; gleichzeitig muß er immer darauf bedacht sein, die Fähigkeiten anzusprechen und auszubilden, die für die »Selbstbestimmung« wichtig und maßgebend sind. Diese haben selbstverständlich auch ihre ›eigene Würde‹. Im Hinblick auf die Ausbildung der Denkfähigkeit heißt das u. a., die Begriffsbildung, das Urteilen und Schließen sowie den Denkvollzug zu fördern und Sinnbeziehungen – wo immer möglich – herstellen zu lassen. Die ›Schulung‹ des Denkens soll in Verbindung mit der Entwicklung anderer, oben genannter Fähigkeiten »Selbstbestimmung« in einem höheren Maße ermöglichen. Dadurch wird – wie gesagt – kein ›Zustand‹ erreicht, von dem aus immer in gleicher oder in ähnlicher Weise ›selbstbestimmend‹ entschieden und gehandelt wird. Erziehung zur »Selbstbestimmung« und punktuell selbstbestimmtes Handeln bedeutet nicht, daß jede Lebenssituation tatsächlich auch autonom gelöst wird, auch nicht in reifem Alter, sondern daß die Fähigkeiten angesprochen und ausgebildet und Entscheidungshilfen gegeben werden, die »Selbstbestimmung« fördern.

Im folgenden wollen wir nach einer »Zwischenbetrachtung«, in der wir eine begriffliche Klärung nachholen, zwei schon angesprochene Kernfragen bearbeiten. Ihre Erörterung erscheint uns im Hinblick auf den Gesamtzusammenhang besonders wichtig.

1. Wie kommen Erziehungsziele zustande? (Vgl.: Zu 4.)
2. Haben Erziehungsziele allgemeine Gültigkeit, d. h., sind sie überzeitlich gültig oder historisch bedingt? (Vgl.: Zu 5.)

Zu 3.: Zwischenbetrachtung

Die korrespondierenden Begriffe Normen, Erziehungsziele und Werte haben wir als sinnverwandt benutzt; sie lassen sich nicht exakt trennen

Wir bezeichneten die Forderungen: die »Würde des Menschen« oder die »Persönlichkeitsrechte achten« als *Normen*. Wir sprachen dann von *Erziehungszielen* wie: die Erziehung zum Gehorsam, zur Selbstbestimmung, Hilfsbereitschaft, Aufmerksamkeit, Selbsttätigkeit usw. Gleichsinnig benutzten wir Begriffe wie Gebote, Verhaltensvorschriften, Richtlinien u. ä. Schließlich haben wir die Begriffe *Wert*ordnung und Grund*werte* verwendet.

Wodurch unterscheiden sich zunächst Normen von Erziehungszielen?
Beide Begriffe geben an, was sein oder geschehen *soll*. Im allgemeinen sprechen wir dann von *Normen*, also von Zielvorstellungen, die erfüllt werden sollen, wenn sie im Verlauf einer längeren Entwicklung entstanden sind, sozusagen aus

dem kollektiven Unterbewußtsein oder dem Bewußtsein einer Gesellschaft oder einer Kultur hervorgegangen sind und für diesen Kulturkreis insgesamt Gültigkeit erlangt haben. Normen dieser Art wären z. B. für uns im christlichen Abendland außer den oben erwähnten allgemeinen Menschenrechten auch die Zehn Gebote oder die Verpflichtung, die Alten zu achten oder stets die Wahrheit zu sagen. In anderen Kulturkreisen gelten andere oder auch ähnliche Grundsätze für das Zusammenleben von Menschen. So hat der fromme Muslim das göttliche Gebot zu achten, wie es der Koran, d. i. das Wort oder Gesetz Gottes, vorschreibt, z. B. den »Schwachen im Lande« zu helfen.

Von solchen Normen, die auf Überlieferung beruhen, eine bestimmte Art des Verhaltens fordern und aus diesem Grunde auch in der Erziehung wirksam sind, unterscheiden wir die *Erziehungsziele im engeren Sinne*. Sie dienen spezielleren Zwecken wie z. B. der Reinlichkeitserziehung (»Wasche dir vor dem Essen die Hände!«) oder der Aufmerksamkeitserziehung (»Sei in der Schule aufmerksam!«) oder der Höflichkeitserziehung (»Biete in der Straßenbahn deinen Platz einem älteren oder behinderten Menschen an!«). Die Erziehungsziele gelten im Unterschied zu den Normen oft nur für kleinere Gruppen von Menschen, nicht allgemein für einen ganzen Kulturkreis. Ihnen liegen bestimmte Interessen, politische Ziele und weltanschauliche Forderungen zugrunde. So haben z. B. ältere Menschen das Interesse, daß sich Kinder beim Spielen auf der Straße ruhig verhalten; Politiker, die die Chancengleichheit befürworten, treten für ein Schulsystem ein, das allen Begabungen eine Aufstiegschance ermöglicht; Menschen, die sich für eine Lebensreform einsetzen, wollen auch andere für eine natürliche Ernährung gewinnen. Kurz: Erziehungsziele sind in vielfältiger Gestalt und von einander widersprechender Art nebeneinander in ein und derselben gesellschaftlichen Gruppe zu finden, unbeschadet der Tatsache, daß sie eine gemeinsame Basis gültiger Normen besitzen. Völlig trennen lassen sich die beiden Begriffe und die mit ihnen verbundenen Inhalte jedoch nicht.

Während *Normen* und *Erziehungsziele* einen vorgestellten und gewollten künftigen Zustand beschreiben und in der Regel von außen gesetzt sind, also z. B. durch die Eltern, die Lehrer oder durch die Gesellschaft, verbinden wir mit dem Begriff *Wert* die Fähigkeit des Wertens. Das Individuum bewertet eine Sache, z. B. einen Goldreif, ein Bauwerk, ein Gemälde usw.; es bewertet eine Person, einen Vorgang, ein ethisches Verhalten. Daß bei der Entscheidung für einen Wert die Erziehung und die sie tragenden Normen und Ziele eine wesentliche Rolle mit spielen, dürfte einsichtig sein. Die Erziehung macht das Kind/den Menschen für Werte empfänglich, und der Erzieher wartet, daß das Kind die Werte, für die es aufgeschlossen wird, verinnerlicht oder, wie es in der Fachsprache heißt, »internalisiert« und daß es schließlich den Werten entsprechend handelt. Wenn z. B. im Unterricht Leben und Werk des »Urwalddoktors« *Albert Schweitzer* (1875-1965) behandelt wird, dann sollen die Schüler an dem Thema

84

die Einsatz- und Hingabebereitschaft, den Opferwillen, den Dienst am anderen Menschen sowie das Prinzip der »Ehrfurcht vor dem Leben« als ›wertvoll‹ erfahren und erleben und diese Werte zur Richtschnur für ihr Handeln machen. In diesem Falle sind die angesprochenen Werte, die auf christlicher Tradition beruhen und als Normen unser gesellschaftliches Leben durchdringen, zugleich Erziehungsziele. Das Beispiel zeigt, daß die drei Begriffe eng zusammenhängen und in der Verwendung oft synonym gebraucht werden. Wenn man z. B. vom »Grundwert« der »Ehrfurcht« spricht, dann könnte man statt dessen auch die Begriffe »Norm« oder »Erziehungsziel« verwenden. Der Unterschied liegt darin, daß der Begriff »Wert« ein Be-*Werten* verlangt. Der Prozeß des Bewertens setzt beim Individuum ein, das im Akt des Bewertens selbst aktiv wird und das dadurch eher bereit ist, die Werte anzunehmen und zu verwirklichen. Demgegenüber kann ein von außen gesetztes Erziehungsziel oder eine tradierte Norm auf Ablehnung stoßen, und zwar besonders dann, wenn die eigenen Interessen, Strebungen, Gefühlsgrundlagen und -wertungen mit den gestellten Forderungen nicht in Übereinstimmung gebracht werden können. Die drei Begriffe selbst stehen aber in einem engen Zusammenhang und lassen sich nicht exakt trennen.

Im folgenden werden wir in erster Linie die beiden Begriffe »Erziehungsziele« und »Werte« benutzen. Dabei müssen wir aber immer der Tatsache eingedenk sein, daß in der Regel gesellschaftliche Normen die Inhalte und die Formulierung von Erziehungszielen beeinflußt haben und fortan beeinflussen werden, besonders im Hinblick auf leitende Erziehungsziele, und daß der Wertempfänglichkeit und -verwirklichung ein Normensystem zugrundeliegt.

Wir wenden uns nun den beiden oben gestellten Fragen zu:

Zu 4.: Wie ›entstehen‹ leitende Erziehungsziele?

Wir erörtern diese Frage am Beispiel des Erziehungsziels der »sittlichen Persönlichkeit«

Das Zustandekommen und die Formulierung der Zielstellung »sittliche Persönlichkeit« beruht auf einem langen und differenzierten Prozeß. Wir finden diese Zielangabe heute u. a. in der Hessischen Verfassung. Dort wird sie ausdrücklich zur Bezeichnung des obersten Erziehungsziels verwendet:

»Ziel der Erziehung ist, den jungen Menschen zur sittlichen Persönlichkeit zu bilden ...« (Art. 56,4).

Was eine sittliche Persönlichkeit ist, welche Merkmale zu ihr gehören, welche Fähigkeiten und psychischen Dispositionen entwickelt werden müssen, um als eine »sittliche Persönlichkeit« zu gelten, also all die Fragen und Probleme, auf die wir oben hingewiesen haben, – darüber sagt die Verfassung nichts. Zwar haben wir alle eine gewisse Vorstellung von einer »sittlichen Persönlichkeit«, und wer sich in der Erziehungsgeschichte des 19. Jh. auskennt, weiß, daß dort der »religiös-sittliche Mensch« als Ziel der Erziehung gilt. Die »religiös-sittliche Persönlichkeit« hat also im christlichen Abendland eine lange Tradition. Aber ihre Inhalte sind keineswegs einhellig. So nannten Studenten, die unvorbereitet nach ihrer Meinung hierzu befragt wurden, eine jeweils unterschiedliche Anzahl von Merkmalen, die eine »sittliche Persönlichkeit« auszeichnen: sie müsse sich in ihrem Verhalten von anderen abheben, somit eine besondere Eigenart zum Ausdruck bringen, Geschlossenheit und Selbständigkeit des Denkens und Handelns aufweisen, sich nach ethischen Werten ausrichten, Gerechtigkeit und Anstand zeigen und die Verpflichtung in sich spüren, diese Werte zu verwirklichen. – Zugegeben, daß hier Zutreffendes ausgesagt wird. Aber die »ethischen Werte« werden nicht näher erläutert. Wir werden darüber nur ›ungefähr ins Bild gesetzt‹ und dürfen vermuten, daß mit »ethischen Werten« Werte gemeint sind wie Ehrlichkeit, Selbstlosigkeit, Wohlwollen, Nächstenliebe, Gerechtigkeit u. ä., Werte also, die eine »sittliche Persönlichkeit« ›lebt‹.

Wer sagt uns, was »sittlich« ist?

Weder im Verfassungstext noch in den Aussagen der Studenten finden wir hierüber eine genaue Angabe. Es wird vielmehr vorausgesetzt, daß über den Inbegriff der Sittlichkeit, also über das, was für »gut« gehalten wird, ein Konsens besteht. Es wird davon ausgegangen, daß alle Menschen oder die Mehrheit der Menschen der Bundesrepublik eine Vorstellung davon haben, was eine »gute« und was eine »böse« Handlung ist, was ethisch wertvoll und was minderwertig ist. Und in der Tat haben wir davon eine Vorstellung, wenn auch vielfach nur ›ungefähr‹. Woher aber ›wissen‹ wir das? Wer sagte es uns? Zunächst natürlich die Eltern, dann die Nachbarschaft, die Schule, die Kirche usw. Der Nährboden aber, aus dem letztlich der Maßstab für »gut« und »böse« stammt, ist die Ethik des Humanismus und des Christentums. Beide Normensysteme haben in einem jahrhundertelangen Entwicklungsprozeß ein Wissen darüber ausgebreitet, welche Merkmale eine »sittliche Persönlichkeit« umfaßt.

Damit ist aber unsere Frage noch nicht befriedigend geklärt, nämlich wie das Erziehungsziel »sittliche Persönlichkeit« entstanden ist. Bisher haben wir nur festgestellt: 1. Es steht in einem Verfassungstext und gibt die Richtung an, die die Erziehung nehmen soll. 2. Wir haben eine mehr oder minder klare Vorstellung, welche Inhalte und Aufgaben mit diesem Ziel verbunden sind. 3. Wir kennen die Normensysteme, also die Grundlagen, die für die Konstituierung dieses Erziehungsziels bestimmend gewesen sind. Warum aber wurde es überhaupt für wesentlich und notwendig erachtet? Anders gefragt: Wo liegt der Anstoß dafür, die Menschen zur »sittlichen« Persönlichkeit erziehen zu wollen und sie dadurch zur Verwirklichung des ethisch »Guten« zu veranlassen? Und weiter: Wie haben wir Menschen eine Vorstellung davon erlangt, was »gut« ist, d. h., welche Inhalte mit dem »Guten« verbunden sind?

Wir können uns das nur so vorstellen, daß die Menschen und Menschengruppen im Verlauf ihres Zusammenlebens die Erfahrung gemacht haben, daß sich bestimmte Verhaltensweisen und Handlungen für das Zusammenleben als nützlich und zweckmäßig, also als »gut«, erwiesen haben, daß sich aber andere als schädlich und unzweckmäßig, also als »böse«, herausgestellt haben. Die für das Zusammenleben und -arbeiten nützlichen und wünschenswerten Verhaltensweisen sind zunächst nur ›gelebt‹ worden, weil ohne ihre Verwirklichung jedes Zusammenleben in Frage gestellt wäre. Da sich nicht alle Mitglieder der Gruppe daran gehalten, sondern dagegen willentlich oder unwillentlich verstoßen haben, kam es zu Konflikten, die erzieherische Eingriffe in Richtung des ›Nützlichen‹ und ›Wünschenswerten‹ notwendig machten. Aufgrund solcher Konfliktsituationen und ihrer Bewältigung sind Absprachen und Übereinkünfte getroffen worden, die dann in Regeln und Vorschriften zusammengefaßt worden sind. Sie enthielten alles das, was für das Zusammenleben als ›nützlich‹ = ›gut‹ angesehen worden ist, und sie setzten fest, was als ›sittlich‹ zu gelten habe.

Sittliche Begriffe entstehen aus gemeinsamen Interessen und im Miteinander-Handeln

Den soeben beschriebenen Vorgang hat *Joh. Heinrich Pestalozzi* (1746-1827) vor Augen, als er in seinem Fragment »Über die Entstehung der sittlichen Begriffe in der Entwicklung der Menschheit« (1786/1787) nachdenkt. Pestalozzi erzählt, wie »Wilde« Nüsse sammeln:

»Der eine hat viele, der andere wenig gefunden. Derjenige, der Überfluß hat, sieht den Mangelnden neben ihm; er sieht ihm an, daß er auch gern hätte, und gibt ihm entweder oder gibt ihm nicht. Gibt er ihm, so entstehet eine angenehme Empfindung im Wilden, im gegenseitigen Fall eine unangenehme. Das Wesentliche der Begriffe von gut und böse wird gefühlt.«[4]

Auf diese Weise, also im Umgang miteinander, oder – wie Pestalozzi sagt - durch »Tathandlungen und Gemütsstimmungen« lernt der Mensch Sittlichkeit. Er macht sich ein Bild von dem, was gut und böse, Wahrheit und Lüge, Gerech-

---

[4] Die Schrift befindet sich in der »Kritischen Ausgabe« der Werke Pestalozzis, Bd. 9, S. 439-470; wieder abgedruckt in: Joh. Heinr. Pestalozzi, Kleine Schriften zur Volkserziehung und Menschenbildung, hrsg. v. Theo Dietrich (Klinkhardts Pädagogische Quellentexte), Bad Heilbrunn, 6. Aufl. 1991, S. 39.

tigkeit und Ungerechtigkeit, Treue und Untreue, Gewissenhaftigkeit und Gewissenlosigkeit ist und wie sich die Verhaltensweisen, die diesen Begriffen entsprechen, im Zusammenleben auswirken. Der Mensch erkennt schließlich, daß ein gemeinsames Leben nur auf der Basis ›sittlicher‹ Begriffe, ›sittlicher‹ Entscheidungen und ›sittlicher‹ Verhaltensweisen möglich ist und erhebt sie zur Norm des individuellen und gesellschaftlichen Lebens. Auf diese Weise bildet sich ein sittlicher Kodex heraus, der für verbindlich erklärt und tradiert wird und der über Krisensituationen hinweg das mitmenschliche und gesellschaftliche Leben regelt und aufrechterhält. ›Man‹ muß Andersdenkende achten und ihnen gegenüber tolerant sein; ›man‹ muß seine Arbeit ordentlich und gewissenhaft ausführen, ›man‹ muß sich in die Gruppe einfügen, ›man‹ muß in der Ehe treu sein, ›man‹ darf nicht lügen usw.

Die im Zusammenleben der Menschen entstehenden Normen werden von Denkern tiefer begründet und kodifiziert, in den sittlichen Willen übernommen und als »Tathandlungen« gelebt

Die Normen und die daraus abgeleiteten Zielstellungen, die sich zunächst aus dem Zusammenleben der Menschen und Menschengruppen und in Verbindung mit religiösen und weltanschaulichen Vorstellungen in einem sehr langen Prozeß entwickelt haben, sind später von Denkern und Philosophen weiter geklärt und tiefer begründet worden. Dadurch sind die Normen und Zielvorstellungen und die darauf beruhenden Gewohnheiten und Handlungsweisen bestätigt und bestärkt worden, und es hat sich ein sittliches Bewußtsein gebildet, das unabhängig von der Erfahrung aufgrund eines verbindlichen Sittenkodex zu sittlichen Entscheidungen befähigen soll. Die Entscheidungen selbst erfordern die Beherrschung der Triebe und Bedürfnisse, und wir nennen eine Entscheidung oder Handlung erst dann sittlich, wenn die Kräfte der Selbstüberwindung die Norm oder das Ziel oder den Wert verwirklichen. Es handelt sich also um eine ›Gewissensentscheidung der Tat‹. Das Gewissen regt sich immer dann, wenn die Bindung an Werte, Normen oder Ziele in Frage gestellt ist. Dieser Regung muß die Entscheidung und dieser wiederum die Tat folgen. Handlungsweisen, die der Sitte nicht entsprechen oder die – um bei unserem Ausgangsbeispiel zu bleiben – mit den Vorstellungen der »sittlichen Persönlichkeit« nicht in Einklang gebracht werden können, gelten als unsittlich und werden verworfen. Sie müssen im Erziehungsprozeß gegebenenfalls korrigiert und verbessert werden. Kann das nicht erreicht werden, z. B. auf Grund eigener Trägheit oder Mutlosigkeit, dann gerät der Träger von Handlungen, der die Sitte verletzt, in eine Außenseiterposition.

Im Verlauf der gesellschaftlichen Entwicklung sind dann ›festgeschriebene‹ Normensysteme ›fortgeschrieben‹, durch Differenzierungsprozesse bereichert, aber auch durch Auflösungsprozesse verändert oder umgestoßen worden. Damit das Zusammenleben der Menschen über längere Perioden hinweg stabil bleibt, verändern sich die sittlichen Normen und die davon abgeleiteten Zielvorstellungen in der Regel jedoch relativ langsam. Im 19. Jh. hat dagegen die schnell und rapide wachsende Bevölkerung und die damit zusammenhängende Auflösung der Tradition einen rascheren Veränderungsprozeß geradezu herausgefordert. Einzelne oder ganze Gruppen haben damals gegen kodifizierte Normen rebelliert. Die Emanzipationsbestrebungen der Arbeiter und der Frauen legen hierfür Zeugnis ab. In gewisser Weise vergleichbar damit ist die antiautoritäre Bewegung der Jahre um 1970; sie hat bestehende und bislang anerkannte Werte als ›bürgerlich‹ entlarvt und wollte größere Freiheiten im Zusammenleben der Menschen durchsetzen. Das ist z. T. auch gelungen. Das wird u. a. durch die Gleichsetzung von ehelicher und partnerschaftlicher Beziehung deutlich.

Normen und leitende Erziehungsziele entstehen
in einem dialektischen Prozeß, dessen Pole
Erfahrung und Reflexion sind

Aus den bisherigen Ausführungen ergibt sich: Normen und daraus abgeleitete Erziehungsziele sind Antworten von Menschen oder Menschengruppen auf schwierige Situationen des Zusammenlebens in bestimmten geschichtlichen Epochen, sie regeln das Zusammenleben der Menschen und leiten die Menschen und vor allem die nachfolgende Generation dazu an, wie sie handeln und sich verhalten sollen. Die Normentwicklung und -setzung vollzieht sich in einem dialektischen Prozeß von empirisch-induktiv gewonnenen Einsichten und daraus abgeleiteten Konsequenzen für das Verhalten *und* der Reflexion über die Aufgaben der Menschen oder genauer gesagt: über ihr Versagen im Zusammenleben mit anderen. Normen und Ziele werden also niemals allein von außen durch Religionen, Weltanschauungen oder Ideologien gesetzt; sie werden aber ebensowenig allein induktiv aufgrund der bloßen Erfahrung gewonnen. Sie beruhen letztlich auf einem Bild des Menschen, zumindest auf einem Vorverständnis von dem, was der Mensch leisten kann und soll. Aus der Erkenntnis, daß der Mensch versagt und seine »tierische Natur« (Pestalozzi) nicht völlig überwinden kann, müssen bewußt Erziehungsziele gesetzt werden. Hat ein Erziehungsziel wie die »sittliche Persönlichkeit« auf der Grundlage eines bestimmten Menschenverständnisses und eines darauf aufbauenden Normensystems allgemeine Anerkennung gefunden, und ist es in einen Verfassungs- oder einen anderen gleichwertigen Text aufgenommen worden, dann werden alle Einzel- oder Teilziele der Erziehung deduktiv aus dem obersten Ziel abgeleitet oder umgekehrt: die Einzel- oder Teilziele werden induktiv auf das oberste Ziel ausgerichtet.

Zu 5.: Haben Erziehungsziele allgemeine Gültigkeit, haben sie über-
zeitlichen Charakter, oder gelten sie nur für eine bestimmte
Zeit?

Die basale Sittlichkeit bildet die Grundlage jeder ausformulierten Ethik

Wenn wir von unserem Beispiel ausgehen, dann besteht eigentlich kein Zweifel
darüber, daß das *Erziehungsziel* der »sittlichen Persönlichkeit« historischen Ursprungs ist. Unser heutiges Verständnis der »sittlichen Persönlichkeit« wurzelt
sowohl in der Ethik des Humanismus als auch in der des Christentums. Beide
Ethiken haben sich aber in bestimmbaren historischen Epochen herausgebildet,
nämlich mit dem Aufkommen des Humanismus bzw. des Christentums. Dessen
ungeachtet dürfen wir davon ausgehen, daß die Verhaltensweisen, die eine
»sittliche Persönlichkeit« auszeichnen, also die Verhaltensweisen, die zum Begriff des »Guten« gehören, schon vorhanden gewesen und ›gelebt‹ worden sind,
bevor die humanistische und christliche Ethik sie ausformuliert haben. Denn es
kann keine menschliche Gruppe oder Gesellschaft bestehen oder überleben,
wenn in ihr nicht das »Gute« gilt und somit die schlichten Tugenden des Alltags
wie Hilfs- oder Opferbereitschaft, Zuverlässigkeit, Rechtschaffenheit, Pflichterfüllung, Aufrichtigkeit, Redlichkeit, Ehrlichkeit, Mitleid, Güte und Liebe wirksam sind. Solche ›Urnormen‹ oder – wie *O. F. Bollnow* (1903-1991) sagt – die
»einfache oder elementare Sittlichkeit«[5] bilden die Basis einer jeden ausformulierten Ethik, also einer Sittenlehre, die eine gültige Antwort auf die Frage gibt:
Was sollen wir tun? Die ›Urnormen‹ haben auch Bestand, wenn die in Begriffe
gefaßten Ethiken an Kraft und Überzeugung verlieren, wie wir das bei der humanistischen und christlichen Ethik heute tatsächlich erleben. Unterhalb des
Formenwandels der in einem Kodex festgelegten Sittenlehren bleibt die
»einfache Sittlichkeit« erhalten und ist in allem Wandel beständig.

Allgemeine und überzeitliche Zielstellungen
werden zeitgemäß ausformuliert, d. h. den epo-
chalen Gesellschaftsverhältnissen angepaßt

Die übergeschichtlichen Urnormen des Verhaltens (»basale Sittlichkeit«) werden
im Wandel der Geschichte der Zeitsituation entsprechend ausformuliert. Sie bilden die allgemeingültige und die überzeitlich gültige Grundlage für die zeit- und
gesellschaftsabhängigen Erziehungsziele. Zwar bleibt der Grundtenor der

---

[5] O. F. Bollnow, Einfache Sittlichkeit, Göttingen 1947, 4. Aufl. 1968.

»basalen Sittlichkeit« erhalten; aber das Verständnis der Einzelinhalte wird der jeweiligen Geschichtsepoche und den gesellschaftlichen Verhältnissen angepaßt. So werden beispielsweise im Preußen des 19. Jh. die Merkmale der »sittlichen Persönlichkeit«, die mit den »schlichten Tugenden des Alltags« korrespondieren, in die tragende Idee dieses Staates ›eingebunden‹, und die heißt: Pflichterfüllung und Sparsamkeit üben. Der Bürger soll die obrigkeitsstaatlichen Ordnungen einhalten, sich also unter-ordnen: Dann vollbringt er »Gutes«. Von dieser Auffassung des Guten aus werden alle einzelnen Inhalte der »sittlichen Persönlichkeit« geprägt.

In den parlamentarischen Demokratien des 20. Jahrhunderts steht dagegen die Leitidee der Pflichterfüllung nicht im Kontext der Unterordnung, sondern der kritischen Selbstbestimmung. Der Wandel der Staatsidee verändert zwar nicht die Haltung der Pflichterfüllung als solcher; aber sie ist nicht wie im 19. Jh. Ausdruck einer von außen und oben bestimmten Anordnung, sondern erfolgt aus ›innerer Freiheit‹ und aus ›kritischer Einsicht‹ heraus. Das gleiche gilt für die anderen, zum Bild der »sittlichen Persönlichkeit« gehörenden Merkmale.

Die Abhängigkeit und damit die Modifizierung des Erziehungsziels der »sittlichen Persönlichkeit« vom Menschenbild, von der Staatsauffassung und von ethischen Systemen gilt gleichermaßen für Ideologien wie den Nationalsozialismus oder den Marxismus-Leninismus. Auch hier ergibt die Analyse, daß der Grundtenor formal erhalten bleibt, u. a. »Gutes« zu vollbringen und der »Wahrheit« zu folgen. Aber die »sittliche Persönlichkeit«, vor allem das »Sittliche«, wird ideologischen Prämissen unterworfen. Als sittlich ist z. B. im Nationalsozialismus nur das angesehen worden, was der arischen Rasse dient. Im Marxismus-Leninismus gilt Sittlichkeit nur innerhalb der Arbeiterklasse. Alle Einzelziele werden aus den genannten Vor-Bestimmungen heraus abgeleitet. Dadurch werden Teilmerkmale der sittlichen Persönlichkeit verändert – eben weil sie in einen anderen Sinnzusammenhang eingeordnet werden.

Halten wir also fest: Die ›basalen‹ Normen und die daraus abgeleiteten Erziehungsziele bleiben in ihren Grundbestandteilen über die Zeiten hinweg erhalten. Sie sind elementare Bedingungen des menschlichen Zusammenlebens. Aber sie werden vom Zeitgeist und Menschenverständnis einer Epoche, einer religiösen, weltanschaulichen oder ideologischen Auffassung und von politischen Herrschaftsverhältnissen aus modifiziert und der jeweiligen Gegenwart angepaßt.

Zu 6.: *Läßt sich für unsere Gegenwart ein oberstes Erziehungsziel formulieren, und wenn ja, wie könnte es lauten?*

Das leitende Erziehungsziel muß die anthropologischen Grundvoraussetzungen des Menschseins beachten

Als wir beim Thema 1 nach dem Sinn der Erziehung fragten, antworteten wir: Erziehung hat die Aufgabe, das Kind/den Menschen zum Menschen zu erziehen und seine Mit-Menschlichkeit zu fördern. Von sich aus kann der Mensch das nicht erreichen. Er bedarf der mitmenschlichen Umwelt, um Mitmenschlichkeit zu erleben, sie anzunehmen, zu verwirklichen und um dadurch in vollem Sinne Mensch zu werden. Aus dieser anthropologischen Vorgegebenheit, nämlich daß der Mensch primär Mit-Mensch ist, müssen die Konsequenzen für das oberste Leitziel der Erziehung gezogen werden. Wir müssen jetzt fragen, worin und wie sich Mitmenschlichkeit äußert. Wir erleben sie in den sozial-ethischen Verhaltensweisen und Handlungen der Menschen. Diese »Tugenden« und die ihnen zugrunde liegenden Fähigkeiten müssen daher im Erziehungsprozeß geweckt und im Umgang miteinander gefördert werden. Es gilt also, den Menschen an die Werte des Guten zu binden, d. h. an Liebe, Wahrheit, Gerechtigkeit, Treue u. ä. »Vergeßt nicht, zu üben die Kräfte des Guten«, heißt es schon bei Goethe. Das gilt damals wie heute und ist in unserer sozial bedrohten und von Kriegen erschütterten Gegenwart die wichtigste Aufgabe. Worauf es also ankommt, kann man auch so formulieren:

die Menschen mit »humanitas« ausstatten, und das heißt, sie »durch Humanisierung der zwischenmenschlichen Beziehungen« vermenschlichen.[6]

Dieses Ziel ist im Grunde genommen so alt wie Humanismus und Christentum. Immer ging es um die Menschwerdung des Menschen, um eine ›menschliche‹, humane Erziehung, um die Entfaltung aller menschlichen Kräfte gepaart mit Milde und Menschenliebe. *Seneca* (4 v. Chr. bis 65 n. Chr.) hat dieses Ziel mit folgenden Worten ausgedrückt und dadurch die Brücke vom antiken Humanismus zum Christentum geschlagen: »Der Mensch sei dem Menschen heilig.« Dieses Gebot galt ursprünglich allerdings nur für die »Freien«, während Sklaven wie Tiere behandelt werden durften. Erst durch den Einfluß des Christentums ist das Gebot auf alle Menschen ausgedehnt worden. Aber schon lange vor dem Eintritt des Christentums oder einer anderen Weltreligion in die Geschichte der Menschen haben sich Menschengruppen an das Gebot gehalten. Die kulturelle Evo-

---

[6] Oswald Kroh, Revision der Erziehung, Heidelberg 1954, S. 110 ff.

92

lution und die Verbreitung der Menschen hätte nicht stattfinden können, wenn man nicht nach Senecas Weisung gehandelt hätte. Es ist für die Menschen existentiell notwendig, den anderen Menschen zu achten und der Würde des anderen mit Ehrfurcht zu begegnen, wenn die menschlichen Gesellschaften überleben wollen. Daher hat diese Norm überzeitlichen Charakter, und zwar trotz der Erfahrung, daß die Menschen gegen diese Norm verstoßen.

Auch die Indianer am Oberen Orinoko, die mit der Zivilisation und Kultur ihrer Missionare kaum oder nicht in Berührung gekommen sind, halten sich innerhalb ihrer Wohngruppe an die Norm. Sie töten zwar Neugeborene, weil der Urwald nur für eine bestimmte Anzahl von Menschen die Lebensgrundlage bietet. Der Verstoß gegen die Norm ist also historisch-gesellschaftlich begründet. Wenn diese Bedingungen eines Tages entfallen, d. h., wenn sich die Lebensgrundlagen bessern und/oder wenn sich die Indianergruppen aus ihrer derzeitigen Isolation herausfinden und/oder mit einer Weltreligion konfrontiert werden, dann – so können wir vermuten – werden die in der Erwachsenengruppe bisher gelebten Normen auch für Neugeborene gelten. Dieses Beispiel zeigt noch einmal, wie existentiell bedeutsame Normen aufgrund geschichtlich-gesellschaftlicher Bedingungen entstehen, wie sie sich aus eben diesen Gründen wandeln und wie sie durch die Einflüsse von Religionen oder von Weltanschauungen zu ihrem ursprünglichen Sinn zurückkehren.

Das Neue Testament hat dann den Menschen als Kind Gottes aufgefaßt, das den Geboten Gottes folgen und Gutes vollbringen soll. Erziehung hat also schon immer die Aufgabe gehabt, den Menschen an den Bereich des »Guten« heranzuführen, ihn dort zu halten und, wenn der Mensch aus ihm ausbricht, wieder dorthin zurückzuführen.

Mit dieser Zielsetzung sind selbstverständlich alle jene Probleme nicht aus dem Wege geräumt, auf die wir oben unter Pkt. 2.2. hingewiesen haben. Die Formulierung erscheint für den pädagogisch-anthropologisch nicht geschulten Laien formal und unpräzise. Vor allem ist es erforderlich, die Bedingungen zu erfassen und die psychischen Dispositionen anzusprechen, unter denen und mit deren Hilfe dieses Ziel verwirklicht werden kann. Die bisherigen Ausführungen haben dazu bereits manche Anhaltspunkte gegeben, und bei den folgenden Themen werden wir weitere Hinweise finden, so daß wir es hier mit diesen allgemeinen Bemerkungen bewenden lassen können. Das aus pädagogisch-anthropologischen Grunderkenntnissen entwickelte Leitziel müßte noch weiter präzisiert und für die einzelnen Bereiche der Erziehung und des Unterrichts differenziert werden. Das überschreitet jedoch die Aufgabe, die wir uns hier gestellt haben, nämlich in die Problematik der Erziehungsziele einzuführen und deutlich zu machen, daß Erziehungsziele keine ›statischen Setzungen‹ sind. Die Inhalte der Erziehungsziele und Grundwerte und die sie begründenden Normen bedürfen in der parlamentarischen Demokratie der Diskussion; sie muß offen und lebendig geführt werden. Erst die alternative Diskussion eröffnet dem mündigen Bürger die Möglichkeit der Wahl zwischen den sich *auch* widersprechenden Zielen, Werten und Normen. Dennoch bleibt als übergreifende Aufgabe das Ziel der ›Humanisierung des Menschen‹ bestehen.

Richtet sich persönliches und gesellschaftliches Handeln tatsächlich nach »leitenden Erziehungszielen« aus?

Diese *Frage* beunruhigt das Denken der jüngeren Generation nach wie vor. Studenten fragen z. B.: Ist es sinnvoll, ein oberstes Erziehungsziel zu setzen, wenn es in der Praxis nicht realisiert werden und wenn der Mensch in der heutigen Zeit damit nicht existieren *kann*? Er würde in der gesellschaftlichen Auseinandersetzung oder in seinem Streben nach beruflichem Weiterkommen oder überhaupt nach Erfolg ›auf der Strecke‹ bleiben, wenn er z. B. das Ziel »*Ehrlichkeit*» in jeder Beziehung anerkennen und sich danach richten würde (vgl. 90 ff., bes. die Ausführungen über die »basale Sittlichkeit«).

Die Frage macht zweierlei deutlich: 1. Wir Menschen versuchen, die eigenen Bedürfnisse, Wünsche, Begierden, die selbstischen Strebensrichtungen wie Macht- und Geltungsstreben rücksichtslos oder auch mit ›Tricks‹ durchzusetzen. Das war früher so und hat sich bis heute nicht geändert, d. h., der Mensch hat sich in ethischem Sinne nicht ›gebessert‹. Er verstößt auf Grund seiner ›Unfestgelegtheit‹ stets gegen die bestehenden Normen und Ziele (vgl. S. 76 ff.). 2. Das Ziel der »Ehrlichkeit« oder der »Wahrhaftigkeit« ist – zugegeben – in der industriellen Massengesellschaft problematisch geworden; es besaß in der vorindustriellen Gesellschaft weit mehr Anerkennung als heute. Dort, wo man den Nachbarn kennt, wo »nahe Beziehungen« (Pestalozzi) bestehen wie z. B. in der von der Tradition bestimmten Agrargesellschaft, *muß* man weit mehr ehrlich und wahrhaftig sein als dort, wo keine Vertrautheit besteht. Ist jemand unehrlich oder unwahrhaftig, dann wird er im vertrauten Kreis zur Rechenschaft gezogen. Er wird von den Angehörigen und von der Nachbarschaft er-zogen; es werden Sanktionen ausgeübt bis hin zur Ausstoßung aus der »Gemeinschaft«. Das gilt auch heute noch im Kreise der Familie oder in überschaubaren Institutionen. Wo aber die Beziehungen »kälter« sind, wie z. B. im Großbetrieb oder wo Machtstreben des Menschen über den Menschen wie im Kampf der Parteien, Gewerkschaften, Verbände vorherrscht, dort tritt oft die Lüge an die Stelle von Ehrlichkeit. Man versucht, den Konkurrenten oder den (vermeintlichen) Gegner zu hintergehen, ihn auszutricksen und für sich dadurch Vorteile ›herauszuschlagen‹. Selbst kleinere Vergehen gegen das Eigentum des Staates oder eines privaten Besitzers läßt man als ›Kavaliersdelikte‹ durchgehen. Für viele gilt: Der Ehrliche ist der Dumme![7] Man ›versucht‹, sich herauszureden. Das alles ist menschlich – allzu menschlich!

Daß dies schon früher so gewesen ist (und sich auch in Zukunft nicht ändern, gleich gar nicht bessern wird), macht der englische Schriftsteller *Bernhard de Mandeville* († 1733) in dem satirischen Gedicht »Die Bienenfabel« (1714, dt. 1914) deutlich. Mandeville schildert am Leben des Bienenvolkes die politischen und gesellschaftlichen Zustände in den Staaten der Menschen; er charakterisiert sie als einen fortwährenden Kampf um Macht und Reichtum. Dabei bedienen sich die Menschen der List und Tücke, um ihre Mitmenschen zu betrügen und auszunutzen. Die »Bienenfabel« legt ein Zeugnis dafür ab, daß gut und böse im Menschen nahe beieinander wohnen – früher wie heute und in Zukunft. Wo Menschen miteinander leben – dort »menschelt« es stets. Das heißt aber nicht, daß sittliche Werte und Ziele wertlos und nichtig sind. Im Gegenteil: Ein Zusammenleben der Menschen – im privaten wie im gesellschaftlichen Bereich – ist *nur* auf der Grundlage sittlicher Normen und deren verfassungsmäßiger Regelung möglich. Aus diesem Grunde ist auch »Ehrlichkeit« ein Gebot, das trotz menschlichen Versagens Gültigkeit besitzt. Andernfalls droht die Anarchie.

Die Notwendigkeit ethischer Zielsetzungen zeigt auch die folgende Überlegung: Wenn an der Stelle des Buches (S. 90) statt des Erziehungsziels »Sittlichkeit« das der »Friedfertigkeit« als Voraussetzung des Friedens genannt worden wäre (dieses Ziel ist auf S. 80 mit aufgeführt), dann wäre mit Sicherheit von niemandem ein Einwand gegen *diese* Zielstellung erhoben worden, und zwar trotz der Tatsache, daß wir in einer Welt des Unfriedens und der kriegerischen Auseinandersetzungen leben. Aber gerade weil das ›Damoklesschwert‹ des Krieges und der Vernichtung über uns hängt, ist Erziehung zum Frieden in einer friedlosen Welt notwendig.

Gibt es ›angeborene Bereitschaften‹ für sittliches Handeln?

Wir hatten behauptet, daß sittliches Handeln und sittliche Begriffe aus »gemeinsamen Interessen« und aus den Erfordernissen des gemeinsamen Lebens entstanden sind, daß aber Sittlichkeit selbst auf einem Akt der Selbstüberwindung beruht. Als ›Beweis‹ für diese Auffassung haben wir das Beispiel des »Nüssesammelns« von Pestalozzi gebracht. Die Frage aber ist, ob der Mensch für sittliches Handeln bereits ›vorprogrammiert‹ ist, d. h., ob schon im Tierreich Vorformen sittlichen Verhaltens spurenhaft erkennbar sind.

---

[7] Vgl. dazu Ulrich Wickert, Der Ehrliche ist der Dumme – Über den Verlust der Werte, Hamburg 1994.

Die Verhaltensforschung (Ethologie) geht in der Tat davon aus, daß bei höheren Wirbeltieren das Sozialverhalten »wie durch Gebote geregelt« (W. Wickler) sei und spricht von »moral-analogen Verhaltensweisen« (K. Lorenz). Man beachte jedoch die Formulierung! es heißt: »*wie* durch Gebote geregelt« und »moral-*analoge* Verhaltensweisen«. Das Tier lebt nach Verhaltensmustern, die für jede Tierart typisch sind; es reflektiert sein Verhalten nicht und lebt nicht nach Sollens-Geboten. Das gilt auch für die gesellschaftlich lebenden höheren Tiere wie die Anthropoiden. Der »Hemm-Mechanismus«, der durch die ›Demutshaltung‹ des schwächeren Tieres ausgelöst wird, verhindert in der Regel das Töten eines Artgenossen. Der Mensch mordet dagegen einen anderen Menschen – trotz dessen flehentlicher Bitten um Erbarmen. Er besitzt kaum Programme, also erblich bedingte Ablaufsweisen für *sittliches Verhalten*. Daher muß das zwischenmenschliche Leben rechtlich, d. h. durch Gesetz, geregelt und durch Erziehung ›menschlich‹ gemacht werden. Was wir über den »Hemm-Mechanismus« und über das Töten von Artgenossen gesagt haben, ist aufgrund neuerer Beobachtungen umstritten. So töten z. B. Löwen die Jungen anderer Löwenfamilien, um die Löwinnen zur Paarung zu veranlassen. Unbestritten ist aber die Auffassung, daß es im Tierreich »moral-analoges Verhalten« gibt und daß menschliches Verhalten im tierischen ›vorgeformt‹ ist.

Wir dürfen also davon ausgehen, daß es im Hinblick auf das *soziale* Verhalten auslösende Reizsituationen und endogene Triebkräfte gibt, die ethisches Handeln bedingen und die Sozialität im Sinne von Verhaltens- und Handlungsbereitschaften fördern, also die Fähigkeit und Neigung zu sozialem Verhalten. Das Fürsorgeverhalten der Eltern, besonders der Mutter, gegenüber dem Kleinkind ist nur *ein* Beispiel. Der Blick ins Körbchen mit dem strampelnden Kind löst unweigerlich Hilfsbereitschaft aus; sie wird selbstverständlich auch durch endogene Impulse mitbewirkt. Andererseits sind Zielsetzungen wie »Mündigkeit«, »Wahrhaftigkeit«, »Kritikfähigkeit«, »Gewissenhaftigkeit« usw. rein menschlich-geistige Phänomene, für die man im Tierreich keine Entsprechung findet. Da bei der Verwirklichung dieser Zielsetzungen immer auch das Denken eine wichtige Rolle spielt und Vorformen des Denkens bei den Summo-Primaten (z. B. Schimpansen) zu beobachten sind, könnte man auch hier in gewisser Weise und weit ausgeholt von »Vorprogrammen« für ethisches Verhalten sprechen. Das betrifft aber nicht das eigentliche Problem, sondern zeigt letztlich nur, daß zwischen Tier und Mensch nicht nur ein qualitativer, sondern auch ein quantitativer Übergang besteht (vgl. Thema 1, S. 44 ff.).

Arbeitsaufgaben:

1. Bearbeiten Sie folgenden Lexikon-Text:
   »Erziehungsziele: In der geschichtlichen Entwicklung lassen sich folgende Erziehungsziele unterscheiden: 1. die Erziehung der Kinder zur praktischen Lebenstüchtigkeit – utilitaristischer Standpunkt (Locke, Basedow, Spencer), 2. die Ausrüstung des Menschen für sein jenseitiges Leben – kirchlich-religiöser Standpunkt (A. H. Francke, Palmer), 3. die Ertüchtigung für die Zwecke des Staates – die politische Erziehung (Platon, Fichte), 4. das Streben nach rein menschlicher Erziehung. (›Das Kind soll um seiner selbst willen erzogen werden‹, aus Liebe zu ihm, um seines eigenen Wertes willen.) Diese letzte Richtung tritt uns nach W. Rein in vier geschichtlichen Formen entgegen: a) als humanistische Erziehung, die den Geist des klassischen Altertums mit dem Christentum vereinen soll, b) als realistische Erziehung, die aus dem Geist der modernen Naturwissenschaft und Technik erwuchs, c) als ästhetisch-künstlerische, wie sie etwa in Langbehns ›Rembrandt als Erzieher‹ (1890) das künstlerische Genie als Musterbild sieht und den Persönlichkeitswert anderen Werten überordnet, d) als moralische Erziehung, wie sie etwa Herbart als ›Charakterstärke der Sittlichkeit‹ aufgewiesen hat. Gegen Ende des Jahrhunderts war man der Überzeugung, daß nur eine Kombination der verschiedenen Erziehungsziele das Erziehungswerk bestimmen könne; die grundsätzlichen Widersprüche, die nur dialektisch ausgetragen werden können, wurden in ihrer Tragweite unterschätzt« (Karl Odenbach, Lexikon der Schulpädagogik, Braunschweig 1974, S. 180).
   Versuchen Sie, diesen Text zu interpretieren, unbekannte Namen wie z. B. W. Rein, J. Langbehn und unklare Begriffe wie »humanistische Erziehung« zu klären, indem Sie in Lexika, Handbüchern usw. nachschlagen.
2. Durchdenken Sie Situationen aus Ihrer eigenen »Erziehungsgeschichte«, in denen Sie Ziele »vorgesetzt« bekamen oder in denen Sie sich selbst Ziele setzten. Denken Sie dabei an Erziehung zur Ordnungsliebe, zur Hilfsbereitschaft, zum gegenseitigen Verständnis, zur sportlichen Leistung und Fairneß, zur Aufmerksamkeit, zur Erledigung der Hausaufgaben usw. usw. Welche Dispositionen sind jeweils angesprochen worden, wie haben Sie reagiert, wie lange haben Sie durchgehalten u. ä.? Welche Ziele haben Ihr Handeln vorwiegend bestimmt? Die aus dem Bereich der Fremderziehung oder die aus der Selbsterziehung?
3. Wir haben im Abschnitt 4. über die Entstehung leitender Erziehungsziele am Beispiel des Ziels »sittliche Persönlichkeit« nachgedacht. Überlegen Sie sich, wie andere leitende Erziehungsziele ›entstanden‹ sind bzw. entstanden sein könnten, z. B. Wahrhaftigkeit, Heiligkeit, Selbständigkeit, Dienstbereitschaft usw. Denken Sie dabei vor allem über die historischen Hintergründe nach. Von welcher Epoche an wurde z. B. »Selbständigkeit« im mitteleuropäischen Raum gefordert?

Kommentierte Literaturhinweise:

Benden, M. (Hrsg.): Ziele der Erziehung und Bildung, 2. Aufl. (Klinkhardts Pädagogische Quellentexte), Bad Heilbrunn 1982

Der Textband befaßt sich zunächst mit der begrifflichen Bestimmung von Erziehungsziel, Bildungs- und Lernziel und bietet dann eine Auswahl von Zielkonzeptionen aus der Zeit nach dem 2. Weltkrieg an. Die »Allgemeine Erklärung der Menschenrechte« der Vereinten Nationen kann man ebenso nachlesen wie Stellungnahmen der evangelischen und katholischen Kirche. An der pädagogischen Diskussion über die Zielproblematik sind u. a. beteiligt: Th. Dietrich, W. Flitner, H. Giesecke, H. Roth, K. Schaller. Abschließend finden wir »Neun Thesen zu einer neuen Bildungspolitik«, die zum »Mut zur Erziehung« aufrufen. Eine sachgerechte Auswahlbibliographie zum Thema beschließt den Band.

Häberle, P.: Erziehungsziele und Orientierungswerte im Verfassungstext, Freiburg/München 1981

Vor dem Hintergrund der These von der »Wiedergewinnung des Erzieherischen« erörtert H. als Vertreter der Rechtswissenschaft das Problem der »offenen« und »verdeckten« Erziehungsziele und Orientierungswerte im geltenden Verfassungsrecht, besonders in den Länderverfassungen. Die Erziehungsziele und Orientierungswerte werden als »konsensbildende Elemente im Verfassungsstaat« gekennzeichnet, obwohl die Inhalte der Grundwerte weiterhin diskussionsbedürftig seien. Dem mündigen Bürger müsse das Recht der Wahl zwischen den sich auch widersprechenden Leitbildern zugestanden werden. Das setzt allerdings voraus, daß die Zieldiskussion offen und lebendig geführt wird.

Kerstiens, L.: Erziehungsziel: Humanes Leben, Bad Heilbrunn 1991

Die Frage nach sich selbst und einem erfüllten, sinnvollen Leben fordert jeden Menschen zum Nachdenken heraus. Die unterschiedlichen Antworten haben dennoch einen »wahren Kern«: sie wurzeln im Humanum. Daher stellt der Verf. Erkenntniswege dar, die zur Einsicht in das Humanum führen, und er zeigt, wie das Humanum in Familie und Schule verwirklicht werden kann. Das beginnt »trotz entgegenstehender Zeittendenzen (damit), dem Kind den sicheren Lebensraum emotional warmer Beziehungen anzubieten« und den Heranwachsenden in Situationen zu stellen, in denen er sich selbst überwinden muß und anderen helfend beistehen kann. Wie die Schule zum Erfahrungsraum für sittliches Handeln werden kann, wird an vielen Beispielen deutlich gemacht.

Tröger, W.: Erziehungsziele, München 1974

Die Ausführungen kreisen vor allem um drei Fragestellungen, nämlich: 1. Sind Erziehungsziele überhaupt notwendig? Welche Bedeutung haben sie angesichts der anthropologischen Erkenntnisse von der Weltoffenheit des Menschen? 2. Wie sind Erziehungsziele zu begründen? und 3. Welche Ziele lassen sich konkret angeben? – Für die Gegenwart sieht der Verfasser vor allem drei Aufgaben: die Erziehung zum Frieden, zur Demokratie und zum rechten Gebrauch der Technik. Abschließend stellt er »die Frage nach dem Sinn«. Die Antwort ist christlich, sie lautet u. a.: »Daß der persönliche Weg zu Gott den Zwiespalt zwischen dem Möglichen und dem Wirklichen aufhebt; denn hier und nur hier kann der einzelne die Fülle seiner Möglichkeiten verwirklichen. Dieser Weg erspart uns nichts, weder die Arbeit an den Aufgaben des Tages, noch Normenkonflikte, noch Leiden; in allen diesen Dingen unterscheidet sich das Leben des Christen in nichts von dem anderer. Der Unterschied liegt darin, daß er nicht mehr allein ist und in dem, der ihm nahe ist, eine unzerstörbare Hoffnung hat« (S. 205).

Thema 4
Ist Autorität in der Erziehung notwendig, oder könnte man darauf verzichten? – Von der wesentlichen Voraussetzung für die Wirksamkeit der Erziehung – ein Problem aus der »Theorie der Erziehung«

Einführung: Autoritäre Formen der Erziehung sind ›abzuschaffen‹!

Selten ist ein Problem in der breiten Öffentlichkeit so heftig diskutiert worden wie das Phänomen der Autorität. Während der beiden letzten Jahrzehnte ist »das Unbehagen an der Autorität«[1] ständig gewachsen. Autorität im Sinne von Macht und Gewalt wird abgelehnt, weil sie das natürliche Bedürfnis des Menschen nach Selbstregulierung untergrabe, ja, überhaupt nicht zulasse. Die Menschen sollen vielmehr von Kindesbeinen an die Möglichkeit erhalten, ihren naturgemäßen Interessen und Neigungen nachgehen zu können. Nur auf diese Weise könne ein Selbstfindungsprozeß stattfinden. Das hat die Abschaffung jeder individuellen und gesellschaftlichen Einflußnahme und somit jeder Form von Autorität zur Folge. Die Erziehung dürfe also nur anti-autoritär durchgeführt werden.

Autoritäre und anti-autoritäre Formen der Erziehung streiten nicht erst in der Gegenwart um die Vormachtstellung

Solche revolutionären Forderungen nach mehr Freiraum in der Erziehung bis hin zur Verleugnung der Autorität überhaupt hat die Geschichte wiederholt erlebt. *Rousseaus* Konzept der »negativen Erziehung« ist nur *ein* gewichtiges Beispiel dafür (vgl. Thema 1). Die anti-autoritäre Bewegung in den 60er /70er Jahren hat daher auch bewußt auf Rousseau zurückgegriffen. Ihre Vertreter sind davon überzeugt, daß man auf jede Außensteuerung verzichten müsse und daß der Mensch als ein von Natur aus »gutes« Wesen im Zusammenleben mit anderen den ›richtigen‹ und ›wahren‹ Weg selbst findet. Da aber – wie wir wissen – der Mensch aufgrund seiner Unfestgelegtheit der Erziehung bedarf, sind Lenkungs- und Führungsmaßnahmen nicht auszuschließen oder gar abzulehnen (vgl. Thema 1). Sie sind »Hilfen zur Selbsthilfe« und sollen erst zur Selbstbestimmung hinführen. Sind solche Hilfen bereits Ausdruck von Autorität? Oder: erfordern sie Autorität?

---

[1] Vgl. »Die Zeit« Nr. 33 v. 7.8.81.

Die seit Jahrhunderten bestehenden Auseinandersetzungen zwischen den beiden konträren Erziehungsauffassungen, nämlich der autoritären und der antiautoritären Erziehung, zeigen, daß die Frage nach der geeigneten Form der Erziehung immer wieder gestellt wird und daß ihr auch heute im Zusammenhang mit den Demokratisierungsbestrebungen eine große Bedeutung zukommt. Unsere Gegenwart erfordert andere Formen menschlicher Beziehungen, als sie z. B. im 19. Jh. noch üblich gewesen sind. Die Frage des autoritären oder nichtautoritären Verhaltens reicht heute mehr als in früheren Epochen in alle Bereiche des Zusammenlebens der Menschen hinein: in die Familie, die Nachbarschaft, das Vereinsleben, die staatlichen Institutionen, die politischen Parteien und gesellschaftlichen Verbände bis hin zu den Beziehungen am Arbeitsplatz. In unserem Zusammenhang gehen wir aber vorwiegend der *pädagogischen Bedeutung von Autorität* nach und charakterisieren sie vorerst recht allgemein als die Grundlage für die Wirksamkeit erzieherischer Einflußnahme.

Eine Klärung der im Thema gestellten Frage, nämlich ob Autorität in der Erziehung notwendig ist oder ob man darauf verzichten könnte, setzt voraus, daß wir uns mit Begriff und Wesen der Autorität auseinandersetzen. Wir tun dies, indem wir 1. mit Hilfe von Beispielen einige Erscheinungsformen von sog. Autorität anschaulich darstellen, 2. die Beispiele auswerten und fragen, ob sie tatsächlich das »Wesen« der Autorität zum Ausdruck bringen. Daran anschließend werden wir 3. Autorität genauer bestimmen, und zwar durch eine Begriffserklärung und eine phänomenologische Beschreibung, um dann 4. die Bedingungen eines erziehungsförderlichen Autoritätsverhältnisses zwischen Lehrern und Schülern aufzuzeigen.

Zu 1.: Was versteht man unter Autorität? Beispiele – Historische Erscheinungsformen

Eine direkte Antwort auf diese Frage ist schwierig. Unter Autorität wird heute wie früher Unterschiedliches verstanden. Ja, die Auffassungen über Autorität sind oft verwirrend. Das zeigt sich u. a. schon daran, daß in der Literatur der Begriff »Autorität« mit Beiwörtern versehen wird, die den Sachverhalt treffender zu beschreiben versuchen. Da wird von »persönlicher«, »echter«, »wahrer«, »natürlicher« Autorität gesprochen, aber auch von »Macht-«, »Herrschafts-«, »Amts-« oder »Auftragsautorität«. *Was ist nun Autorität wirklich?* Wir versuchen eine Klärung zunächst an Hand von Beispielen:

1. Beispiel: Autorität wird mit Macht gleichgesetzt

Thomas Mann erzählt in seinem Familienroman »Buddenbrooks« (1901), wie der kleine Hanno Buddenbrook um 1870 die Schule erlebt. Eines Morgens sieht Hanno den »lieben Gott« über den Schulhof kommen:

»Es war Direktor Dr. Wulicke, der Leiter der Schule, der auf dem Hofe erschienen war: ein außerordentlich langer Mann mit schwarzem Schlapphut, kurzem Vollbart, einem spitzen Bauche, viel zu kurzen Beinkleidern und trichterförmigen Manschetten, die stets sehr unsauber waren. Er ging mit einem Gesicht, das vor Zorn beinahe leidend aussah, schnell über die Steinfliesen, indem er mit ausgestrecktem Arme auf die Pumpe wies ... Dieser Direktor Wulicke war ein furchtbarer Mann. Er war der Nachfolger des jovialen und menschenfreundlichen alten Herrn, unter dessen Regierung Hannos Vater und Onkel studiert hatten, und der bald nach dem Jahre 71 gestorben war. Damals war Dr. Wulicke, bislang Professor an einem preußischen Gymnasium, gerufen worden, und mit ihm war ein anderer, ein neuer Geist in die Alte Schule eingezogen. Wo ehemals die klassische Bildung als ein heiterer Selbstzweck gegolten hatte, den man mit Ruhe, Muße und fröhlichem Idealismus verfolgte, da waren nun die Begriffe Autorität, Pflicht, Macht, Dienst, Karriere zu höchster Würde angelangt ... Was Direktor Wulicke persönlich betraf, so war er von der rätselhaften zweideutigen, eigensinnigen und eifersüchtigen Schrecklichkeit des alttestamentarischen Gottes. Er war entsetzlich im Lächeln wie im Zorne. Die ungeheure Autorität, die in seinen Händen lag, machte ihn schauerlich launenhaft und unberechenbar. Er war imstande, etwas Scherzhaftes zu sagen und fürchterlich zu werden, wenn man lachte. Keine seiner zitternden Kreaturen wußte Rat, wie man sich ihm gegenüber zu benehmen habe. Es blieb nichts übrig, als ihn im Staube zu verehren und durch eine wahnsinnige Demut vielleicht zu verhüten, daß er einen nicht dahinraffe in seinem Grimm und nicht zermalme in seiner großen Gerechtigkeit ...«[2]

Hanno erfährt Autorität als »Pflicht«, »Macht« und »Herrschaft«. Sie tritt ihm in der Person des Direktors Wulicke entgegen. Wulicke übt ähnlich wie der »alttestamentarische Gott« »im Lächeln wie im Zorne« seine »ungeheure Autorität« durch Macht und Herrschaft aus und setzt sie zudem willkürlich ein. »Seinen zitternden Kreaturen« bleibt nichts anderes übrig, »als ihn im Staube zu verehren« und demütig alles zu verhüten, was den Grimm des Allmächtigen auszulösen vermöchte. Macht-, Gewalt-, Herrschaft-Besitzen und -Ausüben – also »Autorität« zu eigen haben – erscheinen als ›Eigenschaften‹ dieses Direktors. Sie gehören zu seinem ›Status‹, der ihm vom preußischen Obrigkeitsstaat verliehen worden ist. Wulicke will diesen ›Status‹ für sich erhalten – und dies in einer Stadt, die sich als »freie« Hansestadt versteht, in der die Bürger zur Mitarbeit in der Verwaltung aufgerufen sind.

---

[2] Th. Mann, Buddenbrooks (1901), 52. Aufl., Berlin 1911, S. 429 ff.

2. Beispiel: Autorität wird durch Selbstbestimmung ersetzt

Der Engländer *Alexander S. Neill* gründete 1921 in dem Dorfe Leiston in der Grafschaft Suffolk, etwa 150 km von London entfernt, eine Schule für 50 Jungen und Mädchen im Alter von 5-16 Jahren. Dort herrschte die größtmögliche Freiheit, vor allem Freiheit von schulisch bedingter Angst und von schulisch hervorgerufenem Schrecken. »Summerhill«, so heißt diese Lebens- und Lernstätte für Kinder, ist zum Vorbild der antiautoritären Bewegung der 70er Jahre geworden.

»Lassen Sie mich einen typischen Tag in Summerhill schildern. Das Frühstück findet zwischen 8.15 und 9.00 Uhr statt. Lehrer und Schüler holen sich ihr Frühstück aus der Küche und bringen es in den Speisesaal. Die Betten sollen vor dem Unterricht gemacht sein, d. h. also vor 9.30 Uhr.
Zu Beginn des Tertials wird ein Stundenplan aufgestellt ... Die Schüler brauchen nicht zum Unterricht zu erscheinen. Wenn Jimmy aber montags in die Englischstunde kommt und sich dann erst wieder am Freitag der folgenden Woche dort sehen läßt, halten ihm die anderen Schüler mit Recht entgegen, daß er die Arbeit aufhält, und setzen ihn unter Umständen vor die Tür.
Der Unterricht dauert bis 1 Uhr. Die Kleineren essen aber schon um 12.30 Uhr zu Mittag ... Der Nachmittag ist für alle frei. Was die Kinder am Nachmittag alle tun, weiß ich auch nicht ... Ab 17 Uhr beginnen dann alle möglichen Freizeitbeschäftigungen. Die Kleineren lassen sich gern vorlesen. Die Schüler der mittleren Gruppe arbeiten im Kunstraum; sie malen, machen Linolschnitte ... (sind) in der Töpferei ... eifrig am Werk ... Samstagabend ist der wichtigste Abend in der Woche, denn dann findet die Schulversammlung statt. Im Anschluß daran wird meistens getanzt ...«[3]

Schon diese wenigen Zeilen vermitteln den Eindruck, daß in Summerhill die Prinzipien der Freiheit und Selbstbestimmung gelten und daß die Schule ein Ort ist, die den Kindern keine Zwänge auferlegt und keinen Schrecken erzeugt, vielmehr »Spaß« macht. Die Kinder fühlen sich in der Schule wohl. Sie »brauchen nicht zum Unterricht zu erscheinen«. Zwar können in diesem Falle andere Schüler regulierend eingreifen, indem sie Sachzwänge geltend machen, wie das im Beispiel des Englischunterrichts geschieht: Wer nicht ordnungsgemäß zum Unterricht kommt, stört die gemeinsame Arbeit. Aber das muß nicht notwendigerweise eine Verhaltensänderung auslösen. Leben und Erziehung in Summerhill beruhen auf dem Prinzip der »Selbstbestimmung«. Die Schüler sollen durch Selbstbestimmung zu ihrem »Selbst«, und das heißt: zu ihrem persönlichen »Glück« gelangen. Dies ist nach Neill nur dadurch möglich, daß man »allen Zwang« in der Erziehung abschafft. Erst dann hat das Kind die Möglichkeit, »es selbst zu sein«[4]. In diesem Sinne heißt es im »Vorwort« des Buches:

---

[3] A. S. Neill, Theorie und Praxis der antiautoritären Erziehung – Das Beispiel Summerhill, Hamburg 1969, S. 30 ff.
[4] Ebd., S. 274.

»Das Hauptprinzip der Selbstbestimmung besteht darin, daß Autorität durch Freiheit ersetzt wird; das Kind lernt, ohne daß Zwang ausgeübt wird, indem an seine Neugier und seine spontanen Bedürfnisse appelliert wird.«[5]

Hat *Neill* tatsächlich übersehen, daß sich Selbstbestimmung durch Freiheit allein auf dem Boden einer ›natürlichen‹ Autorität entwickeln kann (s. S. 106 ff.)?

3. Beispiel: Nur Anti-Autorität ermöglicht »Selbstregulierung«

Das Prinzip der Selbstregulierung soll nach Ansicht der anti-autoritären Bewegung der 60er und 70er Jahre die Grundlage für alle Erziehung bilden: in der Familie, in Kinderläden und Kinderschulen sowie selbstverständlich auch in den allgemeinbildenden Schulen. In dem Bericht über die »Kinderschule, Frankfurt, Eschersheimer Landstraße« wird das Ziel der »repressionsfreien« Kindererziehung so beschrieben:

»Unser Erziehungsprogramm beruht auf dem Prinzip der Selbstregulierung der kindlichen Bedürfnisse, d. h., das Kind soll in jedem Alter und auf allen Lebensgebieten (wie Essen, Schlafen, Sexualität, Sozialverhalten, Spielen, Lernen usw.) seine Bedürfnisse frei äußern und selbst regulieren können; es soll Gelegenheit haben und darin unterstützt werden, seine Interessen individuell und kollektiv zu erkennen und angemessen zu vertreten. – Wir gehen davon aus, daß die Triebstruktur des Menschen auf die Befriedigung aller Partialtriebe gerichtet ist. Die Verhältnisse innerhalb unserer Gesellschaft, die auf Triebverzicht ausgerichtet ist, schränken die Triebbefriedigung durch normative und moralische Regulierungen auf ein Minimum ein. Wir versuchen, in unserem Projekt den Kindern den nötigen Freiheitsspielraum zu verschaffen, innerhalb dessen sie frei von den Anpassungsforderungen an eine Zwangs- und Leistungsgesellschaft fähig werden, Selbstregulierung zu verwirklichen ... Selbstregulierung ist als pädagogisches Programm, das Ziel und Methode umfaßt, zu verstehen: ein sich selbst regulierendes Kind ist das pädagogische Ziel der Eltern und Erzieher.«[6]

Die Kinder »regulieren« hiernach ihre Bedürfnisse und Wünsche selbst. Ihre »Triebstruktur« wird nicht durch »Triebverzicht« eingeschränkt; die Triebe sollen sich vielmehr voll ausleben dürfen. Andernfalls – so wird u. a. auch in Übereinstimmung mit psychoanalytischen Persönlichkeitstheorien behauptet – entstehen Hemmungen, Ängste und Aggressionen, die die volle Verwirklichung der persönlichen Eigenart verhindern. Daher sei jede Anpassungsforderung zu vermeiden, die dem System der »Zwangs- und Leistungsgesellschaft« angehöre. Die Konsequenz hieraus ist: Das pädagogische Ziel der Selbstregulierung und Bedürfnisbefriedigung darf nicht durch »äußere Grenzen« eingeschränkt werden. Selbstregulierung und Bedürfnisbefriedigung gelten zugleich auch als *die* Mittel,

---

[5] Ebd., S. 11.
[6] G. Bott, Erziehung zum Ungehorsam – Kinderläden berichten aus der Praxis der antiautoritären Erziehung, 3. Aufl., Frankfurt 1971, S. 49.

die eine herrschaftsfreie Gesellschaft auszubauen vermögen, in der jede Form von Autorität ›abstirbt‹.

Zu 2.: Auswertung der Beispiele

Die Beispiele vermitteln historische Erscheinungsformen von Autorität

Die Beispiele zeigen z. T. völlig unterschiedliche Auffassungen von Autorität, sofern man überhaupt den Begriff »Autorität« auf die dargestellten Erzieher-Schüler-Beziehungen anzuwenden bereit ist. Da aber der Begriff »Autorität« keineswegs einheitlich gebraucht wird, worauf wir oben schon hingewiesen haben, behalten auch wir ihn hier vorerst bei. Die Analyse der Beispiele wird zeigen, daß die dort zutage tretenden Auffassungen historisch bedingt sind und daß sie auf unterschiedlichen anthropologischen Grundlagen beruhen.

Autorität im Obrigkeitsstaat heißt idealtypisch:
Macht besitzen und ausüben

In dem Schulerlebnis des kleinen Hanno Buddenbrook erscheint Autorität als Zwang, Macht und Herrschaft. Autorität ist hier personifiziert in der Gestalt des Direktors und ein Mittel der äußeren Disziplinierung. Das entspricht dem Autoritätsverständnis jener Zeit. Die Prinzipien der Wilhelminischen Monarchie heißen: Ordnung und Gehorsam, wenngleich persönliche Meinungsfreiheit besteht, und die Monarchie sich als Rechtsstaat begreift. Das Kaiserreich wird jedoch ›von oben‹ aus regiert und verwaltet, und zwar mit Hilfe von Anordnung und Befehl. Alle staatliche Gewalt geht von der Spitze des Staates aus und wird mit Hilfe des hierarchisch aufgebauten Beamtenapparates nach unten hin durchgesetzt.

Diese Einstellung zur Autorität hat damals alle Lebensbereiche beherrscht, insbesondere die Familie und die Schule. In der Familie dominiert der Vater, in der Schule sind es der Direktor und die Lehrer. Aufgrund ihrer von oben verliehenen und von unten allseits anerkannten »Autorität« üben sie Herrschaft über Unmündige aus. Am Beispiel des Direktors wird deutlich, wie »Autorität«, die mit dem Amt verbunden ist, benutzt und mißbraucht wird: Kinder und Untergebene werden durch ›Druck von oben‹ eingeschüchtert und gemaßregelt – oft unter Umgehung rechtlicher Vorschriften.

Auch damals ist es keineswegs zwingend gewesen, in die Rolle eines »alttestamentarischen Gottes« zu schlüpfen, um andere zu beherrschen. Das zeigen die Bemerkungen von Thomas Mann über den Vorgänger des Direktors. Er wird im Unterschied zu dem »Preußen« Wulicke als »menschenfreundlicher alter Herr« beschrieben, der die Prinzipien der »freien« Hansestadt beachtet. Wir dürfen annehmen, daß die Schüler ihm Liebe und Anerkennung entgegengebracht haben und daß er »Autorität« aufgrund seiner Menschlichkeit und seines überzeugenden Könnens ›besessen‹ hat. Aber primär gehört in das Bezugssystem des Obrigkeitsstaates ein Autoritätsverständnis und -verhalten, wie es durch die Person des Direktor Wulicke veranschaulicht wird. Der Direktor ist sozusagen kraft Amtes »Autorität«; er bestimmt selbstherrlich über die anderen und sorgt dafür, daß sich jeder den obrigkeitsstaatlichen Vorschriften unterwirft.

Die mit Zwang verbundene Form der Autorität hat damals auch von der Anthropologie her ihre Rechtfertigung erfahren. Der Mensch als Erwachsener, besonders aber als Kind, wird in Anlehnung an das Menschenbild des Alten Testaments als ›böse‹ betrachtet, zwar nicht unbedingt ›von Grund auf‹, aber doch in bestimmten Situationen. Daher gilt als oberste Erziehungsregel: Kinder sind zu überwachen und bei Abweichungen vom rechten Weg durch harte Ordnungsmaßnahmen und durch Strafen zu bessern. Der Erzieher soll die Kinder disziplinieren und das sittliche Gebot als ein unausweichliches Sollen ›von außen‹ in ihre Seele ›einbrennen‹; er soll durch seine »Autorität«, d. h. durch die Machtautorität eines überlegenen Erziehers, die Kinder dazu anhalten, das Sittengesetz und die vom Staat festgelegten Ordnungen zu befolgen.

Erziehung als »Wachsenlassen« bildet den
Gegensatz zu jeder Form von Machtausübung

Eine ganz andere Auffassung über Erziehung und damit über »Autorität« finden wir im 2. und 3. Beispiel. Erziehung vollzieht sich hier wie bei Rousseau als »negative Erziehung«, also als »Wachsenlassen«. Die Kinder sollen selbst bestimmen, was sie tun und lassen wollen; sie »regulieren« sich und ihr Leben selbst. Das setzt ein Kind voraus, das über Autonomie verfügt, also für sich selbst verantwortlich ist. Unter dieser Voraussetzung darf der Erzieher nicht direkt in die kindliche Entwicklung eingreifen. Er soll lediglich die Umgebung so ordnen, damit sich das Kind seiner Natur gemäß entfalten kann. Dieser Auffassung liegt eine Anthropologie zugrunde, die uns schon begegnet ist: Der Mensch wird »von Natur aus« als »gut« betrachtet. Dem von Natur aus guten Menschen wird die Fähigkeit zuerkannt, sich »selbst steuern« zu können.

Die antiautoritäre Erziehung ist ohne die eben kurz dargestellten Grundlagen und historischen Wurzeln nicht voll verständlich. Sie geht also von der Überzeugung aus, daß der Mensch von Natur aus »gut« ist. Die gute Natur sei lediglich durch eine verfehlte Erziehung, durch eine schlechte Umwelt oder durch die Klassenstruktur der Gesellschaft verdeckt worden; sie könne aber jederzeit wieder freigelegt werden, eben durch eine repressionsfreie Erziehung im Sinne des

Wachsenlassens, wie sie Rousseau gefordert hatte, aber durch Gegenströmungen wieder abgelöst worden war.

Dieser Hinweis zeigt, daß in relativ kurzen Zeitspannen unterschiedliche erzieherische Grundeinstellungen wiederkehren und einander ablösen, hier der autoritäre den antiautoritären Standpunkt und umgekehrt. Für diesen Wandel sind zeitbedingte politische und gesellschaftliche Überzeugungen sowie anthropologische und philosophische Strömungen maßgebend, d. h.: Pädagogische Grundauffassungen sind stets in politisch-gesellschaftlich-kulturelle Ordnungen und sittliche Haltungen ›eingebunden‹ und stützen sich gegenseitig ab.

Auch in der antiautoritären Erziehungspraxis sind Spuren von Autorität vorhanden

Aus dem zweiten und dritten Beispiel können wir noch eine weitere Erkenntnis gewinnen: Bei aller Freiheit, die in der Erziehung gewährt wird, zeigt die Analyse der antiautoritären Erziehungspraxis, daß auch hier Erwachsene mitwirken und den ›Bezugsrahmen‹ festlegen. Die Kinder leben in einem »Erfahrungsspielraum«, der im dritten Beispiel fast keine Grenzen kennt – dennoch bestehen gewisse, wenn auch offene und flexible Verhaltensregeln. Die Maßstäbe werden jedoch nicht von Erwachsenen von außen und direkt ›gesetzt‹, wie im ersten Beispiel. Ordnungen und Regeln entstehen vielmehr im Miteinanderleben und -handeln und aufgrund von Vereinbarungen. Insofern muß man zugestehen, daß auch in der antiautoritären Erziehung Reste von Autorität anzutreffen sind, so daß eine ›chaotische Freiheit‹ zwar nicht ausgeschlossen, aber doch nicht durchgängig vorhanden ist.

»Autorität« ist also in allen Beispielen wirksam, wenn auch in starken Abstufungen und in einem nicht vergleichbaren Sinne. Der Spannungsbogen reicht von der Zwangs-Autorität bis hin zur Anti-Autorität, in der aber – wie wir zeigen konnten – Spuren von »Autorität« nachweisbar sind. Wenn dem so ist, dann ist die Frage berechtigt, ob unsere Beispiele Autorität ›im eigentlichen Sinne‹ zeigen, oder ob an Stelle der ›eigentlichen‹ Autorität pädagogische Mittel verwendet werden, die entweder auf Macht, Zwang und Herrschaft oder auf Freiheit, Selbststeuerung und Bedürfnisbefriedigung beruhen. Werden diese Mittel und die durch sie ausgelösten menschlichen Beziehungen kurzschlüssig mit »Autorität« bezeichnet? Haben wir also nur historisch bedingte Verzerrungen von Autorität kennengelernt? Wir müssen tiefer loten und fragen: *Was ist Autorität eigentlich?*

Zu 3.: Genauere Bestimmung von Autorität

Die Grundbedeutung von Autorität setzt die
freie Zustimmung desjenigen voraus, über den
Autorität ausgeübt wird

Autorität kommt von dem lateinischen Wort *auctor* = Urheber, auch Ratgeber,
der Gewähr dafür bietet, daß seinem Rat Geltung oder Anerkennung entgegengebracht wird; *auctoritas* bedeutet soviel wie Gewähr, Bürgschaft, Sicherheit
von Personen und Sachen. Im römischen Recht verstand man darunter das
rechtsgültige Eigentum, die Vollmacht; im weiteren Sinne das Vorbild, die wür-
devolle Haltung, Unerschrockenheit, Ansehen, Würde. In diesem letzteren Sinne
besaß der römische Senat, d. i. der Rat der Alten und Weisen, auctoritas. Von
ihm ging ein »maßgeblicher Rat« aus, dem sich der Ratsuchende aufgrund der
tieferen Einsicht des auctor (= Urheber, Ratgeber) freiwillig unterordnete.

> »Auctoritas bewirkte freiwillige Unterwerfung unter den helfenden Rat eines anderen im
> Vertrauen auf dessen zwingende Überlegenheit.«[7]

Im Unterschied dazu kam dem römischen Magistrat, also der Stadtverwaltung,
potestas zu, nämlich die (politische) Macht und Herrschaft; der Magistrat konnte
durch »befehlende Amtsgewalt« Anordnungen durchsetzen, der Senat dagegen
erteilte Rat und warb um Einsicht.[8]

Die Begriffserklärung von auctoritas verweist auf die *Grundbedeutung von
Autorität*: Das ist die *freiwillige Anerkennung eines anderen*, und zwar entweder aufgrund bestimmter menschlicher Wesenszüge wie der größeren Erfahrung,
der menschlichen und geistigen Überlegenheit oder der besonderen Vertrauenswürdigkeit oder aufgrund der Ganzheit »Mensch«, die die genannten Eigenheiten mehr oder minder verkörpert. Zwischen dem Autoritätssuchenden wird volle
Gleichwertigkeit vorausgesetzt. Es besteht also kein Über- oder Unterordnungs-
verhältnis und kein Macht- und Unterwerfungsverhältnis. Es handelt sich um
eine »innerlich bejahte Abhängigkeit von Fall zu Fall«[9]; sie wird von der einen
Seite gesucht, von der anderen gewährt, muß aber keine Gültigkeit für Dauer
besitzen, sondern kann eben »von Fall zu Fall« auftreten. So gesehen ist Autori-

---

[7] Th. Eschenburg, Über Autorität (1965), in: Autorität und Freiheit (Klinkhardts Pädagogische Quellentexte), hrsg. von E. E. Geißler, 5. Aufl., Bad Heilbrunn 1977, S. 8.
[8] Vgl. u. a. W. Kessel, Auctoritas und potestas als Ordnungsgrundlagen der Demokratie
(1959), in: Autorität und Freiheit, s. Anm. 7, S. 8-10.
[9] Th. Eschenburg, s. Anm. 7, S. 8 – Die Formulierung geht auf Max Horkheimer zurück,
vgl. dessen Studie über »Autorität und Familie« (1936), auszugsweise wieder abgedruckt bei
E. E. Geißler, s. Anm. 7, S. 34-43.

tät »*die* entscheidende Kategorie menschlichen Zusammenlebens«[10], d. h., *Autorität ist eine der wichtigsten Grundlagen zwischenmenschlichen Lebens und somit auch der Erziehung.* Kein erzieherisches Verhältnis und kein Gemeinschaftsleben kann ohne Autorität entstehen, bestehen und fortbestehen.

Die Grundbedeutung von Autorität hat sich im Verlauf der Geschichte immer wieder verändert

Von der Grundbedeutung, die schon im Begriff selbst angelegt ist, nämlich daß es sich bei Autorität um ein zwischenmenschliches, auf gegenseitiger Achtung beruhendes Verhältnis handelt, ist im Verlauf der Geschichte immer wieder abgewichen worden. Das haben unsere Beispiele deutlich gezeigt. Zum einen tragen das jeweilige Menschenverständnis und die jeweiligen gesellschaftlichen Verhältnisse dazu bei, das im Begriff »auctoritas« postulierte gleichgeordnete, zwischenmenschliche Verhältnis unterschiedlich auszulegen. Zum anderen sind die beiden Grundbegriffe »auctoritas« und »potestas« nicht sauber voneinander getrennt worden. Was in Rom als auctoritas gegolten hat, ist andernorts und zu einer anderen Zeit als potestas aufgefaßt worden. Autorität ist als Macht gedeutet worden; sie ist von ihren Inhabern ›benutzt‹ worden, um andere, die keine Machtmittel besessen haben, gefügig zu machen und zu unterdrücken. Die »bejahte Abhängigkeit von Fall zu Fall« ist in Unterwerfung und Unterordnung ›auf Dauer‹ umgewandelt worden. Dann hat es Zeiten gegeben, in denen Autorität überhaupt völlig abgelehnt worden ist. An Stelle von Autorität tritt die Selbststeuerung und Selbstverwirklichung, also die Anti-Autorität. Die antiautoritäre Erziehungsbewegung verwirft alle direkten erzieherischen Eingriffe, die als ›Druck von außen‹ angesehen werden könnten und läßt lediglich Sachzwänge gelten. Sie überbetont die Selbststeuerung des Kindes und unterbewertet die im Erziehungsprozeß notwendigen Führungsaufgaben der Erwachsenen. Daher hinterläßt die anti-autoritäre Erziehung vielfach den Eindruck anarchischer Verhältnisse. Während die Macht-Autorität die kontrollierende Vernunft auszuschalten versucht, setzt die Anti-Autorität gerade auf diese Vernunft, und zwar bereits im Kindesalter. Von der Grundbedeutung der Autorität aus gesehen zeigen unsere Beispiele ›historische Verzerrungen‹ des Phänomens Autorität. Lediglich in Summerhill scheint zwischen *A. S. Neill* und den ihm anvertrauten Kindern ein Autoritätsverhältnis auf der Grundlage des Vertrauens und der Anerkennung bestanden zu haben. Neill ist trotz seiner ›antiautoritären‹ (?) Grundeinstellung

---

[10] H. Arendt, Was ist Autorität? in: E. E. Geißler, s. Anm. 7, S. 49-53. (Die Aussage befindet sich in dem gekürzten Auszug der Arbeit nicht, wird aber in der gleichen Textsammlung S. 108 von H. Strzelewicz »Der Autoritätswandel in der Gesellschaft und Erziehung« (1961) benutzt.)

allem Anschein nach eine Persönlichkeit gewesen, dem die Schüler »bejahte Abhängigkeit« entgegengebracht haben.

Autorität – phänomenologisch betrachtet

Die Analyse des Begriffs »Autorität« hat wesentlich dazu beigetragen, die ›wahre‹ Bedeutung von Autorität aufzudecken. Durch *eine phänomenologische Betrachtung*, d. h. eine Beschreibung des Erscheinungs- und Erlebnissachverhalts von »Autorität«, sollen die bisherigen Erkenntnisse ergänzt, vertieft und zusammengefaßt werden. Dabei werden sich Wiederholungen ergeben, zumal wir auch auf die drei Beispiele zurückgreifen, wenngleich dort »Autorität« unter bestimmten historischen Bedingungen erscheint und dadurch unzulänglich beschrieben ist.

Autorität ist ein zwischenmenschliches Verhältnis und beruht auf Anerkennung durch andere

Autorität ist keine Eigenschaft dieser oder jener Person, wie wir das voreilig im Hinblick auf Direktor Wulicke gesagt haben. Autorität entfaltet sich vielmehr nur zwischen Personen, nämlich zwischen einem Autoritätsträger und einem oder mehreren Autoritätsuchenden. Autorität setzt also voraus, daß sich mindestens zwei Menschen gegenüberstehen. Sie ist somit ein zwischenmenschliches oder soziales Phänomen. Sie tritt uns zwar real in und durch Personen entgegen, ist aber niemals die Eigenschaft einer Person. Es müssen stets zwei oder mehrere Personen zugegen sein: die autoritätsuchende Person oder eine Mehrzahl solcher Personen *und* eine Person, die als Autoritätsträger anerkannt wird. Jemand wird also erst dann zum Autoritätsträger, wenn er von einem anderen bejaht und ›geschätzt‹ wird. Autorität ist somit ein geistiges Phänomen, das zwischen Menschen besteht und sich auf die mitmenschliche Achtung stützt.

Autorität beruht auf Geltung und Überlegenheit und ermöglicht dadurch fördernde Einflußnahme

Eine Person bringt einer anderen Person nur dann Autorität entgegen, wenn diese andere Person Anerkennung besitzt, wenn sie ›maßgebend‹ ist, d. h., wenn sie Maße = Grenzen absteckt und wenn sie etwas gilt. Die Anerkennung muß nicht absolut sein; d. h.: sie muß weder von allen Personen oder von einer Vielzahl von Personen dem Autoritätsträger entgegengebracht werden, noch muß sie sich auf die Ganzheit der Person beziehen. Sie kann nur einen Wesenszug oder mehrere Eigenheiten einer Person betreffen, und sie kann durchaus subjektiv sein. Ein Lehrer kann beispielsweise nur für einen Schüler oder für eine kleine Gruppe von Schülern Autorität besitzen, für die Mehrheit der Schüler dagegen nicht. Er muß aber dem einen oder der Gruppe etwas ›gelten‹ – etwas bedeuten. Nur dann läßt sich der eine Schüler oder die Gruppe etwas von diesem Lehrer ›sagen‹. Erst aufgrund seiner Geltung für jemanden wird ein Lehrer Autoritätsträger und kann dadurch Einfluß auf andere gewinnen oder ausüben. Geltung und Einfluß bedingen sich also. Einflußnahme ohne Geltung wird zur Machtausübung; Geltung ohne Einflußnahme ist wirkungslos. Autorität ist also »bejahte Abhängigkeit«, und zwar »von Fall zu Fall« (Th. Eschenburg).

Autorität als Geltung und Einfluß setzt – wie wir sagten – Überlegenheit voraus. Sie beruht auf Persönlichkeitsmerkmalen und Fähigkeiten wie Vertrauenswürdigkeit, Güte, Verstehen, geistiger und menschlicher Reife und auf fachlichen Kenntnissen. Solche Merkmale und Fähigkeiten müssen nicht ›geschlossen‹ bei einer Person vorhanden sein. Eine Person kann also für andere Personen »Teil-Autorität« ›besitzen‹; d. h., sie wird nur auf bestimmten Gebieten oder in bestimmten Situationen als ›überlegen‹ anerkannt und geachtet.

Autorität erfordert taktvolles Verhalten

Mit der menschlichen oder geistigen oder fachlichen Überlegenheit muß noch ein Wesenszug verbunden sein, damit Autorität vollauf zur Wirkung kommen kann: der »pädagogische Takt«, d. i. die Art und Weise der pädagogischen Zuwendung. Sie muß so erfolgen, daß dem Autoritätsuchenden die eigene Freiheit nicht beschnitten wird. Die Einflußnahme oder der Rat dürfen immer nur angeboten, sie dürfen nicht aufgezwungen werden; und vor allem: sie dürfen den anderen nicht ›erdrücken‹ oder belasten. Daher sollte ein Autoritätsträger seinen »maßgebenden Rat« in einer Weise geben, daß der Autoritätsuchende glaubt, die Lösung selbst gefunden zu haben. Hierfür sind Zurückhaltung, Geduld und Nachsicht erforderlich.

Zu 4.: Bedingung des positiven Autoritätsverhältnisses zwischen Lehrern und Schülern und Maßnahmen, die es fördern können

Die Autorität des Lehrers wurzelt in seiner Menschlichkeit

Grundsätzlich gilt, daß Autorität nicht durch das Amt des Lehrers vorgegeben ist; sie muß vielmehr erworben und immer wieder neu gewonnen werden. Über die Voraussetzungen des Autoritätsverhältnisses haben wir bereits gesagt, daß eine Person Vertrauen, Zuversicht, Sicherheit, Geborgenheit u. ä. Verhaltensweisen ›ausstrahlen‹ und fachliche Kenntnisse ›besitzen‹ muß. Nur dann wird sie von einer anderen Person anerkannt und angenommen werden. Für das Lehrer-Schüler-Verhältnis bedeutet das, daß ein Lehrer die genannten Vorbedingungen erfüllen sollte. Er muß also in erster Linie Verständnis für die persönlichen und sachlichen Belange der Schüler aufbringen und eine vertrauensvolle Atmosphäre aufbauen können, so daß sich die Schüler bei ihm ›geborgen‹ fühlen und ›Vertrauen‹ zu ihm haben können. Unter diesen Umständen kann der Lehrer erwarten, daß er anerkannt und dadurch für die Schüler zur Autorität wird. Auf eine knappe Formel gebracht, könnte man sagen: Der Lehrer darf keine Person sein, die Macht und Herrschaft ausübt; er muß gewaltlos Einfluß nehmen wollen. Das gelingt nur dann, wenn er seinen Schülern als Mensch gegenübertritt (zum Lehrerbild vgl. auch Thema 12).

Was kann der Lehrer tun, um ein gutes Autoritätsverhältnis aufzubauen?

Ein positives Autoritätsverhältnis beruht primär auf der fürsorgend-helfend-mitmenschlichen Einstellung des Lehrers. Es kann und muß durch bestimmte Erziehungs- und Unterrichtsmaßnahmen gefördert werden. Dazu zählen ein Unterricht, der 1. kooperativ angelegt ist und damit zusammenhängend, 2. der die Schüler an der Planung und Durchführung des Unterrichts mitbeteiligt, d. h., die Schüler sollten in die Verantwortung für die Gestaltung des Unterrichts mit einbezogen werden. Darüber wird später (vgl. die Themen 10-12) mehr gesagt werden. Hier genügt es, darauf hinzuweisen, daß ein sozial-integrativer oder partnerschaftlicher Unterrichtsstil der Entwicklung eines guten Autoritätsverhältnisses dient und es festigt. Partnerschaftlicher Unterricht trägt dazu bei, eine mitmenschliche »Atmosphäre« in der Klasse zu erzeugen. Während der gemeinsamen Arbeit erfahren die Schüler, daß ihr Lehrer ihnen hilft und daß er für sie ›da ist‹. Dadurch wächst die Klasse zur Gemeinschaft zusammen. Gemeinschaft schließt Konfliktsituationen keineswegs aus; sie können aber aufgrund des bestehenden Vertrauens leichter gelöst werden. Dabei wird der ›maßgebende Rat‹ des Lehrers angenommen oder variiert oder diskutiert.

Ein kooperativer Unterrichtsstil läßt sich nicht durch ›Anordnungen‹ des Lehrers einführen und verwirklichen. Er muß vielmehr durch vertrauenbildende Maßnahmen vorbereitet und unterstützt werden. Hierfür seien einige Hinweise in imperativer Form gegeben:

1. Der Lehrer lebe gesittetes Verhalten in seiner Klasse vor, indem er z. B. seine Schüler vor Unterrichtsbeginn persönlich begrüßt, sich mit ihnen unterhält und auf ihre Sorgen und Freuden eingeht.
2. Er sorge dafür, daß sich jeder Schüler durch gemeinsam erstellte Ordnungen an Sitte und Anstand gebunden fühlt, und er unterwerfe sich selbst den gleichen sittlichen Forderungen, die er den Schülern abverlangt.

3. Er übergebe den Klassenraum den Schülern zur Ausgestaltung, so daß die gemeinsame Arbeit in einer wohltuenden und das Lernen fördernden Umgebung stattfindet. Weiter: Er führe zum Beispiel ein »Zeitungsamt« ein, d. h., eine Gruppe von Schülern bringt wechselnde Bildberichte über Reisen von Schülern und anderen Personen oder über Begebenheiten aus dem Kulturleben der Stadt. Er nutze die Bildberichte für Gespräche.
4. Er führe – wo immer möglich – die unterrichtlichen Aufgaben als Selbsttätigkeitsarbeit durch.
5. Er plane und organisiere mit Schülern Wanderfahrten, Schullandheimaufenthalte und werte sie unterrichtlich aus.
6. Er lege dem Unterricht die Erfahrungen und Beobachtungen der Schüler zugrunde und lasse die entstehenden Fragen in Gruppen lösen.
7. Er übertrage Schülergruppen Erkundungsaufgaben.
8. Er singe und musiziere mit seinen Schülern.
9. Er gestalte mit seinen Schülern Elternabende und bringe dabei die Ergebnisse der unterrichtlichen Arbeit mit ein.
10. Er plane mit den Schülern »Vorhaben« (Projekte), z. B.: Wir bauen ein Aquarium oder Terrarium, beobachten die Fische, Pflanzen und Tiere und werten die Beobachtungen unterrichtlich aus.

Diese ›machbaren‹ Empfehlungen setzen im Grunde genommen voraus, daß die Grundlagen der Lehrer-Autorität, nämlich Menschenfreundlichkeit und Vertrauenswürdigkeit, von den Schülern bereits ›erfahren‹ worden sind. Auf dieser Grundlage können sie das Autoritätsverhältnis vertiefen und festigen. Die Vorschläge lassen sich unter den derzeitigen schulorganisatorischen Bedingungen sicherlich nicht leicht erfüllen. Wer aber mit seinen Schülern ›leben‹ und ›arbeiten‹ und sie nicht nur ›belehren‹ will, darf die genannten Aufgaben nicht einfach von sich weisen. Auf dieser Basis entsteht Achtung voreinander, entwickkeln sich Bindungen und wächst Vertrauen. Das alles sind aber Vorbedingungen für ein positives Autoritätsverhältnis zwischen Schülern und Lehrern. Die Schüler bejahen unter den genannten Voraussetzungen ihre Abhängigkeit, anerkennen freiwillig das Gebot des Lehrers und lernen sich in kritischem Sinne einzuordnen.

Der Einwand, daß heute in vielen Klassen keine Disziplin herrscht und somit der Aufbau eines guten Autoritätsverhältnisses in Frage steht, ist berechtigt. Bei diesem Thema geht es aber primär um die Klärung von Begriff und Wesen der Autorität. In einer undisziplinierten Klasse besteht keine Autorität. Was ein Lehrer tun kann/muß, um eine solche Klasse zu disziplinieren und Autorität in dem hier entwickelten Sinne ›anzubahnen‹, wird beim folgenden Thema mit zur Diskussion stehen.

Arbeitsaufgaben:

1. Begründen Sie, warum sich das Verständnis von Autorität im Laufe der Jahrhunderte gewandelt hat. Gehen Sie dabei von der ursprünglichen Bedeutung des Begriffs als einem zwischenmenschlichen Verhältnis aus und fragen Sie sich, warum von der Grundbedeutung immer wieder abgewichen worden ist. Die Bearbeitung der Aufgabe setzt voraus, daß Sie sich Gedanken über den Wandel der Gesellschaftsstruktur machen. Dazu einige Hinweise: Eine traditionsbestimmte Agrargesellschaft tendiert dahin, die Form der Autorität anders auszuprägen als eine dynamische Industriegesellschaft mit demokratischer Verfassung, und zwar auch dann, wenn man die ursprüngliche Bedeutung des Begriffs zugrunde legt. Hier für die zuerst genannte Gesellschaftsform einige Stichworte, die zur Lösung der Fragestellung helfen können: Bevölkerungszahl und -dichte, Raum-, Wohn-, Lebensverhältnisse, Familienstruktur, Staats- und Gesellschaftsordnung und -aufbau u. ä.
2. Wir haben oben die Frage gestellt, welcher Art die Erkenntnisse in der pädagogischen Wissenschaft sind (S. 21). Nachdem wir bei diesem Thema erfahren haben, daß Autorität in verschiedenen Epochen unterschiedlich gedeutet worden ist, kann man fragen, ob sich die Pädagogik mit der Geschichte und durch die Geschichte wandelt. Ist also Pädagogik eine historische Disziplin? Oder anders gefragt: Welche Rolle spielt die Historie in der Pädagogik? Versuchen Sie, eine Antwort zu finden!
3. Der heutigen Schule wird vorgeworfen, daß sie trotz demokratischer Gesellschaftsverhältnisse eine ›autoritäre Struktur‹ besitze. Darunter versteht man, daß ihre Organe Macht ausüben und Verhaltensweisen der Unterordnung verlangen. Wenn das richtig ist, sollte man die Ursachen dafür aufdecken. Wo liegen sie? Denken Sie dabei an Ihre eigene Schulzeit, geben Sie Beispiele für ›autoritäre Strukturen‹ oder für ihr Gegenteil an und gehen Sie der Ursachenfrage nach. Denken Sie dabei an die Entstehungsgeschichte und Entwicklung der Schule (vgl. Thema 2), der Lehrpläne (vgl. Thema 11), der Schulordnungen, der Lehrerausbildung und vor allem auch an die Aufgabe, die die Schule im Verständnis der breiten Öffentlichkeit erfüllen soll.
4. *A. S. Neill* berichtet im 1. Kapitel seines Buches über die Schule »Summerhill«, daß Besucher oft fragen: »Wird das Kind nicht später der Schule einen Vorwurf daraus machen, daß sie ihm keinen Musik- oder Mathematikunterricht gegeben hat?« Wir dürfen daraus schließen, daß ein Kind in Summerhill bestimmten Unterrichtsfächern oder Teilgebieten von Fächern ›ausweichen‹ durfte. Die Antwort von Neill auf die gestellte Frage lautet: »Man kann Kinder nicht dazu *zwingen*, ein Instrument zu spielen oder etwas zu lernen, ohne sie damit in einem gewissen Ausmaß zu willenlosen Erwachsenen zu machen.« Denken Sie über die Antwort Neills nach und nehmen Sie dazu Stellung.

Kommentierte Literaturhinweise:

Geissler, E. E. (Hrsg.): Autorität und Freiheit (Klinkhardts Pädagogische Quellentexte), Bad Heilbrunn, 5. Auflage, 1977

Der »Quellentext« enthält 19 Beiträge zum Autoritätsthema. Nach einer Klärung des Begriffs unter historischen Gesichtspunkten nehmen ausgewiesene Autoren u. a. zur »Autoritätsgläubigkeit«, zur »gesellschaftskritischen« und »reformpädagogischen Autoritäts-Kritik« sowie vor allem zur »pädagogischen Autorität in erzieherischen Verhältnissen« Stellung. In einem Nachwort faßt der Herausgeber den Diskussionsstand zum Autoritätsproblem zusammen und weist auf offene Fragen hin.

Kron, Fr. W. (Hrsg.): Antiautoritäre Erziehung (Klinkhardts Pädagogische Quellentexte), Bad Heilbrunn 1973

Der »Quellentext« gibt im Rahmen von zwölf Beiträgen einen Überblick über die Diskussion und die Strömung der antiautoritären Erziehung der 60er und frühen 70er Jahre. Die sozialistisch-antikapitalistisch bestimmte Erziehung wird ebenso behandelt wie die psychoanalytisch begründete Erziehungspraxis. Weiter werden Berichte aus Schulen wiedergegeben, die einen repressionsarmen Selbsterfahrungsraum ermöglichen wollen. Alle Beiträge zielen darauf ab zu zeigen, wie man Kinder von der Erziehung »befreien« kann. Zwei kritische Beiträge belegen, daß und warum dies nicht möglich ist.

Weber, E.: Autorität im Wandel – Autoritäre, antiautoritäre und emanzipatorische Erziehung, Donauwörth 1974

W. weist nach, daß Autorität schon immer ein Streitobjekt gewesen ist. »Krisen der Autorität lassen sich seit der Antike nachweisen.« (9) In der Gegenwart erleben wir allerdings einen Höhepunkt der Auseinandersetzung. Autoritäts-Verächter und A.-Gläubige stehen sich hart gegenüber. Diese Auseinandersetzungen lassen erkennen, daß die A. mit den sozialen und geschichtlichen Veränderungen einem Wandel unterliegt. W. will mit seiner Darstellung »zur Klärung und Bewältigung der gegenwärtigen pädagogischen A.-problematik« beitragen. (13) Er setzt sich kritisch mit der autoritären und der antiautoritären Erziehung auseinander und folgert: »Für beide ist ein gestörtes Verhältnis zur pädagogischen A. charakteristisch.« (13) Im Anschluß daran zeigt er Grundformen der A. auf, die für eine emanzipatorische Erziehung bedeutsam sind, und weist auf Möglichkeiten ihrer Verwirklichung hin.

114

Thema 5
Muß ein Erzieher auch strafen, oder gibt es eine straffreie Erziehung? – Von den Erziehungsmitteln – ein Problem aus den Gebieten der »Erziehungstheorie« und der »Pädagogischen Psychologie«

Einführung:
Erziehungsmittel sind erforderlich, um die Erziehung in eine bestimmte Richtung zu lenken

Durch Erziehung sollen positive, d. h. humane Ziele verwirklicht werden. Das geschieht in einem lange dauernden Prozeß. In seinem Verlauf werden die verschiedensten Mittel zur Realisierung von Erziehungszielen ›eingesetzt‹, und wir gehen bei diesem Thema davon aus, daß das Kind und der Jugendliche die Ziele versteht und ›einsieht‹, die angestrebt werden. Man bezeichnet solche Mittel als *»Erziehungsmittel«*. Ein Kind soll beispielsweise zur Selbständigkeit erzogen werden. Um dies zu erreichen, gebraucht der Erzieher verschiedene »Mittel«: u. a. sorgt er dafür, daß das Kind über die Zeiteinteilung bei den Hausaufgaben, beim Spiel, beim Lesen usw. selbst entscheiden darf, daß es seinen Interessen nachgehen, die Ausgestaltung des Zimmers bestimmen, die Freunde auswählen darf, daß es in der Schule mit den Klassenkameraden über die zu behandelnden Unterrichtsinhalte und Arbeitsabläufe mitsprechen darf usw.

Zu den »Erziehungsmitteln« zählen die Ermutigung, das Lob, die Belohnung, aber auch der Tadel, die Ermahnung, die bloße Erinnerung; weiter: das Gespräch, das Spiel, die Arbeit, der Wetteifer. Selbst die Autorität wird von manchen Pädagogen als Erziehungsmittel betrachtet. Sie wird als Mittel verwendet, um bei Kindern oder in der Gesellschaft ein Gebot durchzusetzen oder die Ordnung wiederherzustellen. Autorität gerät aber unter dieser Perspektive leicht in die unmittelbare Nachbarschaft von Macht und Zwang. Daher schließen wir sie hier aus. Durch den ›Einsatz‹ von Erziehungsmitteln soll dem Kind/dem Menschen geholfen werden, den rechten Weg einzuschlagen und einzuhalten. Dazu bedient man sich auch der *Strafe*. Mit ihr wollen wir uns im folgenden besonders beschäftigen; sie zählt zu den am häufigsten verwendeten Erziehungsmitteln. Sie dient uns als exemplarisches Beispiel zugleich dafür, in das Thema »Erziehungsmittel« selbst einzuführen.

Zuvor sollen im Abschnitt 1. der Begriff »Erziehungsmittel« und einige Probleme geklärt werden, die mit diesem Begriff zusammenhängen. Dann werden wir 2. fragen: Gehört zu den Erziehungsmitteln auch die Strafe? Die Antwort setzt ein Nachdenken über den Sinn der Strafe voraus. Wir verbinden die Ausführungen darüber mit einer knappen Darstellung der zwar historischen, aber

»klassischen« Straftheorie *F. E. D. Schleiermachers* (1768-1834) und beziehen ein Beispiel mit ein. Im Abschnitt 3 geben wir eine Antwort auf die zentrale Frage dieses Themas: Gibt es eine straflose Erziehung? Da wir die Frage verneinen, müssen wir 4. klären: Wie und auf welche Weise soll gestraft werden? In diesem Zusammenhang gehen wir auch auf die körperliche Züchtigung ein. Unter Punkt 5 behandeln wir die Disziplinarvergehen und -strafen und betreten damit das Feld der Schule. Für die Schulstrafe sind Rechtsvorschriften zu beachten. Wir stellen wesentliche Bestimmungen innerhalb eines knappen Exkurses zusammen. Da in der Schule die Kollektivstrafe häufig angewendet wird, behandeln wir sie unter 6. Im Abschnitt 7 schneiden wir die Frage an, ob und inwieweit ein Lehrer Strafmaßnahmen ›voraus-denken‹ kann und soll.

Zu 1.: Was versteht man unter einem »Erziehungs-Mittel«?

Ein *Erziehungsmittel* ist im Grunde genommen nichts anderes als eine *Erziehungsmaßnahme*. Sie soll das Verhalten eines Kindes, eines Schülers, eines Heranwachsenden oder ganz allgemein eines Menschen auf das gesetzte Ziel hin ausrichten und das Verhalten im gewünschten Sinne beeinflussen: Der Erzieher lobt ein Kind für seine Hilfsbereitschaft in der Hoffnung, daß das Lob das Kind dazu ermutigt, sein gutes oder richtiges Verhalten zu bewahren und gegebenenfalls noch zu verbessern.

Die Anwendung eines Erziehungsmittels garantiert jedoch nicht den erzieherischen Erfolg

Der Begriff »Mittel« innerhalb der Wortverbindung »Erziehungsmittel« darf nicht zu der Annahme verleiten, daß der Einsatz von Erziehungsmitteln in jedem Fall zu dem gewünschten Ziel führt. Wenn man ein Kind lobt oder tadelt oder ermutigt usw., dann ist keineswegs sicher, daß der Erfolg auch tatsächlich eintritt. Ähnlich wie ein Arznei-*Mittel* für eine bestimmte Krankheit nicht allen Patienten hilft, so wirkt dasselbe »Mittel« der Erziehung nicht bei allen Kindern in der gleichen Weise. Daher ist in der Pädagogik oft darüber diskutiert worden, ob man überhaupt den Begriff des »Mittels« gebrauchen solle. Dieser Begriff könnte – so wird gesagt – in Analogie zu seiner Verwendung in der Technik ausgelegt werden, nämlich im Sinne einer »Zweck-Mittel-Relation«. In der Technik besteht ein kausaler Wirkungszusammenhang zwischen Zweck und Mittel: für einen genau bestimmten Zweck werden die Mittel bereitgestellt, die mit Sicherheit zum gewünschten Erfolg führen. So konstruiert z. B. ein Maschinenbauingenieur eine Maschine aufgrund oder »mittels« genauer Kenntnisse der mathematischen, physikalischen und chemischen Gesetze, d. h., er wendet die

116

Erkenntnisse der naturwissenschaftlichen Grundwissenschaften auf technische Verwendungszwecke hin an. Aber gerade das ist in der Erziehung nicht möglich, weil hier kein ›Material‹ vorliegt, das einer technischen Bearbeitung ›von außen‹ zugänglich ist. Das »Objekt« der Erziehung ist in Wahrheit stets ein »Subjekt« mit eigenen, inneren Antrieben, Strebungen und Willenssetzungen; es kann sich der Beeinflussung entziehen und ihr sogar Widerstand entgegensetzen.

Erziehung ist also keine Psycho- oder Pädo-Technik und damit kein exakt vorausberechenbarer Prozeß. Sie ›ereignet‹ sich immer an einem lebendigen Wesen, das selbst agiert und die ›Reize‹ kreativ beantwortet und auswertet. Daher kann und darf der Begriff »Mittel« in der Pädagogik nicht im Sinne einer kausalgesetzlichen Wirkweise verstanden werden. Um solche Mißverständnisse auszuschließen, ist vorgeschlagen worden, den Begriff »Erziehungsmittel« durch den der »Erziehungsmaßnahme« oder der »Erziehungshilfe« zu ersetzen. Wenn man aber den Begriff »Mittel« nicht technologisch auffaßt, sondern der Tatsache eingedenk bleibt, daß es sich im Bereich der Erziehung um zwischenmenschliche, ungesicherte Wirkungszusammenhänge handelt, so spricht nichts dagegen, den eingeführten Begriff »Erziehungsmittel« beizubehalten. Unter »Erziehungsmitteln« verstehen wir also Maßnahmen des Erziehers, die mit der Absicht eingesetzt werden, das Verhalten eines Menschen auf die Normen und Ziele hin auszurichten und entsprechend zu verbessern, und zwar so lange, bis Erziehung schließlich in die eigene Verantwortung des Menschen übergeht.

Zu 2.: Gehört zu den Erziehungsmitteln auch die Strafe?

Diese Frage ist von Pädagogen bejaht, aber auch verneint worden. Die *einen* sagen: Ein Kind (ein Mensch) verletzt die Ordnung, es übertritt ein Gebot, es verstößt gegen ein Gesetz oder eine Norm, also muß es zur Ordnung, zum Gebot, zum Gesetz und zur Norm zurückgeführt werden. Das sei nicht immer durch eine bloße »Mißbilligung« zu erreichen. Dazu sei oft auch die Strafe notwendig; sie sühnt die Verfehlung und versöhnt den Straffälligen mit sich und seiner Umgebung. Die Strafe wird also als ein Erziehungsmittel betrachtet, das positiv aufbauend wirkt. Die *anderen* vertreten die Meinung, daß die Strafe ein bloßes Abschreckungsmittel sei. Sie diene lediglich der Unterdrückung und bewirke, daß die Verletzung der Ordnung im Moment und punktuell abgestellt wird, habe aber keine Erziehungswirkung, die einen inneren Wandel auslöst. Selbst der Hinweis auf das gesellschaftliche Leben, nämlich daß man dort nicht ohne das Strafgesetzbuch auskommt, weil Menschen straffällig werden und daher durch die Rechtsprechung zur Ordnung gerufen werden müssen, stößt bei manchen Pädagogen auf Widerspruch. Diese Pädagogen weisen darauf hin, daß Kinder und Jugendliche im Erziehungsprozeß gefördert, gebessert und ›geheilt‹ werden müssen, keinesfalls aber zurückgewiesen oder gar erniedrigt werden dürfen, weil ihnen die Fähigkeit zur vollen Verantwortung und die Einsicht in die verletzte Ordnung noch fehlen. Dazu sollen sie ja erst erzogen werden.

Strafe muß das sittliche Bewußtsein heben

Diese zweite Auffassung ist u. a. auch der Anlaß dafür, daß der Theologe, Philosoph und Pädagoge *Friedrich Ernst Daniel Schleiermacher* (1768-1834) der Strafe als einer *Erziehungsmaßnahme* kritisch gegenübersteht. Schleiermacher gehört mit *Wilhelm von Humboldt* zu den Mitbegründern der Universität Berlin (1811). Von 1813/14 an hat er mehrfach Vorlesungen über Pädagogik gehalten. In diesem Zusammenhang hat er sich auch mit dem Phänomen der pädagogischen Strafe befaßt und eine Theorie der Strafe entwickelt. Da Schleiermachers Straftheorie als »klassisch« gilt, soll sie kurz dargestellt werden.

Schleiermacher kennt drei Gruppen erzieherischer Tätigkeiten: Die erste Gruppe faßt er mit Begriffen zusammen wie »Bewahrung«, »Behütung« und »Verhütung«. Kurz gesagt: Das Kind und der Heranwachsende bedürfen der Behütung und des Schutzes; sie dürfen den Anforderungen des Lebens nicht immer voll ausgesetzt werden; die Kräfte reichen aus, um den sittlichen Forderungen entsprechend eigenständig zu handeln. Die zweite erzieherische Tätigkeit besteht in der »Gegenwirkung«. Dazu zählt in erster Linie die Strafe. Die dritte Tätigkeit ist die »Unterstützung«. Mit ihr beschäftigt sich Schleiermacher vorwiegend; sie ist die »eigentliche pädagogische Tätigkeit« (I, 99).[1]

Im Verlauf der Erörterungen über die Strafe fragt Schleiermacher, ob man sie »ganz verbannen« könne. Er antwortet:

»Aus rein ethischen Prinzipien betrachtet, möchte nichts zum Lobe der Strafe gesagt werden können; auch nicht mit Beziehung auf das gemeinsame Leben und irgendein Gemeinwesen ... und nur da, wo entweder noch kein ethisches Verhältnis gestiftet ist, oder wo es an jeder Verständigung fehlt, lassen sich Strafen entschuldigen. Die Strafe ist ... ein Zeichen der Unvollkommenheit der Gemeinschaft ... Nur ausnahmsweise dürfte die Strafe vorkommen, bessern kann die Strafe in keiner Weise ... Als Erziehungsmittel darf die Strafe durchaus nicht gebraucht werden, sondern sie kann nur entschuldigt werden. Jede Strafe beweist, daß früher schon hätte auf die Gesinnung gewirkt werden sollen; ...« (I, 240/1).

Die Strafe ist also »aus rein ethischen Prinzipien« zu verwerfen, da sie den Menschen nicht bessern kann. Wo sie dennoch angewendet wird, kann man sie nur »entschuldigen«. Ein »Erziehungsmittel« ist sie nicht. Nur dort, wo die Strafe den Charakter der »Unterstützung« annimmt, wo sie das sittliche Gefühl und den

---

[1] F. E. D. Schleiermacher, Pädagogische Schriften, 1. u. 2. Bd., hrsg. von E. Weniger u. Th. Schulze, Düsseldorf 1957.

sittlichen Willen ›anstößt‹, also die aufbauenden Kräfte in Bewegung setzt, kann man sie verteidigen.

»So muß die Gegenwirkung angebracht werden, um dieses Gefühl, den Sittlichkeitstrieb, den eigenen sittlichen Willen anzuregen an dem, was unrecht ist«(11,176).

Das setzt voraus, daß die Strafe vom Bestraften bejaht wird und ihn zur Umkehr bewegt. Eine erzieherische Wirkung hat die Strafe also nur dann, wenn sie angenommen wird, somit den sittlichen Willen beeinflußt und in die Selbsterziehung einmündet. Zwar macht nach Schleiermacher jede »Verletzung der Ordnung« die Strafe notwendig – »es gibt gar keine andere Veranlassung, wo von Strafe die Rede sein könnte, als bei Verletzung der Ordnung« (I, 239); – aber der Sinn der Strafe ist es, in die Zukunft hinein zu wirken und nicht nur die Verletzung der Ordnung ›abzustellen‹ oder gar Vergeltung zu üben.

Schleiermacher schließt also die Strafe als Abschreckungsmaßnahme nicht völlig aus, wie das aus manchen seiner Bemerkungen abgeleitet werden könnte. Er verwirft sie zwar in ihrem allgemeinen Gebrauch als Macht- und Unterdrükkungsmittel; er bejaht sie aber als ein Mittel, sofern dadurch ein erzieherischer Erfolg gewährleistet ist. D. h., Strafe ist nur zu rechtfertigen, wenn sie den Bestraften sittlich bessert. Anhand eines *Straffalls* soll untersucht werden, ob der Straftheorie Schleiermachers Realität zukommt:

Hans-Günther klaut Nüsse und verletzt dadurch
die gebotene Ordnung – ein Beispiel aus der
eigenen Praxis der fünfziger Jahre

Der Lehrer in einer Heimschule sitzt mit den Schülern seiner Klasse im Kreis. Draußen ist ein herrlicher Septembertag. Von der Schulleitung kommt ein Rundschreiben, dessen Text allen bekanntgemacht werden soll. Dort wird mit Nachdruck darauf hingewiesen, daß die Schülerinnen und Schüler die Nußbäume meiden sollen, die rund um das Schulgelände stehen. Die Klasse verspricht, das Gebot zu halten. Da der Lehrer seine 10-/11jährigen kennt, sagt er lächelnd:»Legt eure Hände auf den Rücken, wenn ihr an den Nußbäumen vorbeigeht.« – Schon am gleichen Nachmittag ›vergißt‹ Hans-Günter das ›Versprechen‹ und holt mit Hilfe eines Knüppels Nüsse herunter. Was soll der Lehrer tun? Hat er als Kind und Schüler nicht ähnliche ›Streiche‹ begangen? Aber es liegt ein ausdrückliches Gebot der Schulleitung vor! Hans-Günter muß also bestraft werden. Aber wie? Soll er eine Strafarbeit erledigen, wie: hundertmal einen Satz schreiben:»Ich soll keine Nüsse klauen.« Oder soll er einen Aufsatz mit dem Thema abliefern:»Als ich einmal Nüsse klaute und bestraft wurde« (aber er war ja noch gar nicht bestraft worden!), oder soll er eine angefangene Geschichte schriftlich fortsetzen:»Ich warf mit meinem Stock in den Nußbaum, da ...« Oder soll der Lehrer ihn vor der ganzen Klasse tadeln oder ihn unter vier Augen ermahnen? Soll er ihn einige Tage links liegenlassen und nicht mit ihm sprechen, also ihm seine Achtung und Zuneigung entziehen? Oder soll er ihm den Ausgang am Nachmittag sperren, was in einer Heimschule möglich ist? Oder soll er mit den Eltern sprechen? – Hans-Günters ›Verwickelung‹ mit den Nußbäumen wird bei den Mitschülern rasch bekannt. – Am nächsten Tag sitzt die Klasse wieder im Kreis und berät, was geschehen soll. Die Jungen und Mädchen sind empört: »Erst gestern haben wir versprochen ...« – Darauf der Lehrer: »Ich habe euer Versprechen nicht annehmen wollen, daher sagte ich am Schluß des Gesprächs zu euch ...« – »Sie müssen Hans-Günter verprügeln.« Die Kinder kennen diese »Strafmaßnahme« von zu Hause. Der Lehrer lehnt mit Gründen ab. Ergebnis der Diskussion: Hans-Günter muß zu dem Bauern gehen, dem die Nußbäume gehören, sich entschuldigen und an drei freien Nachmittagen auf dem Hof des Bauern arbeiten. (Voraussetzung ist natürlich, daß der Lehrer vorher mit dem Bauern gesprochen hat, was in diesem Falle auch tatsächlich geschehen ist.) Es darf als sicher gelten: Kein Weg ist Hans-Günter bisher so schwer gefallen wie der zu dem Bauern. Hans-Günter hat in der dargestellten Weise sein Vergehen wieder gutgemacht. Eine ganz »natürliche Strafe«!

Was zeigt uns diese Begebenheit? Hans-Günter hat die Ordnung verletzt. Die Bedeutung der Ordnung war ihm am Morgen während des Gesprächs vor Augen geführt worden, und er hatte verstanden, daß er der ›Ver-Ordnung‹ folgen muß. Er ist also einsichtig (gewesen) und muß nun den Verstoß wieder gutmachen. Zugleich erhält Hans-Günter einen ›Denkzettel‹, der ihn in Zukunft daran erinnern soll, daß man so etwas nicht tut – nicht wieder tut. Die Strafe soll den Täter also auch abschrecken, künftig keine Verfehlungen ähnlicher Art zu begehen. Insofern muß sie – ganz im Sinne Schleiermachers – ein persönliches Betroffensein bewirken und den Willen auf Sittlichkeit hin ausrichten. Ob das in dem geschilderten Fall tatsächlich erreicht worden ist, wissen wir nicht. Wir können nur sagen, daß Hans-Günter die Strafe angenommen und sie nicht als Willkürmaßnahme empfunden hat. Was in ihm selbst vorgegangen ist, entzieht sich unserer Kenntnis. Es wäre möglich, daß Hans-Günter die ›verhängte Maßnahme‹ gar nicht als Strafe empfunden hat, weil er gern beim Bauern arbeitet. Daher ist in solchen Fällen ein begleitendes oder nachfolgendes Gespräch unter vier Augen wichtig. Dabei ist jegliches Moralisieren zu vermeiden. Es soll den erzieherischen Sinn der Strafe deutlich und für die Selbsterziehung fruchtbar machen.

Strafe soll den sittlichen Willen wecken, nicht
wieder schuldig zu werden

Das Beispiel, das stellvertretend für viele andere Verfehlungen wie Lügen, Eigentumsvergehen oder sittliche Delikte steht, zeigt, daß der Mensch gegen bestehende Gebote, gegen das Gesetz, gegen die Ordnung oder gegen allgemein gültige Grundsätze verstößt. Er muß daher immer wieder auf die Gebote, Gesetze, Ordnungen und Grundsätze verwiesen werden, die sich Menschen auferlegt haben, um als Menschen in Gemeinschaft mit anderen leben zu können. Dazu dient auch die Strafe, sofern keine »milderen« Maßnahmen ausreichen. Sie soll den Menschen in seinen Handlungen positiv unterstützen und ihm helfen, die Gebote einzuhalten. Wie alle Erziehungs-»Mittel« ist sie in ihrer Wirkung jedoch ambivalent. Wir können nie voraussehen, ob die Strafe tatsächlich angenommen wird und eine sittliche Wirkung hervorruft. Erst wenn das der Fall ist, kann man die Strafe als Erziehungsmittel werten. Im Blick auf die Zukunft soll sie den Menschen warnen, nicht erneut schuldig zu werden. Der Bestrafte soll letztlich an der Strafe ›wachsen‹ und ›über sich hinausgelangen‹. Trifft das nicht zu und tritt das nicht ein, dann hat die Strafe lediglich die Funktion der Abschreckung. In dieser Bedeutung lehnt Schleiermacher die Strafe als ein pädagogisches Mittel zwar ab; aber in zahlreichen Fällen wird sie dennoch dazu benutzt werden müssen, schnell und entschieden eine Verfehlung, einen Ungehorsam, eine Ordnungswidrigkeit ›abzustellen‹ oder einem auf Abwege geratenen Menschen unter Beachtung seiner Personwürde Grenzen zu setzen und ihn ›in Zucht‹ zu nehmen. Damit kommen wir zur nächsten Frage:

Zu 3.: Gibt es eine straflose Erziehung?

Strafe ist notwendig, um den fehlbaren Menschen mit den Geboten auszusöhnen

Die vorangegangenen Ausführungen haben bereits deutlich gemacht, daß die gestellte Frage verneint werden muß. Immer haben Menschen gegen die Ordnung verstoßen, und sie werden auch in Zukunft dagegen verstoßen. Schleiermacher ist der Ansicht, daß die »Verletzung der Ordnung« auf die »Unvollkommenheit der Gemeinschaft« zurückzuführen sei. Sie beruht letztlich aber auf der anthropologischen Unvollkommenheit des Menschen. Da der Mensch nicht wie das Tier durch die Natur festgelegt ist, eine relative Freiheit besitzt, über die Richtigkeit seines Tuns in Zweifel und Zwiespalt gerät, auch bewußt gegen Sitte und Ordnung verstößt und dadurch schuldig werden kann, gibt es keine straflose Erziehung (vgl. Thema 1). Auch in Zukunft wird das aufgrund der menschlichen Seinsweise so sein. Strafe ist notwendig, weil der Mensch so tief ›fallen‹ kann, daß ›mildere‹ Erziehungsmittel nicht ausreichen. Strafe soll ihn zur Einsicht führen, durch Vergeltung und Sühne schuldhaftes Verhalten ausgleichen, das einem anderen zugefügte Leid tilgen und dadurch auch das eigene Leid abbauen oder aufheben. Ihr tiefster Sinn ist es, ganz im Sinne von Schleiermacher sittlich auf den Menschen einzuwirken und ihn zur Umkehr zu bewegen. Strafe gehört also aufgrund der anthropologischen Bedingungen des Menschseins zum menschlichen Leben. Schuldigwerden erfolgt nicht in erster Linie oder ausschließlich durch äußere Umstände, also auf der Grundlage eines schlechten Milieus, es ist nicht abhängig oder ableitbar von der gegenwärtigen, ›noch‹ unzulänglichen Gesellschaftsordnung, wie auch Schleiermacher zu meinen scheint, sondern es wurzelt primär in der anthropologischen Fehlbarkeit des Menschen. Dadurch ist und bleibt Strafe unvermeidbar.

Lediglich Weltanschauungen und Ideologien, die davon ausgehen, daß sich der Mensch unter veränderten, d. h. verbesserten, gesellschaftlichen Bedingungen zur Harmonie und zum Gutsein entwickelt und in diesem Zustand verharrt, ›glauben‹ an eine Abnahme und völlige Beseitigung der Strafe. So kommt es z. B. nach *K. Marx* unter klassenlosen Bedingungen zum »Absterben« von Ordnungswidrigkeiten und Verbrechen; sie werden als »Naturerscheinungen« der kapitalistischen Gesellschaft gedeutet. Unter diesen Voraussetzungen wird auch die Strafe hinfällig. Dieser gedankliche Zusammenhang wird in dem folgenden Zitat deutlich:

»ie erstmalig im Sozialismus gegebene Möglichkeit, die Mitglieder der Gesellschaft zu allseitig entwickelten Persönlichkeiten zu erziehen, eröffnet die Aussicht, daß Strafen als Mittel zur Lösung von Konflikten zwischen gesellschaftlichen und persönlichen Interessen eine immer geringere Rolle spielen.«[2]

Das setzt aber voraus, daß sich der Mensch in seinem Wesen verändert bzw. daß er geändert wird. Nach den bisherigen geschichtlichen Erfahrungen ist das ein ›Glaube‹, der in das Reich der Utopie gehört. Die anthropologische Fehlbarkeit ist dem Menschen ›einprogrammiert‹. Infolgedessen gibt es Verfehlung und auch Strafe. Wenn das richtig ist, muß allerdings die Frage gestellt werden:

Zu 4.: Wie und auf welche Weise soll gestraft werden?

Die Strafe darf das Mündigwerden des Kindes
nicht verhindern

Bei jedem Verstoß gegen die Ordnung entsteht zunächst die Frage, ob überhaupt gestraft werden soll/muß, oder ob man den Täter durch den Einsatz anderer Erziehungsmittel wie z. B. Tadel, die Ermahnung oder die Mißbilligung zur Ordnung zurückführen kann. Wenn man davon überzeugt ist, daß bei einer Ordnungswidrigkeit eine Strafe unvermeidbar ist, muß man über die Art der Strafe und das Strafmaß nachdenken. Hier gilt als oberstes Gebot, daß die Strafe das Selbständigwerden des Kindes nicht einschränken darf, daß sie also im Dienst des Mündigwerdens stehen muß. Nur unter dieser Voraussetzung kann die Strafe als Erziehungs-Mittel gelten. Der Strafende muß immer die weitere Entwicklung der Verantwortungsfähigkeit des zu Strafenden im Auge haben. Das Leid, das der Bestrafte erfährt, soll ihn zur sittlichen Einsicht und Verhaltensänderung führen. Ein Erfolg kann sich schon durch einen »strafend-mahnenden Blick« oder durch »Liebesentzug« einstellen. Mit dem Liebesentzug, der gleich-

---

[2] J. Berg, Zur Theorie der Strafe in der sozialistischen Schule, Berlin-O. 1961, S. 19.

bedeutend mit dem Vertrauensentzug ist, muß man allerdings bei sensiblen Kindern vorsichtig sein. In der Regel gilt, daß am Abend ›die Welt wieder in Ordnung‹ sein sollte, d. h., das schuldig gewordene Kind muß wissen, daß es trotz seiner Verfehlung vom Erzieher angenommen und geliebt wird.

Die Einsicht, schuldig geworden zu sein und dafür einstehen zu müssen, ist nun allerdings in vielen Fällen rasch gewonnen. Sehr viel schwieriger ist es hingegen, das Verhalten tatsächlich positiv zu ändern. Dazu ist eine Willensanstrengung erforderlich. Hans-Günter hat im obigen Beispiel durchaus die Einsicht gehabt, daß man eigentlich keine Nüsse ›klauen‹ dürfe. Zwischen Einsicht und tatsächlichem Verhalten kann aber ein tiefer Abgrund klaffen. Welcher Junge dieses Alters besitzt in jedem Falle und zu jeder Zeit die Widerstandskraft, nicht Nüsse oder Kirschen zu klauen oder sich zum Mercedes-Sterne-Sammeln ›anregen‹ zu lassen oder durch den Anblick eines begehrten Gegenstandes dazu veranlaßt zu werden, ihn ›mitzunehmen‹? Um solche Übergriffe zu vermeiden, müssen für Jugendliche Aufgaben gefunden werden, die ihre Aktivitäten in andere Geleise lenken, ihnen aber auch die legale Befriedigung ihrer Wünsche und ihres Geltungsstrebens ermöglichen.

»Natürliche Strafen« sind in der Regel zu bevorzugen, haben aber ihre Grenzen

Die sog. »natürliche Strafe«, die schon *Rousseau* in seinem »Emile« empfohlen hat und die wir auch im Beispiel »Hans-Günter« kennengelernt haben, beruht auf einem für das Kind einsehbaren sachlichen Zusammenhang zwischen Vergehen und Strafe, d. h., die Strafe erfolgt als eine Konsequenz aus der Art des Vergehens. Sie hat jedoch ihre Grenze, und zwar dort, wo sie sowohl für das Kind als auch für den Strafenden eine zu große Härte bedeutet. Grundsätzlich gilt zwar, daß ein Schaden wieder in Ordnung gebracht werden muß. Was man aber in dieser Beziehung von einem Kind fordern kann, hängt von seiner Belastbarkeit ab. Der Erzieher muß daher mit großem ›Fingerspitzengefühl‹ vorgehen und jeden Fall individuell durchdenken. Hierfür werden wir später noch einige Hinweise geben. Wenn nun gar Roheit, Aufsässigkeit, Verwahrlosung u. ä. Verhaltensstörungen mit im Spiel sind, dann muß man die Ursachen hierfür aufdecken, evtl. unter Mithilfe psychologisch besonders geschulter Kollegen oder einer Erziehungsberatungsstelle. In diesen Fällen wird es notwendig sein, energischer und eingreifender zu strafen, um beim Straftäter einen Gesinnungswandel herbeizuführen. Als ›letzter Ausweg‹ wird vielfach die körperliche Züchtigung empfohlen. Ob man sie tatsächlich als ein Erziehungsmittel gelten lassen kann, darüber sind die Meinungen geteilt.

Die körperliche Strafe dient vorwiegend der Abschreckung

Folgen wir der Statistik, dann strafen 85 von 100 Eltern ihre Kinder durch körperliche Züchtigung, sei es durch Ohrfeigen oder Stockschläge. In jedem Jahr sterben nach Mitteilung des »Deutschen Kinderschutzbundes« nachweislich etwa 100 Kinder an den Folgen körperlicher Gewalttaten. Die Kriminalitätsstatistik meldet für 1990 rund 1213 Fälle von schweren Kindesmißhandlungen; die Experten schätzen jedoch bis zu 200 000 Mißhandlungsfälle pro Jahr. Die Dunkelziffer liegt vermutlich weit höher. Gewiß, die Gewalttaten gegenüber Kindern werden vorwiegend von jähzornigen, unbeherrschten und betrunkenen Erwachsenen ausgeübt. Aber auch besonnene Eltern und Erzieher strafen vielfach durch Schläge, wenn sich Kinder/Schüler nicht dem Erzieherwillen ein- und unterordnen, also nicht das tun, was die Erwachsenen als ›gemäß‹ ansehen. Eine Ohrfeige oder ein Schlag sind rasch ›abgetan‹. Der Bestrafte unterwirft sich in der Regel ebenso schnell dem Willen des mächtigeren Erziehers aus Angst, er könnte noch mehr Schläge erhalten. Wird dadurch aber ein erzieherischer Erfolg gewährleistet? Das wäre nach unseren bisherigen Ausführungen erst dann der Fall, wenn durch dieses Straf-Mittel im Kinde die Reue und der Wille zur Versöhnung hervorgerufen würden. Statt der Reuegefühle werden jedoch vielfach Angst und Zorn geweckt. Angst und Zorn bieten aber in keiner Weise die Gewähr dafür, daß die Ordnung in Zukunft nicht wieder verletzt wird. Zwar hat der Strafende in den meisten Fällen durch Anwendung dieses ›bequemen‹ Mittels unverzüglich ›seine Ruhe‹, aber er wird dem Bestraften nicht gerecht, d. h., er bringt ihn weder zu einer inneren Auseinandersetzung mit der Straftat noch zur Umkehr, sondern schreckt ihn lediglich ab.

Der Ansicht, daß die körperliche Züchtigung kein Erziehungsmittel ist und daß sie das Kind/den Menschen in seiner Würde verletzt, stehen Beispiele entgegen, die eine positive Wirkung der körperlichen Strafe zeigen. So berichtet der bekannte Sowjetpädagoge *A. S. Makarenko* gleich zu Beginn seines »Pädagogischen Poems«, dem Bericht über die Erziehung verwahrloster Kinder und Jugendlicher in der Sowjetunion nach 1920, über folgenden Vorfall:

»An einem Wintermorgen machte ich Zadarov den Vorschlag, loszugehen und Holz für die Küche zu schlagen. Ich vernahm die übliche frech-heitere Antwort:
›Geh doch selber hacken; ihr seid doch hier genug.‹
Es war das erste Mal, daß man mich mit ›du‹ anredete. In einer Anwandlung von Zorn und Beleidigung, am Rande der Verzweiflung und Raserei nach all den vorangegangenen Monaten, holte ich aus und schlug Zadarov ins Gesicht. Ich schlug fest zu, er wankte auf den Füßen und fiel gegen den Ofen. Ich schlug zum zweiten Mal, packte ihn am Kragen, riß ihn hoch und versetzte ihm den dritten Schlag.

124

Da sah ich plötzlich, daß er furchtbar erschrocken war. Bleich und mit zitternden Händen setzte er hastig seine Mütze auf, dann nahm er sie ab und setzte sie wieder auf. Wahrscheinlich hätte ich ihn noch mehr geschlagen, aber da flüsterte er leise und stöhnend:

›Verzeihen Sie, Anton Semenovic ...‹

Mein Zorn war so wild und maßlos, daß ich fühlte: sagt noch jemand ein Wort gegen mich, so stürze ich mich auf alle, bringe sie um, vernichte sie, das ganze Banditenpack. Plötzlich hatte ich den Feuerhaken in den Händen. Alle fünf Zöglinge standen schweigend an ihren Betten; Burun brachte schnell etwas an seinem Anzug in Ordnung.

Ich wandte mich zu ihnen und schlug mit dem Feuerhaken gegen eine Bettstelle:

›Entweder ihr geht unverzüglich in den Wald und arbeitet, oder ihr schert euch aus der Kolonie, meinetwegen zu des Teufels Großmutter!‹

Damit verließ ich den Schlafraum ...

Die Zöglinge gehen in den Wald und fällen Holz. ›Es wird alles gut werden‹, sagt einer der ›Banditen‹. Der Aufbau der Kolonie beginnt.«[3]

Makarenko ist seiner selbst nicht mehr mächtig; er schlägt zu, die Züchtigung wirkt, sie ›erschreckt‹ die Zöglinge nicht nur und schreckt sie nicht nur davon ab, ihre Absichten durchzusetzen, sondern trifft sie in ihrer Gesinnung – in ihrer Existenz. Das führt zu einem Wandel der Haltung. Diese ersten Zöglinge werden in der Folgezeit Makarenkos beste Mitarbeiter.

Makarenko selbst empfindet diesen Vorfall als ein »Ausgleiten auf dem pädagogischen Seil«. Er wendet ein Mittel an, das in der Verbrecherszene, aus der die Zöglinge kommen, zu den Alltagserscheinungen gehört und das als reines Abschreckungsmittel gilt. Pädagogische Maßnahmen wollen jedoch den Aufbau der Gesinnung bewirken. Makarenko ist sich durchaus bewußt, daß er durch die Züchtigung die in die Kolonie eingewiesenen jugendlichen Verbrecher zur Unterwerfung zwingt. Daß sich aus diesem Geschehen eine pädagogische Beziehung entwickelt, hat er nicht voraussehen können. Daher darf dieser Vorfall aus der Heimerziehung nicht ohne weiteres auf die Normalerziehung übertragen und als Beweis für die Berechtigung und positive Wirkung der körperlichen Züchtigung angesehen werden. Ja, man muß die grundsätzliche Frage stellen, ob es sich bei diesem Vorfall überhaupt um eine ›Erziehungsstrafe‹ handelt. Makarenko schlägt zu, weil er in seiner Personenwürde zutiefst verletzt worden ist; er greift zum Feuerhaken aus Verzweiflung, also ohne Überlegung. Allein sein ›Ausbruch‹ hat diese abgebrühten Jugendlichen erschüttert. Die Erziehungsstrafe erfordert aber erzieherisch geplantes Strafen, wie wir es am Beispiel ›Hans-Günter‹ erörtert haben. Das ist hier nicht der Fall. Das Beispiel liegt also jenseits dieser Grenze. Aber das gilt ganz allgemein für die körperliche Züchtigung: Sie erfolgt in der Regel aus einer ›Gefühlswallung‹ heraus. Insofern steht dieses Beispiel für viele andere Fälle körperlicher Züchtigung.

---

[3] A. S. Makarenko, Ein pädagogisches Poem »Der Weg ins Leben« (1933-1935), Berlin-O. 1953, Frankfurt a.M. 1971; die obige Textstelle ist entnommen den »Ausgewählten Pädagogischen Schriften«, hrsg. von H. E. Wittig, Paderborn 1961, S. 13/14.

Wendet ein Erzieher/Lehrer diese Strafe an oder richtiger: ›überkommt‹ sie ihn, dann muß er sich allerdings über die körperlichen und seelischen Schäden im klaren sein, die sie auslösen kann. Sie reichen von inneren Verletzungen über die schon erwähnte Auslösung von Angst, Haßgefühlen und Aggressivität bis hin zu sexuellen Perversionen, den sog. masochistischen Erregungen, d. h., der Schläger und/oder der Geschlagene erfahren einen sinnlichen Genuß und eine sexuelle Befriedigung. Da außerdem der Strafende selbst in einen Zustand der Erregbarkeit gerät, oft selbst seiner Sinne nicht mehr mächtig ist und dadurch mehr zuschlägt, als es die Verfehlung erfordert, wie das auch aus Makarenkos Bericht hervorgeht, ist die körperliche Strafe abzulehnen. Sie ist nur in Ausnahmefällen berechtigt, z. B. bei Roheitsdelikten, Grausamkeitsvergehen, Bedrohung der Gesundheit oder bei Lebensgefahr.

Zu 5.: Disziplinarvergehen in der Schule – Können die Lehrer Verstöße gegen die Schulordnung dulden?

Im Elternhaus und in der Jugendgruppe oder in der Heimerziehung sollten Erziehungsstrafen angewendet werden, wie wir sie im Falle Hans-Günters beschrieben haben. Sie erstrecken sich im allgemeinen über einen längeren Zeitraum. Der Bestrafte soll die Möglichkeit zur Umkehr erhalten. Demgegenüber hat der Lehrer während des Unterrichts in der Regel weder die Zeit noch die Ruhe, über Erziehungsmaßnahmen solcher Art nachzudenken. Er muß die Ordnungswidrigkeit eines Schülers oder mehrerer Schüler oder einer ganzen Klasse rasch ›abstellen‹. Der Lehrer arbeitet mit einer Vielzahl von Schülern und ist verpflichtet, seine unterrichtlichen Aufgaben zu erfüllen. Er muß also Disziplinarverstöße unverzüglich ahnden.

Disziplinarvergehen sind wörtlich (von lat. *disciplina* = Unterricht) Vergehen gegen den Unterricht. Als solche gehören sie zum Schulalltag: da kommen Schüler zu spät, sie schwatzen, essen oder trinken während des Unterrichts, sie bleiben wiederholt während der Pause im Klassenzimmer, stören bewußt den Unterricht, indem sie dazwischenreden, lärmen, Faxen machen und dadurch die anderen zum Lachen reizen. Schüler provozieren den Lehrer bewußt – und haben die laut lachende Klasse auf ihrer Seite, wenn der Lehrer falsch reagiert. Das Konfliktfeld Schule ist fast unermeßlich – bis hin zu Prügeleien, Diebstählen und mutwilligem Zerstören von Material und Einrichtungsgegenständen. Der Lehrer aber muß handeln, wenn Störungen im Unterricht auftreten. Er muß für Ordnung sorgen, an die er selbst durch die Schulordnung und den Lehrplan gebunden ist. Er ist daher oft genötigt, im Unterschied zur Erziehungsstrafe *Disziplinstrafen* zu erteilen, um dadurch den Ablauf des Unterrichts zu sichern.

Die einzelnen Konfliktsituationen können unterschiedliche Wurzeln haben wie lebensgeschichtliche Ursachen, die häusliche Umwelt, die Schule als Ordnungsinstitution, den Klassenverband, den Unterrichtsstil, den Lehrer als Person usw. Der Lehrer kann im akuten Fall die Ursachen eines Disziplinarvergehens nicht immer und nicht sofort ausfindig machen. Muß er in solchen Situationen hart durchgreifen, um die Disziplin unverzüglich wiederherzustellen?

Störungsfreier Unterricht setzt ein gutes Lehrer-Schüler-Verhältnis voraus

Es gibt Lehrer, die Schwierigkeiten mit Schülern nicht oder kaum kennen. Sie haben es verstanden, ein gutes, partnerschaftliches Verhältnis und Klassenklima aufzubauen und mögliche Antipathien abzubauen. Die Arbeit verläuft nahezu reibungslos. Vielfach verhindert aber die heutige Schulorganisation (z. B. Fachlehrersystem, Wochenstundenplan), daß sich ein gutes Lehrer-Schüler-Verhältnis entwickeln kann. Das aber bildet die Voraussetzung für eine gute Disziplin. Wo keine Bindungen zwischen Schülern und zwischen Lehrern und Schülern vorhanden sind, ist meist auch die Disziplin in Frage gestellt. Ein gutes Lehrer-Schüler-Verhältnis oder ein »pädagogischer Bezug« entsteht in erster Linie durch gemeinsame Arbeit; sie ist zwar in allen Schularten und auf allen Schulstufen möglich, kann aber vielfach aufgrund ›schulorganisatorischer Zwänge‹ nicht durchgeführt werden (vgl. die Themen 4 und 12).

Ein Beispiel: Wie ein Lehrer seine disziplinlose Klasse ›diszipliniert‹

In einem erschütternden Bericht schildert *W. Eckel* seinen »Anfang als junger Lehrer«.[4] Was wir hier an Disziplinlosigkeit erfahren, bildet keineswegs eine Ausnahme. Zahlreiche Lehrer – besonders in Großstadtschulen – klagen über ähnliche Verhältnisse. Wir bringen nachfolgend einige Auszüge aus dem umfassenden Bericht, ergänzen sie aber zum besseren Verständnis durch eigene Zusammenfassungen:

Eckel übernahm 1959 nach seiner 1. Prüfung ein 4. Schuljahr am Stadtrand von Hamburg. Die Klasse bestand aus 25 Jungen und 20 Mädchen. Eckel war der 9. Lehrer dieser Klasse.

---

[4] W. Eckel, Mein Anfang als junger Lehrer, in: Zeitschrift für Pädagogik, Jg. 1959, S. 319-337, wieder abgedruckt in: A. Reble (Hrsg.), Das Strafproblem in Beispielen (Klinkhardts Pädagogische Quellentexte), 4. Aufl., Bad Heilbrunn 1980, S. 65-83; der Auszug folgt diesem Text. Obwohl dieses Beispiel über 40 Jahre zurückliegt, hat es an Gegenwartsnähe nicht verloren. Die Klassenfrequenzen sind zwar weit niedriger als damals – aber Rowdyklassen gibt es heute wie zu allen Zeiten.

Bei der Mehrzahl der Kinder drohte die Gefahr der Verwahrlosung. Ein Viertel der Schüler bestand aus Sitzenbleibern.

»Bereits nach wenigen Tagen fingen die Schwierigkeiten an. Wollte ich unterrichten, hörte kaum jemand zu. Die meisten unterhielten sich ungeniert, schrieben kleine Zettelchen oder vertrieben sich auf andere Weise die Zeit. Ständig flogen Kaugummi oder Papierkugeln durch die Klasse. Jede Minute wurde ich durch irgendeinen Schüler unterbrochen, der etwas zu verklatschen hatte oder sich beklagte, daß ihn ein anderer störte oder ärgerte ...« (65)

Wenn Eckel zu Unterrichtsbeginn die Klasse betrat, nahmen die meisten gar keine Notiz von ihm. Hatte er in einer Ecke Ruhe geschaffen, wurde in der anderen weitergeredet. Dabei hatte Eckel nicht das Gefühl, daß die Kinder tobten, um ihn zu ärgern. Sie wollten vielmehr vor ihren Kameraden angeben und »auf möglichst interessante Art die unangenehme Zeit« totschlagen, die sie in der Schule verbringen mußten.

Eckel weiß, daß Druckmittel keine Strafen sind. In seiner Not setzt er aber wider besseres Wissen Zuchtstrafen ein; er gibt »Strafarbeiten« auf – die nicht gemacht werden, ebensowenig wie die Hausaufgaben. Er bestraft mit Nachsitzen, jedoch ohne den geringsten Erfolg. Er teilt Ohrfeigen aus, die grinsend entgegengenommen werden. Schließlich schreibt er auch Briefe an die Eltern, die die Kinder nicht vorzeigen. Er macht Elternbesuche, die »verlorene Zeit« bedeuten. Er wendet sich an seinen Schulleiter. Doch dessen Antwort war: »Sie müssen mit der Klasse selber fertig werden.«

In der Folgezeit nimmt sich Eckel drei Aufgaben vor: 1. Er versucht, mit Hilfe von »Dressurakten« die Schüler zur Ruhe, Ordnung und Mitarbeit zu zwingen. Er straft »völlig unpädagogisch« (70), dafür aber hart. »Es sollte eine Tortur sein. Die Kinder sollten sich einprägen, wenn sie mir nicht gehorchten und mich im Unterricht störten, dann riskierten sie harte Unannehmlichkeiten« (70), und zwar bis hin zur körperlichen Züchtigung. Eckel ist keineswegs »stolz« auf diese gelungenen Dressurakte. Man hat im Gegenteil das Gefühl, daß er sich schämt. Doch er handelt ähnlich wie Makarenko in einer Notwehrsituation. 2. Eckel bemüht sich, bereits während dieser Zeit »das Vertrauen aller Schüler ... zu gewinnen«.

Die dritte Aufgabe bestand darin, »die Schüler durch einen wirklich guten Unterricht zu einer guten Arbeitshaltung zurückzuführen« (69).

Mit Hilfe dieser drei Maßnahmen gelingt es Eckel langsam und allmählich eine Vertrauensbasis zu schaffen und die Zwangsmaßnahmen abzubauen. Sein »Endziel« hat er in dem einen Jahr nicht erreicht, nämlich »auf Zwang völlig zu verzichten« (83).

Eckel verwendet vier Disziplinierungsmittel

Wir verallgemeinern sie im folgenden und formulieren sie als Forderungen. Sie haben für jeden Unterricht Bedeutung, in dem Disziplinkonflikte auftreten und bewältigt werden müssen.

1. *Der Lehrer sei konsequent.* Wenn er eine Arbeit fordert oder eine Aufgabe ankündigt, muß er über deren Durchführung wachen. Er kann dabei Belohnungen in Aussicht stellen, wie Eckel es auch tut: »Wenn ihr die Vorbereitung in Sachkunde zur Zufriedenheit durchgeführt habt, machen wir anschließend einen Lerngang zum Rathaus.« Wird das Gebot mißachtet, dann hat das für die Schüler Konsequenzen, über deren Bedeutung sie sich im klaren sein müssen. Wichtig ist, daß der Lehrer seine Ankündigungen einhält. 2. *Strafen sollen den Charakter einer Konsequenz haben*, d. h., sie müssen sich aus der »Tat«, dem Un-

gehorsam, der Nicht-Einhaltung der Regel usw. ergeben; sie müssen also den »natürlichen Strafen« ähnlich sein. Dadurch haben sie für die Kinder nicht den Charakter einer Willkürmaßnahme des Lehrers. 3. *Der Lehrer beobachte seine Klasse auf Unruheherde hin.* Er trenne gegebenenfalls die Gruppe der Störer und isoliere bestimmte Schüler auf Zeit. Gleichzeitig muß er aber versuchen, das Vertrauen der unruhigen und aufsässigen Schüler zu gewinnen. 4. *Der Lehrer sei selbst ein gutes Vorbild* und halte sich an seine Anordnungen.

Eine gemeinsam ausgearbeitete Klassen- und Unterrichtsordnung kann Konfliktsituationen mindern

Ein wichtiges Mittel, um gute Disziplin aufzubauen, bildet die gemeinsame Erarbeitung einer Klassen- und Unterrichtsordnung. Dadurch entwickelt sich bei den Schülern die Einsicht, daß in der Schule bzw. im Klassenraum nur das geschehen darf, was alle gemeinsam wollen. Das stärkt das Verantwortungsbewußtsein und trägt dazu bei, daß jeder versucht, sich an die Ordnung zu halten. Eine Klassenordnung sollte anfangs nur wenige Regeln umfassen; sie muß überschaubar sein. Ist die Gebotafel zu umfangreich, dann können die Gebote weder von den Schülern übersehen und erfüllt noch vom Lehrer überwacht werden. Am besten, man beginnt mit der Regelung solcher Situationen, die den Schülern Schwierigkeiten bereiten und die sie von sich aus nicht ohne weiteres bewältigen können wie z. B. Sprechen während des Unterrichts oder Aufstellen von Gruppen bzw. der ganzen Klasse vor dem Lehrertisch, dem Verhalten vor Unterrichtsbeginn im Klassenraum oder bei der Partnerarbeit usw.

Da die Schüler trotz einer selbst erarbeiteten Ordnung die Regeln immer wieder ›vergessen‹, ist die stützende Hilfe des Lehrers wichtig. Beispiel: In der Klasse entsteht Arbeitsunruhe. Der Lehrer begibt sich an den vereinbarten ›Leiseplatz‹, hebt den Arm oder legt den Finger auf den Mund. Einige Schüler übernehmen das ›Signal‹, weitere folgen, bis Ruhe eingetreten ist. Jetzt kann weitergearbeitet werden. Der Lehrer oder auch die Schüler müssen also immer wieder an die ›Vereinbarungen‹ erinnern, und zwar in ›leiser Form‹. In diesem Sinne lassen sich zahlreiche Disziplinregeln vereinbaren, die wortlos ›greifen‹.

Eckel setzt auch die Körperstrafe ein, um die Ordnung wiederherzustellen

Eckel hat ein Mittel benutzt, das heute in der Schule untersagt ist. Unter Lehrern wird jedoch vereinzelt die Meinung vertreten, daß das offizielle Verbot der körperlichen Züchtigung die »Autorität« (!?) der Lehrer herabsetze und daß ihnen das Züchtigungsrecht als ultima ratio zuzubilligen sei. Dies sei notwendig, um die Arbeitsbedingungen der Schule erträglich zu machen und die erzieherischen Schwierigkeiten zu mildern. Es wird – wie im Beispiel von Eckel – auf Fälle verwiesen, in denen Schüler die Lehrer in schamloser Weise herausfordern und den Unterricht böswillig stören. Hier müsse die körperliche Züchtigung als ›letzter Ausweg‹ erlaubt sein. Obwohl in den hier von uns benutzten Beispielen die körperlich Gestraften keine Schäden erlitten haben, darf an dem Verbot nicht gerüttelt werden, und zwar aus Gründen, die wir oben bereits genannt haben. Außerdem gilt es, die Schüler vor Maßnahmen zu schützen, die – obwohl untersagt – dennoch angewendet werden. Die Schule darf keinesfalls zu einer Stätte der Angst werden.

Exkurs: »Ordnungsmaßnahmen« und »Schulstrafen«, die dem Lehrer zu Gebote stehen

Grundsätzlich gilt, daß ordnende und sichernde Erziehungsmaßnahmen der Schulstrafe vorzuziehen sind. Dennoch kann es in schwierigen Fällen zu »Ordnungsmaßnahmen« und »Schulstrafen« *rechtlicher Art* kommen. Sie unterliegen juristischen Bestimmungen. Wir können hier nicht auf alle Regelungen eingehen, die dem Lehrer bzw. der Schule zur Verfügung stehen, um den Erziehungs- und Unterrichtsauftrag zu sichern und die Ordnung zu gewährleisten. Das ist schon deshalb nicht möglich, weil in den einzelnen Bundesländern unterschiedliche Bestimmungen bestehen. Die Maßnahmen reichen von der Verwarnung über den Verweis bis zur Entlassung und zum Ausschluß von allen Schulen im Bundesgebiet. In welcher Form Pflichtverletzungen im einzelnen geahndet werden können, schreibt die Schulgesetzgebung jedes einzelnen Landes vor bzw. steht in den entsprechenden »Schulordnungen«. Jeder Lehrer sollte sich damit vor Eintritt in das Lehramt gründlich befassen.

Im allgemeinen sind strafbare Ordnungsverletzungen im juristischen Sinne selten. Der Lehrer hat es in der täglichen Arbeit mit geringfügigeren Ordnungswidrigkeiten zu tun. Um sie zu ahnden, ›verhängt‹ er u. a. *Strafarbeiten*, läßt nachsitzen und läßt sich vielleicht auch einmal zu einer körperlichen Strafe hinreißen. Darf der Lehrer diese Strafmaßnahmen ›verwenden‹? Was die körperliche Strafe betrifft, so ist die Frage mit einem klaren »Nein« zu beantworten, wenngleich die Körperstrafe in manchen Elternhäusern immer noch angewendet wird. Ebenfalls verboten sind Schläge auf den Kopf, Ohrfeigen, Zerren an den Haaren und Ohren u. ä., und zwar nicht nur wegen der sie möglicherweise verursachenden Gesundheitsschädigungen, sondern in erster Linie wegen der Verletzung der Würde und des Schamgefühls des Gezüchtigten. Ein leichter Klaps auf die Schulter, der einen unaufmerksamen Schüler zur Ordnung rufen soll, wird nicht als Züchtigung angesehen und steht nicht unter Strafe. Nur dann, wenn sich ein Lehrer in Notwehr befindet, d. h., wenn er einen gegenwärtigen rechtswidri-

gen Angriff von sich abwehren muß, kann er auf den Angreifer körperlich einwirken, solange dieser von seinem Angriff nicht abläßt. Der Tatbestand der körperlichen Abwehr gilt aber nur für die Verteidigung, nicht für die Verfolgung des
Täters. Gleiches gilt auch für den Fall, daß ein Schüler einen anderen mißhan-
delt. Der Lehrer kann dem mißhandelten Schüler durch Anwendung körperlicher
Gewalt zu Hilfe eilen.

Der Schule stehen also neben pädagogischen Maßnahmen zur Aufrechterhaltung der Ordnung auch Mittel zur Verfügung, die im juristischen Sinne Strafcha-
rakter besitzen. Die Strafe ist stets so zu vollziehen, daß die Würde des zu Strafenden nicht verletzt wird. In diesem Sinne ist der Bundesgesetzgeber seit den
siebziger Jahren bemüht, ein neues Leitbild der Eltern-Kind-Beziehung zu
schaffen und hat an die Stelle des Begriffs der »elterlichen Gewalt« den der
»elterlichen Sorge« gesetzt: Die Eltern sollen in der Erziehung das geistige, seelische, sittliche und körperliche Wohl des Kindes im Auge haben, und zwar mit
dem Ziel, das Kind zur Mündigkeit hinzuführen. In diesem Zusammenhang steht
neuerdings der »Regierungsentwurf eines Mißhandlungsverbots-Gesetzes«
(Bundestags-Drucksache 12/63343; 1996); er stellt den Mißbrauch des Erziehungsrechts unter Strafe. Das neue Leitbild der Eltern-Kind-Beziehungen und
die daraus abzuleitenden Maßnahmen der »elterlichen Sorge« gelten entsprechend für Schule und Unterricht. Damit setzt sich eine Auffassung durch, die in
der Reformpädagogik der zwanziger Jahre grundgelegt worden ist: Strafen sollen – wann und wo immer sie erforderlich werden – das Selbst des Kindes stärken und das Kind/den Jugendlichen zum ›rechten Tun‹ ermutigen.

Auch im Elternhaus gibt es aber trotz des neuen Leitbildes keine ›straflose Erziehung‹

Laut Grundgesetz sind die Eltern die eigentlichen Erziehungsberechtigten; sie
sind zur Erziehung ihrer Kinder verpflichtet (vgl. Thema 2). Aber sie sind die
›ungelernten Arbeiter‹ auf diesem Gebiet. In der Normalsituation, d. h., wenn
Liebe und Verstehen im Elternhaus vorherrschen, wird das Kind eine Strafe annehmen und verstehen. Manche Eltern sprechen mit dem Kind über die Unart,
die Fehlhandlung, das ungebührliche Benehmen, die Krisensituation und erörtern
die Konsequenzen. Andere Eltern stehen aber den Anforderungen der Erziehung
hilflos gegenüber und reagieren schon in Bagatellfällen mit Schlägen und
Zwangsmaßnahmen – in der Hoffnung, dadurch die ›Erziehungsnot‹ zu bewältigen. Die eigene Unsicherheit läßt sie in die Strafe ›flüchten‹, die oft unangemes-
sen, unüberlegt und ›mißbräuchlich‹ angewendet wird. Das kann den Widerstand des Kindes/Heranwachsenden entfachen und zu einer inneren oder gar äußeren Abwendung vom Elternhaus führen. Hier hätte die Elternarbeit in der

Schule eine wichtige Aufgabe zu erfüllen: Themen der Erziehung müßten behandelt und dabei auch das ›heiße Eisen‹ der Strafe besprochen werden.

Zu 6.: Wie verhalten wir uns gegenüber der Kollektiv-Strafe?

Innerhalb der Disziplinarmaßnahmen wird oft die *Kollektivstrafe* von Lehrern angewendet. Die Lehrer meinen, sie hätten keine andere Wahl. Eine Klasse ist entgegen einem ausdrücklichen Gebot laut, oder ein Teil der Schüler hat eine Fensterscheibe ›kaputt gehen lassen‹ usw. – Der Lehrer ist nicht gewillt, auch aus Zeitgründen nicht in der Lage, nach dem oder den Schuldigen zu suchen. Infolgedessen bestraft er die ganze Klasse. Das ist aber ein ungerechtes Verfahren, weil es Schuldige und Nicht-Schuldige in gleicher Weise trifft. Die Kollektivstrafe fördert den »Klassengeist«; sie ›schweißt‹ die Klasse zusammen, die dann gegebenenfalls noch mehr gegen den kollektivstrafenden Lehrer opponiert. Es ist also verfehlt, bei einer Sachbeschädigung oder einem Diebstahl die ganze Klasse zu bestrafen in der Hoffnung, daß sich der Schuldige selbst meldet oder daß die Klasse ihn zur Meldung auffordert oder daß sie ihn ›verpetzt‹.

Andererseits gibt es auch Fälle, die eine Kollektivstrafe rechtfertigen. Wenn z. B. eine ganze Klasse beim Umkleiden nach dem Turnunterricht trotz mehrfacher Ermahnung ›bummelt‹ und in den folgenden Unterricht zu spät kommt, dann wäre es denkbar, daß die ganze Klasse den ausgefallenen Unterricht nachholen muß. Angebrachter wäre es in diesem Falle allerdings, daß die beteiligten Lehrer »Vor-Ordnungen« treffen und vereinbaren, die Turnstunde fünf Minuten früher zu schließen und die folgende Stunde fünf Minuten später zu beginnen. Ähnliches gilt für Situationen wie: Wenn auf einem Lerngang einige Schüler sich so vorbeibenehmen, daß die ordnungsgemäße Durchführung gefährdet ist, dann muß die ganze Klasse auf den Lerngang verzichten.

In den meisten Fällen ist jedoch die Kollektivstrafe eine ungerechte Strafart. Sie erfüllt im allgemeinen nicht die Vorbedingungen des verantwortlichen Strafens bzw. Disziplinierens.

Zu 7.: Inwieweit kann der Lehrer Strafmaßnahmen »vorausdenken«?

Wir sagten: Der Lehrer muß bei Disziplinschwierigkeiten während des Unterrichts handeln; es bleibt ihm keine oder wenig Zeit zum Überlegen. Wir kennen aber zahlreiche Disziplinvergehen, die regelmäßig wiederkehren und die man infolgedessen voraus-bedenken kann. Hierunter fällt das Zuspätkommen einzelner oder der ganzen Klasse, die zahlreichen »Vergeßlichkeiten«, das Nachäffen von Lehrereigentümlichkeiten, das Dazwischenreden, nicht erledigte Hausaufgaben u.a.m.

Nehmen wir an, eine Hauptschulklasse provoziert einen Fachlehrer durch Ausstreuen von Niespulver. Der Lehrer spürt sehr bald das Kribbeln in der Nase. Das kennt er schon: Niespulver! Kurz darauf muß er wie auch einige Schüler kräftig niesen. Die Klasse lacht. Der Lehrer überprüft rasch die folgenden Überlegungen, die er schon früher aufgrund ähnlicher Vorfälle oder aufgrund des Hörensagens angestellt hat:

1. die Klasse ausschimpfen, die Rädelsführer feststellen;
2. Fenster öffnen und, ohne auf das Vorkommnis einzugehen, weiter unterrichten;
3. Fenster öffnen, mitspielen und humorvoll zur Klasse sagen: Da habt ihr euch ja wieder etwas Schönes ausgedacht. Wie oft macht ihr das eigentlich im Jahr? Das nächste Mal warnt ihr mich am besten vorher. Da bleibe ich draußen und lasse euch im Niespulver sitzen.
4. Fenster öffnen, mit der Klasse auf den Hof gehen, bis die Luft in der Klasse sauber ist, und die Stunde an einem freien Nachmittag nach vorhergehender Benachrichtigung der Eltern nachholen.[5]

Die erste Möglichkeit sollte der Lehrer ausschließen, und zwar deshalb, weil er der Klasse eine Freude machen würde, wenn er nachforscht und die Rädelsführer doch nicht feststellt. Außerdem würde Unterrichtszeit ausfallen. Die anderen Möglichkeiten sind danach zu beurteilen, welches Verhältnis zwischen Klasse und Lehrer besteht. Ist es gut bis normal, empfiehlt sich die Maßnahme 3; ist es ›abgekühlt‹, wird man zu der Maßnahme 2 oder 4 greifen. Ein Lehrer sollte also bei Disziplinkonflikten nach Möglichkeit nicht einfach ›reagieren‹, sondern sich aufgrund eigener oder anderer Erfahrungen originelle Lösungen überlegen. Das wird den Kontakt zur Klasse stärken und das Vertrauen vertiefen.[6]

Arbeitsaufgaben:

1. Aufgrund der Fehlbarkeit des Menschen sind Strafen in der Erziehung nicht zu vermeiden. Die Frage ist, wie man straft. Hierfür wird u. a. die Theorie der »natürlichen Strafe« angeboten. Erarbeiten Sie einige Beispiele, in denen die natürliche Strafe anwendbar ist. Denken Sie dabei u. a. an das Zuspätkommen, an das Versäumnis bezüglich der Hausaufgaben, an Sachbeschädigung u. ä. Machen Sie sich die Lösung aber nicht zu einfach, sondern überlegen Sie sich »originelle« Lösungen! Denken Sie auch über die Grenzen der »natürlichen Strafe« nach.

---

[5] Vgl. u. a. E. Züghardt, Diszplinkonflikte in der Schule. Originale und produktive Lösungsversuche von Erziehungsschwierigkeiten bei Schülern im Pubertätsalter, 4. Aufl., Hannover 1970.
[6] Vgl. Anm. 5, S. 73.

2. Harte Strafen sind als ultima ratio nicht auszuschließen, um Sach- und persönlichen Schaden zu vermeiden. Versuchen Sie, einem Kommilitonen/Kollegen, der dem Prinzip der straffreien Erziehung nahesteht, anhand von Beispielen deutlich zu machen, warum und in welchen Fällen harte Strafen, auch zur Abschreckung, nicht zu umgehen sind.
3. Im Verlauf eines Elternabends wird von einem Vater die Forderung an den Lehrer (warum nicht auch an die Lehrerin?) gestellt, er solle seinem Jungen einmal eine tüchtige Ohrfeige geben oder ihm ein paar überziehen, wenn er das Schwatzen im Unterricht nicht sein lasse. Stellen Sie die pädagogischen und medizinischen Gründe zusammen, die den Vater davon überzeugen, daß Sie dieser Aufforderung nicht nachkommen können.

Kommentierte Literaturhinweise:

Cloer, E.: Disziplinieren und Erziehen – Das Disziplinproblem in pädagogisch-anthropologischer Sicht, Bad Heilbrunn 1982 und
–: Disziplinkonflikte in Erziehung und Schule (Klinkhardts Pädagogische Quellentexte), Bad Heilbrunn 1981

»Das Schlimmste in der Hauptschule sind die Disziplinschwierigkeiten.« Sie bilden für die meisten Lehrer das größte Belastungsproblem. Beide Schriften wollen dem Lehrer helfen, im Unterricht auftretende Störungen und Verhaltensabweichungen zu verstehen, und ihm zeigen, wie er sie mit seinen Mitteln lösen kann. Während die erste Schrift vornehmlich den Fragen nachgeht »Was ist Disziplin? Welche Barrieren verhindern Disziplin?« und »Welche Lösungen bieten sich an?«, enthält die zweite Schrift 14 wichtige Basistexte zum Disziplinproblem aus den Jahren 1972-1980. Beide Schriften enthalten u. a. auch eine Reihe von Fallbeispielen, für die alternative Lösungsmöglichkeiten durchdacht werden, sowie Ausführungen darüber, wie man Unterrichtsstörungen diagnostizieren und therapieren kann.

Geissler, E. E.: Erziehungsmittel, 6. durchges. Aufl., Bad Heilbrunn 1982

Erziehung soll einen jungen Menschen unter Beachtung gültiger Maximen handlungsfähig machen; sie soll dafür sorgen, daß der junge Mensch Selbständigkeit gewinnt. In Verfolgung dieser Aufgabe muß der Erzieher »Erziehungsmittel« einsetzen: er muß bestätigen und ermutigen, auch erinnern, ermahnen und tadeln, aber auch strafen. Diese »Mittel« verwendet der Erzieher innerhalb eines »verhältnismäßig großen Entscheidungsfreiraumes«. Sie unterliegen seiner pädagogischen Verantwortung. G. will durch Analyse zahlreicher Beispiele aus pädagogischen Alltagssituationen dazu beitragen, dem Erzieher Hilfen zur Bewältigung von Erziehungssituationen zu geben. In diesem Sinne vermittelt er »theoriereflektierte Praxisanleitungen« für Eltern und Erzieher. Das Buch gibt über die »Mittel«, die in der Erziehung immer wieder zur Anwendung kommen – eben über die »Erziehungsmittel« – einen außergewöhnlich guten Ein- und Überblick.

Fellsches, J.: Disziplin, Konflikt und Gewalt in der Schule. Systematische Analyse und schulpraktische Folgerungen, Heidelberg 1978

F. gibt Orientierungshilfen für die Disziplinbewältigung in der Schule. Er geht von der bekannten, aber nicht immer anerkannten Tatsache aus, daß die Schule in der Regel eine nahezu »totale Institution« ist, in der der gesamte Ablauf ›von oben‹ geregelt und in der den Schülern kaum Mitbestimmung gegeben wird. Schule zeichnet sich also »durch einen hohen Grad an Repressivität, Rigidität und Kontrolle« aus. Die »institutionellen Zwänge« der Schule wie die Forderung nach Erfüllung (oft nicht einsehbarer) Leistungen, die Zensuren, das Sitzenbleiben usw. lösen bei Schülern »Gegengewalt« aus. Die Schüler protestieren, stören, sind frech ... Diese Situation erfordert zur Aufrechterhaltung der Ordnung Disziplinmaßnahmen. F. bietet hierfür pädagogische Hilfen an, die zur Überwindung von Undiszipliniertheit, Konflikt und Gewalt beizutragen vermögen. U. a. werden empfohlen: Verhaltensmodifikationen wie die Veränderung der Aufmerksamkeit, der Motivation, des sozialen Lernens; weiter das Lehrertraining sowie kritisch-produktive Ansätze zur Veränderung des Unterrichts. Eine umfangreiche, nach Problemkomplexen geordnete Bibliographie beschließt die praxisorientierten Ausführungen.

Reble, A. (Hrsg.): Das Strafproblem in Beispielen (Klinkhardts Pädagogische Quellentexte), 4. Aufl., Bad Heilbrunn 1980

Der »Quellentext« enthält 16 Beiträge von Rousseau über Thomas Mann, Georg Kerschensteiner, H. Hesse, H. Zulliger bis zur unmittelbaren Gegenwart. In allen Arbeiten steht die Straffälligkeit und ihre Lösung – also die Praxis – im Vordergrund. U. a. sind dort auch die beiden »Fälle« vollständig wiedergegeben, die in den vorstehenden Ausführungen mit verarbeitet worden sind, nämlich die Beispiele von A. S. Makarenko und W. Eckel.

Scheibe, W.: Die Strafe als Problem der Erziehung – eine historische und systematisch pädagogische Untersuchung, Weinheim a.d.B. 1967

Der Verfasser geht in der umfangreichen Untersuchung dem Strafdenken und der Strafpraxis vom Altertum bis zur Gegenwart nach. Er zeigt, wie bedeutende Pädagogen u. a. A. H. Francke, Rousseau, Pestalozzi, Schleiermacher und pädagogische Bewegungen wie die Reformpädagogik des 20. Jahrhunderts die Strafe eingeschätzt haben. Die dabei gewonnenen grundsätzlichen Erkenntnisse zum Strafproblem werden dann zu einer Theorie der Strafe zusammengefaßt, die unserer Zeit und unseren Anschauungen entspricht.

Thema 6

Ist die Begabung eines Menschen festgelegter Erbteil oder kann man Kinder »mit Gaben versehen«, also ›be-gaben‹? – Von den Lernvoraussetzungen – ein Problem aus der »Pädagogischen Psychologie«

Einführung:
Dürfen nur solche Schüler eine weiterführende Schule besuchen, die eine erkennbare gute Begabung ›besitzen‹, oder kann man die ›gute‹ Begabung auch ›erlernen‹?

Im Verlauf einer Diskussion über die Voraussetzungen des Schulerfolgs in weiterführenden Schulen wies ein Lehrer die Eltern seiner Viertkläßler mit Nachdruck darauf hin, daß ein Kind »gut begabt« sein müsse, wenn es auf das Gymnasium übergehen und dort die gestellten Anforderungen erfüllen soll. Sofern die höhere »Begabung« fehle, wären Mißerfolgserlebnisse nicht auszuschließen. Ein Versagen gegenüber den gestellten Anforderungen könne dazu führen, daß das Kind zur Realschule oder sogar (!) zur Hauptschule zurückverwiesen werde. Dieser Ansicht gegenüber vertreten Eltern aufgrund eigener Erfahrungen und auch vom Hörensagen her die Meinung, daß auch Kinder mit ›mittlerer‹ Begabung das Gymnasium ›schaffen‹, während Kinder, die in der Grundschule sehr gute Erfolge haben und nur Einsen nach Hause bringen, auf dem Gymnasium auch scheitern können.

Eine Mutter berichtete von hochbegabten Schulversagern: Albert Einstein, der die Relativitätstheorie entwickelt habe und dessen geniale Begabung unumstritten sei, habe als Kind wegen unzureichender Leistungen das Gymnasium verlassen müssen. Das gleiche Schicksal sei auch dem Begründer der Organischen Chemie, Justus Liebig, widerfahren, der mit 21 Jahren Professor in Gießen gewesen sei, sieben Jahre zuvor aber aufgrund zu geringer Leistungen aus dem Gymnasium habe ausscheiden müssen. Das alles zeige, daß Kinder trotz einer guten Begabung in der Schule nicht immer die Anforderungen erfüllen, die von ihnen verlangt werden. Warum könne nicht auch umgekehrt ein Schüler, der zunächst gering begabt erscheint, Erfolge auf dem Gymnasium haben? Letztlich käme es doch auf die Intelligenz der Kinder an, und diese lasse sich erlernen. Einige Eltern verwiesen in diesem Zusammenhang auf Bücher, die Anleitungen zur Entwicklung und zur Steigerung der geistigen Fähigkeiten und der Intelligenz geben. Die Begabung sei nach neueren Erkenntnissen das Ergebnis des Lernens und nicht ein Erbe, das einem Kinde in die Wiege gelegt werde, betonte abschließend ein Vater und wandte sich damit gegen die eingangs erwähnte Behauptung des Lehrers, derzufolge ein Schüler ›gut begabt‹ sein müsse, wenn er das Gymnasium ohne Schwierigkeiten durchlaufen wolle.

In dem kurz skizzierten Gespräch werden zwei Ansichten über die Begabung vertreten: *Einmal* wird behauptet, daß ein Kind von vornherein ›gut begabt‹ sein müsse, um eine gute schulische Leistung zu vollbringen, nämlich – wie in unserem Beispiel – die Anforderungen für das Gymnasium zu erfüllen. Verallgemeinert heißt das: Hohe Leistungsforderungen setzen eine hohe Begabung voraus; und das Kind ›besitzt‹ sie bereits, wenn es geboren wird. *Zum anderen* wird betont, daß die Begabung geschult und ausgebildet werden könne, um eine bestimmte Aufgabe zu bewältigen. Begabung kann also erlernt und trainiert werden, man müsse ›methodisch‹ nur richtig vorgehen.

Beide Standpunkte, nämlich daß die Begabung entweder anlagebedingt *oder* umweltbedingt ist, stehen sich seit alters her bis in die Gegenwart hinein offensichtlich unvereinbar gegenüber. Die *eine Seite* beharrt auf dem Standpunkt: Begabung ist ebenso wie die Augen- oder die Haarfarbe oder die Körpergröße erblich bedingt; der Mensch ist durch seine Erbdispositionen auch im geistigen Bereich weitgehend ›programmiert‹. Die *andere Seite* nimmt die Gegenposition ein und behauptet, daß die Begabung ein Ergebnis der Umwelt und daher ›machbar‹ sei, u. a. durch intensives Lernen. Die soziale Umwelt entscheide darüber, ob ein Kind Begabungen zeigt, und welcher Art sie sind. Die Lösung dieser Frage wird noch dadurch erschwert, daß für das gleiche Phänomen, nämlich für die Begabung, auch andere Begriffe gleichsinnig verwendet werden wie »Intelligenz«, »Fähigkeit« oder »Leistung«. Wir werden diese Begriffe mit klären und vom Begabungsbegriff abheben müssen.

Die gegensätzlichen Auffassungen machen deutlich, daß die strittige Frage trotz einer umfassenden internationalen Begabungsforschung bisher nicht eindeutig geklärt werden konnte. Wir können hier nicht auf alle Details des Begabungsproblems eingehen, sondern beschränken uns darauf, in erster Linie die in der Überschrift gestellte Frage zu beantworten. Zuerst müssen wir allerdings klären, was man unter Begabung und dem oft sinnverwandt benutzten Begriff »Intelligenz« versteht (1.). Dann folgt 2. die Behandlung des Hauptthemas, nämlich ob die Begabung durch das Erbe festgelegt oder ob sie lehr- und erlernbar ist. Daran anschließend werden wir 3. einige Vorstellungen über den Aufbau der Begabung nachtragen, um dann 4. den »wahren Sinn des Be-gabens« zu erörtern und damit das Be-gaben als eine Aufgabe des Unterrichts zu betrachten. Unter 5. greifen wir das Grundproblem noch einmal auf und beziehen die Frage nach dem Verhältnis von Erziehung und Reifeprozeß mit ein.

Zu 1.: Was versteht man unter »Begabung«?

Wir lösen diese Frage auf zwei Wegen: 1. Wir stellen uns Menschen oder Schüler vor, die andere als »begabt« oder als »unbegabt« bezeichnen und überlegen, was damit gemeint ist. 2. Wir untersuchen dann den Begriff der »Begabung« auf seine Wortbedeutung hin und werten die gewonnenen Einsichten auf unsere Hauptfragestellung hin aus.

1. Begabung ist die Grundlage für Leistungen

Im allgemeinen bezeichnet man einen Menschen als »begabt«, wenn er z. B. schnell auffaßt, sich leicht etwas aneignet, es selbständig weiterverarbeitet und dadurch gute Leistungen auf einem oder mehreren Gebieten vollbringt. Wir sagen: Ein Schüler/ein Mensch ist begabt für handwerkliche Tätigkeiten und/oder für technisches Konstruieren und/oder für Mathematik und/oder für Musik und/oder für organisatorische und/oder kaufmännische Aufgaben und/oder für sozialen Umgang und/oder für Sprachen, für Hundezucht, für Malen, für Operieren, für Hauswirtschaft, für Gartenarbeit usw. usw., und er hat Erfolge auf einem oder mehreren dieser Gebiete.

Statt »Begabungen haben« oder entwickeln, können wir auch sagen: Der Mensch hat »Fähigkeiten«, oder er entwickelt sie. Die Begabungen oder Fähigkeiten kann man nicht ›sehen‹ oder ›anschauen‹. Sie sind ein »Konstrukt«, d. h. eine »geistige Vorstellung«, die eigens zu dem Zwecke ›konstruiert‹ worden ist, damit wir uns die Grundlagen dessen begreiflich machen können, die das Ergebnis einer Begabung sind, nämlich die Leistungen. Der Begriff »Begabung« weist also lediglich auf die im Menschen vorhandenen oder erworbenen Bereitschaften und auf die Prozesse hin, die eine Leistung konstituieren.

Mit dem Begriff »Begabung« wird in der Regel
eine positive Wertung verbunden

Die Leistungen, die aufgrund von Begabungen erbracht werden, können überragend oder gut oder mittelmäßig sein. Wenn jemand nur geringe Leistungen aufweist, bezeichnet man ihn im allgemeinen nicht als begabt. Das gilt zumindest für die umgangssprachliche Verwendung des Begriffs. Aber auch in der Pädagogik benutzt man den Begriff wertend: dieser Schüler ist hochbegabt, jener aber ›nur‹ mittelmäßig oder überhaupt nicht begabt, also unbegabt. Mit solchen Wertungen sind eine ganze Reihe von Problemen verbunden. Wir weisen auf einige hin, indem wir Fragen stellen: Unter welchen Voraussetzungen bezeichnet man z. B. einen Schüler als »hochbegabt«? Bezieht sich diese Aussage auf ein Fachgebiet oder auf alle Fächer, die die Schule lehrt? Gilt sie auch für Bereiche, die nichts mit der Schule zu tun haben? Weiter: Gibt es tatsächlich ›nicht begabte‹, also unbegabte Schüler, oder sprechen diese Schüler lediglich auf Schulfächer nicht an, die letztlich aufgrund historischer Überlieferungen in den Lehrplan der Schule aufgenommen worden sind, auf anderen Gebieten aber leisten sie mindestens Durchschnittliches? Die Anekdote von dem Schulrat, der mit dem Pkw zu einer Lehrerprüfung unterwegs ist, aber am Ortseingang aufgrund eines Motorschadens stehenbleibt und vom Klassenletzten fachkundige Hilfe erhält, stimmt zumindest nachdenklich. Auf die Frage nämlich, warum der Junge nicht in der Schule sei, kommt die Antwort: »Der Lehrer hat mich nach Hause geschickt, weil heute der Schulrat kommt, und ich die Klasse wegen meiner schlechten Leistungen nicht blamieren soll.«

Schul-Begabung muß nicht identisch mit
Berufs- oder Lebens-Begabung sein

Die ›Geschichte‹ macht deutlich, daß es Schüler gibt, die auf einem Gebiet oder auf mehreren oder auch auf allen Gebieten in der Schule versagen, während sie sich außerhalb der Schule, also auf nicht-schulischen Gebieten, als leistungsfähig erweisen. Die außer-schulische Leistungsfähigkeit deutet aber auf das Vorhandensein von Begabungen hin. Mancher Lehrer ist erstaunt, wenn er hört, daß einer seiner Schüler zu Hause Radioapparate oder Fernsehgeräte aus der Nachbarschaft repariert, während der gleiche Schüler in Physik nur »Fünfen« schreibt, oder daß die Schülerin Susanne am Nachmittag Kleinkinder betreut und dafür viel Lob erhält, am Vormittag aber teilnahmslos im Unterricht sitzt. Solche und ähnliche Erfahrungen zeigen, daß die Fähigkeiten weit gestreut sein können und sich nicht mit *den* Begabungen decken müssen, die in der Schule gefordert werden, dort ›angesehen‹ sind und benotet werden. Wenn wir also sagen, ein Mensch ist »begabt für etwas«, meinen wir, daß dieser Mensch die Voraussetzungen besitzt oder entwickelt, auf einem Gebiet oder auf mehreren Gebieten mindestens befriedigende Leistungen zu erbringen.

2. Begabungen sind Bei-Gaben des Menschen

Das Wort »Begabung« enthält den Stamm »gab«; er verweist uns auf »Gabe«. »Begabung« meint hiernach also, daß dem Menschen »Gaben« ›gegeben‹ sind oder genauer: ›bei-gegeben‹ sind, wenn man die Vorsilbe ›be-‹ = »bei« mit einbezieht. Auch Tiere ›besitzen‹ Gaben, z. B. die Gaben des Jagens, des Fliegens, des Schleichens, des Rufens und Lockens, des Zwitscherns und Gackerns usw. Sie gehören zum ›Naturhaushalt‹ der jeweiligen Art, also zum Instinktbereich. Mit ihrer Hilfe ›lebt‹ jede Tierart ihr artgemäßes Leben. Der instinktreduzierte Mensch benötigt demgegenüber »Bei-Gaben«, die – so kann man deutend sagen

– der Natur des Menschen »bei-gegeben« sind. Der Mensch bedarf dieser »Beigaben«, damit er sein Leben als ›Kulturwesen‹ selbstdenkend und -handelnd ›führen‹ und die Natur und sich selbst ›bearbeiten‹ kann (vgl. Thema 1).

Die »Gaben« sind dem Sinne nach »Geschenke«. »Mit einer Gabe versehen« heißt im Mittelalter: den Betreffenden mit einem Geschenk ausstatten. Deutlicher noch kommt dieser Sinn im Zeitwort »begaben« zum Ausdruck. »Begaben« meint im Mittelhochdeutschen »beschenken«, z. B. »der könig ... will al sein fremd gest begaben«, also beschenken. »Begaben« wird vor allem auch im Zusammenhang mit den Gnadengaben gebraucht, mit denen Gott die Menschen ausgestattet oder beschenkt hat und die er ihnen weiterhin verleiht. Erst später erhält »begaben« ganz allgemein die Bedeutung von »ausstatten mit *Geistes*gaben«. Man spricht von einem »begabten kopf«, von einem »hoch begabten mann«.[1]

Aus den bisherigen Überlegungen ergeben sich zwei wichtige Erkenntnisse im Hinblick auf die Begabung:

1. Jeder Mensch hat »Gaben für etwas« oder »Bei-Gaben«, die ihn befähigen, sein Leben zu gestalten und Leistungen zu vollbringen. Die Begabungen bilden die Voraussetzungen für entsprechende Leistungen. Sie können weit gespannt, also vielseitig, oder eng und einseitig sein. Im ersten Falle sprechen wir von einem allgemein begabten Menschen, im zweiten Falle von einem speziell oder einseitig begabten. Außerdem zeigen die Begabungen unterschiedliche Grade der Ausprägung. Was dem einen sozusagen ›von der Hand geht‹, bereitet dem anderen große Schwierigkeiten. Wir unterscheiden also zwischen der Qualität der Begabung und ihrer Quantität, d. h., die Inhalte der Begabungen können ein unterschiedliches Niveau oder verschiedene Höhengrade haben; sie können niedrig, mittel oder hoch sein.

2. Die »Bei-Gaben« – oder kurz: die Begabungen – sind existenz-bedeutsam für die Lebensbewältigung. Die Wortbedeutung sagt aber nicht *eindeutig*, ob die »Gaben« (= Geschenke) dem Menschen in die Wiege gelegt worden sind, folglich als Anlagen oder angeborenes Erbe vorhanden sind, oder ob sie den Menschen erst im Laufe der Entwicklung »beigegeben« werden. Im ersten Falle wären die »Gaben« von der Natur oder – religiös gesprochen – von Gott ›verliehen‹; im zweiten Falle wird der Mensch von der Umwelt oder durch die Erziehung damit ausgestattet, d. h., er wird von außen be-gabt = beschenkt. Das schließt die eigene Anstrengung nicht aus. Die Grundbedeutung von Begabung läßt beide Interpretationen zu, wenngleich die Betonung auf der Natur-Mitgift oder dem göttlichen Geburts-Geschenk zu liegen scheint.

---

[1] Jakob und Wilhelm Grimm, Deutsches Wörterbuch, 1. Bd., Leipzig 1854, Spalte 1276/7.

Bevor wir die Frage entscheiden, nämlich ob die Begabung (als Sammelbe-griff der verschiedenen und unterschiedlichen Beigaben) erblich oder umwelt-bedingt ist, soll noch der Begriff der Intelligenz geklärt werden, denn er wird oft gleichbedeutend für Begabung verwendet.

Intelligenz ist der kognitive Faktor der Begabung

Die Begriffe Begabung und Intelligenz werden in der Literatur vielfach neben-einander und ohne deutliche Unterscheidung verwendet, so als ob sie austausch-bar wären. Es empfiehlt sich jedoch, die beiden Begriffe voneinander abzuhe-ben. Schon der Sprachgebrauch weist auf unterschiedliche Vorstellungen hin. Man spricht von einer mathematischen oder sprachlichen oder künstlerischen oder organisatorischen usw. Begabung, nicht jedoch von einer mathematischen, gleich gar nicht von einer künstlerischen oder organisatorischen Intelligenz. Wir dürfen jedoch davon ausgehen, daß für die mathematische Begabung, aber auch für alle anderen Begabungen und die sie auslösenden Leistungen die Intelligenz einen wesentlichen Beitrag leistet. Intelligenz heißt nach der ursprünglichen Wortbedeutung (von lat. intellegere) soviel wie »einsehen«, »verstehen«, »er-kennen«. In der Psychologie verwendet man den Begriff für die Fähigkeit, sinn-voll zu denken, vernünftig zu handeln und sich mit seiner Umwelt gezielt und produktiv auseinanderzusetzen. In diesem Sinne hat der Psychologe *W. Stern* (1871-1938) bereits 1912 die Intelligenz beschrieben als

»die allgemeine Fähigkeit, das Denken bewußt auf neue Forderungen einzustellen, die allge-meine geistige Anpassungsfähigkeit an neue Aufgaben und Bedingungen des Lebens.«[2]

Psychologen, die unserer Zeit näherstehen, wie *Jean Piaget* (1896-1980) oder *Hans Aebli* (1928-1992), deuten Intelligenz im Sinne der Gestaltpsychologie als die »Fähigkeit, Umwege zu beschreiten« oder als »zunehmende Systematisie-rung und zunehmende Beweglichkeit des Denkens«[3].

Unter Intelligenz versteht man also die »personale Fähigkeit« (W. Stern) oder die »Begabung«, die es ermöglicht, Beziehungen herzustellen, Zusammenhänge zu entdecken, neue Fragen aufzuwerfen und sie produktiv zu lösen. Intelligenz ist in diesem Sinne die Denk-Fähigkeit oder die Denk-Begabung oder der Denk-Faktor einer jeden Begabung. Anders gesagt: Jede Begabung ›enthält‹ kognitive Anteile. Hohe Musikalität erweist sich z. B. nicht nur in einer guten Ton- und Melodiewahrnehmung und -wiedergabe sowie im Beherrschen eines Instru-

---

[2] Hier zitiert nach: W. Stern, Die Intelligenz der Kinder und Jugendlichen und die Methode ihrer Untersuchung, Leipzig 1920, 4. Aufl. 1928.
[3] H. Aebli, Denken: Das Ordnen des Tuns, Bd. 1, Stuttgart 1980, S. 236.

ments. Dazu gehört auch die Gabe der Melodiegestaltung und Harmonik, also des Kombinierens von Tönen zu einer Melodie. Diese Fähigkeit setzt voraus, daß der So-Begabte ein Beziehungsgefüge zwischen den Tönen, Tonfolgen, der Harmonie und Rhythmik herstellen kann. Und dazu ist Intelligenz als Denkfaktor der Musikalität erforderlich. Intelligenz ist hiernach der engere, Begabung der umfassendere Begriff. Beide Begriffe sind komplexer Natur (s.w.u.); sie bringen nur unzureichend das zum Ausdruck, was damit gemeint ist. Beide Fähigkeiten dienen auf jeden Fall der Bewältigung *menschlichen Lebens*.[4]

>Intelligenz als Denkfaktor< finden wir übrigens schon bei den Tieren. Der >Werkzeuggebrauch< der Seeottern oder der Menschenaffen bilden nur zwei Beispiele. Tiere sind im Rahmen ihres Instinktbereichs durchaus >intelligent<. Den Begriff >begabt< würden wir in diesen Fällen nicht verwenden, weil er Kreativität und Flexibilität einschließt.[5]

Zu 2.: Ist die Begabung erb- oder umweltbedingt?

Auf diese Frage gibt es drei Antworten, denen Theorien oder Denkrichtungen zugrunde liegen. Vertreter der *ersten Richtung* behaupten, daß *der Mensch erblich determiniert* ist. Das gilt auch für die Begabung. Sie wird als eine Mitgift angesehen, die sich auf der Grundlage der Naturanlagen entfaltet. Diese Auffassung wird heute als »*statische Begabungstheorie*« bezeichnet.

Die *zweite Richtung* vertritt die Gegenposition, nämlich daß *die Mit- und Umwelt die Begabung des Menschen ausbildet*. Der Mensch wird also von außen durch Ansprache >be-gabt<, d. h. in erster Linie durch Erziehung, Unterricht und Lernen. Dieser Auffassung liegt die »*milieutheoretische Begabungstheorie*« zugrunde.

Zwischen den beiden Extrempositionen vermittelt eine *dritte Denkrichtung*: Sie *anerkennt einerseits die Erbanlagen* als Grundlage der Begabungen und der entsprechenden Leistungen, hält aber andererseits eine *Herausforderung und*

---

[4] Dagegen neuerdings Daniel Goleman »Emotionale Intelligenz« (1995), dt. München 1996. G. wehrt sich mit Recht dagegen, nur jenes »menschliche Spektrum von Wort- und Zahlfertigkeiten« auszubilden, auf die sich die Schule in der Regel konzentriert; er möchte das »Spektrum jener Fähigkeiten (entwickelt wissen), die (die Schüler) einmal wirklich brauchen«, nämlich »soziale Fähigkeiten« wie Verständnis für die anderen, Hingabe, Liebe u.ä.m. (50 ff.). Die Schule soll und darf sich also nicht nur am »kognitiven Modell« ausrichten, sie muß auch das Gefühlsleben ausbilden und »Emotionen in die Tat umsetzen«. Das ist nur in einem »Schul- und Unterrichtsleben« möglich (s. Thema 7). So bedeutsam der Ansatz von G. für das gesellschaftliche Zusammenleben und für die Erziehungsaufgaben in der Schule ist, – seine Begriffsbildung erscheint mir aufgrund der weitgehenden Übereinstimmung des Intelligenzbegriffs als kognitive Fähigkeit der Begabung problematisch. Emotionale, soziale oder intrapersonale Intelligenz ist in unserem Zusammenhang eine Begabung.
[5] D. R. Griffin, a.a.O., u. a. S. 152 ff.

Förderung der Begabungen durch die Umwelt, also durch Erziehung und Unterricht, für unerläßlich. Trotz des Erbes muß also der Mensch auch be-gabt werden. Dieser Standpunkt ist identisch mit der *»dynamischen Begabungstheorie«*.

1. Charakteristisch für die *statische Begabungstheorie* sind Aussagen wie:

Begabung ist »die Gesamtheit der erblich bedingten Fähigkeiten oder Leistungsdispositionen. Sie bildet die Voraussetzung für bestimmte Leistungen (Fertigkeiten) auf den verschiedensten Gebieten zum Beispiel des geistigen, künstlerischen, praktisch-technischen Lebens ...«[6]

»Beweis«-Material: Zwillingsuntersuchungen

Als Beleg für diese Auffassung sind in den ersten Jahrzehnten unseres Jahrhunderts vor allem die Ergebnisse der *Zwillingsforschung* angeführt worden. U. a. berichtet *F. Reinöhl* über eineiige Zwillingsbrüder, die sich in ihren Begabungen und Leistungen völlig gleichen. Die Brüder legten 1937 die Reifeprüfung ab »und haben in jeder Hinsicht dieselben Zeugnisse bekommen«. Daraus zieht Reinöhl den Schluß:

»Wie man sieht, stimmen sie nach allen Richtungen der intellektuellen Begabung überein; ein Beweis für die Erblichkeit dieser Züge im einzelnen.«[7]

Es wird übersehen, ja, verneint, daß das Zusammenleben in der gleichen Familie, also in ein- und demselben Anregungsmilieu, das Begabungsgefüge ebenfalls mit ausbildet und formt.

Die Familie Kallikak als »Beweis« für die Vererbung geistiger Anlagen

Zum Beweis für die Vererbung geistiger Anlagen und damit der Begabung wird häufig die Studie von *H. H. Goddard* über die »Familie Kallikak« herangezogen (dt. 1914). »Kallikak« ist der Deckname einer Großfamilie, die aus der Verbindung eines Mannes mit zwei Frauen hervorgegangen ist, und zwar mit einer schwachsinnigen, degenerierten Frau und mit einer als normal anzusprechenden Frau. Goddard hat die Familie über sechs Generationen lang verfolgt und die Ergebnisse seiner Untersuchungen so zusammengefaßt:

»Die Familie Kallikak bietet ein natürliches Erblichkeits-Experiment ... Wir finden auf der guten Seite der Familie hervorragende Leute in allen Lebensstellungen. Nahezu alle 496 Deszendenten sind Land- oder Hausbesitzer. Auf der schlechten Seite finden wir Arme, Verbre-

---

[6] W. Hehlmann, Wörterbuch der Pädagogik, Stuttgart 1941, S. 30.
[7] F. Reinöhl, Die Vererbung der geistigen Begabung, 1937, S. 134.

cher, Prostituierte, Trinker, Beispiele aller Formen sozialen Elends, mit denen die moderne Gesellschaft belastet ist. Daraus schließen wir, daß der Schwachsinn in weitem Umfange für diese sozialen Schäden verantwortlich zu machen ist. Schwachsinn ist vererblich und wird ebenso sicher wie irgend eine andere Eigenschaft übertragen.«[8]

Wichtig ist vor allem der letzte Satz: »... wie irgend eine andere Eigenschaft ...«. Jede geistige Eigenschaft – also auch die Begabung – ist erblich determiniert. In den 70er Jahren neigt *L. Schenk-Danzinger* dieser Theorie zu. Sie definiert Begabung als »anlagemäßig vorgegebene Leistungsdisposition«, ohne allerdings mit der gleichen Entschiedenheit das Erbe als einzige Grundlage der Begabung anzunehmen wie in den vorher aufgeführten Beispielen.[9] Diese Auffassung kann den Erzieher und Lehrer dazu verleiten, seine Bemühungen um eine Förderung der Begabungen zu früh einzustellen und die vermeintlich engen Grenzen des Erbes nicht ›auszuloten‹.

2. Die *milieutheoretische Begabungstheorie* nimmt in ihrer extremen Ausprägung an, daß der Mensch ausschließlich durch die Mit- und Umwelt geformt wird. Der Mensch ist offen für alle Einflüsse, die ihm begegnen. Was aus einem Kind wird, welche Begabungen es ausbildet und welche Höhe die Begabungen erreichen, hängt von der Umwelt im psychologischen und soziologischen Sinne ab – Erziehung und Unterrichtung eingeschlossen. Begabung wird also ›von außen‹ in den Menschen ›hineingelegt‹; sie ist erlernbar, oder anders gesagt: der Mensch ist durch die Umwelt ›be-gabbar‹.

Das Verhalten des Menschen und seine
Begabungen sind unbegrenzt steuerbar

In dieser ausschließlichen Form ist der milieutheoretische Standpunkt von der Entstehung der Begabungen und ihrer unbeschränkten Bildbarkeit selten vertreten worden. In der Regel handelt es sich um eine Gewichtung zugunsten der Umweltprägung. Sie steht im Zusammenhang mit Vorstellungen von der Allmacht der Erziehung – entweder durch belehrende Maßnahmen und/oder milieubedingte Einflüsse. Da Erziehung auf das Seelisch-Geistige einwirkt und den ganzen Menschen ›bildet‹, ihn also als Ganzheit ›erzieht‹, schließt der Prozeß folglich auch das Be-gaben mit ein, und zwar von den Anfängen bis hin zur Ausformung von Begabungen.

In diesem Sinne behauptet *John Locke* (1632-1704) in seinen »Gedanken über Erziehung« (1692)[10],

---

[8] H. H. Goddard, The Kallikak family, 1913, dt. Langensalza 1914, S. 72/3.
[9] Vgl. Handbuch der Psychologie, hrsg. v. K. Gottschaldt u. a., 1959 ff., Bd. 3, S. 358.
[10] J. Locke, Gedanken über Erziehung (1692), neu hrsg. von H. Wohlers (Klinkhardts Pädagogische Quellentexte), 2. Aufl., Bad Heilbrunn 1966.

144

»daß von zehn Menschen, denen wir begegnen, neun das, was sie sind, gut oder böse, nützlich oder unnütz, durch ihre Erziehung sind. Sie ist es, welche die groben Unterschiede unter den Menschen schafft« (§ 21).

Erziehung geschieht vornehmlich dadurch, daß »gute Grundsätze und gefestigte Gewohnheiten in (den) Geist (eines Kindes) eingepflanzt« werden (§ 10), also durch Belehrung und durch Gewöhnungsprozesse, die durch Übungen und Wiederholungen abgestützt werden. Wenn Locke andererseits darauf verweist, daß »Gott ... den Gemütern der Menschen (auch) bestimmte Charakterzüge aufgeprägt« (habe), die »schwerlich vollkommen geändert und in das Gegenteil umgebildet werden können« (§ 66), so zeigt das, daß die rein milieutheoretische Auffassung von der Erziehung hier wie auch anderswo nicht durchgehalten wird.

Das gilt u. a. auch für die Pädagogik *Joh. Fr. Herbarts* (1776-1841). Herbart will den Menschen ›Vorstellungskreise‹ oder – wie er sagt – »Gedankenkreise« ›einpflanzen‹, damit die Menschen die »richtige Form« gewinnen:

Der Mensch verfügt »in seinem geistigen Sein nicht wie die Pflanze und der Tierorganismus über eine feste Anlage. Er kann bloß verarbeiten, was er *empfängt*. Eben deswegen besteht die Erziehung nicht in bloßer Aufsicht und Wartung, die günstige Momente herbeiführen und ungünstige fernhalten. Der Mensch, der, *wie man will*, zum wilden Tier oder zur personifizierten Vernunft werden kann, der unaufhörlich geformt wird von den Umständen ... Dieser bedarf der Kunst, welche ihn erbaue, ihn *konstruiere*, damit er die rechte Form gewinne.«[11]

Wenn die Erziehung die »Unterschiede unter den Menschen schafft« (Locke) und den Menschen »konstruiert« (Herbart), dann bildet sie auch seine »Gaben« aus, und zwar selbst dann, wenn die genannten Pädagogen das Vorhandensein von »Anlagen« oder »Dispositionen« im Hinblick auf den Charakter und das Temperament nicht gänzlich leugnen.

Einen entschiedeneren Standpunkt zugunsten der Umwelt vertritt der *Behaviorismus*. Hierbei handelt es sich um eine in den USA entstandene Richtung der Psychologie. Sie ist um 1912 entstanden und geht davon aus, daß man das Verhalten des Menschen grundsätzlich steuern könne, und zwar mit Hilfe von Reiz und Reaktion. Eine Vererbung sog. »seelischer Eigenschaften« wird strikt abgelehnt. *J. B. Watson* (1878-1958), einer der Hauptvertreter dieser Richtung, erklärt unmißverständlich,

»daß es so etwas wie eine Vererbung von Fähigkeiten, Begabungen, Temperament, psychischer Konstitution und Merkmalen nicht gibt«[12]

---

[11] Zitat nach P. Petersen, Innere Schulreform und Neue Erziehung, Weimar 1925, S. 36.
[12] J. B. Watson, Behaviorismus (1925), hrsg. von C. F. Graumann, 1968, S. 115.

Sein milieutheoretischer Standpunkt gipfelt in dem Anerbieten:

»Gebt mir ein Dutzend gesunder, wohlgebildeter Kinder und meine eigene Umwelt, in der ich sie erziehe, und ich garantiere, daß ich jedes nach dem Zufall auswähle und es zu einem Spezialisten in irgendeinem Beruf erziehe, zum Arzt, Richter, Künstler, Kaufmann oder zum Bettler und Dieb, ohne Rücksicht auf seine Begabungen, Neigungen, Fähigkeiten, Anlagen und die Herkunft seiner Vorfahren.«[13]

Auf der Grundlage dieser Auffassung eröffnen sich für Erziehung und Unterrichtung ungeahnte Perspektiven. Man muß nur die richtige »erzieherische Technologie« entwickeln und anwenden – so der Harvard-Professor und Behaviorist *B. F. Skinner* (1904-1991) –, um »komplexe Verhaltensweisen mit beachtlicher Genauigkeit vorauszusagen und zu kontrollieren«, und zwar nicht nur für Ratten und Tauben, sondern ebenso für die Menschen.[14] Der pädagogische Optimismus, den diese Richtung vertritt, läßt einen anderen bekannten amerikanischen Behavioristen, *Jerome S. Bruner* (* 1915), hoffen, daß

»die Wirksamkeit der Kultur in der Erfüllung ihrer Aufgaben gegenüber dem Individuum aber wahrscheinlich einen Grad erreichen (wird), der alles übersteigt, was wir uns bis heute vorzustellen vermögen«.[15]

Aus diesem Zitat und den weiteren, hier nicht wiedergegebenen Ausführungen Bruners wird dreierlei deutlich: 1. Der menschliche Geist wird Höhen erklimmen, die bisher in das Reich der Utopie gehören. 2. Der Prozeß der Höherentwicklung beruht auf der »Wirksamkeit der Kultur« im menschlichen Geist, d. h. auf der Erziehung und Unterrichtung. 3. Der Kulturerwerb erfolgt über die Sinneseindrücke, die als re-aktive Vorgänge gedeutet werden.

Trainingsmethoden sollen die Begabungen
erhöhen und erweitern

Aufgrund dieser Voraussetzungen wird gefolgert: Erziehung als »Wirksamkeit der Kultur« ›geschieht‹ in re-aktiver Weise nach dem Reiz-Reaktions-Modell. D. h.: der Mensch wird von außen durch gezielte Kultur-›Reize‹ angesprochen, die vorausbestimmbare Reaktionen erzeugen. Nach diesem Modell soll/kann ein ›neuer‹ Mensch und eine bessere Gesellschaft ›erstellt‹ werden. In diesem Sinne beschreibt *B. F. Skinner* in dem Zukunftsroman »Futurum II« die Möglichkeiten und Verfahrensweisen einer radikalen Veränderung und damit einer Verbesserung des Menschen und der Gesellschaft: Das erfolgt durch »positive Verstär-

---

[13] Ebd., S. 123.
[14] F. Skinner, Futurum II (1948), S. 6.
[15] J. Bruner u. a., Studien zur kognitiven Entwicklung, Stuttgart 1971, S. 385.

kungen«, d. h. durch eine belohnende, nicht-strafende, umweltgerechte Steuerung oder anders gesagt: durch die Verhaltenstechnologie.

Auf diesem Prinzip beruhen auch die »langfristigen Trainingsmethoden«, mit deren Hilfe man in den USA und auch in der Bundesrepublik Deutschland vor allem Kindergarten- und Grundschulkinder ›trainiert‹ hat. Das Lernen erfolgt nach dem Grundmodell der Verhaltenstheorie, d. h., es wird durch äußere Reize (= Stimuli) und die dadurch hervorgerufenen Reaktionen (= Response) oder – wie man kurz sagt – durch das S-R-Modell gesteuert. Dazu muß ergänzend noch gesagt werden, daß nicht die Methode der »einfachen« Konditionierung[16], sondern die Methode der »operativen Konditionierung« verwendet wird. Menschliches Verhalten wird dadurch ›aufgebaut‹, indem nur jene Reaktionen registriert und verstärkt (= belohnt) werden, die in der gewünschten Zielrichtung liegen und die neue, weiterführende Entwicklungsimpulse zeigen. Da der Erzieher darüber entscheidet, was als ›vorwärtsweisendes Verhalten‹ anzusehen ist, und da er es durch entsprechende An-Reize grundsätzlich provozieren kann, ist er dazu verpflichtet, den ›mach-baren‹ und ›begabbaren‹ Menschen auf wünschenswerte Zukunftsziele hin auszurichten. Er muß nur die richtige Technologie kennen und benutzen. Dann werden die Kinder/Menschen klüger werden, folgerichtiger denken können und aufgrund ihrer ›besseren‹ Kenntnisse das gesellschaftliche Leben rational durchorganisieren. Auf diese Weise wird dann schließlich eine harmonische und glückliche Gesellschaft aufgebaut werden, wie sie u. a. Skinner in »Futurum II« beschreibt.[17]

Die Milieutheorie verhilft dem Erzieher zu einer optimistischen Einstellung

Das Fundament der – wie man auch sagt – »akzelerierenden Instruktion« (= beschleunigende Instruktion) bildet die Milieutheorie. Ihre Anhänger behaupten, daß der Mensch durch die Mit- und Umwelt formbar sei. Das bezeugen die hier angeführten Beispiele von der Antike bis zur Gegenwart. Diese ›Überzeugung‹ hat sich also immer wieder zu behaupten versucht. Das ist verständlich. Erziehung lebt vom Glauben an den Menschen und von der Möglichkeit seiner Besserung. Von daher gesehen haben die Entwürfe der milieutheoretischen Pädagogik eine günstigere Ausgangsposition für das pädagogische Denken als die eher

---

[16] Einfache Konditionierung heißt, Reaktionen herbeiführen durch bedingte Reflexe, also durch Dressur oder Gewöhnung wie z. B.: früh aufstehen und duschen, Zähneputzen – zu Bett gehen usw.

[17] Vgl. hierzu auch H. Lückert, Begabungsforschung und basale Bildungsförderung (1967), in: »Brennpunkte der Schulpädagogik« (Klinkhardts Pädagogische Quellentexte), hrsg. von Th. Dietrich u. F. J. Kaiser, Bad Heilbrunn 1975, S. 10.

pessimistischen Vorstellungen der anlagemäßigen Determiniertheit des Menschen.

3. Das *dynamische Begabungsverständnis* vermittelt zwischen den bisher aufgeführten extremen Positionen. Die Vertreter dieser Richtung gehen davon aus, daß ererbte Anlagen als Dispositionen – als angelegte Bereitschaften – für die Art und den Grad einer Leistung angenommen werden müssen, daß sie aber nur in enger Wechselwirkung mit der Umwelt zur Entfaltung gelangen. Eine Anlage darf also immer nur als Potenz oder als Energie betrachtet werden, die der Ansprache durch die Umwelt bedarf. Ohne eine solche ›Mithilfe‹ der Umwelt würde die vorhandene anlagemäßige Möglichkeit nicht Wirklichkeit werden können, d. h., sie würde entweder verkümmern oder sich nicht in dem Umfang ausprägen können, wie das für die Lebensleistung wünschenswert wäre. Die Verschränkung von Erbe und Umwelt läßt im Einzelfall keine Entscheidung darüber zu, was und wieviel im Verhalten und in der Leistung eines Menschen auf endogenen (= aus inneren, anlagebedingten Ursachen zu erklärenden) Bedingungen oder auf exogenen (= von außen erzeugten) Einflüssen beruht. Das hat für die Erziehung und den Unterricht zur Folge, daß Eltern und Erzieher einerseits ihre pädagogischen Bemühungen nicht vorzeitig abbrechen dürfen, andererseits müssen sie bedenken, daß stets die anlagemäßigen Voraussetzungen für die Begabungen zu beachten sind. Keine pädagogische Kunst oder Steuerungsmaßnahme (Methode) kann also aus einem wenig begabten Kind ein Genie machen, wie umgekehrt ein Genie aufgrund pädagogischen Versagens nicht verhindert werden kann.

Die Ergebnisse der Familien- und Zwillingsuntersuchungen bestätigen die dynamische Begabungstheorie

Die an sich »triviale Feststellung«, nämlich daß sich Erbe und Umwelt gegenseitig bedingen[18], stützt sich u. a. auf Forschungsergebnisse aus dem Bereich der *Familien und Zwillingsuntersuchungen*. Zwar beruft sich auch die statische Begabungstheorie auf diese Ergebnisse, sie werden aber dort anders gedeutet, nämlich daß ausschließlich das Erbpotential Art und Grad der Begabung bestimmen. Inzwischen hat man nachweisen können, daß für die Ausbildung der Begabungen zwar genetische Grundlagen ausschlaggebend sind, daß aber die Mitwirkung der Umwelt nicht übersehen werden darf.

---

[18] H. Ritter und W. Engel, Genetik und Begabung, in: H. Roth (Hrsg.), Begabung und Lernen, 2. Aufl., Stuttgart 1969 u. ö., S. 99.

Die *Familienuntersuchungen* zeigen eine hohe Korrelation[19] der geistigen Leistungen zwischen nahen Verwandten an, besonders zwischen den Eltern und ihren Nachkommen. Als Beispiel wird u. a. die Familie Bach angeführt. Es gilt als gesichert, daß die Söhne von *Johann Sebastian Bach* (1685-1750) ihre Leistungen auf dem Gebiet der Musik dem Erbgut verdanken. Dennoch darf man nicht übersehen, daß der Einfluß der Umgebung, also das Aufwachsen in einer Musikerfamilie, die Begabungsdispositionen angeregt und entfaltet hat. Ob ein musikalisch begabtes Mitglied der Bach-Familie hohe musikalische Leistungen ohne diese Anregungen und ohne ein zuchtvolles, unermüdliches Üben erbracht hätte, ist eine rein rhetorische Frage. Wir dürfen mit Sicherheit annehmen, daß aufgrund der anlagemäßig vorhandenen »musikalischen Energie« ein Durchbruch der »Gaben« erfolgt wäre – vielleicht nicht in der Ausprägung und in der Höhe der Leistungen wie bei Menschen, die von früh an zum Umgang mit der Musik angehalten werden. Auch andere Untersuchungen über Musiker- und Mathematikerfamilien, überhaupt Hochbegabtenfamilien, bestätigen die Bedeutung der genetischen Grundlagen; sie räumen aber ebenso den Umweltwirkungen eine gewichtige Rolle ein. Die Genetiker Ritter und Engel bestätigen diese Erkenntnis und schreiben,

»daß die Familienuntersuchungen zwar auf die Bedeutung der genetischen Grundlagen hinweisen, daß aber ebenso Umweltwirkungen gleichermaßen Gewicht für sich beanspruchen müssen. Einseitige Bewertungen und Interpretationen, etwa im Sinne einer völligen Abhängigkeit der Intelligenz vom Genotypus oder von Umweltwirkungen, sind weder mit den vorliegenden Daten vereinbar noch nach allen formalgenetischen und populationsgenetischen Überlegungen vertretbar«.[20]

Noch eindeutigere Ergebnisse als die Familienuntersuchungen und Stammbaumanalysen hat die *Zwillingsforschung* erbracht. Eindeutiger deshalb, weil die Untersuchungen exakter durchgeführt werden konnten und weil sie auf einem umfangreichen Material beruhen. Auch hier gilt, daß bei der Ausbildung von Begabung und Intelligenz die Anlagen eine wesentliche Rolle spielen, daß aber ebenso Umwelt und Erziehung mitwirken. Erwartungsgemäß weisen die eineiigen Zwillinge (EZ) eine größere Übereinstimmung in den Begabungs- und Intelligenzleistungen auf als zweieiige Zwillinge (ZZ). U. a. hat man festgestellt: EZ, die früh voneinander getrennt und in unterschiedlichen Umwelten aufwachsen, zeigen zwar Unterschiede hinsichtlich ihrer Begabungen und Leistungen, aber sie sind nicht so beträchtlich wie bei ZZ, und zwar gleichgültig, ob diese zusammen oder getrennt aufwachsen. Weiter: EZ mit extrem hoher oder niedriger Erbausstattung sind der Umwelt gegenüber stabiler als solche mit mittleren Erb-

---

[19] Korrelation = Wechselbeziehung, statistischer Zusammenhang zwischen zwei Merkmalen.
[20] Vgl. Anm. 16, 102.

ausstattungen. Das bedeutet, daß sich entweder einseitige Begabungsdispositionen durchsetzen oder daß die Umwelt so anregend oder so stabil ist, daß sich die Begabung ohne Schwierigkeiten entfalten kann. Demgegenüber hat die Umweltwirkung bei mittlerer Erbausstattung ein größeres Gewicht.

Zusammenfassend kann man sagen: Die Familien- und Zwillingsuntersuchungen[21] lassen nur den schon bekannten Schluß zu, nämlich daß sowohl das Erbgut als auch die Umwelt einschließlich der Erziehung ihre Bedeutung für die Ausbildung des Phänotypus haben; sie deuten auf eine gewisse Dominanz der Erbanlage hin. Unter »Phänotypus« versteht man den »Erscheinungstypus«, also das tatsächliche Erscheinungsbild eines Individuums oder den durch Erziehung und Milieubedingungen geprägten »Genotypus«, d. i. der »Erbtypus« als die Gesamtheit der latenten und manifesten Erbanlagen.

Das Verhältnis von Erbfaktoren und Umwelt
läßt sich nicht eindeutig bestimmen

Die erwähnten Untersuchungen weisen mit Nachdruck auf die Tatsache einer allgemeinen erblichen Grundlage der Begabung hin. Wie mächtig dieses Erbe ist, bleibt jedoch im Einzelfall unbestimmt. Die Genetiker schätzen die Wirkung der Erbfaktoren im Hinblick auf die Ausprägung der *Intelligenz* auf 60-80 %. Obwohl diese Quantifizierung umstritten ist – es gibt Genetiker, die der Erziehung ein etwas größeres Gewicht einräumen –, so läßt sich aus diesen Zahlenangaben dennoch folgendes ableiten: Es gibt Menschen, die mehr von ihren Erbdispositionen her bestimmt werden, und solche, die durch Erziehung wirkungsvoll beeinflußbar sind. Dabei muß man davon ausgehen, daß sich die psychischen Grundfunktionen wie das Temperament, das Empfinden, das Anschauen, Fühlen und Wollen von der Anlage her mehr durchsetzen als die kortikal bedingten Funktionen des Denkens und Auffassens. Auch dies deutet darauf hin, daß die Steuerung des Menschen durch die Gene aller Wahrscheinlichkeit nach größer ist, als sie durch die Erziehung und die kulturelle Umwelt möglich ist. Aber Erziehung und kulturelles Umwelt-»Be-gaben« sind notwendig, um die Begabungen oder Fähigkeiten als Gesamtheit der Leistungsanlagen zu Leistungsvollzügen auf den verschiedenen Kulturgebieten herauszufordern und auszubilden.

---

[21] Vgl. Anm. 14; dort auch die Arbeit von K. Gottschaldt, Begabung und Vererbung, S. 129-150; außerdem: H. J. Eysenck, Vererbung, Intelligenz und Erziehung, Stuttgart 1975.

Zu 3.: *Begabung als Dispositionsgefüge*

Der Aufbau einer Begabung ist differenziert
und komplex

Unsere bisherigen Ausführungen könnten den Eindruck erwecken, daß die
Grundlage für eine Begabung etwas ›Einfaches‹ ist, d. h., daß die Disposition
zum Beispiel für die musikalische oder die mathematische oder die künstlerische
oder die technische usw. Begabung und die von einer solchen Disposition ausgelösten Leistungen in einem Gen verankert sind, also in einer Erbanlage oder Erb-
einheit. Das ist eine falsche Vorstellung. Wenn man sich bewußt macht, daß der
Kern einer Keimzelle 23 Chromosomenpaare enthält, weiter: daß auf ihnen etwa
10 Millionen Gene als Erbträger gelagert sind, daß sich ein- und dasselbe Gen in
der Regel auf verschiedene Merkmale auswirkt und daß der Phänotypus
›Begabung‹ durch eine Vielzahl von Umweltfaktoren mitbestimmt wird, – dann
erkennt man die Differenziertheit und die Komplexheit, die dem Aufbau einer
Begabung zugrunde liegen. Eine Begabung beruht also nicht auf einem einzelnen
oder einem einzigen Grundlagenfaktor, sondern stets auf einem Faktorenkom-
plex. Wir sprachen daher schon mehrfach von der Begabung als einem *Disposi-
tionsgefüge.*

Intelligenz/Begabungen sind Faktorenbündel

Den gefügehaften und differenzierten Aufbau einer Begabung kann man am
Aufbau der Intelligenz verdeutlichen. Wir bezeichneten die Intelligenz als den
kognitiven Faktor der Begabung. Die Intelligenz selbst müssen wir uns aber
auch wieder als einen Faktorenbündel vorstellen. Dem amerikanischen Psychologen *J. P. Guilford* und seinen Mitarbeitern ist es gelungen, mit Hilfe einer Fak-
torenanalyse eine beträchtliche Anzahl intellektueller Faktoren nachzuweisen.
Allein für die Denkleistungen kommen mehr als 100 Einzelfaktoren in Frage,
u. a. Gedächtnisfaktoren, Denkfaktoren für erfassendes (kognitives), produktives
und bewertendes Denken, weiter: Wahrnehmungs- und Vorstellungsfaktoren,
Faktoren zum sprachlichen oder mathematischen Verstehen usw.
   Eine Begabung beruht aber nicht nur auf Intelligenzfaktoren, sondern auch auf
Kernfaktoren der Persönlichkeit wie Wille, Phantasie, Aufgeschlossenheit, Gefühl und vor allem auf den Interessen. Wenn z. B. die Durchhaltekraft (das
›Sitzfleisch‹) bei einem Menschen nicht oder nicht genügend entwickelt ist oder
wenn keine ausgeprägten Interessen vorhanden sind, dann können sich potentiel-
le Begabungen nicht durchsetzen, und sie finden kein Aufgaben- und Erpro-
bungsfeld.

Zusammenfassung: Was ist also »Begabung«?

Unter Begabung verstehen wir

die Gesamtheit der angeborenen Dispositionen (Fähigkeiten) für Leistungen, und zwar sowohl nach dem Inhalt als auch nach dem Höhengrad. Die den Leistungen zugrundeliegenden Begabungsanlagen oder Dispositionen bedürfen der Umwelt und der Erziehung, d. h. der sozio-kulturellen ›Ansprache‹ oder Herausforderung, um zur Ausbildung zu gelangen. Die volle Ausprägung der Begabungen wird durch gezielte Lehr- und Lernprozesse angetrieben und unterstützt. Daher kann man sagen: »Begabung ist ein Prozeß, bei dem sich unter Druck und Nötigung von innen und außen, in der Herausforderung durch Aufgabenfelder eine Leistungsstruktur organisiert und sich bei Dauerreizlagen ausformt und verfestigt.«[22]

Die Definition enthält den Ansatz für die pädagogisch wichtige Aufgabe des »Begabens«, und zwar in dem Sinn, daß das als plastisch verstandene Anlagengefüge unter bestimmten Bedingungen angeregt, ausgebildet und voll ausgeschöpft werden kann. Diesem Anliegen wollen wir uns abschließend zuwenden.

Zu 4.: Vom wahren Sinn und der Möglichkeit des Be-gabens

In den letzten drei Jahrzehnten haben behavioristisch eingestellte Lern- und Begabungstheoretiker eine große Verwirrung dadurch gestiftet, daß sie die Möglichkeiten des Be-gabens oder – wie man auch sagt – der kompensatorischen Bildungsförderung überschätzten. Sie haben die Lernfähigkeit des Menschen für absolut oder für nahezu absolut erklärt, und eine Anzahl von Pädagogen ist diesen Theorien gefolgt. Die erbbiologischen Erkenntnisse zeigen jedoch eindeutig, daß das »Be-gaben« im Sinne des ›Von-außen-Hineinlegens‹ der Gaben eine unrealistische Doktrin ist. Wir müssen vielmehr davon ausgehen, daß der Begabungsprozeß wechselseitig, also durch Anlage und Umwelt, bedingt ist, daß uns aber die Bedingungen im einzelnen unbekannt sind und daß wir sie vermutlich auch nie exakt werden bestimmen können. Unter diesen Voraussetzungen besteht für einen Erzieher und Lehrer geradezu die *Verpflichtung des Be-gabens.* Trotz des Wissens um die erblichen Grundlagen gehört es zur wichtigsten Aufgabe des Lehrers, *täglich erneut mit den Begabungen und an den Begabungen der Schüler zu arbeiten* und zu versuchen, sie inhaltlich zu erweitern, zu vertiefen und graduell zu erhöhen, und d. h., den ›grauen Zellen‹ durch altersentsprechendes Training neue Kräfte zuwachsen zu lassen. Der Lehrer hat in diesem Sinne gar keine andere Wahl, als seine Schüler zu »be-gaben«. Wir sind zur Begabungsförderung verpflichtet; sie ist in der demokratischen Leistungsgesell-

---

[22] O. Engelmayer, Pädagogische Psychologie für Schule und Unterricht, 6. Aufl., München 1974, S. 21.

schaft unabdingbar. Das heißt aber nicht, Hochbegabte in Eliteschulen und Schwachbegabte in Sonderschulen ›abzusondern‹. Ähnlich wie man Behinderte integriert, sollten auch Hoch- und Schwachbegabte mit den ›Normalen‹ zusammenarbeiten und in Kursen ihrer jeweiligen Begabung entsprechend gefördert werden. Die spezielle Förderung wirkt sich positiv auf das Ganze aus. Für das ›Be-gaben‹ sind u. a. folgende Maßnahmen bedeutsam:

1. Die Begabungen müssen in altersgemäßer Weise angesprochen werden

Verfrühungen im Bildungsprozeß müssen ebenso wie Verspätungen vermieden werden. Die »akzelerierende Instruktion«, d. h. die entwicklungsbeschleunigende Instruktion oder Lehre, auf die wir oben hingewiesen haben, hat sich als nachteilig für die Entwicklung erwiesen. Zahlreiche Schüler werden durch akzelerierende Maßnahmen unter ›Druck‹ gesetzt und gesundheitlich geschädigt; sie sind mit vorwiegend abstrakten Lerngegenständen wie dem frühen Lesen und der Mathematik konfrontiert worden, statt sie handelnd und aufgrund von eigenen Erfahrungen und Erlebnissen lernen zu lassen. Hierbei müssen jüngere Kinder an viele Gegenstände des Lebens und der Welt herangeführt werden und durch Begegnung und Bearbeitung zahlreicher Inhalte ihre Interessen- und Leistungsschwerpunkte ausprobieren dürfen; dabei und dadurch muß der Sprachgebrauch erweitert werden. Nur auf diese Weise wird eine vielseitige Ausbildung der Begabung ermöglicht. Auf dieser breiten Basis entwickeln sich mit zunehmendem Alter in der Regel speziellere Begabungen, also differenzierte Interessen und Fähigkeiten, die ebenfalls zu fördern sind.

2. Die schulischen Lernprozesse müssen wie die »natürlichen« Lernprozesse, die sozusagen ›beiläufig‹ ablaufen, das entdeckende und suchende Lernen bevorzugen

Das Lernen muß so angelegt sein, daß sich die produktive Lernfähigkeit sowie die Kreativität der Kinder entfalten kann. Das wird dadurch erreicht, daß die Lernprozesse ›offen‹ gestaltet werden, d. h, der Lehrer sollte vermeiden, ein Frage-Antwort-Spiel zu ›inszenieren‹ und das Lernen durch die Methode der »kleinen Schritte« zu regulieren. Vielmehr sollte der Lernprozeß mit einem Problem, einer Frage, einem ›etwas Infragestellen‹, einer Aufgabe, einer Beobachtung oder einer Erfahrung beginnen, zum Durchdenken bzw. Erarbeiten des angesprochenen Problemfeldes fortschreiten und schließlich zu Lösungen – besonders auch unterschiedlichen – als eigenständigen oder relativ eigenständigen Leistungen führen. Der Lernprozeß sollte also – wo und wann immer möglich – ein Entdeckungsprozeß sein und konstruktive Kritik ermöglichen. Mit Hilfe von

Problemlöseverfahren können in der Tat Begabungen entwickelt und Kinder/Schüler ›be-gabt‹ werden (vgl. hierzu Thema 10).

Das hört sich alles vernünftig und überzeugend an, muß aber in die Unterrichtspraxis ›umgesetzt‹ werden. Also nicht aufgrund der Erfahrungen der Schüler über den »Bäcker« oder »Metzger« berichten und erzählen, sondern: »Wir erkunden unseren Schulbezirk« und stoßen dabei auf einen Bäcker- oder Metzger- oder auf einen Tante-Emma-Laden. Wir suchen in Gruppen die Läden auf, sprechen mit den Ladeninhabern über ihre Nöte und Sorgen und arbeiten die Unterschiede zwischen Einzelhandelsgeschäft, Tante-Emma-Laden und Kaufhaus heraus. – Beim Thema »Auge« ›belehren‹ wir die Schüler nicht über den Aufbau und die Funktion des Auges, sondern wir überlegen gemeinsam, warum wir sehen und die Welt erkennen können. Dabei werden selbstverständlich auch die Organe des Auges zur Sprache kommen müssen. Viel bedeutsamer aber ist die Erkenntnis, daß die Augen die wichtigste Außenstelle des Gehirns sind.

Diese wenigen Beispiele müssen hier genügen! Sie sollen darauf verweisen, daß es die wesentliche Aufgabe des Unterrichts ist, das selbständige Fragen und Denken des Schülers zu fördern.

3. Die Lerninhalte müssen vermehrt danach ausgewählt werden, daß sie den Bedürfnissen, Interessen und Neigungen der Schüler entgegenkommen und den Anforderungen der heutigen Gesellschaft entsprechen

Diese Forderung können wir auch als Frage formulieren: »Stimmen die deutschen Lehrpläne noch?«[23], und zwar trotz der fortwährenden Veränderungen. Die Lehrpläne sind im Hinblick sowohl auf die Auswahl der Inhalte als auch auf die Stoffülle hin zu überprüfen. Besonders die Stoffülle bildet ein Hindernis für die Begabungspflege. Der Prozeß des Be-gabens erfordert viel Zeit, Ruhe und Muße und setzt voraus, daß die Lehrerschaft didaktisch-methodisch gut vorgebildet ist (vgl. auch die Themen 10 u. 12).

Ganz allgemein gilt für das Be-gaben: Wo und wann immer möglich sollen die Schüler entdeckend und handelnd lernen. Dadurch wird die produktive Lernfähigkeit angeregt, die Begabungen herausgefordert und gefördert, d. h., die Schüler werden in einer Weise be-gabt, die den Erkenntnissen der Begabungstheorie entspricht. In dieser Beziehung hat die Schule ihre volle Leistungsfähigkeit noch nicht erbracht, d. h., sie muß größeres Gewicht auf produktive Lernprozesse legen. Das setzt voraus, daß sich die Schule wandelt, nämlich von einer ›autoritativen‹ zu einer ›Schüler-Mitbestimmungs-Institution‹.

---

[23] H. Roth, Revolution der Schule? Die Lernprozesse ändern, Hannover 1969, S. 5-14; vgl. hierzu auch Thema 11.

Alles in allem: Lehrer und Schüler müssen gemeinsam eine interessante und anregende Lernumwelt schaffen, d. h., die Klasse als Arbeits- und Erfahrungsraum gestalten, in dem die Schüler/innen zahlreiche Arbeitsmittel und -aufgaben vorfinden, die zum Lernen ›herausfordern‹.

Zu 5.: Erbe kontra Umwelt oder Umwelt kontra Erbe?

Die Frage ist falsch gestellt. Es geht nicht um ein »kontra«. Erbe und Umwelt bilden immer einen unauflöslichen, sich bedingenden Zusammenhang. Die Erziehung (die Umwelt) muß stets das Erbe berücksichtigen, so wie das Erbe auf die Erziehung (die Umwelt) angewiesen ist. Erziehung ist also notwendig trotz Vererbung.[24]

Anders gesagt: Das Erbe kann sich nicht entfalten ohne Erziehung. Das Kind reift auf Grund seiner erbbedingten Anlagen, aber die Reifung vollzieht sich nur mit Hilfe der kulturellen und sozialen Umwelteinflüsse einschließlich der Erziehung und Unterrichtung. Es findet also ein ständiges Aufeinandereinwirken von erblicher Organisation und Umwelt statt.

Die Auffassung von der wechselseitigen Beeinflussung von Erbe und Umwelt ist schon in den 20er Jahren vertreten worden. *W. Stern* hat den Vorgang bereits 1908 als »Prinzip der Konvergenz« bezeichnet und so formuliert:

»Seelische Entwicklung ist nicht ein bloßes Hervortreten-Lassen angeborener Eigenschaften, aber auch nicht ein bloßes Empfangen äußerer Einwirkungen, sondern das Ergebnis einer *Konvergenz* innerer Angelegtheiten mit äußeren Entwicklungsbedingungen« (1914).[25]

Jean Piaget (1896-1980) spricht von der »Interaktionstheorie« und meint damit das gleiche, nämlich die wechselseitigen Beziehungen zwischen Organismus und Umwelt.

Reifeprozesse sind abzuwarten, bedürfen aber
der Anregung

Trotz der Einsicht, daß sich Erbe und Umwelt gegenseitig bedingen, bleibt die Frage, ob die Umwelt mit ihrer Einwirkung warten muß, bis sich bestimmte Reifungsprozesse vollziehen, oder ob man durch Einwirkungen die Reifeprozesse herausfordern soll.

---

[24] G. Pfahler, Warum Erziehung trotz Vererbung? Leipzig 1935. (Diese Schrift spiegelt den Standpunkt des Nationalsozialismus wider. Pfahler überbewertet n. u. A. die Anlage; betont aber auch die Wichtigkeit der Erziehung.)
[25] W. Stern, Die Psychologie und der Personalismus., Zeitschrift für Psychologie, 1917, Zitat aus: Psychologie der frühen Kindheit, Leipzig 1914, 9. Aufl. 1967, S. 26.

In der Regel sollte man die Reifeprozesse abwarten. Das macht zugleich deutlich, daß das Erbe der tragfähige Boden für die Erziehungseinwirkungen ist, ohne dadurch das Kind als »vorprogrammiertes Reifungsprodukt« (H. Heckhausen) zu betrachten. Keine Erziehung und kein Unterricht kann z. B. abstraktes Denken erzeugen oder vermitteln, solange nicht durch den Reifungsprozeß die Fähigkeit zum abstrakten Denken vorbereitet worden ist. Die qualitativ höhere Weise des Denkens entwickelt sich im allgemeinen zwischen dem 12. und 14. Lebensjahr. Erst von da ab kann die Schule die Abstraktionsfähigkeit mit Erfolg fördern und steigern. Die Erziehung (die Umwelt, der Unterricht) muß also letztlich die Reifung des Organismus abwarten; andererseits reift und entwickelt sich der Organismus nur dann, wenn die Erziehung (die Umwelt, der Unterricht) den Organismus stimuliert. Damit befinden wir uns wieder bei der »trivialen Aussage«, daß die Erbanlagen den Menschen nicht in einem absoluten Sinne determinieren und die Gaben nicht ausschließlich die Folge von Reifestadien sind, sondern daß Umwelt und Erziehung erforderlich sind, um das Erbe zur Entfaltung zu bringen, es herauszufordern und zu fördern sowie die Richtung der Entwicklung mitzubestimmen und die Anlagen voll auszuschöpfen. Aufgrund unserer heutigen Erkenntnis verbietet es sich, weder die Anlagen noch die Umwelt für absolut zu setzen.

Arbeitsaufgaben:

1. Lesen Sie in den Ihnen greifbaren Wörterbüchern, Lexika, Handbüchern u. ä. über »Vererbung« und »Begabung« nach und vergleichen Sie die dort dargestellten Erkenntnisse mit den hier entwickelten Gedankengängen.
2. Suchen Sie nach Beispielen aus ihrem Erfahrungsbereich, die zeigen, daß 1. jede Begabungsförderung von außen Grenzen hat, 2. bei Personen plötzlich und unerwartet Fähigkeiten ›aufbrechen‹, die bisher noch nicht in Erscheinung getreten sind. Begründen Sie die »Fälle«.
3. Heinz-Rolf Lückert schreibt in »Begabungsforschung und basale Bildungsförderung« (vgl. Anm. 17): »Intelligenz und Begabung sind in ganz besonders wirksamer Weise durch langfristige Trainingsmethoden, bei denen Spielsachen Lernsachen sind, zu entwickeln. Wenn wir erfolgreich erziehen und unterrichten wollen, müssen wir planmäßig vorgehen. Die Verhaltensforschung (gemeint ist die behavioristische Psychologie; der Verf.) hat uns gezeigt, wie wir vorgehen müssen. Sobald wir eine Regung oder ein Verhalten des Kindes registrieren, das vorwärtsweisend ist, müssen wir diese Aktivität durch Beachtung oder Lob verstärken. Um die Verstärkung anwenden zu können, müssen wir das Kind immer wieder in neue Lagen bringen, wo es das gewünschte Verhalten demonstrieren kann. Um Intelligenz und Begabung zu fördern, sollten wir dem Kind gut konstruiertes didaktisches Spiel-Lern-Material zur Verfügung stellen« (S. 10).
4. Ordnen Sie diese Aussage einer der oben ausgeführten Theorien zu (vgl. S. 142 ff.) und begründen Sie die Zuordnung.

5. Wie >bewirkt< man nach Auffassung dieser Theorie das »gewünschte Verhalten« (vgl. S. 144 ff.)? In welchen Bereichen halten Sie ein »Verhaltenstraining« für möglich, wo liegen seine Grenzen?

Kommentierte Literaturhinweise

Eysenck, H. J.: Vererbung, Intelligenz und Erziehung – Zur Kritik der pädagogischen Milieutheorie, Stuttgart 1975

Eysenck, Professor für Psychologie an der Universität London, widerspricht an Hand eines umfangreichen Beweismaterials der Auffassung, daß die Umweltfaktoren für die geistige Entwicklung des Menschen eine größere Bedeutung haben als die Erbfaktoren. Tatsache sei vielmehr, daß das Verhalten des Menschen durch eine große Zahl von Erbanlagen und ihr Zusammenspiel bestimmt sei. Trotz der Betonung der Anlage anerkennt E. die Wechselwirkungstheorie, die zwischen Erbanlage und Umwelt vermittelt.

Heller, K.: Intelligenz und Begabung, München-Basel 1976

H. provoziert den Leser gleich zu Beginn mit dem Hinweis, daß jährlich millionenfach Intelligenzmessungen durchgeführt werden. Aber diejenigen, die das tun, wissen nicht, was man »eigentlich unter Intelligenz« versteht. Dennoch: »Sie können (sie) messen.« Mit diesem Hinweis will H. auf die Schwierigkeiten der Gesamtproblematik aufmerksam machen. Er versucht dann, die »Bedeutungsunterschiede zwischen Intelligenz und Begabung« zu klären; er erörtert »Faktorentheorien der Intelligenz«, u. a. diejenigen von Spaerman, Meili, Guilford, Jaeger und geht dann der Frage der »sozio-kulturellen Bedingtheit der Intelligenz« nach, diskutiert in diesem Zusammenhang die »Anlage-Umwelt-Problematik«, untersucht die »sozio-kulturellen Determinanten intellektuellen Verhaltens« (wie Leistungsmotivation, Stile der Kindererziehung, spezifische Sprachkodes), die »Formen und Ursachen der Minderbegabung« und das »Problem der Begabungs- und Bildungsreserven«. Abschließend werden mögliche Maßnahmen der »Begabungs- und Bildungsförderung« im familialen und schulischen Bereich sowie »sonderpädagogische Maßnahmen« dargestellt. H. klärt nicht nur die Grundlagenfragen, sondern geht auch in den Anwendungsbereich hinein: in Erziehung und Schule.

Roth, H. (Hrsg.): Begabung und Lernen, Stuttgart 1968 u. ö.

Verschiedene Wissenschaftler der Genetik, Pädagogik, Psychologie und Soziologie breiten die Ergebnisse ihrer Wissenschaften zu dem angegebenen Problem aus. Die Analyse der Begabung, das Problem der ererbten Grundlagen der Begabung, die geistige Entwicklung als Funktion von Anlage, Reifung und Umweltbedingungen, die Förderung der Begabung durch bestimmte Formen des Lehrens und Lernens, die Bedeutung der Bildungswilligkeit der Eltern im Hinblick auf ihre Kinder sind nur einige Themenkreise aus diesem umfassenden und gründlichen Sammelband und Nachschlagewerk. Das Buch stellt an den Leser hohe Anforderungen.

Thema 7
Wo liegt der Schwerpunkt der schulischen Arbeit: auf der Wissensvermittlung oder auf der Erziehung und Bildung? - **Von den Aufgaben der Schule** - **ein Problem aus der »Theorie der Schule«**

Einführung:
Die Schule muß im Hinblick auf die Zunahme und Differenzierung des Berufswissens viele Kenntnisse vermitteln. Bleibt überhaupt noch Zeit für die Erziehung und Bildung?

Neue Inhalte dringen unaufhörlich in die
Schule ein

Seit der Mitte des vorigen Jahrhunderts werden an die Schule von Jahrzehnt zu Jahrzehnt immer höhere Anforderungen gestellt. Das ›Hineinpumpen‹ neuer ›Stoffe‹ in die Lehrpläne bedingt durch die Industrialisierung sowie durch die Differenzierung und Spezialisierung der Berufe und die Entwicklung der Wissenschaften haben sowohl die Unterrichtsfächer vermehrt als auch besonders deren Inhalte stark erweitert (vgl. Thema 11). Auf der Schule lastet eine Stofffülle, wie wir sie bisher nicht gekannt haben. Da außerdem die Freizeit zunimmt, bedarf der künftige Erwachsene unterrichtlicher Anregungen, um sie sinnvoll ausfüllen zu können; sie darf nicht zur Langeweile werden. Die Schule soll auf alles das vorbereiten. Das hat zur Folge, daß sie den Schülern außer Lesen, Schreiben und Rechnen (Mathematik) umfangreiche Kenntnisse aus den drei großen Wissenschaftsbereichen der Geisteswissenschaften, der Sozial- und Gesellschaftswissenschaften und der Naturwissenschaften übermitteln muß; außerdem soll sie die Gestaltungskräfte der Kinder und Jugendlichen im Musischen und im Sport fördern und den Schülern das Lernen des Lernens, also methodisches Denken und Handeln, beibringen. Die Erfüllung all dieser Anforderungen, besonders im kognitiven Bereich, wird auch von den Eltern mit Nachdruck gewünscht. Die Eltern sind im höchsten Maße daran interessiert, daß ihre Kinder viel ›lernen‹ und ein umfangreiches Wissen aus der Schule mit in den Beruf nehmen.

Die Schule hat einen Erziehungs- und
Bildungsauftrag

Mit der Vermittlung von Kenntnissen und deren methodischer Erarbeitung durch die Schüler hat sich aber die Schule nie zufriedengegeben. Seit ihren Anfängen in der Reformationszeit, nämlich als der Besuch für *alle* Kinder einer Kirchengemeinde zur Pflicht gemacht wurde, hat sie es als ihren wichtigsten Auftrag angesehen, die Kinder zum sittlichen Handeln zu befähigen. Ja, es läßt sich nachweisen, daß die Schule jener Zeit einen *vorwiegend erzieherischen Auftrag* besessen hat. So schreibt die »Braunschweigische Schulordnung« (1528) vor, die Kinder so zu unterrichten, daß sie »bei Christus bleiben«, d. h., daß sie Christus nachleben und den Auftrag der Bibel erfüllen.[1] Die Schulordnungen des 19. Jh. umschreiben dieses Ziel mit dem Begriff »Religiosität und Sittsamkeit«; es steht an oberster Stelle.

Der ›versittlichende‹ Auftrag der Schule ist später als ihr *Erziehungs- und Bildungsauftrag* bezeichnet worden. Er ist auch für die Gegenwart gültig. Die Schule will damals wie heute der »Versittlichung des Menschen« dienen. Die »Weimarer Verfassung« (1919) fordert im Art. 148 direkt »sittliche Bildung«. Wörtlich heißt es:

»In allen Schulen ist sittliche Bildung, staatsbürgerliche Gesinnung, persönliche und berufliche Tüchtigkeit ... zu erstreben.«

Die Verfassungen und Schulgesetze der Länder der Bundesrepublik Deutschland drücken diesen Sachverhalt in Übereinstimmung mit dem Grundgesetz in ähnlicher Weise aus. Die Achtung vor der Würde des Menschen und die daraus sich ergebenden Einzelziele gelten als wichtigster *Erziehungsauftrag* (vgl. Thema 3). Daneben oder gleichwertig oder heute vielleicht sogar vorrangig besteht der Auftrag der Kenntnisvermittlung und -aneignung. Im Art. 131 der Verfassung des Freistaates Bayern, den wir beispielhaft für entsprechende Bestimmungen aus anderen Länderverfassungen anführen, werden die beiden Hauptaufgaben der Schule, nämlich Wissensvermittlung und Erziehung zu leisten, so formuliert:

»(1) Die Schulen sollen nicht nur Wissen und Können vermitteln, sondern auch Herz und Charakter bilden.
(2) Oberste Bildungsziele sind Ehrfurcht vor Gott, Achtung vor religiöser Überzeugung und vor der Würde des Menschen, Selbstbeherrschung, Verantwortungsgefühl und Verantwortungsfreudigkeit, Hilfsbereitschaft und Aufgeschlossenheit für alles Wahre, Gute und Schöne.
(3) Die Schüler sind im Geiste der Demokratie, in der Liebe zur bayerischen Heimat und zum deutschen Volk und im Sinne der Völkerversöhnung zu erziehen ...«

Der Verfassungstext bestätigt, daß die Gesellschaft und somit die Schule es als ihren legitimen Auftrag angesehen hat, Kenntnisvermittlung und -aneignung *und* Erziehung, Erziehung *und* Kenntnisvermittlung und -aneignung zu betreiben.

Statt von Erziehungszielen spricht die bayerische Verfassung von »Bildungszielen«; außerdem verwendet sie den Begriff »bilden« neben »erziehen«. Wir

---

[1] »Braunschweigische Schulordnung«, in: Th. Dietrich und Job-G. Klink (Hrsg.), Zur Geschichte der Volksschule (Klinkhardts Pädagogische Quellentexte), Bd. I, 2. Aufl. 1972, S. 7.

müssen daher im folgenden u. a. mit klären, was man unter »bilden« im Unterschied von »erziehen« versteht (vgl. Abschn. 2). Die *Kernfrage* lautet jedoch: *Kann die Schule diesen umfassenden Auftrag überhaupt erfüllen?* Kann sie bei der vorhandenen Stofffülle der Lehrpläne neben der Wissensvermittlung auch etwas für die Erziehung und Bildung des Menschen tun? Kurz: *Kann der Unterricht der allgemeinbildenden Schulen – nur um diese geht es hier – gleichzeitig wissensvermittelnd, bildend und erziehend sein?* Anders gefragt: Kann/ muß die Schule ihren Ausbildungs- *und* ihren Erziehungsauftrag gleichzeitig erfüllen? Kann man die unterschiedlichen Ansprüche in Übereinstimmung bringen?

Wir beantworten die Frage, indem wir Lösungen aufzeigen, die die Pädagogik anbietet und bereithält, um dem ursprünglichen Auftrag der Schule zu entsprechen, nämlich Unterricht, Bildung und Erziehung miteinander zu verbinden. Dazu sind zahlreiche Vorschläge gemacht worden, die wir auf drei reduzieren, und zwar auf die Konzeptionen des

1. »erziehenden Unterrichts« (1.)
2. »bildenden Unterrichts« (2.)
3. »Schullebens« (3.).

Daran anschließend werden wir eine Antwort auf die im Thema gestellte Frage unter gegenwärtigen Bedingungen geben (4.).

Zu 1.: »Erziehender Unterricht« will Erziehung im Unterricht und durch Unterricht ermöglichen

Der Begriff »erziehender Unterricht« besagt, daß der Unterricht »erziehend« sein soll, daß also Erziehung und Unterricht, Unterricht und Erziehung eine Einheit bilden. Wir beschäftigen uns zunächst mit dem *»erziehenden Unterricht«* *aus heutiger Sicht* (1.) und klären dann, was man in der ›Geburtsstunde des Begriffs‹ zu *Beginn des 19. Jh.* darunter verstanden hat (2.).

Erziehender Unterricht beruht auf dem Zusammenleben und -arbeiten der Schüler

1. »Erziehender Unterricht« ist aus den Begriffen »Erziehung« und »Unterricht« gebildet worden. *Erziehung* haben wir im Rahmen des Thema 1 als ein Phänomen beschrieben, das die Menschwerdung des Menschen bewirkt. Der Mensch – so stellten wir fest – ist das erziehungsbedürftige und erziehungsfähige Wesen; er beginnt sein Leben als Kind, und er kann sich ohne Erziehung nie als Mensch

konstituieren.[2] Das setzt die mitmenschliche Umwelt voraus. Erziehung beruht auf einem »dialogischen Verhältnis«[3], d. h., sie benötigt den Mit-Menschen, um überhaupt wirksam werden zu können. Wenn der Erziehung diese entscheidende Aufgabe für die »Menschwerdung des Menschen« zukommt, dann – so müssen wir folgern – darf dem Erzieherischen die ›Wirksamkeit‹ auch in Schule und Unterricht nicht versagt werden. Erziehung muß im Unterricht möglich sein.

Unterricht meint demgegenüber zunächst nur die planmäßige Form der Belehrung; er »stellt« nach der ursprünglichen Bedeutung (von lat. instruere) »durch Zwischenrede richtig«; also er belehrt. Das hat nichts mit Erziehung zu tun, wie wir sie eben gedeutet haben. Will der Unterricht »erziehend« sein, dann muß er mitmenschliche Begegnungen ermöglichen, so daß die Schüler ihre mitmenschlichen Kräfte und Verhaltensweisen ausbilden und üben können, d. h., die Schüler müssen miteinander umgehen und handeln dürfen. Das ist nur in einem Unterricht möglich, der auf dem Grundprinzip des Zusammenarbeitens beruht und der dadurch zu sozialethischen Handlungen herausfordert. In diesem Sinne fragt *P. Petersen* (1884-1952), der in der Jenaer Universitätsschule, der sog. Jena-Plan-Schule[4], die Bestrebungen der internationalen Reformbewegung der ersten Jahrzehnte unseres Jahrhunderts in eigenständiger Weise zusammengefaßt und verwirklicht hat:

»Wann kann der Unterricht erziehend wirken?« Die Antwort lautet: Das ist »in zwei Fällen möglich: 1. wenn der Unterricht Arbeitsformen entwickelt, die ein frei sich bildendes, zu gegenseitiger Verantwortlichkeit und Hilfe führendes Gruppenarbeiten und Einzelarbeiten ermöglichen ... Das ›gruppenunterrichtliche Verfahren‹ enthält die reichsten Möglichkeiten dieser Art. 2. durch die stille wie bewußte stetige Auseinandersetzung des Schülers mit dem Sozialgebilde Unterricht als einem Ganzen, d. h. durch die innere Haltung, zu der einen Schüler der Unterricht seiner Schule als eine Ganzheit machtvoller, ihn begrenzender wie befreiender Kräfte nötigt.«[5]

---

[2] Vgl. M. J. Langeveld, Einführung in die Pädagogik, Stuttgart 1951 u. ö. S. 21 ff. – Ders., Die Schule als Weg des Kindes, Braunschweig 1960. – E. Weber, Pädagogik – Eine Einführung, Donauwörth 1997.
[3] M. Buber, Urdistanz und Erziehung, Heidelberg 1951 – Reden über Erziehung, Heidelberg 1953 – Das Problem des Menschen, Heidelberg 1954 – Schriften über das dialogische Prinzip, Heidelberg 1954.
[4] Die »Jena-Plan-Schule« ist eine Reformschule, die vom überlieferten Jahresklassensystem abweicht und Altersgruppen zu »Stammgruppen« zusammenfaßt. Die Schüler des 1.-3. Schuljahres befinden sich in der »Untergruppe«, die des 4.-6. Schuljahres in der »Mittelgruppe«, die des 7./8. sowie des 9./10. Schuljahres in der »Ober-« bzw. »Jugendlichengruppe«. Im Mittelpunkt des »Schul- und Unterrichtslebens« stehen die »Urformen der Bildung« wie Gespräch, Spiel, Arbeit und Feier. Vgl. hierzu: P. Petersen, Führungslehre des Unterrichts (1938), 3. Aufl., Braunschweig 1951 u. ö. – Theo Dietrich, Die Pädagogik Peter Petersens – Der Jena-Plan: Beispiel einer humanen Schule, 6. Aufl., Bad Heilbrunn 1995.
[5] P. Petersen, Führungslehre ...; vgl. Anm. 4, S. 217.

Petersen weist auf das »gruppenunterrichtliche Verfahren« hin, das Möglichkeiten des gemeinsamen Planens, des gegenseitigen Helfens und Unterstützens – also der Erziehung – eröffnet. Auch das Kreisgespräch, die Partnerarbeit und der Projektunterricht (die Klasse plant gemeinsam z. B. einen Schullandheimaufenthalt oder die Erkundung der städtischen Kläranlage oder die Bearbeitung des Schulgartens und führt diese Planungen durch) haben erzieherische Wirkung, weil sie gemeinsames Handeln fordern und fördern. Erziehung im Unterricht und durch Unterricht geschieht also überall dort, wo sich Schüler – wie Petersen sagt – »mit dem Sozialgebilde Unterricht als einem Ganzen« auseinandersetzen und wo sie im Umgang miteinander die »begrenzenden und befreienden Kräfte« erfahren. Die Voraussetzung hierfür bildet – ganz allgemein gesagt – ein »offener, handlungsbetonter Unterricht«, der weitgehend frei ist von direkten Eingriffen und Lenkungsmaßnahmen des Lehrers (vgl. Thema 10).

Erziehender Unterricht in der Auffassung des
19. Jh. besteht in der Vermittlung (= Lehre)
sittlicher Vorstellungen

2. Der Begriff des »erziehenden Unterrichts« ist zuerst von *Johann Friedrich Herbart* (1776-1841) gebraucht worden. In der Einleitung zu seiner »Allgemeinen Pädagogik« (1806) schreibt er:

»Und ich gestehe gleich hier, keinen Begriff zu haben von Erziehung ohne Unterricht; so wie ich rückwärts, in dieser Schrift wenigstens, keinen Unterricht anerkenne, der nicht erzieht.«

Knapp 30 Jahre später verwendet Herbart im »Umriß pädagogischer Vorlesungen« (1835) den Begriff des »erziehenden Unterrichts« (§ 57). Seitdem ist er in aller Munde: Der Unterricht in den allgemeinbildenden Schulen soll fortan »erziehend« sein, d. h., der Unterricht soll den Menschen sittlich ›bessern‹.

Herbart hat jedoch von »erziehendem Unterricht«, vor allem von Erziehung, eine andere Auffassung als wir. Während wir den Standpunkt vertreten, Erziehung ›geschieht‹ in der Schule in erster Linie durch die Zusammenarbeit und das gemeinsame Handeln der Schüler, behauptet Herbart aufgrund seiner psychologischen Theorie, daß *Erziehung durch die Vermittlung eines »sittlichen Gedankenkreises« erfolgt.* Dadurch gewinne der Zögling die »richtige Form« (vgl. S. 145).

Unter einem »Gedankenkreis« versteht Herbart einen Kreis von gleichen oder ähnlichen Vorstellungsinhalten, die im Verlauf einer Unterrichts-»lektion« (Unterrichtseinheit) erworben werden. So werden z. B. im Märchen vom »Wolf und den sieben Geißlein« Vorstellungen von der »guten Mutter« und dem

»bösen Wolf« als Beispiel des »Guten« bzw. des »Bösen« erzeugt.[6] Herbart zweifelt nicht daran, daß die Vorstellungen des »Guten« die Kraft besitzen, sich in ›gute‹ Handlungen umzusetzen. Daher hat jeder Unterricht die Aufgabe, sittliche Vorstellungs- oder Gedankenkreise zu bilden und sie so in die jugendliche Seele ›einzusenken‹, damit aus dem Wissen ein sittliches Wollen entsteht. Insofern kann man den Unterricht als den »Bildner des Gedankenkreises« bezeichnen (W. Rein).

Verkürzt heißt das: Aus den Vorstellungen, den Gedanken oder dem Wissen entsteht das Wollen. Herbart geht davon aus, daß sich die Hauptformen des seelischen Lebens, nämlich das Denken, Fühlen und Wollen aus einer bestimmten »Konstellation« der Vorstellungen ergeben. Die jeweils gewünschte Zusammenstellung kann durch den Unterricht, also durch äußere Einflußnahme, ›hergestellt‹ werden. Die Vorstellungen sind nach dieser Psychologie die elementaren Grundbestandteile oder das Ursprüngliche, und sie erzeugen unter bestimmten Bedingungen seelische Zustände wie das Denken, Fühlen, Wollen und die Phantasie. Hiernach gibt es also kein von den Vorstellungen unabhängiges Wollen oder Fühlen. Herbart faßt seine »Erkenntnis« in der Aussage zusammen:

»Aus Gedanken werden Empfindungen und daraus Grundsätze und Handlungsweisen.«[7]

Wilhelm Rein (1847-1928; seit 1886 Professor für Pädagogik an der Universität Jena und einflußreicher Vertreter der Pädagogik Herbarts) drückt die soeben dargestellte Grundannahme Herbarts im Hinblick auf das Verhältnis von Vorstellen und Wollen so aus:

»Ein vom Vorstellen unabhängiges Wollen, ein Wollen außerhalb der Vorstellungsmassen, die den Gedankenkreis eines Menschen ausmachen, und somit auch außerhalb des Wissens, welches darin eingeschlossen ist, gibt es nicht. Abgetrennt von den Vorstellungen und isoliert gedacht ist ein Wille und eine Äußerung des Willens ein absolutes Nichts. Das Wollen hat vielmehr seinen Sitz im Gedankenkreis selbst; es wurzelt in den Vorstellungsmassen, welche sich in der Seele angehäuft haben, und wächst daraus hervor.«[8]

Aus dem Wissen kann aber nur dann ein Wollen entstehen, wenn der Unterricht dafür sorgt, daß den Schülern sittliche »Gedankenkreise« vermittelt werden und daß diese zu immer umfassenderen Gedankenkreisen verbunden werden.

---

[6] Vgl. hierzu »Unterrichtsbeispiele von Herbart bis zur Gegenwart«, hrsg. von Th. Dietrich (Klinkhardts Pädagogische Quellentexte), 5. Aufl. 1980, S. 10 ff.
[7] J. Fr. Herbart, Allgemeine Pädagogik (1806), Reclam Ausgabe, Leipzig o. J., S. 21.
[8] W. Rein, Pädagogik in systematischer Darstellung, 2. Aufl., Langensalza 1912, 3. Bd., S. 15.

»Der Unterricht will zunächst den Gedankenkreis, die Erziehung den Charakter bilden. Das letzte ist nichts ohne das erste – darin besteht die Hauptsumme meiner Pädagogik.«[9]

»Erziehender Unterricht« heißt also nach Herbart: sittliche Gedankenkreise im Schüler ›aufbauen‹. Das kann der Lehrer durch eine ›richtige‹ methodische Gestaltung des Unterrichts erreichen. Er muß die Vorstellungsmassen so lenken und zusammenfügen, daß aus ihnen ein sittliches Wollen entsteht. Dazu dienen die »formalen Stufen des Unterrichts« – eine Lehrtheorie, die dem Lehrer genau vorschreibt, wie er erziehend unterrichten soll (vgl. Thema 10).

Die Pädagogik Herbarts und des Herbartianismus beeinflussen die methodische Gestaltung des Unterrichts bis in die Gegenwart

Der intellektualistische Grundzug der Pädagogik Herbarts hat auf die Schule des 19. Jh. so stark eingewirkt, daß sie rückblickend als »Belehrungsschule« bezeichnet wird. Herbart ist – wie wir gezeigt haben – der Auffassung, daß aus Gedanken oder Vorstellungen die Empfindungen und daraus »Grundsätze und Handlungsweisen« entstehen. Mit anderen Worten heißt das: Aus dem Wissen um das Gute folgt die sittliche Entscheidung und Tat. Das hat sich jedoch als ein Trugschluß herausgestellt. Aus dem Wissen um das Gute folgt keineswegs die gute Handlung; sie ist im Wollen selbst begründet. Infolgedessen muß der Unterricht Situationen zur guten »Tathandlung« schaffen. Die dargestellten Konsequenzen der Lehre Herbarts wirken jedoch im Schulalltag bis heute nach, obwohl die psychologischen Grundlagen der Pädagogik Herbarts längst überholt sind. Auch heute noch glaubt man daran, durch Belehren, Reden, »Aufklären« oder »Maulbrauchen«, wie Pestalozzi sagt, etwas für die Erziehung des Menschen zu leisten, d. h. für sein sittliches Tun. Und dazu benötigt man viel »Stoff«. Aufgrund dieser Annahme ist die Stofffülle in unseren Schulen *mit* verursacht worden. Wenn man der Auffassung ist, daß das Wissen eine so grundlegende Bedeutung für das sittliche Tun des Menschen hat, dann ist es folgerichtig, den Schülern/Menschen viel sittliches Wissen z. B. im Religionsunterricht ›einzuverleiben‹, damit sie es zum Wohle der Menschen ›verwerten‹.

Die Ausführungen über den »erziehenden Unterricht« in der Auffassung Herbarts waren notwendig, um deutlich zu machen, daß und warum die heutige Schule auf weiten Strecken immer noch »Belehrungsschule« ist. Die Belehrung, also das Unterrichten, ist zwar eine wichtige Aufgabe der Schule seit ihrem Bestehen, und zwar im Hinblick darauf, daß die Schule lebensnotwendige Kenntnisse für das spätere Leben in der Gesellschaft vermitteln muß. Die Annahme

---

[9] J. Fr. Herbart zitiert nach W. Rein, a.a.O., S. 17.

jedoch, daß dadurch auch oder zugleich Erziehung erfolgt, beruht auf falschen Vorstellungen. Erziehung geschieht primär im mitmenschlichen Umgang und nicht durch Belehrung. Wenn der Unterricht »erziehend« sein soll, muß er sich auf die Zusammenarbeit der Schüler, Lehrer und Eltern stützen und »handlungs-orientiert« durchgeführt werden. Denn Erziehung geschieht – wie wir schon mehrfach betonten – primär durch »Tathandlungen« (Pestalozzi), also durch den Umgang miteinander oder schulisch gesprochen: durch einen handlungsbetonten Unterricht.

Zu 2.: »Bildender Unterricht« will Bildung durch Unterricht bewirken und Unterricht und Bildung miteinander verbinden

Erziehung bezeichneten wir als ein ›Wir-Geschehen‹ oder als eine »Funktion der Gemeinschaft« (P. Petersen). *Bildung* im Unterricht und durch Unterricht will die Sittlichkeit der Schüler ebenfalls fördern und »bilden«, und zwar in der Auseinandersetzung mit der Sache oder weiter gefaßt: mit der Kultur. »Bildender Unterricht« will also – so können wir zunächst sagen – die Kultur und ihre Werte dem Schüler ›einverleiben‹ oder verinnerlichen und dazu beitragen, daß die Werte im Leben verlebendigt werden. Um dies zu verstehen, müssen wir zunächst klären, was »Bildung« bedeutet.

Bildung heißt: sich bilden und sich am Vorbilde Gottes ausrichten

Die Worte »Bildung« und »bilden« sind erst im 18. Jh. auf seelische und geistige Vorgänge übertragen worden. Vorher bedeutete »bild« die tatsächliche Gestalt eines Menschen, eines Tieres oder eines Gegenstandes, und »bilden« bezog sich auf das werkliche und künstlerische Gestalten. Erst in der deutschen Klassik und im Neuhumanismus, also im frühen 19. Jh., wird Bildung als Entfaltung der inneren Kräfte verstanden, und zwar ohne äußere Einwirkung. Für dieses Verständnis von Bildung hat *Johann Gottfried Herder* (1744-1803) die Grundlagen gelegt. Herder deutet als erster Bildung als ein Selbst-Bilden. Der Prozeß der Bildung bewirkt Humanität. Gott grub – so argumentiert Herder – dem Menschen sein Bild und Humanität in die Seele, damit die Menschen durch Selbstüberwindung und geistige Schöpfung das Bild Gottes und Humanität verwirklichen. So steht es schon in der Bibel. »... und Gott schuf den Menschen zu seinem Bilde, zum Bilde Gottes schuf er ihn ...« (Genesis 1,26 f.). Gott hat also sein Bild in den Menschen ›hineingelegt‹, und der Mensch hat die Aufgabe, diesem Bilde nachzustreben und es immer wieder zu erneuern, wenn es zu verblassen droht.

Bildung als dialektischer Prozeß von Wertaufnahme und Wertverwirklichung

Einen entscheidenden Schritt für das Verständnis unserer gegenwärtigen Auffassung von Bildung hat *Georg Friedrich Wilhelm Hegel* (1770-1831) getan. Bildung hat für ihn eine antinomische Struktur; d. h., sie erwächst aus dem Zusammenspiel und der Wechselwirkung von Mensch und Welt. Sie ›entwickelt‹ sich also nicht allein aus inneren Antrieben auf ein Bild hin und besteht nicht im bloßen Entfalten eines inneren Bildes, das der Mensch schon in sich trägt und das in ihn hineingelegt worden ist. Bildung vollzieht sich vielmehr in der spannungsvollen Einheit von Veräußerlichung des Inneren und von Verinnerlichung des Veräußerlichten, von Subjektivität und Objektivität, von Individualität und Kultur. Diese dialektische Auffassung von Bildung, nämlich daß Bildung der Akt des Hinein-Bildens der Kultur in die Person und die Übernahme des im Kulturgut verborgenen Allgemeinen oder des Wertgehalts durch das Subjekt ist, hat Hegel immer wieder betont und dadurch das Bildungsdenken jener Epoche und auch unserer Zeit nachhaltig beeinflußt. Bildung beruht also auf dem Vorgang des Hineinarbeitens und Hineinführens des Individuums in die objektive Kultur und in der kritischen Auseinandersetzung des Individuums mit den Werten, die die Kulturgüter enthalten und die die überindividuellen Gebilde wie Familie, Gesellschaft, Kirche, Sitte, Sprache, Recht, Staat vertreten.

Praktisch heißt das: Der Pädagoge muß den Gültigkeitsanspruch des Objektiven, also des Kulturgutes, dem jungen Menschen zwingend deutlich machen; er muß im Bildungsprozeß dafür sorgen, daß sich die Natur des Schülers, seine Subjektivität, dem Objektiven kritisch und kreativ ›einordnet‹. Nur auf diese Weise kann aus dem bloß-natürlichen Menschen ein geistiger Mensch werden. Bildung ist Überwindung der Subjektivität und Übernahme, und zwar kritische Übernahme, des »objektiven Geistes«, wie er in den Kulturgütern zum Ausdruck kommt. Bildung beruht auf dem wechselseitigen Prozeß der Auseinandersetzung von Mensch und Welt. Damit wird jeder »Pädagogik vom Kinde aus« eine Absage erteilt. Nicht Naturgemäßheit ist das Ziel der Erziehung und Bildung wie bei Rousseau, sondern Kulturgemäßheit, d. h., der »gebildete Mensch« ›bildet sich‹ durch kritische Aufnahme und Verarbeitung der Kultur, und sein Gebildetsein wird in der Weitergabe und der schöpferischen Mitgestaltung der Kultur erkennbar.

Für die Gegenwart hat *Theodor Litt* (1880-1962) den dialektischen Bildungsbegriff Hegels fruchtbar gemacht. Bildung kann sich nur ereignen,

»durch die Eingliederung eines jeglichen Ichs in den umfassenden Strukturzusammenhang der geistigen Welt, die Erzieher wie Zöglinge umschließt, und nur unter Benutzung der durch diesen Strukturzusammenhang vorgezeichneten Bahnen ist eine pädagogische Einwirkung möglich.«[10]

Bildung beruht hiernach auf dem antinomischen Prozeß der Entfaltung geistiger Kräfte durch die Begegnung und die Auseinandersetzung mit der Kultur und äußert sich als jene Verfassung des Menschen,

»die ihn in den Stand setzt, sowohl sich selbst als auch seine Beziehung zur Welt ›in Ordnung zu bringen‹«.[11]

›Bildender Unterricht‹ will die Schüler für Bildungsgüter und ihre Werte »erschließen«, damit sie die Werte verwirklichen

Was bedeutet das hier entwickelte dialektische oder antinomische Verständnis von Bildung, nämlich als Entfaltung innerer Kräfte durch die Wirkung der Kultur und als Wirkung der Kultur auf die sich entfaltenden inneren Kräfte, für den »bildenden Unterricht«? Ganz allgemein gesagt: »Bildender Unterricht« will dem Schüler Bildung vermitteln, indem er ihn durch die Begegnung mit den Kultur- oder Bildungsgütern für Bildung aufschließt. Das geschieht dadurch, daß im Unterricht die logischen, ethischen oder ästhetischen Werte freigelegt werden, die ein Bildungsgut oder Bildungsinhalt vertritt. Im Schüler soll dadurch eine Verarbeitung und Verwirklichung dieser Werte ›bewirkt‹ werden. Methodisch gesehen geht es um eine »Bildungswerterschließung«, eine »Bildungswertverarbeitung« und eine »Bildungswertverwirklichung«[12]. »Bildender Unterricht« will nicht eine Vielzahl von Kenntnissen vermitteln und ein ›Bescheidwissen‹ in vielem erreichen, also bloße Wissensvermittlung betreiben; vielmehr soll die Grundstruktur eines Bildungsinhaltes erfaßt und der Kerngedanke aufgedeckt werden, den ein Bildungsinhalt vertritt.

Das soll an einem Beispiel nach *W. Klafki* (* 1927) verdeutlicht werden. Klafki hat sich nach dem Zweiten Weltkrieg mit großer Überzeugungskraft für einen »bildenden Unterricht« eingesetzt und den Bildungsbegriff durch den Begriff der »kategorialen Bildung« präzisiert. Doch zunächst das Beispiel:

---

[10] Th. Litt, Erziehung und Kulturzusammenhang (1921), in: Pädagogik und Kultur, hrsg. von F. Nicolin (Klinkhardts Pädagogische Quellentexte), Bad Heilbrunn 1965, S. 18 ff., S. 20 – Vgl. auch Pädagogische Schriften, hrsg. v. A. Reble, Bad Heilbrunn 1995.
[11] Th. Litt, Naturwissenschaft und Menschenbildung, Heidelberg 1953, S. 11.
[12] Vgl. H. Johannsen, Der Logos der Erziehung, Jena 1925. Johannsen definiert Erziehung »im wertkritischen Sinn als ein Bildungswertwirkungsgefüge«, S. 67.

»Deutsch, 5./6. Schuljahr, Lesestück ›Der Professor und die Kuh‹, von A. Hinrichs.«
Wer mehr als klug ist, von dem sagt man: He is so klak as Kösters Koh, de gung acht Dage vor'n Regen na Hus und kreeg doch den Steert noch nat. Die Kühe verstehen sich eben aufs Wetter. – Auch ein Professor verstand sich aufs Wetter und sagte immer voraus, morgen wird es regnen, oder auch, morgen scheint die Sonne. Und dann kam es auch so, oder es kam anders, je nachdem. – Einmal fuhr er mit seiner Kutsche über Land. Da sah er eine Frau, die eilig ihre Wäsche von der Leine nahm. Der Professor ließ halten. – ›Min leewe Fro‹, sagte er, ›laten Se Eer Tüg man driest hangen – das Wär blifft god.‹ – ›Oh nä‹, sagte die Frau, ›ick will't doch leewer rinhalen.‹. – ›Se könnt mi dat glöben‹, beteuerte der Professor, ›dat Wär blifft god vandagen. Ich hebb dor up studeert und weet Bescheed.‹ ›Nä, nä‹, beharrte die Frau, ›dat gifft säker Regen. Use Koh hett danaßen all so mit'n Steert slahn!‹ – Es half dem Professor nichts – die Frau nahm ihr Zeug ab, und er fuhr weiter. Er wußte nicht, daß die Kühe mit dem Schwanz schlagen, weil die Fliegen so stechen, und daß die Fliegen so stechen, weil sie den Regen kommen fühlen. – Nach kurzer Zeit fängt es denn auch richtig an zu regnen. Das war schon ärgerlich genug für den Professor. Nun fing der Knecht auf dem Kutschbock auch noch an, mit dem Kopf zu schütteln und vor sich hin zu lachen. – ›Wat hebbt Se denn to lachen? fragte der Professor böse. – ›Och‹, sagte der Knecht, ›ick möt man blot so lachen, dat 'ne Kuh in ärn Steert mehr Verstand von't Wär hett as son Perfesser in sinen Kopp!‹[13]

Worauf kommt es bei der Bildungswert- oder der Sinnerschließung dieser humorvollen Erzählung an? Was ist daran »bildend‹? Bildung ›entsteht‹ nicht, indem man die Geschichte bloß liest und sich an dem humorvollen Inhalt erfreut, sondern dadurch, daß die Grundgedanken herausgearbeitet und auf das gegenwärtige Leben übertragen werden.

In der Erzählung treten drei Personen auf: der Professor, die Frau und der Knecht. Die Schüler müssen nun dafür »aufgeschlossen« werden, daß die drei Personen eine jeweils besondere Form menschlichen Seins vertreten: der Professor als eine auf ihr Wissen eingebildete Person; die Frau mit »gesundem Menschenverstand« und der Knecht mit den gutmütig-humorvollen Charakterzügen. Den drei »Menschen-Typen« begegnen die Schüler nicht nur in der Geschichte, sondern auch im Leben, wenn auch in abgewandelter und differenzierter Form. Es ist aber entscheidend, daß die Schüler solche Grundtypen menschlicher Verhaltensweisen einmal an einer einfachen, überschaubaren Erzählung erleben, daß sie dafür »aufgeschlossen« werden und »kategoriale«, d. h. grundlegende Einsichten, Erfahrungen und Erlebnisse gewinnen, mit deren Hilfe sie sich andere, ähnliche Welt- und Bildungsinhalte selbst erschließen können.

Klafki bezeichnet das (möglichst) selbständige »Erschließen« eines Bildungsinhaltes auf das Wesentliche, Grundlegende, eben auf das »Kategoriale« hin, und das Erschlossenwerden des Schülers (Menschen) durch den Bildungsinhalt

---

[13] W. Klafki, Didaktische Analyse als Kern der Unterrichtsvorbereitung, in: H. Roth/A. Blumenthal (Hrsg.), Auswahl. Grundlegende Aufsätze aus der Zeitschrift ›Die Deutsche Schule‹, 2. Aufl., Hannover 1962, S. 29; vgl. dort auch die weitere Analyse, auf die wir uns hier beziehen.

als »kategoriale Bildung«. Die »kategoriale Bildung« will Mensch und Welt, Subjekt und Objekt, so miteinander verschränken, daß im Bildungsprozeß »kategoriale« Einsichten, Erfahrungen, Erlebnisse gewonnen werden. Durch »kategoriale Bildung« sollen also Grundeinsichten gemacht, Grunderfahrungen erworben und Grunderlebnisse geschaffen werden; sie sollen im Leben zur Verfügung stehen und angewendet werden, d. h., mit dem gewonnenen ›Material‹ sollen weitere Denk-, Erfahrungs- und Erlebnisfelder selbständig ›aufgeschlossen‹ werden können. Klafki charakterisiert dementsprechend »Bildung« präziser als

»›kategoriale Bildung‹ in dem Doppelsinn, daß sich dem Menschen eine Wirklichkeit kategorial erschlossen hat, und daß eben damit er selbst dank der selbstvollzogenen kategorialen Einsichten, Erfahrungen, Erlebnisse für diese Wirklichkeit erschlossen worden ist«.[14]

Klafki überwindet mit dem Begriff der »kategorialen Bildung« nicht nur die aus dem 19. Jh. überlieferten Bildungstheorien der *»formalen«* und der *»materialen Bildung«*, sondern er entwirft auch die Grundlagen einer neuen Bildungstheorie. Dabei greift er zurück auf das antinomische Bildungsdenken Hegels und Litts.

Materiale Bildung als Wissensaufnahme und
formale Bildung als Kräfteschulung werden in
der »kategorialen Bildung« ›aufgehoben‹

Was ist mit der ›Überwindung der materialen und formalen Bildung‹ gemeint, d. h. mit dem ›Zusammenfügen‹ der beiden Bildungsvorstellungen und -begriffe, die dem 19. Jh. entstammen und das Bildungsdenken des 20. Jh. beeinflußt haben? Die Vertreter der »materialen Bildung« gehen davon aus, daß Bildung schon durch die Aufnahme von Wissensinhalten erlangt wird, und zwar gleichgültig welcher Art die Inhalte sind. Es komme nur darauf an, objektive Gehalte der Kultur in die jugendliche Seele zu ›senken‹, dann werde sich schon Bildung vollziehen. Dieser Standpunkt ist auch als »didaktischer Materialismus« bezeichnet worden (Fr. W. Dörpfeld, 1900), d. h., viel Wissen (= Material) führt zur Bildung. Demgegenüber behaupten die Vertreter der »formalen Bildung«, daß nicht die Vielzahl der Inhalte maßgebend für die Bildung sei, sondern ausschließlich ihre kräftebildende Wirkung. So fördere z. B. Latein und Mathematik das Denken, und zwar gleichgültig, welche Inhalte im einzelnen aus diesen Disziplinen ausgewählt werden. Das hört man immer wieder!
»Kategoriale Bildung« will nun die Trennung von formaler und materialer Bildung überwinden. An Hand ausgesuchter Bildungsinhalte (»Exempla«) sollen

---

[14] W. Klafki, Das Problem des Elementaren und die Theorie der kategorialen Bildung, Weinheim 1959 u. ö., S. 295. – Vgl. auch E. Matthes, Von der geisteswissenschaftlichen zur kritisch-konstruktiven Pädagogik, Bad Heilbrunn 1992.

»Kategorien«, d. h. Grundeinsichten, -erfahrungen und -erlebnisse, gewonnen werden; und diese »Kategorien« bilden die Grundlage für die Erschließung neuer Fragen, Inhalte und Gegenstandsbereiche. Das setzt voraus, daß die Auswahl der Inhalte nach dem »exemplarischen Prinzip« erfolgt, d. h., aus den Fachgebieten sollen nur solche Exempla ausgewählt und bereitgestellt werden, die für das Fach und für die Bildung des Schülers fundamentale Bedeutung haben (vgl. Thema 11). In allen Unterrichtsfächern soll an Hand ausgewählter Beispiele, also an Hand von »Exempla«, das »Bildende«, d. i. das Wesentliche, Grundlegende, Fundamentale, »erschlossen« und die Schüler dafür »aufgeschlossen« werden. Der Unterricht soll für die Bildungswerte ›hellhörig‹ machen, die in einem Bildungsinhalt ›verborgen‹ sind, und für die Verlebendigung der Werte im zukünftigen Leben sorgen. Im Bildungsprozeß ist also das Bildende oder der Wertgehalt eines Bildungsgutes herauszuarbeiten, zu verarbeiten und in die Wirklichkeit des Lebens ›umzusetzen‹.

Bildung und Erziehung sollen auf unterschiedlichen Wegen sittliche »Tathandlungen« auslösen

Sofern dieses ›Umsetzen‹ das sittliche Handeln betrifft, bestehen enge Beziehungen zur Erziehung. Auch Bildung will letztlich die sittliche »Tathandlung« bewirken, nämlich durch die Verwirklichung sittlicher Werte, die das Ich im Bildungsprozeß aufnimmt. Das zeigt, daß die beiden Grundbegriffe Bildung und Erziehung theoretisch zwar getrennt behandelt werden können, daß sie aber in der Praxis eng miteinander verzahnt sind. In beiden Vorgängen und Tatbeständen kommt die Sorge um den Menschen zum Ausdruck: Bildung und Erziehung, Erziehung und Bildung wollen den fehlbaren Menschen bessern und immer wieder an die Humanitas heranführen. Im Bereich der Erziehung geschieht das durch mitmenschliche »Tathandlungen«, im Bereich der Bildung durch die Herausarbeitung geistig-sittlicher Werte; sie werden durch Konfrontation mit der geschichtlichen, sozialen und sachlichen Wirklichkeit gewonnen, vom Subjekt übernommen und verwirklicht. Aber man kann weder Erziehung noch Bildung ›herstellen‹. Ob sie sich tatsächlich ›ereignen‹, kann aufgrund der konstitutionellen Voraussetzungen des Menschen, also seiner Gefühls- und Willensstruktur, seiner Begabung, seiner Unfestgelegtheit nie mit Sicherheit gesagt werden.

Zu 3.: Das »Schulleben« soll Leben in die Schule bringen und Schule und Leben miteinander verbinden

Den Begriff »Schulleben« hat in der Mitte des vorigen Jahrhunderts *C. G. Scheibert* eingeführt. Damit hat er zum Ausdruck bringen wollen, daß die Schule nicht nur eine Belehrungsanstalt sein darf, sondern daß sie auch eine Stätte des Miteinanderlebens und des sozialen Handelns sein soll. Das »Schulleben« soll den Unterricht und die gesamte Schularbeit durchpulsen und sie ergänzen, so daß

»möglichst getreu die im bürgerlichen Leben geltenden Faktoren zur Übung und Geltung« kommen.[15]

Das heißt: Unterrichten und Lernen sollen sich auf der Grundlage der Handlung und der sozialen Interaktion vollziehen. Schule soll »wirkliches Leben«, ja, »gelebtes Leben« sein. Schon vorher taucht der Begriff »Schulleben« bei *Fr. Fröbel* (1782-1852) auf. Fröbel will das »Familien- und Schulleben« miteinander verbinden, weil die Schule das »Familienleben« berücksichtigen und auf ihm aufbauen müsse. Daher schreibt er: »Einigung des Familien- und Schullebens ist die ganz unerläßliche Forderung der Menschenerziehung dieses Zeitraumes.«[16]

Im Sinne der genannten beiden Pädagogen hat dann die Reformpädagogik der ersten Jahrzehnte unseres Jahrhunderts den Begriff »Schulleben« zum »Unterrichtsleben« hin erweitert und das Tätigwerden der Schüler an einer gemeinsamen Aufgabe gepflegt. Ob Schule tatsächlich »wirkliches Leben« sein kann und darf, können wir hier nicht ausdiskutieren. Soviel sei aber angemerkt: Schule wird niemals voll im Leben aufgehen können. Aber sie sollte dem Leben nahe kommen, indem sie Lebensfragen = lebendige Fragen einbezieht und dadurch die Gefahr der Verschulung eingrenzt.

»Schulleben« ist Gemeinschaftsleben der Klasse/
Schule und bestimmt weite Teile des Unterrichts

»Schulleben« bezieht sich vorwiegend auf zwei Bereiche, nämlich 1. auf den Unterricht selbst; hier sollen Lebenssituationen bearbeitet und die Schüler dadurch auf natürliche Weise zum Lernen angeregt und zur Zusammenarbeit angehalten werden, und 2. auf Veranstaltungen neben dem Unterricht wie Schulwanderungen, Ausgestaltung des Klassenraumes, Schulfeste und -feiern und deren Vorbereitung durch die Schüler, Schülerarbeitsgemeinschaften für Spiel und Sport, Musik und werkliches Gestalten u. ä. Die Schule ist hiernach ein sozialer Erfahrungsraum, den die Schüler in relativ selbständiger Weise gestalten. Im Rahmen dieses »Schullebens« findet Unterricht statt, also inmitten eines aktiven Gemeinschaftslebens. Insofern ist diese Konzeption mit der unter 1. genannten verwandt. Die erzieherischen Absichten stehen in beiden Konzeptionen im Vor-

---

[15] C. G. Scheibert, Das Wesen und die Stellung der Höheren Bürgerschule, Berlin 1848, S. 65.
[16] Fr. Fröbel, Die Menschenerziehung, 1826, § 86.

dergrund, werden aber hier noch vertieft. Das folgende *Beispiel* zeigt, was mit »Schul- und Unterrichtsleben« gemeint ist und wie man es einlösen kann:

Erarbeitung eines Unterrichtsthemas durch ein Spiel
Eine 6. Klasse erarbeitet im Anschluß an die Behandlung des Themas: »Die erste Besiedlung Nordamerikas durch die Engländer« ein Spiel, das die Überfahrt der Pilgerväter auf der »Mayflower« beinhaltet. Nachdem die Schüler eine Abbildung der »Mayflower« betrachtet, mit dem Modell eines modernen Ozeanriesen verglichen und die Gefahren der Überfahrt auf der »Mayflower« besprochen hatten, wird aus der Situation heraus in der Turnhalle mit dem Spiel begonnen: Die Pilgerväter und ihre Angehörigen gehen an Bord. Sie drängen sich auf dem Schiff zusammen, nehmen Abschied von den Zurückbleibenden, der Kapitän mahnt zur Abfahrt usw. Unterwegs erleben die Mitfahrenden Stürme, Windstille, Hitze; sie erleiden Hunger und Durst. Endlich kommen sie in der neuen Welt an und müssen unbekannte Gefahren bewältigen ... Aus einer ersten Fassung entsteht eine zweite und dritte. Schließlich wird das ›Werk‹ am Elternabend aufgeführt.

In diesem Beispiel wird aus einem Unterrichtsthema heraus ein szenisches Spiel gestaltet. Die Schüler sind genötigt, sich in die Rollen von Kapitän, Matrosen, Pilgervätern, deren Frauen und Kinder zu versetzen; sie nacherleben die Nöte, Hoffnungen und Schicksale dieser Menschen und gewinnen dadurch neue Erfahrungen mit sich, der Umwelt und der Geschichte, lernen, sich mündlich und schriftlich auszudrücken usw. Gleichzeitig wird das Zusammenleben und -handeln aller Beteiligten verbessert und das Vertrauensverhältnis untereinander gestärkt.

»Schulleben« will das Miteinander in der Schule
fördern und den Unterricht in erzieherischer
Absicht als Gemeinschaftsaufgabe durchführen

Das »Schul- und Unterrichtsleben« bildet nicht nur ein Gegengewicht gegenüber den streng rationalen Anforderungen des überlieferten Unterrichts, sondern stellt eine neue Unterrichtskonzeption dar: Der Unterricht ist eingebettet in den sozialen Handlungsraum und in das Gemeinschaftsleben der Schüler; Erziehung, Bildung und Unterricht sind im »Schulleben« organisch miteinander verbunden. Das zeigt auch das Beispiel. Zahlreiche Schulordnungen der Länder der Bundesrepublik Deutschland weisen nachdrücklich auf die Bedeutung des »Schullebens« für die Erziehung der Jugend hin und fordern, daß die Schule nicht nur eine Einrichtung für den Unterricht sein soll, sondern in erster Linie eine Stätte des Miteinander-Lebens und -Arbeitens.

Es darf jedoch nicht übersehen werden, daß die Möglichkeiten dieser Konzeption in der Schule von heute begrenzter sind als noch in den 50er und 60er Jahren. Das hat vielerlei Ursachen, z. B. das Fachlehrersystem, das einen fortwährenden Wechsel der Lehrer in der Klasse zur Folge hat; die Stofffülle, die das gemeinsame Erarbeiten der Inhalte einschränkt und die der Tendenz nach reproduktives Lernen begünstigt; weiter: die Mammutschulen, die ein Gemeinschaftsleben nur schwer aufkommen lassen. Wenn man aber andererseits die Notwendigkeit von Erziehung und Bildung in der Schule bejaht, dann lassen sich auch trotz der erwähnten Beschränkungen Mittel und Wege finden, ein »Schul- und Unterrichtsleben« zu gestalten.[17]

Wir wiederholen und begründen den »erziehenden Unterricht« aus psychologischer Sicht

Der »erziehende« und »bildende« Unterricht sowie das »Schulleben« regen das »sittliche Wollen« der Schüler an, stärken es und lenken es in die ›richtigen Bahnen‹. Der »erziehende Unterricht« im Sinne des »handlungsorientierten Unterrichts« eröffnet den Schülern Anregungs- und Handlungsfelder für gemeinsame Arbeit (1.1.). Sie lernen im Umgang miteinander, nämlich sich ›zu ertragen‹, sich freundlich zueinander zu verhalten, leise zu sprechen, sich ruhig im Raum zu bewegen, sorgfältig mit dem Arbeitsmaterial umzugehen, die gestellte oder selbst gewählte Arbeit ordentlich zu erledigen und sich dabei gegenseitig zu helfen. Die sozialen Verhaltensweisen werden im Umgang gefordert und gefördert und ›eingeschliffen‹, ohne allerdings zum ›Dauerbesitz‹ zu werden. Die Schüler und Schülerinnen müssen vielmehr immer angeleitet und ermutigt werden, das »Gute« zu vollziehen, und sie müssen sich gegenseitig unterstützen, um ihre individuellen Bestrebungen und Vorhaben dem gemeinsamen Wollen und der vereinbarten oder selbstgestellten Aufgabe einzuordnen. Das erfolgt auf der Grundlage des Umgangs und der Erfahrungen, die reflektiert werden (müssen). Ähnliches gilt für die Konzeption des »Schullebens« (3). Es handelt sich dabei um eine ›erweiterte Form‹ des handlungsorientierten Unterrichts. Das »Schulleben« will über den handlungsorientierten Unterricht hinaus das gesamte Leben der Schule einbeziehen und die Schule dem ›wirklichen‹ Leben weitgehend anpassen. Dadurch werden Anregungsbedingungen geschaffen, die wünschenswerte Handlungen und Haltungen auslösen und dazu verpflichten.
  Herbart und die Herbartianer gehen dagegen davon aus, daß der ›Mechanismus der Vorstellungen‹ die Richtung des Wollens bestimmt. Sie sind davon

---

[17] *Literatur zum »Schulleben«*: R. Lassahn (Hrsg.), Das Schulleben (Klinkhardts Pädagogische Quellentexte), Bad Heilbrunn 1969 – R. W. Keck und U. Sandfuchs (Hrsg.), Schulleben konkret – zur Praxis einer Erziehung durch Erfahrung, Bad Heilbrunn 1979 – F. O. Schmaderer (Hrsg.), Die pädagogische Gestaltung des Schullebens – Beiträge zur Verwirklichung des Erziehungsauftrags der Schule, München 1979 – Th. Dietrich, Schulleben oder Unterricht? – eine 150 Jahre alte Auseinandersetzung, in: »Pädagogische Welt« 1/1980, S. 2-8; wieder abgedruckt in »Schulleben«, hrsg. von Gudjons und Reinert, Kronberg/Ts. 1980 – W. Wittenbruch, In der Schule leben, 1980 – J. Stammberger, Schulleben und Lehrerbildung, Bad Heilbrunn 1991 – K. u. D. Kägi-Romano, Schulleben und Lebensschule, 1993.

überzeugt, daß »das Wollen ... seinen Sitz im Gedankenkreis (hat)« (W. Rein). Im Unterricht und durch Unterricht sollen Vorstellungen des Wahren, Schönen und Guten in das Bewußtsein ›eingesenkt‹ werden, so daß wahre, schöne und gute Handlungen folgen. Die ›richtige‹ Konstellation der Vorstellungen bildet die Basis für das ›richtige‹ Wollen. Das ist die Auffassung des pädagogischen Rationalismus (1.2.).

Die Bildungstheorie (2) lotet tiefer; sie spricht die Gefühle und Strebungen des Menschen an, will Motive, also Beweggründe, wecken, anregen und aktivieren und dadurch das Wollen in die Richtung des Wahren, Schönen und Guten lenken. Das Wollen wird hier ebenso wie bei der Konzeption des handlungsorientierten Unterrichts als ein menschlich-seelischer Vorgang eigener Art gedeutet und nicht als Begleiterscheinung oder Folge des Vorstellungsmechanismus.

Das Wollen wurzelt also nicht in der Vernunft, und es besteht kein ›Primat‹ der Vernunft. Die Antriebe des Handelns ›sitzen‹ tiefer in der Persönlichkeitsstruktur des Menschen, nämlich in den psychischen Kräften der Gefühle und der Motivation. Ein Schüler erlebt beispielsweise Freude oder Angst; er ärgert sich über einen Mitschüler oder den Lehrer; er wird zornig, weil ihm der Sitznachbar eine Buchseite verschmiert. Solche psychisch-emotionalen Vorgänge beeinflussen und steuern sein Verhalten und lösen Motive oder ›Beweggründe‹ des Handelns aus. Der Schüler nimmt – um beim letzten Beispiel zu bleiben – dem Sitznachbarn das Buch weg, oder er schlägt zu, so daß es zur Rauferei kommt. Das Gefühlserlebnis »Ärger« oder »Zorn« läßt Blut in die Hände strömen, so daß eine tätliche Auseinandersetzung erleichtert wird. Der »Beweggrund« oder das »Motiv« Ärger oder Zorn aktiviert den Handlungsimpuls, dem Tischnachbarn Einhalt zu gebieten und ihn zur Rechenschaft zu ziehen.

Die Handlungen der Menschen erfolgen wie in unserem Beispiel in der Regel aus Beweggründen = Motiven heraus und sind zielgeleitet. Ein Schüler hat sich beispielsweise nach wiederholtem Versagen in der Rechtschreibung vorgenommen, seine Leistung zu verbessern. Der Beweggrund oder das Motiv oder sein Gerichtetsein heißt: die Leistung anheben. Gleichzeitig oder unabhängig davon kann ihn der Lehrer motivieren oder anregen, sein Bemühen auf dieses Ziel hin auszurichten. Im ersten Fall spricht man von »intrinsischer« Motivation, also von innengeleiteter und von der Person selbst ausgehender Motivation, im zweiten Fall von »extrinsischer« Motivation, die von außen angeregt und gefördert wird.[18] In beiden Fällen ist Motivation der Anregungsprozeß, die eigenen Kräfte auf das gewünschte oder angeregte Ziel hin auszurichten und nicht locker zu las-

---

[18] H. Heckhausen, Motive und ihre Entstehung – Einflußfaktoren der Motiventwicklung, in: Pädagogische Psychologie, Bd. 1, S. 133-209, Frankfurt 1974 u. ö.

sen, bis es erreicht ist. Im Verlauf des Prozesses entstehen wiederkehrende Motive, die sich festigen und die Selbstregulation fördern.

Für den »erziehenden Unterricht« und für das »Schulleben« bedeutet das: Den Schülern müssen Handlungsfelder und -situationen bereitgestellt werden, die das mitmenschliche Verhalten und die Tugenden der »einfachen Sittlichkeit« (O. Bollnow) herausfordern. Der Lehrer sollte nicht darüber reden, wie man einem anderen helfen und ihm beistehen kann, sondern durch die und in der unterrichtlichen Situation sollen die Schüler ›genötigt‹ werden, ihre Mitschüler durch »Tathandlungen« zu unterstützen und ›Dienst am anderen Menschen‹ zu leisten. Im »Schulleben« und im »handlungsorientierten Unterricht« bestehen verpflichtende Verhaltensweisen, Normen, Zielsetzungen und Sollens-Forderungen; sie veranlassen die Schüler, ihre Antriebe, Strebungen und Motive zielgerichtet, d. h. hier: mitmenschlich, einzusetzen. Der Schüler ist gefordert, während der gemeinsamen Arbeit seine individuellen Bedürfnisse dem Ganzen einzuordnen; d. h., er muß Motive ›erlernen‹ und festigen, die im Dienst der Gruppe oder der Gemeinschaft stehen. Das ist die Aufgabe und das Ziel des »erziehenden Unterrichts«. Anders gesagt: Der »erziehende Unterricht« aktiviert das Wollen und richtet es auf mitmenschliches und leistungswirksames Tun aus, und zwar durch das Tun selbst und nicht durch das Wort. Das Wollen ist die ›Kraft des Ich‹, aus der Situation heraus über das Verhalten zu entscheiden und das Verhalten zu festigen. Daß bei einem Entschluß auch die Einsicht eine Rolle spielen kann und die Handlung mit beeinflußt, darf nicht übersehen werden; sie spielt aber im Prozeß des Handelns nicht die Rolle, die man ihr im allgemeinen zubilligt. Der ›Handlungsdrang‹ wird von Strebungen, Antrieben und Motiven ausgelöst und von ihnen begleitet; er ist in der Persönlichkeitsstruktur tiefer verankert als die Einsicht. Der Mensch handelt stärker aus dem »endothymen Grund« heraus, also aus seiner Gefühlswelt und den Strebungen (Ph. Lersch, 1938). Dem Denken als »Oberbau« fällt die Rolle zu, die Gefühlsansprüche zu erhellen und willensmäßig mit zu steuern.[19] Der »erziehende« und »handlungsorientierte Unterricht« stellt also die Anregungsbedingungen bereit, damit sich der Schüler im humanen Sinne entwickeln und bewähren kann.

Zu 4.: Wissensvermittlung und Erziehung (Bildung) als Aufgabe der Schule der Gegenwart

Die Aufgabe der Schule heißt nicht: Wissensvermittlung *oder* Erziehung und Bildung, sondern die drei Aufgaben greifen ineinander und müssen integrativ

---

[19] Ph. Lersch, Aufbau der Person, 6. Aufl., München 1953 u. ö.

bewältigt werden. Das gilt auch für die drei von der Pädagogik entwickelten Konzeptionen, die entweder die Erziehungsaufgabe (1.) oder die Bildungsaufgabe (2.) in den Mittelpunkt stellen oder die Erziehung (Bildung) und den Unterricht im Schul- und Unterrichtsleben eng miteinander verzahnen (3.). Eine ›reine‹ Wissensvermittlung im Sinne des Einprägens von Tatsachen sollte es in der allgemeinbildenden Schule nicht geben. Stets muß die Grundstruktur der Bildung das Lehren und Unterrichten bestimmen, d. h., die Lehre muß so gestaltet werden, daß über bloße Kenntnisse hinaus Grundeinsichten, -erfahrungen und -erlebnisse gewonnen werden, oder deutlicher gesagt: mit dem Erarbeiten von Grundeinsichten usw. müssen zugleich Kenntnisse angeeignet werden. Das ›bildende Unterrichten oder Lehren‹ ist wiederum einzubetten in Formen des aktiven Gemeinschaftslebens in der Klasse und in der Schule. Hier, d. h. im Gemeinschaftsleben, erfährt der Schüler, daß er gebraucht wird. Das stärkt sein Selbstwertgefühl und motiviert ihn für (bildendes) Lernen. Die Schule muß also die drei Aufgaben gleichzeitig verfolgen und lösen. Dann bereitet sie ihre Schüler in rechter Weise auf das Leben vor.

Schule soll auf das Leben vorbereiten!
Was heißt das?

Das bedeutet, daß sie die Zukunft ihrer Schüler im Auge haben muß. Wenn in der Gegenwart auf die Zukunft des Schülers hingearbeitet werden soll und muß, dann sind die Aufgaben aus der Gegenwart – wann immer und wo immer möglich – auf ihre Grundeinsichten, -erfahrungen und -erlebnisse hin zu befragen. Erst dadurch stehen sie für künftiges Leben bereit (vgl. hierzu das Beispiel »Der Professor und die Kuh«). Wenn man dieser Zielstellung zustimmt, dann darf die Schule als Institution der Gesellschaft nicht primär auf die Eingliederung des Schülers in die Gegenwartsgesellschaft und auf die Tradierung der Kultur, also auf Kenntnisaneignung, bedacht sein, sondern sie muß mit dem Blick auf die Zukunft des Schülers dessen Kreativität »bilden«, ihn zum mitmenschlichen Handeln »erziehen« und dabei »Kenntnisse« erwerben lassen. Andererseits können ohne den Erwerb gediegener Grundkenntnisse die anderen Zielstellungen nicht erfüllt werden. Erziehung und Bildung vollziehen sich im Raume der Schule in der Auseinandersetzung mit den ›Sachen‹ – früher wie heute. Die Gesellschaft erwartet von der Schule, daß sie die Schüler ›allgemeinbildend‹ auf ein Berufsleben vorbereitet und sie entsprechend ›qualifiziert‹. Die Schule muß daher alle drei Aufgaben in Angriff nehmen und dabei gegebenenfalls Schwerpunkte unter Berücksichtigung des Alters der Schüler und der inhaltlichen Fragestellungen setzen.

176

Arbeitsaufgaben:

1. Wir haben behauptet, daß Erziehung im »handlungsorientierten Unterricht« und im »Schulleben« ›geschieht‹. Aufgrund welcher Tatsachen und Prozesse ist das der Fall? Konkretisieren Sie die Behauptung, indem Sie 1. die Aussage auf ihre psychologischen Grundlagen zurückführen und 2. durch Beispiele verdeutlichen.
2. Das Modell des »bildenden Unterrichts« sollten Sie noch einmal bearbeiten und sich anhand von Beispielen aus den Ihnen geläufigen Disziplinen deutlich machen. Bedenken Sie, daß zwischen »Bildungsgut« und »Subjekt« eine »Bildungswertbeziehung« ›hergestellt‹ werden und die Wertung aktualisiert werden muß, wenn »Bildung« erreicht werden soll.
3. Klären Sie die Begriffe »formale«, »materiale« und »kategoriale Bildung« mit Hilfe von Lexika usw. Beschäftigen Sie sich einmal mit dem Buch von W. Klafki (Anm. 13) und lesen Sie das 7. Kapitel.
4. Im Zusammenhang mit der »kategorialen Bildung« erwähnten wir das »exemplarische Prinzip«. Geben Sie Beispiele für »Exempla« aus Ihren Unterrichtsfächern und arbeiten Sie die Prinzipien des exemplarischen Lehrens (evtl. unter Zuhilfenahme von Lexika usw.) heraus. Bedenken Sie, daß Exempla zu einem tieferen Verständnis eines Unterrichtsfaches führen sollen und daß sie als Prototypen für ähnliche Lehrgegenstände erkannt werden und Anwendung finden sollen.

Kommentierte Literaturhinweise:

Beckmann, H.-K.: Schule unter pädagogischem Anspruch, Donauwörth 1983

B. bearbeitet – wie der Titel sagt – die Aufgaben und Felder der Schule »unter pädagogischem Anspruch«. Er schreibt als Hochschullehrer nicht aus dem »Elfenbeinturm« heraus; er kennt die Schule aus langer und reicher Erfahrung. Auf dieser Grundlage behandelt er die wichtigsten schulpädagogischen Fragen wie »Möglichkeiten und Grenzen der Erziehung in der Schule«, »Möglichkeiten und Grenzen der Beachtung des ›Wohles des Kindes‹ in der Schule«, weiter: den pädagogischen Bezug, das Leistungsproblem. B. plädiert für eine »humane Schule«, ohne dabei die notwendige Pädagogisierung dem ebenso »notwendigen Sachanspruch der Schule an die Schüler« zu opfern. Einen breiten Raum nehmen auch schulorganisatorische Fragen und solche der Sinngebung der Schule unter pluralistischen Gesichtspunkten ein.

Keck, R. W./Sandfuchs, U. (Hrsg.): Schulleben konkret – Zur Praxis einer Erziehung durch Erfahrung, Bad Heilbrunn 1979

Das Buch regt zum Nachdenken über die Gestaltung des Schullebens an und gibt Hilfen zu seiner Verwirklichung. Schule soll ein »Ort vielfältiger Erfahrungen auch außerhalb seiner Mauern« sein. Nach ausführlicher Begründung über die Notwendigkeit des Schullebens folgen Erfahrungsberichte, Beispiele, Projekte, Anregungen z. B. darüber, wie man den Schulhof und den Klassenraum als Handlungsfeld sozialer Erfahrungen ausbauen kann, wie man Feste und Feiern gestalten kann, wie man die Schüler in die Unterrichtsplanung und -durchführung einbeziehen kann, wie man Schullandheimaufenthalte, Theater- und Museumsbesuche als außerschulische Erfahrungsfelder für Unterricht, Erziehung und Bildung auswerten und wie man das Konfliktfeld »Schule« zur Konsensbildung nutzen kann. Die Verf. legen keine »Defizitanalyse« der heutigen Schule vor; sie helfen konstruktiv mit, Erziehung, Bildung und Unterricht miteinander zu verbinden.

Eine ähnliche theoretische und praktische Orientierung geben die in Anm. 16 genannten Bücher von Gudjons und Reinert sowie von F. O. Schmaderer. Außerdem weisen wir hin auf: W. Wittenbruch, In der Schule leben – Theorie und Praxis des Schullebens, Stuttgart 1980, sowie auf E. Weber, Das Schulleben und seine erzieherische Bedeutung, Donauwörth 1979. Ähnlich wie den anderen Autoren kommt es W. darauf an, Wege zu weisen, wie der Lehrer die erzieherischen Möglichkeiten des Unterrichts sowie die des schulischen und außerschulischen Schullebens verwirklichen kann. Darüber hinaus nimmt er eine fundierte kategoriale und terminologische Klärung der für den Gesamtkomplex relevanten pädagogischen Grundbegriffe vor. Die analytische Betrachtungsweise ist bes. gut geeignet; der Leser erhält mit der Anschauung die Klarheit des Begriffs.

Singer, K.: Maßstäbe für eine humane Schule – Mitmenschliche Beziehung und angstfreies Lernen durch partnerschaftlichen Unterricht, Frankfurt a.M. 1981

S. macht detaillierte Vorschläge für eine innere Reform der Schule, wie sie unter heutigen Bedingungen möglich sind. Er tritt u. a. für mitmenschliche Beziehungen in der Schule ein und beschreibt, was der Lehrer tun kann, um sie zu verwirklichen, weiter: wie man angstfreies Lernen ermöglichen kann, wie Schüler selbst-tätig sein können, wie sie sich partnerschaftlich helfen können, wie sie Mitverantwortung übernehmen und tragen können, wie sie ihre Leistungen angemessen erfüllen und verbessern können, wie der Lehrer die Lernfortschritte seiner Schüler beurteilen sollte, und welche »ersten Schritte« er zur Abschaffung der Ziffernzensur gehen kann. Durch solche und ähnliche Maßnahmen will S. die Schule »humanisieren«.

Hentig, H. v.: Die Schule neu denken, München 1993, 3. verb. Aufl. 1994

v. Hentig handelt ein »altes Thema« ab: die Gestaltung der »humanen Schule«. Die Schule entläßt die jungen Menschen »kenntnisreich, aber erfahrungsarm, erwartungsvoll, aber orientierungslos, ungebunden, aber auch unselbständig ... und ohne jede Beziehung zum Gemeinwesen« (S. 10). Auf dem Hintergrund der Ereignisse von Hoyerswerda, Mölln, Rostock und Solingen sowie der Veränderungen in der Gesellschaft durch Fernsehen, Computer, Arbeitslosigkeit, Eingliederung von Ausländern u.v.a.m. sucht v. Hentig nach einer »Grundvorstellung« von Schule, nämlich nach der Schule als »Lebens- und Erfahrungsraum«. Wir müssen es zuerst »mit den Lebensproblemen der Schüler aufnehmen, bevor wir ihre Lernprobleme« zu lösen versuchen.

Thema 8
Soll das Schulsystem vertikal-gegliedert aufgebaut sein, oder soll man es horizontal-gestuft und einheitlich gestalten? – Von den Grundmodellen der Schulorganisation – ein Problem aus der »Theorie der Schulorganisation«

Einführung:
Die Organisation unseres Schulwesens ist rückständig!–?

Die vertikale Gliederung unseres Schulwesens
ist geschichtlich bedingt

In der Bundesrepublik Deutschland ist das *allgemeinbildende* Schulwesen nach Schulformen oder Schularten gegliedert. Auf eine in der Regel vierjährige Grundschule folgen drei weiterführende Schulen mit spezifischen, staatlich anerkannten Abschlüssen: die Hauptschule, die Realschule und das Gymnasium. Die dreigliedrige Organisation ist 1920 in der »Weimarer Verfassung« festgelegt worden: sie war aber durch die Entwicklung des Schulwesens im 18./19. Jh. bereits vorgezeichnet. Im Zusammenhang mit der ständischen Gliederung der Gesellschaft hatten sich aus dem ursprünglich zweigeteilten Schulwesen, nämlich den Elementarschulen und den Lateinschulen, aufgrund der gewachsenen und sich wandelnden gesellschaftlichen Anforderungen drei Schularten gebildet: die Volksschule, die Bürger- oder Mittelschule und das Gymnasium. Jede Schule war vorwiegend für die Kinder einer Gesellschaftsschicht bestimmt: die Elementar- bzw. Volksschule für die Kinder des ›niederen‹ Volkes, die Mittelschule für die Kinder der Gewerbetreibenden und das Gymnasium für die der höheren Schichten. Nach dem 2. Weltkrieg hat man beim Wiederaufbau des Schulwesens auf das überlieferte System zurückgegriffen, es jedoch geringfügig verändert. So ist z. B. die Volksschule in Grund- und Hauptschule aufgeteilt worden. Letztere soll nach den Vorstellungen der Reformer zur weiterführenden Schule ausgebaut werden, also gleichberechtigt neben Realschule und Gymnasium bestehen.

Zur Entwicklung der Sonderschulen

Seit dem 18. Jh. hat sich allmählich ein *vierter Strang* im Rahmen des allgemeinbildenden Schulwesens entwickelt: das *Sonderschulwesen*. Es ist während des 18. Jh. aus privater Initiative heraus entstanden wie z. B. Blindenschulen oder Taubstummenschulen. Seit der Mitte des 19. Jh. hat man auch an öffentlichen Schulen ›Nachhilfeklassen‹ für geistig und körperlich behinderte Kinder eingerichtet. Daraus haben sich dann die »Hilfsschulen« entwickelt. Hier sind

Kinder unterrichtet worden, die in der ›Regelschule‹ nicht ausreichend gefördert werden konnten und können. Seit 1971 heißen sie »Sonderschulen«. Sie gliedern sich in Schulen für Lernbehinderte, weiter: in Schulen für körperbehinderte oder sinngeschädigte und für verhaltensgestörte Kinder. Die zuletzt genannten hießen früher »Schulen für Schwererziehbare«. Da nach der überlieferten Schulorganisation die behinderten von den nicht-behinderten Kindern ›separiert‹ und speziellen Schulen zugewiesen werden, hat man in den letzten Jahren die Frage diskutiert, ob sich die Trennung aus pädagogischen Gründen rechtfertigen läßt. Ist es für die humane Entwicklung beider Gruppen sinnvoller, sie gemeinsam zu erziehen und den Behinderten in ›Sonderstunden‹ aufgrund ihrer speziellen Behinderung zu helfen? Die Integration der Behinderten ist gesellschaftlich, erziehlich und ethisch wünschenswert, hat aber ihre Grenzen dort, wo die gezielten Hilfen für Behinderte nicht ausreichend angeboten werden können, und wo man beiden Schülergruppen mehr schadet als nützt.

Aus den ›Nachhilfeklassen‹ in der ›Regelschule‹ hat sich also im Verlauf eines Jahrhunderts ein differenziertes Sonderschulwesen entwickelt. Daher müssen wir von einem viergliedrigen statt – wie vielfach üblich – einem dreigliedrigen Schulsystem sprechen.[1]

Zum Berufsschulwesen: duales oder einheitliches System?

Auf dem allgemeinbildenden Schulwesen baut das *Berufsschulwesen* auf. In der Regel wird der Berufsanfänger grundständig im Betrieb ausgebildet. Daneben besucht er für zwölf Wochenstunden die Berufsschule, und zwar bis zum 18. Lebensjahr bzw. bis zum Abschluß der beruflichen Erstausbildung. Man bezeichnet diese Form der Ausbildung als »duales System«. Der Begriff taucht erstmalig im »Gutachten über das berufliche Ausbildungs- und Schulwesen« des »Deutschen Ausschusses für das Erziehungs- und Bildungswesen« (1964) auf und kennzeichnet das Nebeneinander von Betriebsausbildung (Praxis) und Berufsschule (Theorie). In der Berufsschule erhält der Auszubildende berufspraktischen und -theoretischen Unterricht in dem zu erlernenden Beruf sowie allgemeinbildenden Unterricht, u. a. in Deutsch, Religion, Politik/Geschichte,

---

[1] Deutscher Bildungsrat, Gutachten zur pädagogischen Förderung behinderter und von Behinderung bedrohter Kinder und Jugendlicher, Bonn 1973 – U. Bleidick, Sonderschule, in: D. Lenzen (Hrsg.): Enzyklopädie Erziehungswissenschaft, Bd. 8, S. 270-287, Stuttgart 1983 – W. Ammann, Institutionen der Sonderpädagogik, in: L. Roth (Hrsg.): Pädagogik, München 1991, S. 407-415 – A. Sander, Behinderte Kinder – Gesondert oder integriert fördern? in: D. Haarmann, Handbuch Grundschule, Bd. 1, Weinheim 1991, S. 139-151 – J. Muth, Zum Stand der Entwicklung der Integration Behinderter in den Bundesländern, in: 29. Beiheft der Zeitschrift für Pädagogik, Weinheim 1992, S. 295-297.

Sport. Statt der wöchentlichen Berufsschultage gibt es auch Unterricht in Blockform für mehrere Wochen, und zwar dort, wo keine Berufsschulklassen für bestimmte Berufe eingerichtet werden können wie in ländlichen Gebieten, oder wo der Neuzugang zu einem Beruf nur wenige Auszubildende umfaßt, z. B. bei Optikern. Neben dem dualen System besteht die Möglichkeit, die berufliche Ausbildung über Berufsfachschulen abzuleisten, z. B. für Uhrmacher.

Das duale System ist in den letzten Jahrzehnten in die Kritik geraten, und zwar vor allem deswegen, weil die betriebliche Ausbildung den Gesetzen der Ökonomie unterliegt, die Berufsschule aber nach pädagogischen Grundsätzen arbeiten will und soll. Das hat zu Schwierigkeiten geführt. Daher versuchen Großbetriebe, die fachliche und allgemeine Unterrichtung der Auszubildenden selbst in die Hand zu nehmen. Eine solche einheitliche Ausbildung kann jedoch ein mittlerer oder kleiner Betrieb nicht leisten.[2]

»Das gesamte Schulwesen steht unter der Aufsicht des Staates«

Das gilt seit der Epoche der Aufklärung und ist im »Preußischen Landrecht« (1794) erstmalig festgeschrieben. Die »Weimarer Verfassung« (1919; Art. 144) und das »Grundgesetz« (1949; Art. 7) übernehmen diese Bestimmung, lassen aber »*Private Schulen*« zu, »wenn (sie) in ihren Lehrzielen und Einrichtungen ... nicht hinter den öffentlichen Schulen zurückstehen ...« (GG, Art. 7). Der Gesetzgeber besteht also auf seinem ›Aufsichtsrecht‹. Sofern dieses Recht aus Sorge für das »Gleichgewicht aller« ausgeübt wird, sinnvolle pädagogische Versuche nicht eingeschränkt und die ›relative‹ Autonomie der einzelnen Schule nicht unterbunden wird, sollte man daran nicht rütteln.[3]

Innerhalb der vertikalen Grundstruktur des Schulwesens gibt es mannigfache Abweichungen. So ist z. B. der Übergang von der Grundschule zu den weiterführenden Schulen unterschiedlich geregelt, oder die Dauer der Realschule schwankt zwischen vier und sechs Jahren. Dazu kommen Besonderheiten in der Namengebung. Beispielsweise wird die Hauptschule in Thüringen unter dem Begriff der »Regelschule« geführt. Trotz solcher Modifikationen bleibt aber die Tatsache bestehen, daß im gegliederten Schulwesen der Grundschule drei wei-

---

[2] H.-J. Albers, Das berufliche Bildungswesen in der Bundesrepublik Deutschland, in: L. Roth (Hrsg.), Pädagogik, München 1991, S. 482-490 – Arbeitsgruppe Bildungsbericht am Max-Planck-Institut für Bildungsforschung: Das Bildungswesen in der Bundesrepublik Deutschland, Reinbek 1990, Neuausgabe 1994 – W. D. Greinert, Berufsausbildung und sozio-ökonomischer Wandel. Ursachen der ›Krise des dualen Systems‹ der Berufsausbildung, in: Zeitschrift für Pädagogik, 3/94, S. 357-372.
[3] Vgl. hierzu: W. v. Humboldt, Ideen zu einem Versuch, die Grenzen der Wirksamkeit des Staates zu bestimmen, 1792 (Reclam Universalbibl. Nr. 1991-92a, S. 68 ff.).

terführende allgemeinbildende Schulen nachfolgen, und zwar im Sinne von
>Grundformen<: die Hauptschule, die Realschule und das Gymnasium; ihre Wur-
zeln reichen tief in die Geschichte zurück – die des Gymnasiums bis in die Antike, die der Grund- und Hauptschule, also der früheren Elementar- und Volksschule, bis in die Reformationszeit und die der Realschule in das frühe 18. Jh.
Die unterschiedlichen Entstehungszeiten, die nebeneinander herlaufende Entwicklung, die Verbindung mit gesellschaftlichen Ständen und der Zusammenhang mit individuellen Begabungsrichtungen und -höhen haben das Nebeneinander bis auf den heutigen Tag als gerechtfertigt erscheinen lassen. Die vertikale
Gliederung ist also durch die Geschichte der Schulen >vorgezeichnet<. Das heißt
jedoch nicht, daß das so bleiben muß.

Nur die Gesamtschule bietet Chancengerechtigkeit

Gegen das vertikal-gegliederte Organisationsmodell sind gleich nach 1945, vor
allem aber in den folgenden Jahrzehnten, gewichtige Einwände erhoben worden:
ganz allgemein ist es als »rückständig« bezeichnet worden, und zwar deshalb,«
weil es sich an der dreigliedrigen Gesellschaftsstruktur des 19. Jh. ausrichte. Vor
allem haben die Vergleiche mit den Schulsystemen in anderen Ländern wie z. B.
den USA, der früheren Sowjetunion, aber auch mit Schweden und mit Reform-
ansätzen in England gezeigt, daß das Schulwesen in der Bundesrepublik
Deutschland als reformbedürftig anzusehen ist. Die genannten Länder haben
zum Teil schon seit langem eine einheitlich-horizontale oder stufenförmige
Schulorganisation verwirklicht, oder sie sind dabei, sie auszubauen. Aus dieser
Sicht hat man gefolgert und behauptet, daß das gegliederte Schulsystem weder
den Bedürfnissen einer demokratischen Gesellschaft noch den Neigungen, Interessen und Begabungen der Schüler gerecht werde. Aufgrund der Dreigliedrigkeit
der weiterführenden Schulen würden Trennwände zwischen den Begabungen
und den Bevölkerungsschichten aufgerichtet, und die Schüler müßten den Kanon
von Inhalten lernen, den die betreffende Schulart anbiete; sie hätten also nicht
die Möglichkeit, sich aus einem breitgestreuten Angebot von Unterrichtsfächern
bestimmte Fächer ihrer Neigung und Begabung auszuwählen. Wer also z. B. das
Gymnasium besucht und begabungsmäßig nicht in der Lage ist, gleichzeitig mindestens zwei Fremdsprachen zu lernen, oder wer nicht bereit ist, sich zwei
Fremdsprachen anzueignen, weil seine Interessen auf anderen, z. B. technischen
oder wirtschaftlichen Gebieten liegen, muß diese Schule verlassen und wird
>umgeschult<. Das erfolgt selbst dann, wenn der betreffende Schüler in anderen
Fächern gute Leistungen aufweist oder auf Gebieten etwas zuwege bringt, die
lehrplanmäßig in keiner Schule des dreigliedrigen Systems angeboten werden.
Aus den genannten Gründen müsse daher das Schulsystem geändert werden.

182

Wir brauchen – so wurde und wird gesagt – eine »bessere Schule«, und diese »bessere Schule« müsse so angelegt sein, daß sie allen Schülern ein breites Fächerangebot biete und vor allem die gleichen Chancen gebe. Das aber sei gleichbedeutend mit dem horizontal-stufenförmigen Aufbau oder mit der »Gesamtschule«. Nur die Gesamtschule könne die Mängel des bestehenden viergliedrigen Schulsystems überwinden.

Unsere Frage lautet also: Welches System entspricht unserer demokratischen Gesellschaft, und in welchem System haben alle Schüler die gleichen Chancen? Anders gefragt: vertikales *oder* horizontales Schulsystem? Hierfür sollen im folgenden Entscheidungshilfen erarbeitet werden. Damit wir die Vor- und Nachteile jedes der beiden Systeme möglichst leidenschaftslos betrachten, ist es erforderlich, daß wir uns zuvor mit den Grundlagen und Zielstellungen beider Organisationsmodelle und deren historischer Entwicklung befassen. Wir werden also Überlegungen anstellen 1. zur Entstehung, Entwicklung, Zielstellung und Kritik des gegliederten Schulwesens und 2. die Gesamtschule an den gleichen Fragestellungen ›messen‹. Wir werden dann einen Vergleich der beiden Organisationsmodelle durchführen und eine Entscheidungshilfe für die gestellte Grundfrage geben (3.).

Zu 1.: Entstehung, Entwicklung, Zielsetzung und Kritik des gegliederten Schulwesens

Die gegenwärtige viergliedrige Organisation des allgemeinbildenden Schulwesens ist in einer etwa 400jährigen Geschichte allmählich entstanden. Das haben wir bereits angedeutet. Den »Sockel« des gesamten ›Gebäudes‹ bildet die vierjährige und in den Stadtstaaten wie Bremen, Berlin, Hamburg auch die sechsjährige Grundschule. Auf diesem Fundament stehen die drei unterschiedlich starken »Säulen« der weiterführenden Schulen: die Hauptschule, die Realschule und das Gymnasium. Daneben befindet sich als vierte Säule das Sonderschulwesen.

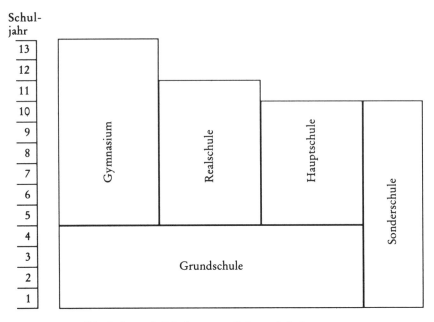

Vertikal – nach Schularten gegliedertes Schulsystem

Dieses Organisationsmodell wird auch als »Gabelungssystem« bezeichnet, weil es sich nach der Grundschule in die weiterführenden Schulen »gabelt«. Die »Gabel« tritt deutlich in Erscheinung, wenn wir das Organisationsmodell so darstellen:

Gabelungssystem

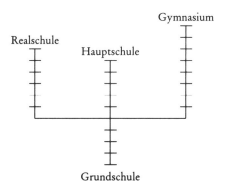

184

Das »Gabelungssystem« besteht, wie wir schon sagten, erst seit 1920. Vorher existierte das »Säulensystem«. Die drei Schularten, nämlich die Volksschule bzw. ihre Vorgängerin – die Elementarschule –, das mittlere Schulwesen wie Bürger- oder Realschulen und das Gymnasium, standen als »Säulen« nebeneinander. Sie waren also eigenständig, oder – wie man auch sagt – ›grundständig‹. Das besagt: Die mittlere und höhere Schule hatte eigene »Vorklassen«. Übergänge von einer Schulart zur nächst höheren waren zwar möglich, zumeist aber unter Verlust eines Schuljahres. So konnte man beispielsweise nach dem 4. Volksschuljahr in die dritte Klasse eines ›grundständigen‹ Gymnasiums eintreten, während die Vorklassen des Gymnasiums nur drei Jahre betrugen. Die nachfolgende Graphik verdeutlicht die Grundstruktur dieses Systems.

Die dreigliedrige Schulorganisation beruht auf
einem ständischen Denken

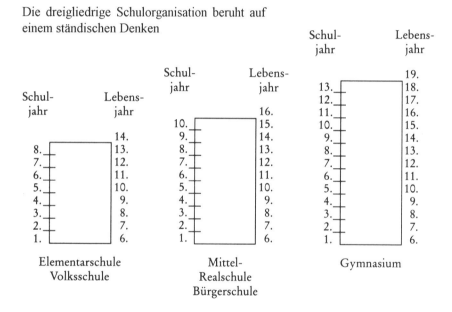

Jeder Gesellschaftsstand hatte sich im 18./19. Jh. ›seine‹ Schule geschaffen. Oder richtiger gesagt: Jedem Gesellschaftsstand war im 18./19. Jh. eine eigene Schulart ›zugeordnet‹ worden. Die Kinder des »niederen Volkes« besuchten die *Elementarschule*, die spätere *Volksschule*, die der mittleren Stände die *»Bürgerschule«*, die auch als *»Mittel-«* oder *»Realschule«* bezeichnet worden ist, schließlich: Die Kinder der sog. »Oberschicht«, d. h. vor allem die des Adels und der Geistlichkeit, wurden in das *Gymnasium* eingeschult. Jede dieser Schularten kann auf eine mehr oder minder lange Geschichte zurückschauen. Hierzu einige Anmerkungen:

185

Die Elementarschulen sind in der nachreformatorischen Zeit entstanden und dienten der Bildung des ›niederen‹ Volkes

Sie sind der Idee nach Kirchenschulen, die von Kirche und Gemeinden unterhalten werden. Sie vermitteln den Kindern des »niederen Volkes« in erster Linie
biblische Kenntnisse und in Verbindung damit das Lesen und Schreiben. Als
sich im 17./18. Jahrhundert die Landesherren dieser Schulen annehmen, ›verord-
nen‹ sie aufgrund der gesellschaftlichen Entwicklung weitere Inhalte wie das
Rechnen, insbesondere die Grundrechnungsarten, sowie einige Kenntnisse in
den »nützlichen Wissenschaften«, später als »Realien« bezeichnet, also in Geschichte, Natur- und Erdkunde. Im frühen 19. Jh. entwickelt sich dann aus der
Elementarschule die *Volksschule*. Den Begriff hat *Eberhard von Rochow* (1734-
1805) bereits 1779 in einer programmatischen Schrift »Vom Nationalcharakter
durch Volksschulen« gebraucht und dort auch die Grundkonzeption dieser
Schule entworfen: Alle Kinder des Volkes sollen nach seinen Vorstellungen die
»Volksschule« besuchen und einen »allgemeinbildenden« und »nationalbilden-
den« Unterricht erhalten. Vierzig Jahre später ist dann von *Wilhelm Süvern*
(1775-1829) im »Preußischen Unterrichtsgesetzentwurf« (1819) der »Grundriß«
für die Fächer gelegt worden; er hat grundlegende Bedeutung für die Allgemein-
und Nationalbildung erhalten und ›umreißt‹ auch heute noch das System der Fächer in den Grund- und Hauptschulen. Dazu gehören die Religionslehre, die
Deutsche Sprache und Literatur, das Rechnen einschließlich der Geometrie, die
»Anfangsgründe« der Geschichte, die Natur- und Erdkunde, das Singen als Kir-
chen- und Volksgesang, die Handarbeit und die körperliche Ertüchtigung (vgl.
auch Thema 11).[4]

Die Volksschule entwickelt sich im 19. Jh. zur
Schule der breiten Volksschichten

Die rasch wachsende Bevölkerung treibt diese Entwicklung an. Deutschland
zählt um 1816 etwa 24 Millionen Einwohner; am Ende des Jahrhunderts hat sich
die Bevölkerung um das zweieinhalbfache auf 60 Millionen vermehrt. Der Bau
neuer Schulhäuser – besonders in den Städten – ist die Folge. Aber auch die
Lehrinhalte verändern sich und nehmen an Umfang zu: Aufgrund der Spezialisie-

---

[4] Vgl. hierzu: Th. Dietrich, Geschichte der Pädagogik, 2. erw. Aufl., Bad Heilbrunn 1975,
bes. Abschnitte A, IV, 3 und B, II, 2. – Text des »Unterrichtsgesetzentwurfes« in: W. Scheibe
(Hrsg.): Zur Geschichte der Volksschule II, 2. Aufl., Bad Heilbrunn,1974 – Vgl. auch E. v.
Rochow, Vom Nationalcharakter durch Volksschulen, hrsg. von R. Lochner, Schriften zur
Volksschule, Bad Heilbrunn 1962.

rung der Wissenschaften und der beruflichen Differenzierung drängen neue Inhalte in die Lehrpläne ›hinein‹. Das hat zu einer Überfülle an Stoff geführt und die Schüler überfordert.

Seit dem frühen 20. Jh. gerät die Volksschule in eine ›schleichende‹ Krise

Als 1920 die Unterstufe der Volksschule, also die ersten vier Schuljahre, zu der »für alle (Kinder) gemeinsamen Grundschule« (Grundschulgesetz, § 1) eingerichtet und als Voraussetzung für den Besuch der weiterführenden Schulen bestimmt wird, gerät die Volksschuloberstufe ›ins Abseits‹; sie wird in Zeitschriften und von Teilen der Bevölkerung schon damals als »Restschule« für die Schüler bezeichnet, die den Sprung in das mittlere und höhere Schulwesen nicht schaffen, und zwar trotz der Tatsache, daß die Volksschuloberstufe vom überwiegenden Teil der Schülerschaft eines Jahrgangs besucht wird, nämlich von über 80 %. Diese Situation hat sich zur Gegenwart hin dramatisch verschlechtert. Immer mehr werden sich Eltern und Schüler bewußt, daß die Volksschuloberstufe die ›letzte‹ Schule des gegliederten Systems ist; denn sie muß allen ›Rest-Begabungen‹ gerecht werden. Auch die 1964 eingeleitete Anhebung der Volksschuloberstufe zur »Hauptschule« mit einem 9. und einem vielerorts bereits eingeführten 10. Schuljahr sowie einem eigenen Bildungsprofil, nämlich der »Arbeits- und Lebenslehre« als zentrale Inhalte, haben die ›Flucht‹ aus der Hauptschule nicht eindämmen können. Heute besuchen in den größeren Städten kaum noch 20 % der Schüler eines Jahrgangs diese Schule; im Schnitt sind es 30 %. In den Zwanzigerjahren waren es – wie gesagt – 80 %. Das ›Ende der Hauptschule‹ ist sichtbar! Was dann? Die Lösung kann nur dadurch erfolgen, daß wir vom dreigliedrigen System der weiterführenden Schulen Abschied nehmen und ein zweigliedriges System aufbauen, nämlich einen gemeinsamen Zweig von Haupt- und Realschule mit innerer, aber auch äußerer Differenzierung, und einem gymnasialen Zweig, untergliedert nach unterschiedlichen Schwerpunkten wie alt-, neusprachliches, mathematisch-naturwissenschaftliches u. a. Gymnasium (s.w.u. und Thema 9, bes. S. 217).[5]

---

[5] B. Hamann, Geschichte des Schulwesens, Bad Heilbrunn, 2. Aufl. 1993 – H. Gudjons, Die Hauptschule – Schulform ohne Zukunft? In: Pädagogik, 6/1988, S. 41-45 – C. Solzbacher und H.-W. Wollersheim, Hauptschule 89 – auf den Trümmern der Reform, Probleme und Perspektiven, Bad Heilbrunn 1989 – H.-J. Ipfling und U. Lorenz, Die Hauptschule – Materialien, Entwicklungen, Konzepte, Bad Heilbrunn 1991.

Die Realschulen bilden für mittlere Berufe aus

Realschulen sind aufgrund handwerklicher, gewerblicher, technischer und kaufmännischer Anforderungen vereinzelt seit Beginn des 18. Jh. gegründet worden. Man braucht besser ausgebildete Menschen, die im Produktionsprozeß Führungsaufgaben übernehmen können. Bei der Gründung solcher Schulen richtet man sich nach der »Mathematischen und mechanischen Realschule« aus, die von *Christoph Semler* 1706 in Halle eröffnet worden war. Obwohl sie nur kurze Zeit bestanden hat, ist sie zum Vorbild für die weitere Entwicklung geworden. Die fortschreitende Industrialisierung und Technisierung haben Privatpersonen und Städte dazu angeregt, Realschulen vermehrt zu gründen; sie sollen ihre Schüler auf die Aufgaben vorbereiten, die in den oben genannten Berufsfeldern eine Rolle spielen, d. h. also in den mathematisch-technischen und kaufmännischen Bereichen. Einen festen Platz im Bildungswesen haben die Realschulen jedoch erst in den preußischen »Allgemeinen Bestimmungen« von 1872 gefunden. Dort heißen sie »Mittelschulen«. Die Bezeichnung will sagen, daß die Schulen ›zwischen‹ den Volksschulen und den Gymnasien stehen und eine ›mittlere‹ Bildung vermitteln.

In der Zeit der Weimarer Republik ist das mittlere Schulwesen weiter differenziert und zu einer festen »Säule« im Verbund der weiterführenden Schulen ausgebaut worden. Die Bundesrepublik hat nach 1945 an diese Entwicklung angeknüpft, und im »Rahmenplan für das deutsche Schulwesen« (1959) ist der Begriff »Realschule« wieder verwendet worden, um dadurch den inhaltlichen Schwerpunkt treffend zu charakterisieren. Von hier ist der Begriff in die Gesetzgebung gelangt. Die Realschulen haben in den Bundesländern eine unterschiedliche Dauer. In Bayern und Hamburg beginnen sie mit Klasse 7; in den meisten anderen Bundesländern mit Klasse 5; Bayern führt zur Zeit Schulversuche mit der sechsjährigen Realschule durch. Von vielen Eltern und dem Realschullehrerverband wird die sechsstufige Realschule bevorzugt. Das würde zu einer weiteren ›Aushöhlung‹ der Hauptschule führen und die oben angeschnittene Frage nach zwei, statt wie jetzt nach drei Strängen im weiterführenden Schulwesen aufwerfen.

Die Realschule ist leistungsorientiert und stellt hohe Anforderungen an die kognitiven Fähigkeiten ihrer Schüler. Die Schwerpunktbildungen wie der mathematisch-naturwissenschaftlich-technische, der wirtschaftliche, der musischgestaltende, hauswirtschaftliche oder soziale Bereich sowie weitere Angebote (Fremdsprachen, Textverarbeitung) haben das Ansehen dieses Schultyps gefördert. Dadurch ist die Realschule zu einem quantitativen Erfolg gelangt. Der Anteil der Siebtkläßler in den Realschulen ist von 1952/53 bis 1990/91 von 6,1 %

auf 26,9 % angestiegen.[6] Das zeigt, daß die Realschule eine gute Resonanz in weiten Bevölkerungsschichten gefunden hat. Ihr Ziel und ihr Weg, der mittleren Berufsausbildung zu dienen, ist angenommen worden. Die Realschule ist außerdem eine wichtige ›Zubringerschule‹ zur Fachoberschule und dadurch zur Fachhochschule und zum Studium.

Das Gymnasium ist antiken Ursprungs und dient dem Grundgedanken nach der Gelehrtenbildung

Die *Gymnasien* sind aus den Latein- und Gelehrtenschulen des Mittelalters hervorgegangen, die ihrerseits auf antikem Vorbild beruhen; sie haben in der Zeit des Neuhumanismus, also am Beginn des 19. Jh., ihre heutige Gestalt angenommen. Sie pflegen die klassische Tradition, lehren also besonders die alten Sprachen sowie Mathematik. Erst im 19. Jh. treten Deutsch und Geschichte sowie »realistische« (naturwissenschaftliche) Fächer hinzu. Das hat zu neuen Formen des Gymnasiums geführt: dem Realgymnasium (mit Latein) und der Oberrealschule (ohne Latein). Im Jahre 1900 sind diese beiden Schulen dem Gymnasium gleichgestellt worden. Im Düsseldorfer Abkommen (1955) erhält die Oberrealschule einen neuen Namen: neusprachliches Gymnasium. Die wissenschaftliche und berufliche Entwicklung und Differenzierung hat zu weiteren Schwerpunktbildungen der Gymnasien geführt wie dem mathematisch-naturwissenschaftlichen, wirtschaftswissenschaftlichen, sozialwissenschaftlichen und musischen Gymnasium. Nicht alle der genannten Schwerpunkte finden wir in Orten mit Gymnasien. In der Saarbrückener Rahmenvereinbarung (1960) ist eine Beschränkung der Zahl der Pflichtfächer festgelegt worden, so daß vor allem in der Oberstufe (Klasse 11-13; Kollegstufe) eine individuelle Schwerpunktbildung möglich ist. Es hat sich jedoch gezeigt, daß die Schwerpunktbildung dem Auftrag der allgemeinen Bildung im Wege steht. Das hat dazu geführt, den Pflichtbereich wieder anzuheben, ohne jedoch den Reformansatz aufzuheben. Die Gymnasien verfolgen das Ziel, ihre Schüler auf das Universitätsstudium vorzubereiten, vermitteln also die Hochschulreife in Gestalt des Abiturs.

Dieser kurze historische Abriß über die Entstehung und Entwicklung der drei Schularten zeigt, daß faktisch jede Schulart aus einem eigenständigen Bildungsauftrag heraus entstanden ist; er hat aber mit dem Wandel der gesellschaftlichen Bedürfnisse Veränderungen erfahren. So haben z. B. in allen Schularten die naturwissenschaftlichen Inhalte stark zugenommen. Trotz einer gewissen Beweglichkeit der Lehrgegenstände bleibt jedoch die Tatsache bestehen, daß jede

---

[6] Nach H. G. Rolff u. a., Jahrbuch der Schulentwicklung, Bd. 7, Weinheim und München 1992.

Schulart ihren Schülern einen spezifischen Bildungskanon zu vermitteln versucht (vgl. Thema 9). Da hierfür – besonders im Hinblick auf die Realschule und das Gymnasium – begabungsmäßige Voraussetzungen erforderlich sind, ist in der Praxis von dem ständischen Organisationsprinzip vielfach abgewichen worden. So ist im 18./19. Jh. ›gymnasial-begabten‹ Kindern der Unterschicht der Besuch des Gymnasiums ermöglicht worden, und zwar nicht nur in Einzelfällen. Aber einer größeren Zahl dieser Kinder blieb das Gymnasium schon dadurch verwehrt, weil man für den Besuch Schulgeld bezahlen und die Ausbildungskosten tragen mußte.

Bevölkerungsexplosion, Industrialisierung und Demokratisierung tragen zur Überwindung des schulischen Drei-Klassen-Systems bei

Das Säulensystem der Schulorganisation ist im letzten Drittel des 19. Jh. infolge der einsetzenden Demokratisierungsbestrebungen und des Zerfalls des Ständestaates immer stärker kritisiert worden. Der Schulbesuch der mittleren und höheren Schulen sollte fortan nicht mehr vom Stande oder vom Geldbeutel der Eltern abhängig sein, sondern von der »Begabung« der Kinder. Diese Forderung hat sich jedoch erst nach dem 1. Weltkrieg durchsetzen können. Die »Weimarer Verfassung« (1919) ordnet das Schulwesen im Art. 146 nach demokratischen Prinzipien. Die für unseren Zusammenhang wichtigen Absätze des Artikels lauten:

»Das öffentliche Schulwesen ist organisch auszugestalten. Auf einer für alle gemeinsamen Grundschule baut sich das mittlere und höhere Schulwesen auf. Für diesen Aufbau ist die Mannigfaltigkeit der Lebensberufe, für die Aufnahme eines Kindes in eine bestimmte Schule sind seine Anlage und Neigung, nicht die wirtschaftliche und gesellschaftliche Stellung oder das Religionsbekenntnis seiner Eltern maßgebend ... Für den Zugang Minderbemittelter zu den mittleren und höheren Schulen sind durch Reich, Länder und Gemeinden öffentliche Mittel bereitzustellen, insbesondere Erziehungsbeihilfen für die Eltern von Kindern, die zur Ausbildung auf mittleren und höheren Schulen für geeignet erachtet werden, bis zur Beendigung der Ausbildung.«[7]

Das Schulwesen soll »organisch« aufgebaut werden, d. h., das Schulsystem soll als gegliederte Einheit verstanden und als solche gleich einem Baum mit sich verzweigenden Ästen gestaltet werden. Jede weiterführende Schule hat den »Anlagen und Neigungen« der Kinder zu dienen. Ihr Besuch soll also nicht von der wirtschaftlichen Stellung der Eltern abhängig sein; auch »Minderbemittelte«

---

[7] Zitiert nach: »Aus der Weimarer Verfassung (1919)«, in: Zur Geschichte der Volksschule, Bd. II, hrsg. v. W. Scheibe (Klinkhardts Pädagogische Quellentexte), Bad Heilbrunn, 2. erw. Aufl. 1974, S. 56.

sollen Zugang zu den »mittleren und höheren Schulen« erhalten. Dieses Anliegen ist aufgrund der wirtschaftlichen Notsituation der Weimarer Republik (Reparationsleistungen, Arbeitslosigkeit, Weltwirtschaftskrise) zwar nicht erreicht worden; dennoch sind verfassungsrechtlich die Weichen für eine Schulorganisation gestellt worden, die mit der Idee der Demokratie eng verbunden ist.

Kritik am »organisch« gestalteten Schulwesen
der Weimarer Republik

Nach dem 2. Weltkrieg sind gegen dieses Schulsystem die Vorwürfe erhoben worden, die wir bereits einleitend angedeutet haben. Trotz der offensichtlichen Verbesserungen – verglichen mit dem Schulaufbau des 19. Jh. – ist das »Gabelungssystem« von Pädagogen und Politikern als zu stark traditionsgebunden und damit als »rückständig« betrachtet worden, und zwar in erster Linie wegen seiner Dreigliedrigkeit nach der Grundschule. Im Zusammenhang damit werden drei Mängel besonders hervorgehoben:
1. die frühe und punktuelle Auslese am Ende des 4. Schuljahres;
2. die Chancenungerechtigkeit und
3. die Eingleisigkeit der Bildungswege.
Der *erste Einwand* beruht auf der Einsicht, daß man bei einem Kind im Alter von zehn Jahren in der Regel noch nicht sagen könne, für welche Schule es sich eigne. Zu diesem Zeitpunkt dürfe daher noch keine »*Auslese*« stattfinden; vielmehr müsse man die Kinder *vielseitig »fördern«* und beobachten, und man müsse ihnen durch ein aufgelockertes wahlfreies Angebot die Möglichkeit geben, Fähigkeiten auszubilden und Kräfte auszuprobieren. Erst danach könne man mit größerer Sicherheit die Schullaufbahn bestimmen, so daß Rückstufungen oder Umschulungen vermieden werden. Das hätte zur Folge, entweder die Grundschulzeit auf etwa sechs Jahre zu verlängern oder eine sog. zweijährige »Förderstufe« oder »Orientierungsstufe« einzurichten. Diese ›Zwischenstufe‹ hat die eben beschriebene Aufgabe, nämlich die Schüler durch Differenzierung und verbreiternde Bildungsangebote für die angestrebte Schulstufe besser vorzubereiten. Der *zweite Einwand* bezieht sich auf die soziale *Ungerechtigkeit* des Schulsystems: Es bestehe keine Chancengleichheit oder Chancengerechtigkeit, d. h., ein Teil der Kinder sei bildungsbenachteiligt, da ihnen der Zugang zu der sog. höheren Bildung verwehrt werde. Das gelte ganz besonders für die Kinder aus der Arbeiterschicht. Sie haben in der Familie keine oder nur geringe »Lernanregungen«, so daß sie im sprachlichen Ausdruck und darüber hinaus in der Entwicklung weiterer Lernfähigkeiten gegenüber Kindern aus der Mittel- und Oberschicht benachteiligt seien. Aufgrund dieser Tatsache könnten diese Kinder das bestehende gegliederte Schulsystem nicht voll ausschöpfen. Im Vergleich zum prozentualen Anteil der Arbeiterbevölkerung an der Gesamtbevölkerung gelinge

es nur einem geringen Prozentsatz der Kinder von Arbeitern, von der Grundschule auf das Gymnasium überzuwechseln und diese Schulform ›durchzustehen‹. Dadurch aber werde verhindert, daß Kinder aus der Arbeiterschicht in höhere soziale Positionen aufsteigen können. Die Schullaufbahn und der Schulerfolg sei also einmal ›determiniert‹ durch die Schichtzugehörigkeit eines Kindes, zum anderen durch die Anforderungen der Grundschule, die auf einem Mittelschichtniveau basieren, d. h., der Lehrer spricht eine Sprache und unterrichtet Inhalte, die die Interessenlage der Mittel- und Oberschicht berücksichtige, nicht aber die der sog. Unterschicht. Das Handikap der benachteiligten Kinder könne nur durch eine *kompensatorische Erziehung* in der Vorschul-, Grundschul- und der weiterführenden Schulzeit behoben werden, die die Bildungs- und Lerndefizite allmählich ausgleiche.

Der *dritte Einwand* richtet sich gegen die *Eingleisigkeit* unserer Schulorganisation. Jedes Kind setzt nach der Grundschulzeit seine Schullaufbahn in einer der drei weiterführenden Schulen fort. Es wird also, bildlich gesprochen, auf eines der drei möglichen Geleise ›geschoben‹ und muß auf diesem Geleis in gerader Richtung weiterfahren, bis es in dem für das jeweilige Geleis vorgesehenen Sackbahnhof ankommt. Gelenkverbindungen bestehen zwar zwischen den Geleisen, so daß ein Umrangieren von einem Geleis auf ein anderes möglich sei. Allerdings ist das mit Schwierigkeiten verbunden. Das Bild macht deutlich, daß das gegliederte Schulsystem die volle Begabungsentfaltung eines Kindes nicht ausreichend berücksichtigt. Jede Schulart verlangt von ihren Schülern, daß sie die Leistungsanforderungen erfüllen, die die Schulart vorschreibt. Die Schüler müssen also einen bestimmten Kanon von Fächern und Inhalten akzeptieren und die geforderten Leistungen erfüllen. Wenn das nicht gelingt, werden sie umgeschult, was gleichbedeutend ist: mit ›niedriger‹ eingestuft. Da die Eingleisigkeit der Bildungswege die Schüler in der Regel auf eine Schulform festlegt und eine Revision des einmal eingeschlagenen Weges nur unter Schwierigkeiten möglich ist, müsse das gesamte System eine Neuorganisation erfahren, die von vornherein mehrgleisig anzulegen sei.

Aufgrund dieser drei, keineswegs unberechtigten Kritikpunkte, wird das gegliederte Schulwesen als überholt angesehen. Es entspreche nicht den heutigen gesellschaftlichen Bedürfnissen und sei daher umzugestalten. Als Alternative wird ein *Einheits- oder Gesamtschulsystem* vorgeschlagen, das die Schüler durch ein breitgestreutes Fachangebot individuell »fördert«, sie also nicht »ausliest« und nicht in Sackgassen einschleust.

Zu 2.: Entstehung, Entwicklung, Zielsetzung und Kritik der Gesamt-schule

Der *Gesamtschule* liegt ein anderes Modell der Schulorganisation zugrunde. Der Grundgedanke ist sehr einfach: Alle Schüler sollen ohne Unterschied des Geld-beutels und des Standes ihrer Eltern in einer umfassenden Schule ihre Interessen und Neigungen verfolgen und ihre Begabungen ausbilden können. Alle haben die Chance, ihre Leistungsmöglichkeiten zu erproben, und alle können den ihrer Be-gabung gemäßen Abschluß erreichen. Die Mehrgliedrigkeit der Schulorganisati-on wird also durch das *Einheits- oder Stufensystem* mit oder ohne Differenzie-rung ersetzt. Das bedeutet praktisch: Auf eine für alle Schüler gleiche vierjährige Primarstufe folgen die sechsjährige Sekundarstufe I und die zwei- bis dreijährige Sekundarstufe II. Die beiden ersten Jahre der Sekundarstufe I werden als »Orientierungsstufe« eingerichtet.

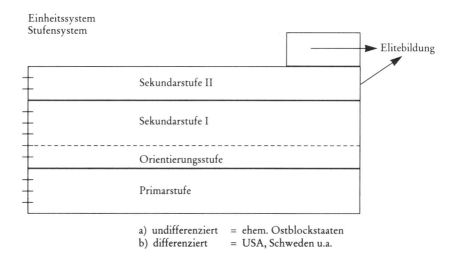

Innerhalb der drei Stufen durchlaufen alle Schüler den gleichen (oder einen nur unwesentlich abweichenden) Bildungsgang, oder der Bildungsgang wird von der Sekundarstufe I ab differenziert, d. h., neben der gemeinsamen Unterrichtung aller Schüler einer Jahrgangsklasse oder Altersgruppe in den sog. Kernfächern (wie Deutsche Sprache, Geschichte, Erdkunde, Biologie sowie die musischen Fächer) bestehen Niveau-(Begabungs-) und Interessenkurse. Als Kursunterricht werden in der Regel Mathematik, die Fremdsprachen und auf höheren Stufen auch die Naturwissenschaften erteilt. Während in den bisherigen Ostblockstaa-ten die Stufenschule bis zum 10. Schuljahr als undifferenzierte Einheitsschule bestand, wird sie in den westlichen Staaten als differenzierte Einheitsschule geführt. Die undifferenzierte Einheitsschule beruht auf der ›ideologischen‹ Prämisse, nämlich daß Begabung und Leistung das Ergebnis milieubedingter ›Prägungen‹ seien. Infolgedessen werden alle Schüler dem gleichen schulischen Anregungsmilieu ›ausgesetzt‹. Abweichend davon sind jedoch in den früheren Ostblockstaaten Schülerinnen und Schüler mit überdurchschnittlichen Leistungen auf musikalischem, sportlichem und sprachlichem Gebiet besonderen Schulen zur intensiven Ausbildung ihrer Fähigkeiten zugewiesen worden, und zwar schon in einem frühen Alter. Das zeigt, daß man den »Gaben« augenscheinlich mehr vertraut hat als den Umwelteinflüssen. Die differenzierte Einheitsschule der westlichen Länder hat schon immer dem individuell bedingten Leistungspotential durch unterschiedliche Leistungs- oder Niveaukurse Rechnung getragen. Diesen Vorstellungen folgen inzwischen auch die ehem. Ostblockstaaten nach der ›ideologischen Wende‹ seit etwa 1990, d. h., sie ›bauen‹ das Schulsystem nach dem Prinzip der Differenzierung ›um‹ (vgl. hierzu Thema 6).

Zur Geschichte der Einheitsschule

Die *Einheitsschule* hat wie das gegliederte Schulsystem eine lange Geschichte. Ihre ideelle Begründung ist weit älter als die Praxis des gegliederten Schulsystems. Ein *erstes Motiv* finden wir bei *Platon* (427-347), der in seinem »Staat« die *einheitliche Erziehung aufgrund der Idee der »Gerechtigkeit«* gefordert hat. Die Kinder der drei Stände, nämlich der »Arbeiter«, der »Wächter« und der »Philosophen-Könige«, sollen zunächst gemeinsam lernen und einheitlich für den Staat und die Gesellschaft erzogen werden, bevor sie auf ihre ständischen Aufgaben vorbereitet werden.

Ein *zweites Motiv* liegt in der *religiösen Menschenerziehung des Christentums*: Alle Menschen sollen die Lehren des Christentums gleichermaßen in sich aufnehmen; nur dadurch gelangen sie zum Glauben, der wiederum Gnade und Erlösung verheißt. Auf diesem Gedanken beruht der Entwurf eines einheitlichen Schulsystems von *Johann Amos Comenius* (1592-1670). Mit Hilfe eines genau vorgeschriebenen Bildungsplanes hat Comenius »allen alles« lehren wollen: Alle Kinder sollen den gleichen Bildungsstoff in einer vierstufigen Schule, nämlich in der »Schule der Kindheit«, des »Knabenalters«, der »Jünglingszeit« und des »beginnenden Mannesalters«, in sich aufnehmen und dadurch die größtmögliche Annäherung an Gott erfahren.

Ein *drittes Motiv* der Einheitsschule bildet die *Idee der allgemeinen Menschenbildung der Nationalerziehung* und der *einheitlichen Volksbildung* im frühen 19. Jh. Einen ersten zukunftsweisenden Plan finden wir in *J. W. Süverns* »Preußischem Unterrichtsgesetzentwurf« (1819). Hiernach sollen die Schulen

194

»als Stamm und Mittelpunkt für die Jugenderziehung des Volkes, die Grundlage der gesamten Nationalerziehung bilden« (§ 2). Sie sollen »die allgemeine Jugendbildung vom Anfang des Schulunterrichts bis zu der Grenze, wo die Universität sie aufnimmt, durch drei wesentliche Stufen durchführen« (§ 3). »Alle drei Stufen müssen auf ihren Endzweck so fest gerichtet sein, daß sie zusammen wie eine einzige große Anstalt für die National-Jugendbildung betrachtet werden können« (§ 4).[8]

Die Gedanken Süverns zu einer der Idee nach einheitlichen Schule sind Entwurf geblieben. Für die Folgezeit aber haben sie als Programm gedient. Im Verlauf des 19. Jh. ist der Plan Süverns von Vertretern der politischen Reform des Schulwesens immer wieder aufgegriffen worden, ohne daß er jedoch im Ständestaat hätte durchgesetzt werden können.

Ein *viertes Motiv* beruht auf der Annahme, daß alle Menschen ›von Natur aus‹ gleich begabt sind. Begabung gilt als Funktion der Umwelt und wird ›von außen‹ durch Milieufaktoren bestimmt (vgl. Thema 6). Hier liegen die Wurzeln der sozialistischen Einheitsschule, wie sie in der früheren Sowjetunion und in den Ostblockländern als polytechnische (= vielseitig technische) und allgemeinbildende Einheitsschule bestanden hat.[9]

Die Besatzungsmächte fordern nach 1945
gleiche Bildungsmöglichkeit für alle

Obwohl bereits in den Zwanzigerjahren Bestrebungen vorhanden gewesen sind, ein Einheitsschulsystem zu errichten, ist erst nach 1945 unter der Einwirkung der Besatzungsmächte der Versuch unternommen worden, »gleiche Bildungsmöglichkeiten für alle« zu schaffen:

»Die allgemein verbindlichen Schulen (sollen) ein umfassendes Schulsystem bilden, um allen Jugendlichen gerecht zu werden. Die Begriffe ›Grundschule‹ und ›Höhere Schule‹ sollten zwei aufeinanderfolgende Stufen der Ausbildung darstellen, nicht zwei Grundformen oder Arten der Ausbildung, die sich überschneiden.«[10]

---

[8] Vgl. Anm. 3, bes. Abschn. B, II, 2 – Vgl. auch W. v. Humboldts »Königsberger und Litauischen Schulplan«; hier entwirft H. einen einheitlichen und gestuften Schulplan (1807). H. ist nach dem preußischen Zusammenbruch (1806) für eine grundlegende Erneuerung des Schulwesens aus der Idee der allgemeinen Menschenbildung eingetreten. Süvern hat H.s Vorstellungen zum Gesetzentwurf ›fortgeschrieben‹. H.s »Schulplan« in: Schriften zur Anthropologie und Bildungslehre, hrsg. v. W. Flitner, Paderborn 1956.
[9] Vgl. Th. Dietrich, Sozialistische Pädagogik – Ideologie ohne Wirklichkeit, Bad Heilbrunn 1966.
[10] Anweisung Nr. 54 der Kontrollratsbehörde vom 25. Juni 1947: »Grundsätzliches zur Demokratisierung des dt. Bildungswesens«, in: Zur Geschichte der Volksschule, Bd. II, hrsg. v. W. Scheibe, 2. Aufl., Bad Heilbrunn 1974, S. 93 f. – Zum Einheitsschulproblem vgl.: J. Tews, Ein Volk, eine Schule, 1919 – P. Oestreich, Die elastische Einheitsschule, Lebens- und Produktionsschule, Berlin 1921 – H. Sienknecht, Der Einheitsschulgedanke, 1968 u. ö. (mit Bibl.).

Der Aufbau von Gesamtschulen soll das Schulwesen ›endgültig‹ demokratisieren

Die vorstehende »Anweisung der Kontrollratsbehörde« hat dazu geführt, die in den einzelnen Bundesländern beim Wiederaufbau des Schulwesens aus der Weimarer Republik übernommene Schulorganisation zu überdenken und an den Organisationsmodellen des westlichen Auslandes und hier besonders an denen der USA, aber auch der früheren UdSSR, zu überprüfen. Die Folge war, daß der Einheitsschulgedanke besonders nach 1960 unter dem Namen »Gesamtschule« wieder an Einfluß gewann. Die Diskussion über den »Rahmenplan des deutschen Bildungswesens« des »Deutschen Ausschusses für das Erziehungs- und Bildungswesen« (1959), der zwar strukturell die Dreigliedrigkeit der weiterführenden Schulen nach einer gemeinsamen vierjährigen Grundschule und nach einer zweijährigen Förderstufe beibehielt, hat mit dazu beigetragen, die Reform des Schulwesens in Richtung der Einheitsschule voranzutreiben. Da die horizontal aufgebaute, jedoch differenzierte Einheitsschule von ihren Gegnern, vor allem also von den Verfechtern des gegliederten Schulsystems, oft als ›Einerleiheitsschule‹ ›gebrandmarkt‹ und ihr sozialistische Gleichheits- und Nivellierungstendenzen vorgeworfen worden sind und noch werden, hat man sie nach dem 2. Weltkrieg als »Gesamtschule« bezeichnet. Damit hat man auf einen Begriff zurückgegriffen, der schon in den ersten Jahrzehnten unseres Jahrhunderts im pädagogischen Schrifttum auftritt, u. a. bei Schulreformern wie *E. Key* (1849-1926) oder *Paul Oestreich* (1878-1959).

Die Gesamtschule will allen Schülern gleiche Bildungsmöglichkeiten geben und das Bildungsniveau für alle anheben

Der Begriff »Gesamtschule« besagt, daß 1. die Schule von allen Kindern des Volkes, also dem »Gesamt« der Kinder, besucht wird; 2. das »Gesamt« der Inhalte gelehrt wird, das im gegliederten System auf drei Schularten verteilt ist. Die Gesamtschule umfaßt in der Regel drei aufeinanderfolgende Stufen, wie wir sie eingangs skizziert haben. Diesen Aufbau hat auch der »Deutsche Bildungsrat« in seinem »Strukturplan für das deutsche Bildungswesen« (1970) vorgeschlagen.[11] Obwohl dieser Plan im Hinblick auf die Neukonzeption des Schulwesens der Bundesrepublik Deutschland Entwurf geblieben ist, hat er aber doch den Aufbau von Gesamtschulen entscheidend beeinflußt. Der Plan zeigt den folgenden Aufriß:

---

[11] Deutscher Bildungsrat, Strukturplan für das Bildungswesen, Stuttgart 1970.

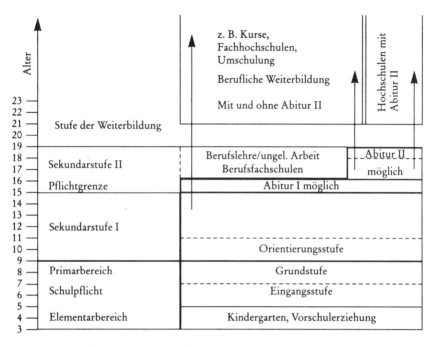

Horizontal gegliedertes Schulsystem (Gesamtschule) nach dem »Strukturplan des Deutschen Bildungsrates« (1970)
(Der »Strukturplan« sieht ein Abitur I nach dem 10. Schuljahr und ein Abitur II nach dem 13. Schuljahr vor.)

Nach den Vorstellungen des »Deutschen Bildungsrates« sollen in absehbarer Zeit alle Kinder einen Kindergarten besuchen, also eine *»Vorschulerziehung«* erhalten. Das wird als notwendig erachtet, um die Lernfähigkeit und Leistungsbereitschaft möglichst frühzeitig und gezielt zu entwickeln sowie die soziokulturell bedingten unterschiedlichen Ausgangspositionen auszugleichen (kompensatorische Erziehung). Sofern diese Aufgabe anschaulich und handlungsorientiert gelöst wird, also nicht nur kognitiv, kann sie allen Kindern helfen, die Umwelt besser zu verstehen. Die Schulpflicht soll mit fünf Jahren beginnen. Das wird mit den erhöhten Lernanforderungen der industriellen Gesellschaft begründet. Da für die Pflichtschulzeit zehn Jahre vorgesehen sind, man also ›oben‹ kein weiteres Schuljahr ohne Schwierigkeiten aufstocken kann, will man ›unten‹ ein Jahr ›vorbauen‹.

197

In der *Primarstufe*, die in eine je zweijährige Eingangs- und Grundstufe untergliedert ist, werden wie in der bestehenden 4- oder 6jährigen Grundschule alle Schüler in allen Fächern im Jahresklassenverband gemeinsam unterrichtet. Dabei kann stundenweise eine innere Differenzierung durchgeführt werden, d. h. eine Gruppierung der Schüler nach Begabung und Leistung. Auch äußere Differenzierungen ›auf Zeit‹ sind möglich. So können in Lese- und Rechenlehrgängen Kinder gleichen Niveaus aus unterschiedlichen Jahrgangsklassen, also z. B. aus der 1./2. oder 3./4. Klasse, zusammen unterrichtet werden. – Die *Orientierungsstufe* des 5./6. Schuljahres – in der Diskussion der 50er und 60er Jahre auch als »Förderstufe« bezeichnet – besitzt eine Gelenkfunktion innerhalb des ganzen Schulsystems. Die Schüler sollen ihre Interessen und Leistungsmöglichkeiten ausprobieren und sich im Hinblick auf die Fächer und deren Inhalte »orientieren« dürfen. Daher erhalten sie einen Unterricht nach Kern- und Kursfächern (s. o.). Während die Kernfächer im Jahresklassenverband unterrichtet werden, setzen sich die Gruppen für den Kursunterricht u. a. in der Fremdsprache und in Mathematik aus zwei oder mehreren Jahrgangsklassen zusammen, und zwar aufgrund der Leistungen der Schüler in dem betreffenden Fach. Hier findet also eine äußere Differenzierung statt, in der Regel nach A-, B- und C-Kursen. Während in den A-Kursen die Schüler mit hohem Begabungs- und Leistungsniveau unterrichtet werden, fällt das Niveau nach B und C hin ab. – In der *Sekundarstufe I und II* wird das System der äußeren Differenzierung auf weitere Fächer ausgedehnt. Der gemeinsame Kernunterricht nimmt zugunsten des differenzierten Kurssystems immer mehr ab.

Der »Strukturplan« hat dazu beigetragen, die Diskussion um unser Bildungssystem zu beleben. Nach den Vorstellungen der für diesen Entwurf Verantwortlichen sollten das Recht auf Bildung und die Chancengerechtigkeit für alle Schüler verbessert werden. Andererseits darf man nicht übersehen, daß die Vorschläge auch von der behavioristischen Lerntheorie mitbestimmt sind und von dieser Voraussetzung aus die Lernfähigkeit und -möglichkeit der Schüler überschätzt werden. Das ist im Hinblick auf das frühe Lesen und den Mathematikunterricht auch tatsächlich geschehen (vgl. das Zitat S. 23 sowie die Themen 6 und 11).

Integrierte und kooperative Gesamtschule

Die Gesamtschule vereinigt oder integriert also vom 5. Schuljahr ab die im gegliederten Schulwesen bestehenden Schularten wie Hauptschule, Realschule und Gymnasium zu einer neuen Schule, eben zur Gesamtschule. Man bezeichnet diese Form als *integrative Gesamtschule*. Daneben gibt es die *kooperative* oder *additive Gesamtschule*, auch als »Verbundschule« bezeichnet. Die überlieferten Schularten bleiben hier als Zweige innerhalb eines Schulzentrums erhalten, kooperieren aber eng miteinander, z. B. in der schulartenübergreifenden Freizeit-gestaltung, in Arbeitsgemeinschaften oder in den musischen Fächern. Übertritte von Schülern von der einen in die andere Schulart können ebenfalls leichter ge-löst werden als bei räumlicher Trennung der Schulen.

Vorteile der Gesamtschule

Zu den unleugbaren *Vorteilen der integrierten Gesamtschule* zählt, daß die oben aufgeführten drei Haupteinwände gegen das gegliederte Schulwesen offensicht-lich nicht bestehen. Die Entscheidung für eine Schullaufbahn bleibt länger offen, da die Schüler nach dem 4. Schuljahr nicht für weiterführende Schulen »selek-tiert« werden. Eine punktuell getroffene Entscheidung ist stets revidierbar, und zwar aufgrund des Leistungs-Kurs-Systems, das die Durchlässigkeit zwischen den Schullaufbahnen verbessert. Auch die Chancengleichheit ist größer als im überlieferten System. Damit ist nicht gemeint, daß alle Schüler das gleiche Ziel anstreben und erreichen, wohl aber, daß ihre Interessen und Begabungen durch das Kurssystem und die Wahlangebote individuell gefördert werden, d. h., die Schüler haben die Chance, in verschiedenen Fächern auf unterschiedlichem Lei-stungsniveau mitzuarbeiten. Das gilt vor allem auch für Schüler aus bisher be-nachteiligten Bevölkerungsruppen, z. B. in struktur- und bevölkerungsschwa-chen Regionen.

Da das Kurssystem das »Sitzenbleiben« ausschließt, abgesehen von freiwilli-gen Wiederholungen, wird auch die Angst vor eventuellem Leistungsversagen stark gemindert. Tritt bei einem Schüler in einem oder in mehreren Fächern eine Leistungsminderung ein, dann wird er in den nächst niedrigen Kurs ›versetzt‹; verbessert er seine Leistungen, so steigt er auf. Weiter: Die Gesamtschulen ha-ben das Fächerspektrum erweitert. So haben sie z. B. die »Arbeitslehre« im Sin-ne eines praktischen und theoretischen Wirtschafts- und Technikunterrichts ein-geführt. Außerdem bevorzugen sie den fächerübergreifenden und den Projekt-Unterricht. Damit entsprechen sie didaktischen Forderungen der Gegen-wartspädagogik. Das alles sowie die Möglichkeit, Schulabschlüsse vom qualifi-zierten Hauptschulabschluß bis hin zum Abitur anstreben und auch meistern zu können, vermittelt das Bild einer Schulform, in dem größere Flexibilität und mehr Gerechtigkeit herrscht und das den Anforderungen der demokratischen Gesellschaft entspricht.

Problemfelder in der Gesamtschule

Von diesen Vorteilen aus gesehen besteht eigentlich kein Einwand, die Gesamt-schule als Regelschule einzuführen, wie das von zahlreichen sozial-liberalen Politikern gefordert wird. Warum aber geschieht das nicht? Warum wehrt man sich gegen dieses System? Geht der Widerstand gegenüber der Gesamtschule nur von konservativen Kräften aus, oder bestehen auch seitens der Pädagogik Einwände?

Neben den eben erwähnten Vorteilen, die theoretisch vorhanden sind, dürfen die *Nachteile der Gesamtschule* nicht übersehen werden. Sie betreffen sowohl die Theorie als auch die Praxis des Systems, könnten aber gegebenenfalls durch verbesserte organisatorische Maßnahmen behoben werden. Zunächst ist darauf hinzuweisen, daß das Leistungs-Kurs-System nach A-, B- und C-Kursen das dreigliedrige weiterführende Schulwesen widerspiegelt. Es hat sich gezeigt, daß sich in den A-Kursen vor allem Kinder aus der Oberschicht, in den C-Kursen überwiegend Kinder aus der Unterschicht befinden und daß die sog. »Mobilität« zwischen den Kursen, vor allem die Quote der Aufsteiger von C nach B und A gering ist, wenngleich es dem einen oder anderen Schüler aus der Arbeiter-schicht gelingt, in höhere Leistungskurse eingestuft zu werden. Im allgemeinen verbleiben aber die Schüler in den Leistungskursen, in die sie eingewiesen wor-den sind. Die Quote der sog. ›Absteiger‹ überwiegt die der ›Aufsteiger‹. Die Behauptung, daß die C-Schüler innerhalb dieses Systems besser gefördert wer-den, scheint empirisch abgesichert zu sein (ist aber auch widerlegt worden!). Das darf aber die Augen nicht vor der Tatsache verschließen, daß diese Schüler täglich mehrmals erleben müssen, wie sie von ihren leistungsfähigeren Klassen-kameraden getrennt und in die C-Kurse ›abgeschoben‹ werden. Dadurch fühlen sich diese Schüler diskriminiert und werden erheblich frustriert. Das wiederum hat zu Verhaltensauffälligkeiten, Disziplinschwierigkeiten und Aggressionen geführt. Die Gesamtschulpädagogik hat die durch die äußere Kursdifferenzie-rung bedingten Nachteile dadurch abzubauen versucht, daß sie die Binnendiffe-renzierung begünstigt, d. h die Niveaugruppendifferenzierung und Individualisie-rung des Unterrichts innerhalb der Jahrgangsklasse. Das erfordert allerdings von jeder Lehrkraft einen starken pädagogischen und didaktischen Einsatz.

Auch das Hauptziel der Gesamtschulbewegung, die soziale Integration der Schüler zu bewirken, konnte nicht bestätigt werden, zumindest sind die diesbe-züglichen Erwartungen nicht erfüllt worden. Es hat sich gezeigt, daß in den Klassenverbänden die Kinder der unterschiedlichen sozialen Gruppen zusam-menhalten. Die eigentlichen ›Gewinner‹ dieses Systems sind die A-Schüler, die aber – wie ebenfalls empirische Untersuchungen gezeigt haben – nicht die intel-lektuellen Leistungen erreichen wie die Schüler im traditionellen System. Aller-dings darf diese Aussage nicht als gesichert angesehen werden, da die Erzie-hungsziele und Lehrpläne der beiden miteinander verglichenen Schularten nicht übereinstimmen. Während das Gymnasium stärker die Kenntnisse und Erkennt-nisse in den Fächern, also das rein Unterrichtliche, betont, steht in der Gesamt-schule die soziale Erziehung, die Weckung der Kritikfähigkeit und Kreativität im

Vordergrund. Und das sind – pädagogisch gesehen – hohe und erstrebenswerte Ziele.

Ein schwerwiegender Einwand gegen die Gesamtschule besteht in ihrer Größe und Unüberschaubarkeit. Viele Gesamtschulen werden von 1500-2000 Schülern besucht. In Verbindung mit dem Kurssystem und dem Fachlehrersystem führt das zur Anonymität und damit zur Verminderung der sozialen Beziehungen zwischen Schülern und Lehrern. Auch die Aggressionen nehmen in den Mammutschulen zu. Das gilt gleichermaßen für Schulen mit großen Schülerzahlen des gegliederten Systems, also keineswegs nur für die Gesamtschule. Zwar ließen sich Gesamtschulen auch mit etwa 700 bis 900 Schülern gut organisieren. Dadurch könnten die Mängel ›gemildert‹ werden, ›aufheben‹ lassen sie sich in keinem System. In der Praxis hat man die Gesamtschulen aber zu großen ›Schulfabriken‹ ausgebaut, weil die Bildungspolitiker bei den Ausgaben für hochspezialisierte Fachräume Finanzmittel haben einsparen wollen. Dieser finanzielle Vorteil wirkt sich jedoch negativ auf Bildung und Erziehung aus. Ein weiteres Handicap der Gesamtschulentwicklung besteht darin, daß die KMK 1982 die Schulabschlüsse der Gesamtschulen bundesweit anerkannt hat. Dadurch ist zwar die Gleichstellung mit den weiterführenden Schulen des gegliederten Systems hergestellt worden, hat aber auch dazu geführt, daß sich die Gesamtschulen den Leistungsnormen der Sekundarstufe I angleichen mußten. Das wiederum wirkt sich negativ auf die Reformbemühungen der Gesamtschulen aus und zeigt, daß verständliche juristische Entscheidungen pädagogische Reformen hemmen können.

Zu 3.: Vergleich der beiden Organisationsmodelle

Kann man feststellen, welches das ›bessere‹
Schulsystem ist?

Wir haben uns ein Bild über die Entwicklung, die Theorie und Praxis der beiden Grundmodelle der Schulorganisation gemacht, soweit das in einem ersten Zugriff möglich ist. Für einen Systemvergleich haben die bisherigen Ausführungen aber genügend Material geliefert. Wir haben die Vor- und Nachteile beider Systeme, besonders der Gesamtschule, herausgestellt. Daraus kann nicht der Schluß gezogen werden, daß die integrierte Gesamtschule die ›bessere‹ Schule ist, wie das in der Diskussion um unser Schulwesen vielfach behauptet wird. Die Gesamtschule kann aber auch nicht pauschal verworfen werden. Durch ihre Organisationsform werden einige Probleme der Schulorganisation besser als im gegliederten Schulwesen gelöst. Dazu gehört, daß die Entscheidung über eine bestimmte Schullaufbahn länger offengehalten wird und daß sie ohne Zeitverlust revidierbar ist. Im gegliederten Schulwesen wird die Schullaufbahnentscheidung in der Regel mit dem 10. Lebensjahr gefällt. Das führt dazu, daß ein erheblicher Prozentsatz von Schülern – besonders des Gymnasiums – ›auf der Strecke‹ bleibt und umgeschult werden muß. Der vorzeitige Abgang beträgt bei den Gymnasien etwa 50 %, bei Realschulen sind es etwa 20 %. Das kostet dem Staat erhebliche Finanzmittel.

Die hohen Versagerquoten in Gymnasien sind allerdings darauf zurückzuführen, daß sich der Zustrom zum Gymnasium in den letzten beiden Jahrzehnten enorm erhöht, nämlich verdoppelt, hat. Er liegt heute in den großen Städten bei etwa 50 % eines Altersjahrganges; davon erreicht etwa die Hälfte das Abitur. Früher gelangten nur 5 % eines Altersjahrganges zum Abitur. Wenn aber in der gymnasialen Ausbildung die Anforderungen erhalten bleiben sollen, die an abstrakte Denkfähigkeit und hohe Lernbereitschaft und -fähigkeit gestellt werden müssen, dann darf man die Frage der Auslese nicht einfach als ›rückständig‹ abwerten. Pädagogisch gesehen ist zwar »fördern« besser als »auslesen«. Andererseits ist es verständlich und auch bildungspolitisch berechtigt, die tatsächlich gymnasial geeigneten Schüler früh für das Gymnasium »auszulesen«. Nur dort – so wird behauptet – werden sie mit Inhalten und Denkweisen konfrontiert, die ihr geistiges Potential anregen und trainieren.

Das Gymnasium sollte sich aber der Vielfalt der Interessen und Begabungen stärker öffnen. Zwar hat sich das Gymnasium, das ursprünglich die antike Kultur pflegte, in unserem Jahrhundert stark differenziert (s. o.); man hat auch in der Oberstufe – der Kollegstufe – unterschiedliche inhaltliche Schwerpunkte gesetzt und eine größere Wahlfreiheit ermöglicht. Aber dennoch steht die sprachlich-literarisch-mathematische Bildung im Mittelpunkt. Es fehlt eine ganze Anzahl von Disziplinen aus dem technisch-ökonomischen und dem sozialwissenschaftlichen Bereich, die unter den heutigen Bedingungen gymnasial relevant wären.

In dieses freie Feld sind die Gesamtschulen vorgestoßen, bieten also Disziplinen an, die das Gymnasium bisher nicht kennt, die aber gesamtgesellschaftlich für eine höhere Bildung von Bedeutung sind und die den Interessen und Neigungen der Schüler entgegenkommen wie technische Fächer, Rechts- und Verwaltungslehre. Wenn nun die Gesamtschule diese curriculare Aufgabe besser löst und darüber hinaus das ›produktive Lernen‹ aktiviert, und zwar entscheidender als das Gymnasium, weil die Lehrer für die entsprechenden Lern- und Lehrformen gründlicher ausgebildet sind – dann müssen wir die schon einmal gestellte Frage wiederholen: Warum soll man die Gesamtschule nicht als Regelschule im gesamten Bundesgebiet einführen, wie es in Hessen, Berlin und anderen Bundesländern bereits geschehen ist? Daher noch einmal die Frage: *Welches ist das ›bessere‹ Schulsystem?*

Empirische Untersuchungen tragen zur Lösung
der Frage nur in geringem Maße bei

Die vorstehenden Ausführungen zeigen, wie schwierig es ist, eine eindeutige
Antwort auf die gestellte Frage zu finden. Gibt es überhaupt eine solche Ant-
wort? Worauf bezieht sich die Aussage: Das ist das ›bessere‹ Schulsystem. Auf
die von Schülern erbrachten Leistungen in einzelnen Fächern? Auf die Zahl der
Schüler, die einen qualifizierten Abschluß, vor allem die mittlere Reife oder das
Abitur, erreichen? Der Anteil der Schüler, der in den Gesamtschulen die mittlere
Reife erwirbt, liegt um etwa 20 % höher als in den Schulen des gegliederten Sy-
stems. Weiter: Auf den Erziehungs- und Unterrichtsstil sowie die pädagogische
Atmosphäre bzw. das Klima der Schule und damit auf die sozial-ethische Haltung der Schüler? Um auf diese Fragen Entscheidungshilfen zu erhalten, hat man
zwischen Gesamtschulen und den weiterführenden Schulen des überlieferten
dreigliedrigen Systems vergleichende Untersuchungen durchgeführt. Sie haben
Klarheit darüber bringen sollen, welches der beiden Systeme das ›bessere‹ ist.
U. a. hat man mit Hilfe von Leistungstests die Leistungen von Schülern aus Gesamtschulen, Realschulen und Gymnasien miteinander verglichen. Hierfür sind
vor allem die Fächer Deutsch, Mathematik, Englisch und auch Physik herangezogen worden. Dabei hat sich herausgestellt, daß global gesehen keine »konsi-
stenten Leistungsunterschiede« zwischen Schülern aus den genannten Schulen
bestehen. Vorteile in einigen Fächern oder Lernbereichen des Gesamtschulsystems werden durch Vorteile in anderen Fächern des traditionellen Systems aufgehoben. Es sind auch überhaupt keine Unterschiede festgestellt worden. Besonders wichtig ist: Die im einzelnen vorhandenen Leistungsunterschiede können nicht auf die Schulorganisation zurückgeführt werden; sie sind in erster Linie von der Intelligenz der Schüler und der Sozialschicht abhängig, der die
Schüler angehören. Schwierig ist ein solcher Vergleich auch deshalb, weil viele
leistungsfähige Schüler von vornherein das Gymnasium besuchen, in der Gesamtschule also nicht anzutreffen sind und dadurch das allgemeine Niveau senken. Den Gesamtschulen fehlt – besonders im städtischen Raum – die Leistungs-
spitze.

Man hat auch die Zufriedenheit der Schüler mit ihrer Schule untersucht. Dabei
hat sich gezeigt, daß in den Gesamtschulen das Maß an Schulzufriedenheit hoch
liegt. Die Schüler haben das Gefühl, daß sie akzeptiert und bestmöglich gefördert werden, daß sie im Hinblick auf die Lehrinhalte mehr Mitspracherecht haben und überhaupt mehr mitbestimmen dürfen als die Schüler vor allem in den
Gymnasien. Sie sind in der Lage, ihren Interessen und Wünschen Ausdruck zu
verleihen und scheuen auch nicht vor berechtigter Kritik zurück. Diese positive
Schülerhaltung wird aber nicht auf die Schulorganisation als solche zurückgeführt, sondern hängt damit zusammen, daß die Lehrer an den Gesamtschulen

stärker pädagogisch eingestellt sind und schülerorientiert unterrichten, während die Lehrer an den Gymnasien sich der Wissenschaft verpflichtet fühlen, die sie vertreten, also stärker wissenschaftsorientiert lehren.[12]

Faßt man die Ergebnisse der einschlägigen Untersuchungen zusammen, so geben sie keine eindeutige Antwort auf die gestellte Frage: Welches ist das ›bessere‹ Schulsystem? Eine Antwort ist schon deshalb sehr schwierig, weil sich die bestehenden Gesamtschulen untereinander im Hinblick auf Lerninhalte und -ziele stark voneinander unterscheiden. Die einen legen mehr Wert auf fächerübergreifendes Lernen, führen Projektunterricht durch und/oder entwickeln ein ausgeprägtes »Schulleben«; die anderen versuchen, sich stärker dem herkömmlichen Schulsystem anzupassen. Außerdem sind solche Untersuchungen von Voreinstellungen nicht völlig frei. Wenn ein Untersuchungsleiter z. B. die Gesamtschule von vornherein als progressiv betrachtet, dann kann diese Einstellung das Ergebnis verfälschen, ohne daß dies die Absicht des Untersuchenden ist. Vor allem aber sind die jeweiligen Ergebnisse abhängig vom Engagement der Lehrer. Da die Lehrer der Gesamtschulen in der Regel pädagogisch umfassender vorgebildet und einsatzfreudig sind, sich stärker um den einzelnen Schüler bemühen und davon überzeugt sind, daß der Gesamtschule die Zukunft gehört, schneiden die Gesamtschulen bei Vergleichsuntersuchungen trotz der genannten Kritikpunkte relativ gut ab; sie sind den Schulen des traditionellen Systems nicht grundsätzlich unterlegen.

Gesamtschule als Regel- oder Angebotsschule?

Ob dieses Ergebnis allerdings dazu berechtigt, die Gesamtschule zur einzigen und ausschließlichen Regelschule zu erheben, wie das von Bildungspolitikern gefordert wird, sei in Frage gestellt. Man kann aber auch nicht sagen, daß die Gesamtschule noch im Versuchsstadium steckt. Das ist schon deshalb fragwürdig, weil in den USA, in Schweden, aber auch in England z. T. schon seit Jahrzehnten gesamtschulartige Systeme als Regelschulen existieren. Man kann also nicht behaupten, daß sich die Gesamtschulen nicht bewährt hätten. Daher sollten Gesamtschulen als Angebotsschulen überall dort errichtet werden, wo Lehrer und Schüler sie wünschen. Das gilt vor allem für gering besiedelte und strukturschwache ländliche Räume, in denen sich keine weiterführenden Schulen des gegliederten Systems befinden. Für das überlieferte, vertikal gegliederte Schulwesen bildet die horizontal aufgebaute, nach Stufen gegliederte Gesamtschule auf jeden Fall eine Herausforderung. Durch die Konkurrenz beider Systeme wird sich das für unsere Gegenwart gemäße System allmählich durchsetzen. Ohne

---

[12] Vgl. u. a.: H. Fend u. a., Gesamtschule und dreigliedriges Schulsystem, Stuttgart 1976 u. ö.

schon jetzt Prognosen zu stellen, könnte man sich vorstellen, daß die weltweit zu beobachtende Tendenz sich durchsetzt, die tatsächlich Hochbegabten – etwa 3 % eines Jahrgangs – vom 10. Lebensjahr ab in einer Schule besonders auszubilden, während die große Zahl der Schüler in einem gesamtschulartigen System mit breitem Fächerkanon, Kern- und Kurssystem und verschiedenen Abschlußmöglichkeiten unterrichtet wird.

Dadurch kämen wir dem Ziele näher, einer größeren Anzahl von Schüler(n)/innen eine vertiefte Allgemeinbildung bis zum Ende des 10. Schuljahres zu vermitteln. Der Auslesecharakter der Schule mit seinen pädagogischen Nachteilen träte gegenüber dem pädagogischen Gebot der Förderung zurück, und wir würden der eigentlichen Aufgabe der Schule gerecht, nämlich die Ausbildung von Grundfähigkeiten wie produktives und kreatives Denken und Handeln sowie die Kooperationsfähigkeit zu fördern. Auch den Begabten könnte in diesem System geholfen werden, nämlich daß sie ihren Fähigkeiten entsprechend gefordert und gefördert werden und daß sie lernen, ihre Begabung in den Dienst der Gruppe zu stellen. Das alles verlangt allerdings von der Lehrerschaft ein großes Einfühlungsvermögen in die Bildungs- und Leistungsmöglichkeiten der Schüler sowie vertiefte pädagogisch-psychologische Kenntnisse.

Noch einmal: Welches System ist nun das bessere?

Die Diskussion der beiden Modelle hat gezeigt, daß es schwierig, ja vermutlich unlösbar ist, eine für alle befriedigende Antwort zu finden. Jedes Organisationsmodell hat Vor- und Nachteile. Sie müssen offen dargelegt werden. Politischer und/oder pädagogischer Dogmatismus wie: nur *dieses* System bietet den Schülern die besseren Chancen für die Selbst- und die vorberufliche Bildung, oder gar heilsgeschichtliche Vorstellungen wie: nur *dieses* System bürgt für eine bessere Gesellschaft, helfen hier nicht weiter. Es kommt heute vielmehr darauf an, für alternative Lösungen offen zu sein und Alternativen offen zu gestalten. Dem gegliederten System wäre eine größere Flexibilität zu wünschen, z. B. in der Klassen- und Gruppenbildung, bei den Übergängen, beim Auf- oder Abstieg durch Einrichten sog. Förder- oder Stützkurse, bei der Individualisierung der Bildungswege usw. In dieser Beziehung ist in den letzten beiden Jahrzehnten zweifelsohne viel geschehen, aber es könnte noch mehr getan werden. Der Gesamtschule würde mehr ›innere Ruhe‹ sowie die stärkere Absicherung des Sachanspruchs förderlich sein, besonders beim fächerübergreifenden Unterricht, der hier mehr angewandt wird als in anderen Schulen. Vor allem bedürfte es überschaubarer Gesamtschulen, also Schulen, in denen eine Jahrgangsklasse nur zweimal vertreten ist. Die rapid abnehmende Schülerzahl könnte diesen Weg weisen. Der Rückgang der Schülerzahl kann allerdings auch dazu führen, die

Pluralität unseres Bildungssystems einzugrenzen, weil für die Angebote nicht mehr genügend Schüler vorhanden sind. Eine ideale Lösung – das sollte man klar erkennen – wird und kann es nie geben. Die Ansprüche der verschiedenen Bevölkerungsgruppen an das Bildungssystem sind zu unterschiedlich. Daher muß der Staat das öffentliche Schulwesen unter Berücksichtigung der Grundsätze ordnen, die das Grundgesetz und die Länderverfassungen vorgeben.

Dabei sind vor allem die »schulspezifischen Grundrechte« zu achten wie das »Recht auf freie Entfaltung der Persönlichkeit« des Schülers, das Erziehungsrecht der Eltern, die freie Wahl der Ausbildungsstätte, das ›Recht auf eine ideologisch tolerante Schule‹ (Th. Oppermann) – immer im Sinne des Rechtes auf eine gleiche und faire Chance beim Erwerb von Bildung. Das schließt jedoch konkurrierende Systeme keineswegs aus. Im Gegenteil: Die Demokratie und das Sozialstaatsprinzip fordern dazu heraus.

Arbeitsaufgaben:

1. Ein Pädagoge äußerte sich zur Gesamtschule, wie folgt: » ... Wenn die integrierte Gesamtschule die Ziele, die ihre Vertreter ihr setzen, realisieren kann, wird sie die *pädagogisch wirkungsvollste* und *sozial gerechteste Schulorganisationsform* sein, die wir bisher kennen, mit anderen Worten: die Schule, die den Prinzipien eines *sich demokratisch verstehenden Gemeinwesens* am meisten entspricht. Ob die Gesamtschule diese Ziele in die Wirklichkeit wird umsetzen können, kann heute weder apodiktisch behauptet noch bestritten, es muß erprobt werden« (W. Klafki, in: Klafki, Rang, Röhrs, Integrierte Gesamtschule und Comprehensive School, Braunschweig 1970, S. 103).
Nehmen Sie zu dieser Aussage Stellung! Überdenken Sie dabei noch einmal die Zielsetzung der Gesamtschule. Begründen Sie, warum Klafki die Gesamtschule als die »pädagogisch wirkungsvollste« und »sozial gerechteste Schulorganisationsform« bezeichnet und formulieren Sie Ihre Einwände.
2. Mitarbeiter der Gesamtschule machen darauf aufmerksam, daß die Realisierung der Reformforderungen für die Gesamtschule neue Probleme mit sich bringt und »daß sich durch nahezu alle Bereiche ein grundlegendes Dilemma hindurchzieht«. Die »Reformforderungen« beziehen sich auf die allgemeinen Ziele der Gesamtschule, auf die Curriculumplanung und -entwicklung sowie auf die Lehr- und Lernorganisation. Versuchen Sie herauszufinden, welche Schwierigkeiten bei der Curriculumplanung und -entwicklung sowie bei der Lehr- und Lernorganisation auftreten. Die kritischen Stichworte heißen: Rationalisierung, Institutionalisierung. Sie sollten den interessanten Bericht der beiden Gesamtschulmitarbeiter Michael Hofmann und Tobias Rülcker »Lehren und Lernen an Gesamtschulen in Bildungszentren«, in: »Zeitschrift für Pädagogik«, Jg. 23 (1977), S. 501-517 durcharbeiten.

Kommentierte Literaturhinweise:

Arbeitsgruppe am Max-Planck-Institut für Bildungsforschung: Das Bildungswesen in der Bundesrepublik Deutschland – Ein Überblick für Eltern, Lehrer, Schüler, Reinbek 1979, Neuausgabe 1990, vollst. überarb. u. erw. Neuausgabe 1994

Die Verf. informieren über Schulformen und Bildungsgänge, deren Aufgaben und Zielstellungen. Einleitend wird ein Abriß über die Entwicklung nach 1945 gegeben. Dann folgt eine Darstellung der allgemeinbildenden Schulen im Sekundarbereich, also von Hauptschule, Realschule und Gymnasium, sowie der anderen Bereiche des Bildungswesens wie Kindergarten, Sonderschulen, Berufsausbildung, Hochschulen, Lehrerbildung und Weiterbildung. Unter »offenen Perspektiven« wird auf die Tendenz zu einer »nachfrageorientierten Bildungspolitik« hingewiesen: Schulen sollen angeboten werden, wenn dafür eine Nachfrage besteht. Auf diese Weise soll eine »Entschärfung politischer Konflikte« erreicht werden.

Arbeitsgemeinschaft Freier Schulen (Hrsg.): Handbuch Freie Schulen – Pädagogische Positionen, Träger, Schulformen und Schulen im Überblick, Reinbek 1984, Neuausgabe 1988

Das Buch informiert über die mehr als 2000 Schulen in Freier Trägerschaft. Unter ihnen befinden sich Waldorfschulen, Gymnasien der evangelischen und katholischen Kirche, Internate, Sonderschulen, berufsbildende Schulen, Landerziehungsheime in der Tradition der Reformpädagogik u. ä. Man erhält einen Überblick über die Vielfalt dieser Schulen und Auskunft über deren bildungspolitische Ansätze und pädagogische Ziele, über Verfassungs-, Rechts- und Finanzfragen, Schulverbände und Modellschulen.

Oppermann, Th.: Nach welchen rechtlichen Grundsätzen sind das öffentliche Schulwesen und die Stellung der an ihm Beteiligten zu ordnen? Gutachten C zum 51. Deutschen Juristentag, München 1976

O. steckt den »juristischen Rahmen« ab und zeigt die »wesentlichen schulrelevanten Verfassungspositionen« auf, innerhalb deren sich die bildungspolitische Entwicklung zu bewegen hat. Das bedeutet: »Das öffentliche Schulwesen ist rechtlich vor allem unter Berücksichtigung der tragenden Grundsätze des Grundgesetzes und der Landesverfassungen zu ordnen« (C 105). Da manche Pädagogen dazu neigen, sich über Verfassungsgebote hinwegzusetzen, ist es wichtig, sich mit den Grundgedanken der Schrift auseinanderzusetzen und sie in der Schulpraxis fruchtbar zu machen.

Reble, A.: Gesamtschule im Widerstreit, Stuttgart 1981

Die knappe, aber ausgewogene, klare und informative Schrift will zur »dringend notwendigen Versachlichung der Diskussion um das überaus komplexe und problemhaltige Feld Gesamtschule beitragen«. Das ist dem Verf. vollauf gelungen. Reble zeigt die »Hintergründe und Motive« der Entstehung der Gesamtschule auf, geht der Entwicklung in den Bundesländern nach und diskutiert einige Problemfelder wie die »Politisierung«, die »Mammutschule«, die »Differenzierungs- und Leistungsprobleme«. Schließlich zieht er die Begleituntersuchungen zu Rate, weist aber auch auf deren Ungereimtheiten hin. In einem Schlußabschnitt warnt er mit Recht vor »einseitiger Interpretation und unzulässiger Verallgemeinerung«.

Wollenweber, H. (Hrsg.): Das gegliederte Schulwesen in der Bundesrepublik Deutschland, Paderborn 1980

Ausgewiesene Vertreter der Schulen des gegliederten Schulwesens, also der Hauptschule, der Realschule, des Gymnasiums, des beruflichen Bildungswesens und des Sonderschulwesens, stellen »ihre« Schule vor. Dabei gehen sie kurz auf die geschichtliche Entwicklung, die Situation nach 1945, die Bildungsinhalte und Zielstellungen, die Abschlußqualifikationen sowie auf die Reformbestrebungen und deren Verwirklichung ein. In einer abschließenden Betrachtung wird das gegliederte dem integrierten Schulwesen (Gesamtschule) gegenübergestellt und die Vor- und Nachteile beider Systeme miteinander verglichen.

Gudjons, H. und Köpke, A. (Hrsg.): 25 Jahre Gesamtschule in der Bundesrepublik Deutschland, Bad Heilbrunn 1996

Der Band untersucht die Entwicklung und die Situation der »einen Schule für alle«. Im ersten Teil beschäftigen sich Politiker, Erziehungswissenschaftler und Praktiker mit den Grundanliegen der Gesamtschule aus der Entstehungssituation heraus. Im zweiten Teil werden Grundsatzfragen aufgeworfen, z. B. ob die Gesamtschule das traditionelle Schulwesen verändert (hat), ob die Gesamtschule eine kinderfreundliche Schule ist u.a.m. Der dritte Teil vermittelt Erfahrungsberichte und gibt Einblicke in die Praxis, z. B. in die Bielefelder Laborschule. Fragen der Berufsfeldorientierung im Unterricht werden ebenso behandelt wie das Problem einer gesamtschulgemäßen Oberstufe. Der vierte Teil gibt Ausblicke und mahnt den Reformbedarf an, statt Restaurationsbestrebungen zu folgen. – Alle Teile sorgen für kontroverse Diskussion. Die Auseinandersetzung um die Gesamtschule erhält durch die einzelnen Beiträge neue Impulse.

Henze, G., Sandfuchs, U., Zumhasch, C.: Fördern in der Orientierungsstufe, Bad Heilbrunn 1996

Die niedersächsische Orientierungsstufe hat sich zur Aufgabe gestellt, lernschwache Schüler in Kleingruppen intensiv zu fördern. In der vorliegenden Studie werden Wirkungen und Erfolge der Förderung in Kleingruppen untersucht und gezeigt, wie die schulische Förderpraxis verbessert werden kann.

Thema 9
Welche weiterführende Schule soll ein Kind besuchen: das Gymnasium, die Realschule, die Hauptschule oder die Gesamtschule? – Von den Beratungsaufgaben des Lehrers – ein Problem aus der »Theorie der Schule« und der »Pädagogischen Psychologie«

Einführung:
Eltern wünschen die ›beste‹ Schullaufbahn für ihre Kinder

Zahlreiche Eltern stehen jedes Jahr vor der Frage, welche weiterführende Schule ihr Kind nach der Grundschulzeit besuchen soll, nämlich ob es zur Hauptschule oder zur Realschule oder zum Gymnasium übergehen soll. Diese Frage entfällt nur dann, wenn die Eltern im Einzugsgebiet einer Gesamtschule wohnen und wenn sie sich für diese Schule entscheiden. In diesem Falle werden die Kinder, wie wir beim Thema 8 gelesen haben, nach der »Orientierungsphase« den ihnen angemessenen Leistungskursen zugeteilt. Wo aber ausschließlich Schulen des gegliederten Systems bestehen und in der Regel nach dem vierten Schuljahr »ausgelesen« wird, muß die Frage nach der ›richtigen‹ weiterführenden Schule beantwortet werden.

Die Eltern gehen bei ihren Überlegungen von dem verständlichen Wunsche aus, ihren Kindern die bestmögliche Ausbildung zukommen zu lassen. Sie versuchen daher, ihr Kind *der* Schule zuzuführen, die die höchsten Sozialchancen vergibt. Das ist zweifelsohne das Gymnasium, gefolgt von der Realschule und den weiterführenden Fachoberschulen. Ob das Kind tatsächlich für die von den Eltern gewünschte und vorgesehene Schullaufbahn geeignet, also begabt oder be-gabbar ist (vg. Thema 6), wird zwar auch in die Überlegungen einbezogen, aber für sekundär erachtet. »Wenn Nachbars Fritz das Gymnasium schafft, wird es unserem Hans auch gelingen. Er soll sich halt anstrengen; dann wird er schon mitkommen, notfalls mit Nachhilfestunden.«

Zahlreiche Schüler werden ›zurück-versetzt‹
und geraten dadurch oft in seelische Schwierigkeiten – der Lehrer soll ›beraten‹

Die verständliche Absicht der Eltern, ihrem Kinde eine ›höhere‹ Bildung zuteil werden zu lassen, es also nach Möglichkeit dem Gymnasium oder aber der Realschule zuzuführen, hat in den letzten 25 Jahren den Prozentsatz der Übertritte in das Gymnasium und die Realschule sprunghaft ansteigen lassen. Eine umfassendere Bildungswerbung für Bildungswege, die Aufstiegschancen versprechen, hat das Begehren der Eltern nach einer höheren Bildung für ihre Kinder nachdrücklich gefördert. Das zeigen die Zahlen, die wir oben (S. 188/9 u. 202) genannt haben. Da eine große Zahl von Schülern in den ersten Gymnasialjahren, aber auch in der Realschule, in Lernschwierigkeiten gerät und die Anforderungen nicht erfüllen kann, werden diese Schüler vom Gymnasium zur Realschule und ggf. von dort zur Hauptschule zurückversetzt. Dadurch wird das Ansehen der Hauptschule aber keineswegs ›aufgewertet‹.

Als Lehrer wird man mit diesen Problemen laufend konfrontiert, und die Eltern bitten den Lehrer vielfach, bei der Lösung der Probleme mitzuhelfen. Sein Rat wird aber nicht nur eingeholt, wenn es darum geht, die richtige Schullaufbahn für ein Kind herauszufinden, sondern auch dann, wenn die Kinder in Lernschwierigkeiten geraten, also z. B. in Mathematik nicht mehr mitkommen, oder wenn zwischen den Kindern oder zwischen einem Kind und einem Lehrer Konflikte auftreten und/oder bestehen.

Aus den drei *Hauptfeldern der Beratung*, nämlich den Lernschwierigkeiten, den Konfliktfällen und den Schullaufbahnproblemen, greifen wir im folgenden den bereits angesprochenen Bereich heraus: Um hier kompetent raten zu können, benötigt der Lehrer Sachkenntnisse, und er muß kommunikative Fähigkeiten haben oder sich aneignen. Wir leiten das Thema damit ein, indem wir von der Situation eines Elternabends im 4. Schuljahr ausgehen: es stehen die Fragen des Überganges in die weiterführenden Schulen zur Diskussion (1.). Wir werden dann einen individuellen Fall einer Schullaufbahnberatung skizzieren und auf weitere Beratungsfelder eingehen (2.) und schließlich anhand der Beispiele aufzeigen, welche Anforderungen ein Lehrer erfüllen muß, um seine Beratungsaufgabe bestmöglich durchzuführen (3.).

Zu 1.: Ein Elternabend in einem 4. Schuljahr

Im Verlauf des 4. Grundschuljahres findet in der Regel ein Elternabend statt, an dem die Probleme des Übergangs in weiterführende Schulen besprochen werden. Diese *Gruppenberatung* soll den Eltern eine Orientierungshilfe dafür geben, ob sie ihr Kind für die Hauptschule, die Realschule oder für das Gymnasium anmelden. Der Klassenlehrer wird also den Eltern die Aufgaben und Zielstellungen der drei genannten Schularten erläutern und über die Berufsmöglichkeiten und -chancen Auskunft geben. Es wäre vorteilhaft, wenn hierzu auch je ein Lehrer aus den weiterführenden Schulen anwesend sein könnte, so daß die Eltern von kompetenten Personen über die verschiedenen Schullaufbahnen und die damit verbundenen Anforderungen unterrichtet würden. Das ist besonders dringend im Hinblick auf die Weiterbildungsmöglichkeiten nach Abschluß der

Hauptschule. Darüber besitzen die Eltern in der Regel kaum Kenntnisse. Der Grundschullehrer sollte sich also in diesen Fragen von ›Spezialisten‹ helfen lassen. Er stößt häufig an Grenzen seiner Kompetenz, wenn er über die Inhalte, Fächerverbindungen und Schwerpunktbildungen der weiterführenden Schulen und vor allem des berufsbildenden Schulwesens Auskunft geben soll. Das hier angesprochene Zusammenwirken von Klassenlehrer und Vertretern anderer Schularten wird aber aus Zeitgründen in den meisten Fällen nicht möglich sein. Der Grundschullehrer steht in der Regel allein vor den Eltern und muß eine Antwort auf die Frage geben: Was erwartet jede Schulart von ihren Schülern? Hierzu haben wir beim Thema 8 schon einiges gesagt. Die Ausführungen müssen für den hier zur Diskussion stehenden Zusammenhang jedoch noch konkretisiert, differenziert und auch ergänzt werden.[1]

Bevor wir uns diesen Problemfeldern zuwenden, müssen wir zuvor eine Frage erörtern, für die die Eltern wenig ansprechbar sind. Sie sind in erster Linie auf das berufliche Fortkommen ihrer Kinder bedacht und wollen wissen, was diese oder jene Schullaufbahn für den späteren Beruf ›nützt‹. Die Eltern müssen daher darüber informiert werden, daß alle weiterführenden Schulen im Dienst der Allgemeinbildung stehen und daß alle beruflichen oder richtiger: vorberuflichen Aspekte aus dem Allgemeinen heraus erwachsen. Was heißt das?

Allgemeinbildung soll zur Teilnahme am gesellschaftlich-kulturellen Leben befähigen

Der Begriff »Allgemeinbildung« ist am Beginn des 19. Jh. geprägt und seitdem mit wechselnden Inhalten gefüllt worden; er ist im Denken des Deutschen Idealismus und des Neuhumanismus verwurzelt und meint, daß der Mensch »allgemein«, d. h. auf das gemeinsam Menschliche hin, gebildet und nicht beruflich ausgebildet werden müsse. So steht es auch in *Johann Wilhelm Süverns* (1775-1829) »Unterrichtsgesetzentwurf« aus dem Jahre 1819. Gleich zu Beginn wird gesagt:

»§ 1: Als öffentliche und allgemeine werden diejenigen Schulen und Erziehungsanstalten anerkannt, welche die allgemeine Bildung des Menschen an sich und nicht seine unmittelbare Vorbereitung zu besonderen einzelnen Berufsarten bezwecken.«[2]

Der Begriff wird im Gegensatz zur Berufsbildung verwendet. Ausdrücklich heißt es aber, daß die allgemeine Bildung nicht der »unmittelbaren« Berufsvorberei-

---

[1] Eine wertvolle Hilfe für die Beratung bilden die von den Kultusministerien der Bundesländer herausgegebenen Materialien über den ›richtigen Schulweg‹ für das einzelne Kind; sie sollten beschafft und im Zusammenhang mit dem Thema erörtert werden.
[2] Vgl. dazu W. Scheibe (Hrsg.), Zur Geschichte der Volksschule, Bd. II, 2. Aufl., Bad Heilbrunn 1974, S. 7 ff.

tung zu dienen habe; ›mittelbar‹ wird jedoch ein Zusammenhang zwischen Allgemein- und Berufsbildung anerkannt: Jede Allgemeinbildung fördert zugleich die Berufs*vor*bildung, wie umgekehrt die spezielle Berufsbildung die Allgemeinbildung stützt.

Der Begriff der Allgemeinbildung hat seitdem eine wechselvolle Geschichte gehabt und ist aus der jeweiligen Zeitsituation heraus unterschiedlich und – aus heutiger Sicht – auch mißverständlich interpretiert worden. Man hat unter »Allgemeinbildung« die ›Ausbildung aller Fähigkeiten‹ oder eine ›enzyklopädische Bildung‹, also eine umfassende ›materiale Bildung‹ oder auch die ›Übernahme der Wertgehalte der Kultur‹ verstanden. Um solchen verzerrten Deutungen zu entgehen, ist vorgeschlagen worden, für »Allgemeinbildung« die Bezeichnung »Grundbildung« (E. Spranger) oder »kategoriale Bildung« (W. Klafki; vgl. S. 167 ff.) einzuführen. Gleichgültig welchen Begriff wir bevorzugen, gemeint ist stets, die jungen Menschen in der ›allgemeinbildenden Schule‹ so auf das Leben vorzubereiten, daß sie imstande sind, ›denk- und handlungslebendig‹ am gesellschaftlich-kulturellen Leben ihrer Zeit teilzunehmen, verantwortlich ihre mitmenschlichen Verpflichtungen wahrzunehmen und ein sinnerfülltes Leben zu führen. Das läßt sich nur dadurch erreichen, daß die unterrichtlichen Gegenstände bis ›zu den Wurzeln‹ hin bearbeitet und nicht vordergründig auf bloße Nützlichkeit und Brauchbarkeit hin befragt werden. Bei der ›Behandlung‹ des Schwarzwälder und/oder des Niedersächsischen Bauernhauses geht es nicht nur um die wirtschaftlichen Vorteile des jeweiligen Bauernhaustyps, sondern die Schüler sollen das jeweils ›Typische‹ erfassen und der Frage nachgehen, warum in einer bestimmten Landschaft nur ein den ›natürlichen Umständen‹ angepaßtes Bauernhaus entstehen konnte. Die Erkenntnisse und das Wissen sollen in erster Linie dazu dienen, weitere Fragen zu stellen und die Antworten selbständig zu finden. Dieses ›allgemeinbildende‹ Ziel gilt in gleichem Maße für alle weiterführenden Schulen, wenngleich jede Schulart ihren inhaltlichen Schwerpunkt hat. So stehen z. B. in der Realschule die »Realien« im Zentrum der »Allgemeinbildung«. Aber indem die Realschule die Realfächer ›bevorzugt‹, hat sie nicht deren ›wirtschaftliche Brauchbarkeit‹ zu vermitteln, sondern im Rahmen des speziellen Schwerpunktes auf das »Allgemeine« hinzuarbeiten. So sind z. B. in der Geographie die »Grunddaseinsfunktionen« wie Arbeiten, Wohnen, Nahrungsmittelversorgung u. ä. zu untersuchen. Dadurch soll ein Verständnis für das Zusammenleben in der Gegenwartsgesellschaft gewonnen und Handlungsimpulse vermittelt werden, das individuelle und gesellschaftliche Leben verantwortlich (mit-)zugestalten.

Das gilt grundsätzlich für alle allgemeinbildenden weiterführenden Schulen des gegliederten Systems; sie haben das ›Allgemeine‹ zu bilden, also das, was allen Menschen ›gemeinsam‹ ist: das Humanum. Im folgenden einige Ausführungen zu den einzelnen Schularten:

Die Hauptschule bereitet ihre Schüler auf der
Grundlage lebenspraktischer und handlungsori-
entierter Situationen auf das Berufsleben in
Handwerk und Industrie vor

Die Hauptschule ist bemüht, das Ausbildungsniveau anzuheben, um dadurch ihren Schülern höhere soziale Chancen zu vermitteln. Das versucht man dadurch
zu erreichen, daß man die Hauptschule auf zehn Jahre verlängert und daß man
ihr Inhalte zuordnet, die für sie konstitutive Bedeutung haben: das sind die
»Arbeitslehre« und die »Lebenslehre«. Mit dieser Konzeption greifen wir der
tatsächlichen Entwicklung voraus und stellen mehr einen ›Idealtypus‹ der Hauptschule vor als die augenblickliche Wirklichkeit. Trotz großer Schwierigkeiten
versuchen aber schon heute zahlreiche Lehrkräfte von Hauptschulen, sich nach
dem Modell auszurichten, wenngleich es bisher weithin noch nicht gelungen ist,
der Hauptschule die Attraktivität zu geben, die sie als »weiterführende Schule«
haben sollte. Während die »Arbeitslehre« unter Einbeziehung der praktischen
Werklehre, der Haushaltslehre und des Technischen Werkens die Praxis der Berufswelt in den Mittelpunkt stellt, werden in der »Lebenslehre‹ im Anschluß
oder in Verbindung mit der »Arbeitslehre« jene Bereiche bearbeitet, die den
Schülern Hilfen zur Bewältigung ihrer Lebensprobleme geben und auf das Er-
wachsenenleben vorbereiten. Darunter fallen u. a. Fragen wie die Stellung und
Aufgabe der Familie in der Gegenwartsgesellschaft und die Verantwortung, die
der einzelne bei der Eheschließung übernimmt, das sinnvolle Ausfüllen der immer größer werdenden Freizeit, die Fragen nach dem Lebenssinn bis hin zu jenen nach der Stellung und Verantwortung des Menschen in dieser Welt. Das
sind im Grunde genommen Inhalte, die den allgemeinbildenden Schulen in gleicher Weise aufgegeben sind. Während sie aber in der Realschule und im Gymnasium in unterschiedlichen Fächern bearbeitet werden, sollten sie in der Hauptschule das zentrale Anliegen der ›Lebenslehre‹ bilden.

Die Diskussion über die Einzelinhalte und ihre Vermittlung ist zwar noch
nicht abgeschlossen; aber man kann an der Aufgabenstellung der Arbeits- und
Lebenslehre bereits erkennen, daß die Schüler in handlungsorientierten Lern-
und Unterrichtssituationen auf das individuelle und gesellschaftliche Leben sowie auf das Berufsleben in industriellen und handwerklichen Tätigkeitsfeldern
vorbereitet werden sollen, und zwar in einem vorberuflichen, also allgemeinbildenden Sinne. Dadurch sollen die Hauptschüler und -schülerinnen in einem
schulischen Erprobungs- und Übungsfeld und in Verbindung mit der Arbeits-
und Wirtschaftswelt zu einer begründeten Berufswahl gelangen, Verständnis für
individuelle, gesellschaftliche und politische Lebenszusammenhänge gewinnen
und darauf vorbereitet werden, ihr späteres Leben verantwortlich handelnd zu
führen. Alle diese Aufgabenfelder müssen von der Erfahrung und dem eigenen

Tun aus bearbeitet und geklärt werden. Das praktische Handeln bildet also den Mittelpunkt des Unterrichts bzw. sollte ihn bilden. Von hier aus werden Einsichten und Erkenntnisse gewonnen. Sehr allgemein und vorsichtig kann man sagen, daß für den Besuch der Hauptschule jene Gruppe von Schülern geeignet ist und in Frage kommt, deren Begabungsschwerpunkte in der praktischen Tätigkeit liegen und die bei der Lösung von Aufgaben die Anschauung, die Beobachtung und die konkrete Situation benötigen, d. h., die Denkoperationen erwachsen aus der Handlung. »Tun und Denken, Denken und Tun« (Goethe) bilden einen innigen, untrennbaren Zusammenhang; Denken ist als »Ordnen des Tuns« zu gestalten (H. Aebli). Unter dieser Voraussetzung gelingen auch gute Abstraktionsleistungen.

Wie schon angedeutet, greift die dargestellte inhaltliche Konzeption der Hauptschule der Wirklichkeit voraus. Tatsächlich hat sich die Hauptschule während der beiden letzten Jahrzehnte sowohl im Unterricht als auch vor allem in den Ansprüchen, den Zielstellungen der beiden anderen weiterführenden Schulen angepaßt, d. h., sie hat Fachunterricht und Fachsystematik betont, um dadurch, wie man meinte und hoffte, Zugang zum wissenschaftlich-abstrakten Denken zu gewinnen und eine Gleichstellung zu erreichen. Durch Erhöhung der Anforderungen hat man das Lernniveau der Hauptschüler dem der anderen Schulformen des Sekundarbereichs angleichen wollen. Unter diesem Aspekt ist auch das zentrale und strukturierende Fach – die »Arbeitslehre« – verfachlicht, verbalisiert und ›verintellektualisiert‹ worden. Diese Anpassungsbestrebungen an die ›höheren‹ Schulformen der Realschule und des Gymnasiums haben sich auf die Hauptschule und ihre Schüler jedoch negativ ausgewirkt. Wenn die Hauptschüler in gleicher Weise intellektuell gefordert werden wie die Schüler der beiden anderen weiterführenden Schulen, dann – so argumentierten zahlreiche Eltern – schicken wir unsere Kinder gleich auf die Schule, die das größte Ansehen hat: auf das Gymnasium. Dadurch kam es zu einer ›Flucht‹ aus der Hauptschule. In den Städten und Ballungsgebieten ist der Anteil der Hauptschüler unter die 20 %-Grenze gesunken. Die frühere Schule der ›Mehrheit des Volkes‹ ist als schwächstes Glied aus dem Kampf um die Schüler hervorgegangen. Das Leistungsniveau und der Status der geschrumpften Hauptschule läßt sich aber nur dadurch verbessern, daß die oben genannten Reformabsichten tatsächlich durchgeführt werden, die Hauptschule also einen inhaltlichen Schwerpunkt mit qualifizierendem Abschluß erhält, und der Unterricht so gestaltet wird, daß die Schüler die Unterrichtsgegenstände begreifen und zum Selbst-Denken und -Handeln angeregt werden.[3] Der qualifizierende Hauptschulabschluß mit einer

---

[3] Vgl. Solzbacher, Claudia und Wollersheim, Hans-W., Hauptschule 89 – Auf den Trümmern der Reform, Probleme und Perspektiven, Bad Heilbrunn 1989 – Ipfling, Heinz-J. und

mündlichen und schriftlichen Prüfung in den Hauptfächern (Deutsch, Mathematik, Arbeitslehre u. a.) wird inzwischen allgemein vergeben; die innere Ausgestaltung der Hauptschule läßt aber noch zu wünschen übrig.

Die Hauptschule führt nicht in eine Sackgasse

Wichtig ist in diesem Zusammenhang folgendes: Schüler und Eltern müssen darüber informiert werden, daß die Hauptschule zwar für einige Jahre eine ›Einbahnstraße‹ (vgl. Thema 8) zur Berufswelt hin darstellt, auf der Schüler mit konkreter Denkart und mit handlungsbetontem Arbeits- und Leistungsverhalten auf die Berufs- und Arbeitswelt vorbereitet werden, daß aber während der Berufsausbildung und vor allem danach diesen Schülern ein breites und verzweigtes berufsbildendes Schulwesen als Angebot zur Verfügung steht. Die Schüler haben im Anschluß an die berufliche Ausbildung die Möglichkeit, in eine Berufsaufbauschule oder Berufsfachschule einzutreten, dort einen mittleren Abschluß zu erwerben und von da aus in eine Fachoberschule überzuwechseln. Sie können aber auch dort, wo die Voraussetzungen bestehen, die 10. Klasse der Hauptschule freiwillig absolvieren und über die Fachoberschule zur Fachhochschule aufsteigen. Ein qualifizierter Hauptschulabschluß ist also nicht das ›Ende‹ der Schullaufbahn; er kann der Beginn für eine vielfältige, an der Praxis orientierten Weiterbildung sein. Diese Information benötigen vor allem jene Schüler und Eltern, die meinen, daß die Hauptschule in eine ›Sackgasse‹ führt. Das ist keineswegs der Fall. In den Berufsfindungsprozeß sollte auch rechtzeitig die Berufsberatung einbezogen werden. Dort wird der jugendliche Hauptschüler nicht nur über Berufswahlmöglichkeiten informiert; der Berufsberater wird auch überprüfen, ob Interesse, Neigung und Eignung miteinander korrelieren.

Die Realschule bereitet ihre Schüler auf handwerklich-technische und soziale Berufe vor

Die nächste weiterführende Schulart ist die *Realschule*. Das Realschulwesen hat in den einzelnen Bundesländern aus historischen Gründen eine unterschiedliche Entwicklung durchgemacht, auf die hier nicht eingegangen werden kann. Die Realschule hat geringfügig andere, aber quantitativ und qualitativ höhere Zielstellungen als die Hauptschule, ohne daß jedoch eine grundsätzlich andere Bildungsidee vorliegt. Hier wie dort werden Allgemeinbildung mit berufsfeldorientierter vorberuflicher Bildung verbunden. In der Vereinbarung der Kultusminister vom 17.12.53 wird das Ziel der Realschule folgendermaßen festgelegt:

Lorenz, Ulrike, Die Hauptschule – Materialien, Entwicklungen, Konzepte, Bad Heilbrunn 1991.

»Sie bereitet ihre Schüler auf Aufgaben des praktischen Lebens mit erhöhter fachlicher, wirtschaftlicher und sozialer Verantwortung vor und vermittelt die dafür notwendige allgemeine Bildung. Sie soll hiernach eine geeignete Schulvorbildung für den Nachwuchs in den gehobenen und praktischen Berufen von Landwirtschaft, Handel, Handwerk, Industrie und Verwaltung, sowie in pflegerischen, sozialen, technisch-künstlerischen und hauswirtschaftlichen Frauenberufen geben.«

Diese Bestimmungen lassen erkennen, daß die Realschule im Unterschied zum Gymnasium vorwiegend praktisch ausgerichtet ist, im Vergleich mit der Hauptschule höhere theoretische Anforderungen stellt. Dennoch sollen theoretische Erkenntnisse ähnlich wie in der Hauptschule über Praxiserfahrungen und praxisnahe Fragestellungen gewonnen werden. Im Unterschied zur Hauptschule liegt aber – wie gesagt – das Niveau der Anforderungen höher. Das zeigt sich u. a. darin, daß eine zweite Fremdsprache angeboten wird. In der Abschlußklasse, aber vielerorts auch schon vorher, sind bestimmte Schwerpunktbildungen vorgesehen. Sie beziehen sich auf mathematisch-naturwissenschaftlich-technische, wirtschafts- und sozialwissenschaftliche sowie künstlerisch-gestalterische und hauswirtschaftliche »Wahlpflichtbereiche«. Ein Wahlfachangebot sorgt für weitere Individualisierung. Die Realschulen schließen mit der 10. Klasse und einem Abschlußzeugnis ab. Es wird als »Mittlerer Bildungsabschluß« oder als »Mittlere Reife« bezeichnet und eröffnet den Zugang u. a. auch zu den Berufsfachschulen, Fachoberschulen, Fachakademien. Besonders befähigte Realschüler können über gymnasiale Aufbauformen zur Hochschulreife gelangen. Für die Schüler, die nach der Grundschulzeit in eine Realschule übertreten wollen, gilt ganz allgemein, daß an Anstrengungsbereitschaft, Leistungswillen und -vermögen quantitativ und qualitativ höhere Anforderungen als an den Hauptschüler gestellt werden: Der Realschüler muß fähig und bereit sein, z. B. Abstraktionsprozesse rascher durchzuführen, intellektuell mehr an Inhalten aufzunehmen und sie intensiver zu verarbeiten.

Zwischenbetrachtung: Vereinigung von Haupt-
und Realschule?

Wir haben gegen Ende von Thema 8 die Frage nach der Möglichkeit der Vereinheitlichung des allgemeinbildenden Schulwesens gestellt. Dabei gehen wir davon aus, daß es heute darauf ankommt, der Mehrzahl der Schüler des Sekundarbereichs eine Allgemeinbildung und eine berufsfeldorientierte Vorbildung zu vermitteln. Unter diesem Gesichtspunkt erscheint die von Bildungspolitikern und Pädagogen vielfach erhobene Forderung nach Zusammenlegung von Haupt- und Realschule bedenkenswert. Die Hauptschule könnte durch das differenziertere Fächerangebot der Realschule gewinnen, wenn gesichert wird, daß an dem anspruchsvolleren Leistungsniveau der Realschule keine Abstriche gemacht werden. Das ließe sich jedoch mittels der Kursdifferenzierung regeln. Andererseits könnte die Realschule aus dem konkret-handlungsorientierten Unterrichtsstil der Hauptschule Vorteile ziehen.

Wenn man also der Hauptschule das schon lange geforderte 10. Schuljahr allerorts zugesteht, dann könnten die bisherigen Haupt- und Realschüler in einem gesamtschulartigen System unterrichtet und durch Leistungs- und Wahlkurse zu unterschiedlichen, aber qualitativ gleichwertigen Abschlüssen geführt werden. Solche Überlegungen zeigen, daß der Trend einer künftigen Schulentwicklung auf eine Organisationsform hinausläuft, die wir bei Thema 8 gegen Ende angedeutet haben: Hiernach erhielten wir ein vertikal zweigliedriges Schulsystem mit einer einheitlichen Schulpflicht von 10 Jahren bzw. 12 oder 13 Jahre beim gymnasialen Weg. Eine Zusammenlegung von Haupt- und Realschule würde dem bei Schülern und Eltern zunehmenden Trend entgegenkommen, einen qualifizierten Abschluß nach dem 10. Schuljahr zu ermöglichen.

Das Gymnasium will den Schülern die Studierfähigkeit vermitteln

Das *Gymnasium* als dritte weiterführende Schulart kennt heute jeder Lehrer aus eigener Erfahrung. Er weiß also, daß die Schüler fähig sein müssen, sich mit theoretisch-abstrakten Problemstellungen auseinanderzusetzen. Daher können wir uns kurz fassen: Das Gymnasium will seinem Selbstverständnis entsprechend den Schülern eine sog. »höhere Bildung« bzw. eine »vertiefte allgemeine Bildung« vermitteln und auf die Hochschulreife vorbereiten. Das Gymnasium war zwar ursprünglich eine Standesschule, nämlich die Schule der ›Oberschicht‹; sie hat sich im Verlauf des 19. Jh. aber mehr und mehr zu einer Schule der Begabtenauslese entwickelt, und zwar besonders für sprachlich und mathematisch gut begabte Schüler. Aufgrund der inzwischen erfolgten Differenzierung in altsprachliches, neusprachliches, mathematisch-naturwissenschaftliches, wirtschaftswissenschaftliches und musisches Gymnasium wird der Zugang zur gymnasialen Bildung auch für andere Begabungsrichtungen als den ehemals bevorzugten ermöglicht. Immer aber werden in den einzelnen Zweigen gute Abstraktionsfähigkeit, rasche Auffassungsgabe und hohe Leistungsbereitschaft vorausgesetzt. Diese Voraussetzungen sollen gewährleisten, daß ein Schüler in die geistigen Gehalte der Kultur vertiefter und umfassender einzudringen vermag und daß er die Studierfähigkeit erlangt.

Die Oberstufe des Gymnasiums – auch als Kollegstufe bezeichnet – gibt den Schülern eine größere Wahlfreiheit. Sie wird dadurch ermöglicht, daß das frühere, bis zum Abitur führende Jahrgangsklassensystem durch ein System von Grund- und Leistungskursen ersetzt worden ist, die jeweils für ein halbes Jahr belegt werden müssen. Dadurch wird die Interessenlage und Begabung der

Schüler stärker berücksichtigt und das selbständige Lernen gefördert. Die Schüler sollen innerhalb bestimmter Grenzen selbst über ihren Bildungsweg entscheiden dürfen und sich gründliche Kenntnisse in wenigen Fächern erwerben. Andererseits hat die Reform auch Nachteile, zumindest Probleme, die durch Schlagworte gekennzeichnet sind wie: ›Vereinzelung‹ der Schüler, ›Verlust der Allgemeinbildung‹, ›Förderung des Konkurrenzdenkens‹ aufgrund der Studienzugangsbestimmungen, sachlich unstimmige Abfolge der Kurse usw. Die Reform ist also keineswegs unumstritten und wird von vielen Pädagogen abgelehnt. Seit etwa 1993 ist eine neue Diskussion entbrannt: Die einen treten für eine Erweiterung der Pflichtfächer bis zum Abitur ein; sie verfechten also eine breite ›Allgemeinbildung‹; d. h.: Deutsch, Mathematik und Englisch sollen für alle verpflichtend sein. Andere vertreten eine noch stärkere Spezialisierung und Auflockerung, so daß der Beliebigkeit der Fächerwahl keine Grenzen gesetzt sind. Da das Gymnasium seinen Absolventen »höhere Sozialchancen« verspricht, ist der Zustrom weit größer, als er dem Selbstverständnis dieser Schule entspricht. D. h.: Selbstverständnis (hohe theoretische Anforderungen) und Realität (hoher Zugang, verminderte Leistungsanforderungen) widersprechen sich.

Der Lehrer sollte ›beraten‹ und nicht die Entscheidung vorwegnehmen

Die Schullaufbahnberatung soll den Eltern deutlich machen, daß die Wahl der weiterführenden Schulen vorwiegend von zwei Voraussetzungen abhängt, nämlich 1. von der Begabung, die ein Kind hat oder zu entwickeln vermag; 2. von den Schwerpunkten der Lehrinhalte, die eine Schule vermittelt. Da niemand exakt eine Begabungsprognose zu stellen vermag, besonders nicht im 10. Lebensjahr, sollte der Lehrer in diesem Punkte Zurückhaltung üben, vor allem bei den sog. Grenzfällen. Ist der Leistungsstand eines Kindes in Mathematik und in der deutschen Sprache gut, stehen seine Denkleistungen auf einem hohen Niveau, zeichnet sich bereits die Fähigkeit zum Abstrahieren ab, zeigt es während des Unterrichts Interesse, Mitarbeit und Denklebendigkeit, dann kann der Lehrer den Schüler für den Besuch eines Gymnasiums empfehlen. Ob der betreffende Schüler die Leistungen, die er beim Eintritt in das Gymnasium vorweist, auch tatsächlich durchhält, ist eine andere Frage. Das hängt von den Interessen, dem Leistungswillen, der Durchhaltekraft ebenso ab wie von den Lehrer-Schüler-Beziehungen, der Freizeitbeschäftigung, der Atmosphäre im Elternhaus u.v.a.m. Ein gut begabter Schüler würde sich gleichfalls in den A-Kursen der Gesamtschule ›behaupten‹, so daß auch die Gesamtschule für die weitere Schullaufbahn in Frage käme.

Anders müßte ein Lehrer raten, wenn die Leistungen eines Schülers mehr durchschnittlicher Art und seine Interessen stärker den Realfächern zugewandt sind. In diesem Falle müßte er auf die Realschule verweisen. – Sind dagegen die bisherigen Leistungserfolge eines Schülers schwach, die Denkfähigkeit wenig ausgeprägt, die Abstraktionsfähigkeit gering, die Konzentrationsfähigkeit herabgesetzt und die sprachlichen Leistungen wenig entwickelt, dann müßte man den Besuch der Hauptschule empfehlen. Das bedeutet nicht, daß diese so gearteten Schüler, deren Lernen durch die Orientierung an der Erfahrung und durch die Handlung bestimmt ist, nicht zu einer erfolgreichen und mündigen Lebensbewältigung kommen können; sie benötigen aber mehr Zeit, Geduld und menschliche Zuwendung als andere Schüler. Das hat Konsequenzen für die Tätigkeit des Hauptschullehrers: Seine Arbeitsbedingungen sind härter als die der Lehrer anderer Schulzweige. Der Hauptschullehrer muß sein ›Handwerk‹ besonders gut verstehen, d. h., er muß schüler-, handlungs- und erfahrungsorientiert unterrichten und mit seinen Schülern arbeiten und leben, d. h., ein »Schulleben« gestalten (vgl. Thema 7).

Die Gesamtschule nimmt Schüler aller
Begabungsrichtungen und -höhen auf

Die genannten Bedingungen für die Schullaufbahnentscheidung gelten grundsätzlich auch für die Züge der Gesamtschule. Zwar nimmt die Gesamtschule Schüler aller Begabungen auf; sie werden aber nach etwa einem Jahr der Beobachtung aufgrund ihrer Begabung, Leistungsfähigkeit und Interessen verschiedenen Leistungskursen zugeordnet. In der Regel findet man Schüler, die im dreigliedrigen System der weiterführenden Schulen ein Gymnasium besuchen, in den A-Kursen, Schüler, die die Hauptschule besuchen, in den B- und C-Kursen. Die potentiellen Realschüler finden sich schwerpunktmäßig in den B-Kursen, nach A und C hin streuend. Der Vorteil des Gesamtschulsystems liegt theoretisch darin, daß die Schüler je nach Interesse und Einsatz innerhalb der Kurse auf- und absteigen können. Ein Nachteil ergibt sich daraus, daß sich die Schüler in häufig wechselnde Schülergruppen einleben müssen. Der beratende Lehrer sollte den Eltern die oben dargestellten Vor- und Nachteile deutlich machen. Von einer speziellen, schulartspezifischen Beratungsaufgabe ist er jedoch entbunden. Die individuelle Beratung erfolgt während des Besuchs einer Gesamtschule.

In welche Schule schicke ich mein Kind?

Die Antwort ist aus pädagogischer Sicht nicht einfach. Die Eltern entscheiden sich in der Mehrzahl der Fälle nicht nach pädagogischen Gesichtspunkten, sondern fällen ihre Entscheidung aus dem Sozialprestige heraus, berufen sich aber in der Regel auf das ihnen laut GG zustehende »Erziehungsrecht«. Dem Lehrer obliegt es, auf der Grundlage der hier entwickelten Gesichtspunkte den Eltern Orientierungshilfen zu geben, damit sie mit ihrem Kinde die rechte Entscheidung fällen können. Es ist nicht die Aufgabe, die Entscheidung vorauszunehmen. Der Lehrer hat lediglich sachgemäß zu beraten und – wenn gewünscht – aus seiner Kenntnis des Kindes und dessen Leistungsverhalten vorsichtige Ratschläge zur möglichen Schullaufbahn zu geben. ›Vorsichtig‹ deshalb, weil man nie ›exakt‹ voraussagen kann, wie sich ein Kind auf seinem weiteren Schulweg entwickelt.

Zu 2.: Ein individueller Fall einer Schullaufbahnberatung

Der Schüler A muß sich entscheiden, ob er nach dem 6. Schuljahr, also nach der Orientierungsstufe bzw. nach dem 2. Hauptschuljahr – das ist in den Bundesländern unterschiedlich geregelt – den qualifizierten Hauptschulabschluß erreichen will oder ob er in die vierstufige Wirtschaftsschule übertritt und dort die »Mittlere Reife« bzw. den »Mittleren Schulabschluß« anstrebt. Letzteres wünschen seine Eltern. Der Schüler selbst neigt dem ersten Weg zu, und zwar vor allem deshalb, weil er sich in seiner Klasse wohl fühlt und den Wechsel in eine andere Schule scheut. Aber er spürt den ›Druck‹ von zu Hause, daher ist er zwiespältig und weiß nicht, was er tun soll. In dieser Situation bittet er seinen Klassenlehrer um einen Gesprächstermin. Der Klassenlehrer erkundigt sich kurz, worum es sich handelt und schlägt vor, daß man sich am Ende des Schulvormittages einmal zu einem ersten Gespräch zusammensetzt.

In dieser Unterredung berichtet der Schüler über sein Problem. Der Klassenlehrer hört zunächst ohne Zwischenfragen zu.

S.:»Ich weiß noch nicht genau, was ich werden will. Sie wissen, daß ich in Erdkunde gut bin und mich vor allem für Geologie interessiere. Meine Steinsammlung hatte ich einmal mit im Unterricht. Meine Eltern wollen, daß ich in die Wirtschaftsschule übertrete und die Mittlere Reife mache. Mein Vater ist kaufmännischer Angestellter, und meine Mutter arbeitet in einem Büro. Die Eltern wollen, daß ich mich in der Wirtschaftsschule auch auf einen kaufmännischen Beruf vorbereite. Aber ich möchte meine erdkundlichen und geologischen Kenntnisse gern auswerten, also vielleicht Landvermesser werden, oder auch Gärtner. Das liegt bei mir auch drin.«

L.:»Hast du mit deinen Eltern und mit anderen schon einmal darüber gesprochen?«

S.:Ja, meine Eltern wollen, daß ich auf die Wirtschaftsschule gehe. Das sagt auch meine Tante. Ich habe auch mit Freunden darüber gesprochen. Die sagen, ich soll hart bleiben und das tun, was ich will.«

L.:»Und nun weißt du nicht, was du machen sollst!?«

S.:»Das weiß ich auch nicht genau. Zwar möchte ich den Weg gehen, den ich Ihnen gesagt habe. Aber ich weiß ja nicht, ob mir das Landvermessen oder auch das Gärtnern gefällt. Und meine Eltern und Verwandten sagen alle, daß man in einem kaufmännischen Beruf weiterkommen und mehr verdienen kann ...«

L.:»Die Entscheidung, welche Berufsausbildung du beginnst, mußt du ja nicht jetzt fällen. Dazu hast du auf jeden Fall noch mindestens zwei Jahre Zeit, wenn du in der Hauptschule bleibst, und noch vier Jahre, wenn du auf die Wirtschaftsschule überwechselst. Du kannst auch nach der Wirtschaftsschule in eine Berufsausbildung eintreten, die deinen Interessen näherliegt als ein kaufmännischer Beruf.«

S.:»Ja, das habe ich mir auch schon gedacht.«

L.:»Wichtig ist jetzt für Dich die Entscheidung über die weitere Schullaufbahn. Und da müssen wir uns zunächst einmal deine Leistungen ansehen. Wie schätzt du sie selbst ein?«

S.:»In Deutsch hatte ich bisher eine 4, stehe aber jetzt auf einer 3. In Mathe bin ich schlechter geworden. Da verstehe ich vieles nicht. Vor drei Jahren hatte ich noch eine 3, dann eine 4 und jetzt eine 5; in der letzten Zeit bin ich ein klein wenig besser geworden. Es könnte sein, daß ich wieder auf eine 4 komme. Na ja, in Erdkunde und Biologie wissen Sie ja selbst, daß ich sehr gut und gut bin; in Geschichte befriedigend. In Sport habe ich eine 1.«

L.:»Daß du in Mathe nicht gut bist, um nicht zu sagen ›schlecht‹, hat mir schon Herr X neulich gesagt. Er meint vor allem, daß du schnell ermüdest und daß deine Konzentration sehr rasch nachläßt. Das steht schon in deinem ›Schülerbogen‹, in dem diese Dinge aus früheren Schuljahren festgehalten worden sind. Nun müssen wir uns einmal überlegen: Wenn du in Mathematik zwischen 4 und 5 schwankst, in Deutsch gerade noch eine 4 erreichst und in Englisch, wie ich eben sehe, auch auf einer 4 stehst – ist es dann ratsam, auf die Wirtschaftsschule überzugehen? Hast du über deine Leistungen einmal mit deinen Eltern gesprochen?

S.:»Ja, das habe ich. Aber meine Eltern sagen: Ich soll mich nur anstrengen, dann würde ich schon mitkommen. Wenn ich aber in eine neue Klasse komme, dann kriege ich noch mehr Angst vor den Prüfungsarbeiten ... und im Mündlichen traue ich mich dann überhaupt nichts mehr zu sagen ...«

L.:»Gut, wir haben deine Fragen vorläufig erst einmal abgeklärt. Ich mache dir folgenden Vorschlag: Wir wollen die Fragen des möglichen Übergangs zur Wirtschaftsschule einmal zusammen mit deinen Eltern besprechen. Was deine Berufswünsche oder -absichten betrifft, so haben wir noch Zeit. Das sagte ich dir schon. Trotzdem solltest du dich einmal bei der Berufsberatung erkundigen, welche Möglichkeiten dir bei deinen Interessen offenstehen. Dann wollen wir auch diese Frage weiterbesprechen. Ich schlage vor, daß mich dein Vater heute abend einmal anruft, und wir einen Termin ausmachen. Einverstanden?«

S.:»Wenn meine Eltern erfahren, daß ich mit Ihnen darüber gesprochen habe, schimpfen sie bestimmt mit mir ...«

L.:»Gut, dann werde ich deinen Vater anrufen. Du brauchst keine Sorgen zu haben, daß er dann mit dir schimpft. Einverstanden?«

S.:»Ja, das halte ich für besser.« (Vgl. D. Lüttge, Beraten und Helfen, Bad Heilbrunn 1981, S. 42 ff.)

Beratung setzt Vertrauen voraus und soll die Entscheidungsfähigkeit fördern

Der Schüler erwartet vom Lehrer Rat und Hilfe über die weitere Schullaufbahn und über die Berufsfindung. Wir können vermuten, daß der Schüler ein Vertrauensverhältnis zu seinem Lehrer hat. Dieser hört sich den Schüler zunächst an, gibt nicht vorschnell eine Antwort, sondern trennt den Problemkreis in zwei Fragestellungen: eventueller Schulwechsel und Berufsfindung. Da sich der Lehrer vermutlich beim zweiten Fragenkomplex nicht für kompetent hält, stellt er diese Frage zunächst zurück und verweist den Schüler an die Berufsberatung. Der Schüler soll hier selbst aktiv werden. Im Hinblick auf den eventuellen Schulwechsel weist er den Schüler an, selbst über die erbrachten Leistungen und die Leistungsmöglichkeiten nachzudenken. Der Lehrer entscheidet also nicht für den Schüler; das ist die Absicht der Eltern; er regt aber den Schüler zum selbstverantwortlichen Nachdenken über seine Situation an und vermeidet dadurch einen direkten Eingriff. Da der Lehrer spürt, daß der Einfluß der Eltern sehr stark ist, der Schüler womöglich aufgrund seiner bisherigen und potentiellen Leistungen in eine Schullaufbahn hineingedrängt wird, die ihn unter Umständen in große Schwierigkeiten bringt, entscheidet er sich zu einer Aussprache mit den Eltern. Auch dieses Gespräch wird so geführt, daß die Handlungsfreiheit bei den Eltern und beim Schüler bleibt. Der Lehrer hat im Beratungsgespräch die Aufgabe, das Für und Wider eines Problems mit den Eltern und/oder dem Schüler abzuklären sowie die Alternativen und die jeweiligen Konsequenzen deutlich zu machen; dabei soll er auch seine eigene Meinung zum Ausdruck bringen, die Eigenaktivität und Entscheidung der Ratsuchenden jedoch nicht einschränken.

Weitere Beratungsfelder: Neben der Schullaufbahn wird der Lehrer häufig um Rat gefragt, wenn ein Schüler in *Lernschwierigkeiten* kommt, wenn also ein Leistungsversagen in einzelnen Fächern vorliegt oder wenn die Frage ansteht, die Klasse zu wiederholen, oder wenn *Konflikte zwischen Schülern oder zwischen einem Schüler und einem Lehrer* bestehen oder wenn ein Schüler in einer *Lebenssituation* in Schwierigkeiten gerät und sich dem Lehrer anvertraut.

Auch in diesen Fällen kommt es in erster Linie darauf an, daß der Lehrer zunächst zuhört, daß er sich aufgrund des Gehörten und seiner eigenen Beobachtungen ein Bild macht und versucht, das aufgetretene Problem *so* zu lösen, daß 1. die Entscheidungsfreiheit und aktive Mitarbeit des Ratsuchenden nicht gemindert und 2. eine kooperative Lösung erreicht wird. Dazu sollten auch die Mitschüler herangezogen werden, sei es, daß sie bei Leistungsversagen den hilfesuchenden Schüler unterstützen, in Konfliktfällen zur Entspannung beitragen und in Lebenssituationen sich um den Schüler ›kümmern‹, sofern hier die Schweigepflicht nicht im Wege steht.

Zu 3.: Anforderungen an den Lehrer als Berater

Hierüber ist in den bisherigen Ausführungen schon Wesentliches gesagt worden, so daß wir jetzt das Wichtigste kurz zusammenfassen:

1. Erziehen und Unterrichten schließen das *Beraten* mit ein; es besteht also ein enger Zusammenhang zwischen den genannten Aufgaben. Der Lehrer kann

sich daher der Beratungsaufgabe gar nicht entziehen. Schon jede Lernhilfe, die der Lehrer gibt, ist im Grunde genommen ein Beraten: »Ich würde dir raten, bei der Lösung der Aufgabe über einen anderen Weg nachzudenken. Überlege dir, wie wir in der letzten Woche bei einer ähnlichen Aufgabe vorgegangen sind ...«

2. Das eben angeführte Beispiel macht die Hauptaufgabe des Beratens deutlich: Der Lehrer gibt dem Schüler nur eine ›kleine‹ Hilfe; sie soll ihn befähigen, selbständig weiterzuarbeiten und den Lernprozeß eigenverantwortlich durchzuführen. Beraten soll den Ratsuchenden in die Lage versetzen, den in Frage stehenden ›Fall‹ nach Möglichkeit selbst zu bewältigen. Der Lehrer muß also immer die Eigeninitiative des Schülers ansprechen und aufrufen.

3. Das setzt voraus, daß der Lehrer für die Probleme und Erwartungen der Ratsuchenden in hohem Maße aufgeschlossen ist. Er muß die Probleme und Schwierigkeiten seines Gesprächspartners nicht nur gedanklich erfassen, sondern vor allem sich in die betreffende Situation hineinversetzen und sie nachempfinden können. Ganz allgemein muß er dem Ratsuchenden gegenüber eine »akzeptierende Haltung« einnehmen.

4. Das Hineinversetzen in Nöte und damit auch in Ängste von Schülern macht es erforderlich, daß sich der Lehrer sozusagen auf die ›andere Seite‹ begibt. Er muß stets danach trachten, die betreffende Situation mit den Augen des Schülers und gegebenenfalls dessen Eltern zu sehen und deren Gefühle nachzuempfinden versuchen: Wie empfindet also der Schüler in dem nachfolgenden Beispiel (vgl. Arbeitsaufgabe) sein Leistungsversagen in Mathematik? Wie ›bedrohlich‹ wirken der Mathematiklehrer, leistungsstarke Schüler und die Eltern auf ihn? Daraus erwächst die weitere Frage: Was kann man als Klassenlehrer tun, um die Situation zu entspannen?

5. Es gibt Fälle und Situationen, in denen der Lehrer als Berater an Grenzen stößt. Das liegt z. B. vor, wenn Lernschwierigkeiten in Störungen wurzeln, die durch die Persönlichkeitsentwicklung verursacht worden sind. In solchen Fällen kann der Lehrer nur dadurch helfen, daß er den betreffenden Schüler und seine Eltern an eigens hierfür ausgebildete Beratungslehrer, Schulpsychologen, Erziehungsberater, psychotherapeutisch ausgebildete Ärzte oder auf eine entsprechende Institution wie Erziehungsberatungsstellen verweist.

6. Die wichtigste Voraussetzung für das Gelingen jeder Beratung bildet das Vertrauen. Wenn keine vertrauensvolle Atmosphäre zwischen den Ratsuchenden und dem Lehrer herrscht oder hergestellt werden kann, dann hat die Beratung keinen Erfolg.[4]

---

[4] Vgl. hierzu: D. Lüttge, in: »Kommentierte Literatur«.

Arbeitsaufgaben:

Beispiel einer Lernberatung

Ort: Eine Realschule (RS). Es gibt an der Schule keinen ausgebildeten Beratungslehrer. Die Schüler haben einen Lehrer zur Beratung der Schülervertretung gewählt.

Berater: Herr K. als Klassenlehrer einer 8. Klasse (KL).

Klient: Schüler W.; Herr K. ist sein Klassenlehrer und Fachlehrer für Mathematik (S).

Anlaß: Herrn K. fiel während einer Klassenarbeit auf, daß W. offensichtlich große Schwierigkeiten mit dem Stoff hatte. Sein Ausdrucksverhalten ließ darauf schließen, daß er verzweifelt war: W.'s Hände zitterten und hinterließen auf dem Tisch feuchte Spuren; er wirkte bei der Abgabe seiner Arbeit sehr niedergeschlagen. Deshalb suchte Herr K. eine Gelegenheit, mit W. ins Gespräch zu kommen und bat ihn, am Schluß der Stunde, ihm ein wenig bei den Aufräumarbeiten behilflich zu sein. Als die anderen Schüler den Klassenraum verlassen hatten, sprach Herr K., während sie beide noch herumhantierten, so ganz nebenbei mit W.

Verlauf:

KL: »Ich glaube, heute hatten wohl einige aus unserer Klasse ziemliche Schwierigkeiten.«

S.:   »Ja, ... ich auch ... Das wird bestimmt wieder ein ›Koffer‹ oder sogar ein ›Überseekoffer‹!«[*]

KL: »Bei den Wiederholungen hatte ich eigentlich den Eindruck, daß du alles verstanden hast.«

S: »Ja, das ist es ja. Vorher habe ich alles gekonnt, und heute (schlägt sich vor die Stirn) ... nur Mist. Mein Alter macht Kleinholz aus mir, wenn ich wieder einen Koffer nach Hause bringe.«

KL: »Das war deine erste Fünf beim letzten Mal, nicht wahr?«

S: »Ja, und davor lauter Vieren. Noch 'ne Fünf kann ich mir nicht leisten, Sie hätten mal hören sollen, wie der beim letzten Mal getobt hat! Ich hab' ihm gar nicht gesagt, daß wir heute wieder eine Mathe-Arbeit schreiben, sonst hätte er mich in den letzten Tagen auch noch genervt: ›Mach dies nicht, mach das nicht, laß das Fernsehn, lauf nicht so viel rum, setz dich hin und lern!‹ ... Ich hab' ja was getan, aber das sieht er natürlich nicht, kommt abends nach Hause, und dann soll ich immer noch lernen, obwohl ich den ganzen Nachmittag gebüffelt habe.«

KL: »Ich konnte wohl bemerken, daß du dir sehr viel Mühe gegeben hast; im Mündlichen warst du sehr aktiv und hast gute Beiträge geliefert; deine mündlichen Leistungen sind gut, das kannst du deinem Vater auch berichten.«

S: »Wissen Sie, was mein Vater dazu sagt? –: ›Quatschen können viele, was du schwarz auf weiß nach Hause bringst, das zählt!‹«

KL: »Nun, da ist dein Vater im Unrecht: Es gibt sogar einen Erlaß, der ausdrücklich darauf hinweist, daß die Zeugniszensuren eben nicht ausschließlich durch die Ergebnisse der schriftlichen Arbeiten bestimmt werden dürfen. Ich berücksige ebenso deine mündlichen Leistungen. Und im übrigen schreiben wir ja noch eine Arbeit bis zu den Zeugnissen.«

S: »Und wenn ich die wieder verhaue ...?«

KL: »Also erstens muß das nicht sein, denn wenn du dich im Mündlichen weiter so intensiv bemühst, bedeutet das nicht nur, daß du dir dadurch eine gute Zensur für die mündliche Beteiligung erarbeitest, sondern das kann auch deine Chancen für die Klassenarbeit verbessern, da dort ja nichts anderes getestet wird, als wir im Unterricht behandeln.«

---

[*] Im Schülerjargon: »Koffer« = Note 5, »Überseekoffer« = Note 6.

S: »Diesmal hab' ich es ja auch vorher gekonnt, aber bei der Arbeit war ich dann total blind, alles hab' ich durcheinander gebracht, mich dauernd verrechnet ...«

KL: »Du warst sehr aufgeregt ...«

S: »Ja, ... ich hatte heute morgen schon so ein flaues Gefühl in der Magengegend ... hab' nichts runtergekriegt.«

KL: »Du wolltest heute das Ergebnis der letzten Arbeit ausgleichen, und da hast du Angst gehabt, daß es nicht klappt.«

S: »Ja, ... obwohl ich eigentlich dachte, daß ich es schaffe. Aber ich mußte dauernd an meinen Alten denken ... und jetzt ist es bestimmt wieder 'ne Fünf oder noch schlimmer ... ich weiß gar nicht, wie ich ihm das beibringen soll, wenn wir die Arbeit zurückkriegen.«

KL: »Also, ich habe vorhin schon mal zwischendurch deine Arbeit überflogen, und ich glaube, es wird wohl nicht ausreichen, soweit ich das abschätzen konnte. Du mußt also damit rechnen, daß es eine Fünf oder Sechs wird. Genau kann ich das natürlich noch nicht sagen; aber nehmen wir einmal an, es wird sogar eine Sechs; dann ist deine Gesamtnote wegen der guten mündlichen Leistungen immer noch ausreichend.«

S: »Ja, aber wie bringe ich das meinem Vater bei? Der wird ja verrückt ... 'ne Sechs! ... Muß ich die Arbeit eigentlich unterschreiben lassen?«

KL: »Nein, W., das ist nicht verpflichtend, aber es hilft dir auch nicht, wenn du sie ihm nicht zeigst. Früher oder später erfährt er es sowieso, und dann wird sich sein Ärger noch verstärken, weil du ihm das Ergebnis verschwiegen hast ... Aber vielleicht gibt es einen anderen Weg: Vielleicht kannst du ihn langsam darauf vorbereiten ... Zeigst du ihm eigentlich nur die Arbeiten oder erzählst du ihm auch andere Dinge aus der Schule, wie der Unterricht gelaufen ist usw.?«

S: »Nein, ich erzähle sonst eigentlich nie was von der Schule, das interessiert ihn sowieso nicht; er will nur gute Noten sehen.«

KL: »Vielleicht interessiert es ihn doch, und du hast es nur noch nicht versucht.«

S: »Weiß ich nicht.«

KL: »Du solltest es mal probieren. Wenn du ihm mehr von deiner Arbeit in der Schule erzählst, von deinen Erfolgen und von deinen Schwierigkeiten, daß du für deine mündliche Arbeit gelobt worden bist, daß du manchmal Angst hast, nervös bist, auch daß du vor ihm Angst hast, ihm einmal Übungsergebnisse zeigst usw., dann wird er auch sicherlich mehr Verständnis für dich entwickeln. Überlege dir, wann er am besten ansprechbar ist und bereite ihn so langsam darauf vor, daß vermutlich auch diese Arbeit nicht so gut ausfallen wird. Rechne auch von vornherein damit, daß er manchmal aufbrausen wird, damit du das besser aushalten kannst, das geht auch wieder vorbei. Versuch ihm deutlich zu machen, daß du seine Hilfe, sein Verständnis brauchst.«

S: »Hm.«

KL: »Vielleicht sollte ich auch einmal mit deinem Vater sprechen. Du kannst ihn ja bitten, sich mit mir in Verbindung zu setzen ...«

S: »Bloß nicht: Wenn mein Vater in die Schule gerufen wird, denkt er: ›Da ist was faul.‹ Er sagt immer: ›Wenn alles in Ordnung ist, muß ich auch nicht in die Schule kommen.‹ Nein, nein, das muß ich ihm schon selber klarmachen. Aber das mit dem Vorher-Schonend-Beibringen ist, glaube ich, richtig, das muß ich versuchen.«

Aus: Dieter Lüttge, Beraten und Helfen, Bad Heilbrunn 1981, S. 47 ff.

Analysieren Sie dieses Beispiel einer Schulleistungsberatung auf das Verhalten der beteiligten Personen hin. Ziehen Sie dabei die sechs Punkte heran, die im Abschnitt 3 ausgeführt sind. Was könnten die Ursachen für das Leistungsversagen des Schülers sein? Wie und wodurch bewirkt der Lehrer eine Verhaltensänderung des Schülers? Was können Sie über das Verhältnis Schüler – Vater, Schüler – Lehrer aussagen? Usw.

Kommentierte Literaturhinweise:

Aurin, K. (Hrsg.): Beratung als pädagogische Aufgabe, Bad Heilbrunn 1984

Einleitend stellt der Hrsg. fest, daß »in den zurückliegenden beiden Jahrzehnten ... im Erziehungsbereich das Interesse an Beratung immer stärker zugenommen« habe. Die noch bestehenden »erheblichen Defizite« will die Schrift ausgleichen helfen. In einem I. Teil werden daher »grundsätzliche Fragen pädagogischer Beratung« wie Schul- und Studienberatung, Beratung im Hinblick auf Schuleignungsfindung u. ä. abgehandelt, im II. Teil werden Aufgaben und Probleme der Beratung in einzelnen Erziehungsfeldern dargestellt, u. a. Unterrichtsberatung bei Schulschwierigkeiten, Angstbewältigung durch Beratung, Lernberatung in der Gesamtschule, der gymnasialen Oberstufe, der Berufsschule. Auch die sozialpädagogische Beratung für Heranwachsende in der Offenen Jugendarbeit ist mit einbezogen.

Benz, E. und Rückriem, R. (Hrsg.): Der Lehrer als Berater, Heidelberg 1978

Institutionalisierte Beratung durch neben- und hauptamtliche Berater ist zu einem festen Bestandteil unseres Bildungssystems geworden. Der wichtigste Berater in der Schule bleibt aber der Lehrer. Die Beratungsfunktion ist ein integrativer Bestandteil von Erziehung und Unterricht. Hierfür werden Beispiele gegeben, z. B. wie Beratung in der Lehr-Lern-Situation erfolgt, um selbständiges Lernen zu ermöglichen, wie man »alltäglich« Beratungsgespräche durchführt, u. a. bei Schulangst, Schulverdrossenheit, Berufsfindung u.a.m.

Lüttge, D.: Beraten und Helfen – Beratung als Aufgabe des Lehrers, Bad Heilbrunn 1981

Die knapp 100 Seiten umfassende Schrift gibt dem Lehrer Anregungen und Hilfen für die vielfältigen Aufgaben des Beratens. Die Beratungsfelder von der Schullaufbahnberatung über Lernberatung zur Beratung in Konfliktfällen (»Einzelfallhilfe«) werden anhand von Beispielen erläutert und Hinweise zur sachkompetenten Lösung gegeben. Der Verf. versteht die Beratung als eine pädagogische Aufgabe, nämlich »Hilfen zur Selbsthilfe« zu geben. Am Schluß dieser einführenden Schrift wird weiterführende Literatur zum Themenkreis »Beratung« kommentiert.

Rogers, C. R.: Die nicht-direktive Beratung (1932), dt. München 1972

Das umfangreiche Werk vermittelt an Hand eines zahlreichen Fallmaterials Verfahrensweisen der Beratung und der Psychotherapie. Die Beratung wird als ein erlernbarer und verstehbarer Prozeß aufgefaßt. Sie zielt darauf ab, den Ratsuchenden zu motivieren, seine Probleme selbst zu lösen. Obwohl das Schwergewicht auf der Beratung im klinischen Bereich liegt, findet der Pädagoge wichtige Anregungen für seine eigene Praxis. Sie sind vor allem im »nicht-direkten Ansatz« und im »nicht-direktiven Standpunkt« zu suchen. D. h.: der Berater erteilt keine »Ratschläge« und enthält sich jeder »Führung«; statt dessen befähigt er den Ratsuchenden, selbst aktiv zu werden.

Vgl. auch die Literaturhinweise zum Thema 8.

Thema 10
Soll der Lehrer nach der »Theorie der kleinen Lernschritte« oder nach der »Theorie des Strukturlernens« unterrichten? – Von den lerntheoretischen Voraussetzungen des Lehrens – ein Problem aus der »Theorie des Unterrichts«

Einführung:
Der Lehranfänger tradiert in der Regel die Unterrichtsmethoden der Lehrer seiner Schulzeit

Während des Studiums für ein Lehramt absolviert jeder Student ein Schulpraktikum. Im Praktikum muß er u. a. auch selbst unterrichten. Hierfür sind Überlegungen zur *Lehr- oder Unterrichts»methode«* erforderlich. D. h., der Student macht sich einen Plan, wie er den Unterrichtsgegenstand in einer festgesetzten Zeit an die Schüler eines bestimmten Alters und ähnlicher oder unterschiedlicher Sozialzugehörigkeit heranträgt; er überlegt sich also, wie er methodisch vorgeht. Das Wort »Methode« ist griechischen Ursprungs und heißt soviel wie »Weg«, »Verfahren«. Mit Hilfe der Methode will der Student/der Lehrer die Schüler zum Lernen veranlassen. Statt von Methode können wir auch – wie eben schon vermerkt – von Lehr- oder Unterrichtsverfahren sprechen.

Der Lehrer geht methodisch vor – der Schüler lernt. Was heißt das?

Das bedeutet dem Sinne nach, daß der Schüler im Unterricht Erfahrungen machen und sie auswerten kann. Dadurch wiederum soll er Kenntnisse, Fertigkeiten und Einsichten gewinnen, die zur Lösung künftiger Aufgaben bereitstehen. Die moderne Verhaltenspsychologie spricht in diesem Zusammenhang davon, daß die Kenntnisse, Fertigkeiten und Einsichten zu einer ›relativ dauerhaften Veränderung der Verhaltensmöglichkeiten‹ führen und meint damit, daß die Auswertung von Erfahrungen, d. h. das Lernen, das Verhalten des Menschen, also sein Agieren und Reagieren, verändert. Sehr allgemein kann man sagen: Lernen ist die Steigerung des Könnens und der Leistung.

Der Lehranfänger ahmt die Methoden seiner Lehrer-Vorbilder nach

Während der methodischen Vorbereitung des Unterrichts greift der Student in der Regel auf Vorbilder zurück, die er in der Schulzeit erlebt hat: Er lehrt so, wie er selbst unterrichtet worden ist; er ›rekapituliert‹ aktiv die Formen des Unterrichts, die er als Schüler passiv erfahren hat. Die Entscheidung für eine Lehrmethode wird nicht in erster Linie rational auf der Grundlage der Erkenntnisse der Unterrichtstheorie gefällt – zumindest nicht am Anfang –, sondern aufgrund der Erfahrungen mit dem ›erlittenen‹ Unterricht. Das ist *eine* Ursache dafür, daß der Unterricht weitgehend von traditionellen Lehrverfahren bestimmt wird und daß rationale Überlegungen die suggestionsartige ›Prägung‹ während der Schülerjahre kaum zu verändern oder aufzulockern vermögen. Daher hinterläßt der Unterricht eines Mentors, der von traditionellen Wegen abweicht und den ein Student erlebt, beobachtet und mit anderen analysiert, im allgemeinen stärkere Spuren als die rationale Auseinandersetzung mit der Unterrichtstheorie.

Dieser Hinweis macht deutlich, daß der Mensch – vor allem das Kind – sehr stark aufgrund von Beobachtungen und Erfahrungen lernt. In dem beschriebenen ›Falle‹ hat der Student oder die Studentin seinen (ihren) Lehrer bzw. seine (ihre) Lehrerin beobachtet und ›erlebt‹ und sich darüber Gedanken gemacht, wie er oder sie unterrichtet hat. Der Student hat also am Vorbild oder – wie wir auch sagen können – am »Modell« gelernt. Das Beobachtungslernen ist eine häufige Form des Lernens und ›ereignet‹ sich in vielen Situationen, z. B. beim Einkaufen, beim Lösen von Fahrkarten, beim Skifahren oder Schwimmen oder beim Schreibenlernen usw., also überall dort, wo ein Mensch aufgrund der Beobachtung – vor allem im sozialen Raum – etwas aufnimmt. A. Bandura spricht in dieser Beziehung vom »Lernen am Modell«; es ›sitzt tiefer‹ als das rein kognitive Lernen, weil es im ›Er-leben‹ und im Gefühlsleben ›verankert‹ ist. Das erklärt, warum traditionsbestimmte Unterrichtsmethoden, die in der Kindheit und Jugend ›erlebt‹ worden sind, nicht oder nur sehr schwierig ›umgelernt‹ werden können.[1]

Trotz dieser unbestrittenen Tatsachen soll im folgenden versucht werden, den Leser anhand von *zwei gegensätzlichen Methodenkonzeptionen* für methodisches Denken und Handeln und für deren theoretische Grundlagen ›aufzuschließen‹.

Wir gehen nach folgender Gliederung vor:
1. Darstellung der beiden Grundmodelle des Unterrichtens,
2. Beispiele einschließlich der pädagogischen und psychologischen Grundlegung,
3. Vergleich und Synthese.

---

[1] Vgl. A. Bandura, Social-kognitive Lerntheorie, Stuttgart 1971.

Zu 1.: Darstellung der beiden Grundmodelle des Unterrichtens

Schulisches Lernen ist geplant und beruht auf zwei gegensätzlichen Grundmodellen

Schulisches Lernen zeichnet sich gegenüber dem ›natürlichen‹ Lernen der Vor-, Neben- und Nachschulzeit dadurch aus, daß es geplant ist, ökonomischen Zwängen unterliegt und daß für die Einarbeitung in den bereits vorhandenen Wissens- und Erkenntnisstand gesorgt wird, d. h., daß geübt und wiederholt wird. Wenn man darauf abzielt, Kenntnisse und Einsichten beispielsweise über die Alpen oder über Raubtiere oder über die Kläranlage oder über Wortfamilien oder über Algebra oder über einen lateinischen Text oder über Optik oder über klassische deutsche Literatur usw. usw. zu vermitteln bzw. Einsichten gewinnen zu lassen, dann kann man grundsätzlich zwei verschiedene Möglichkeiten des Unterrichtens anwenden: Entweder *übermittelt* der Lehrer die Inhalte und die damit zusammenhängenden Kenntnisse und Erkenntnisse, und zwar abschnittsweise, also in ›*kleinen Portionen*‹, und sorgt durch Wiederholungsfragen und -aufgaben für das Behalten und auch für vertieftes Verstehen, *oder* er eröffnet den Schülern ein Problem-, Erfahrungs- oder Aufgabenfeld, läßt es *erarbeiten* und Sinnzusammenhänge erfassen und sorgt dafür, daß die Schüler selbständig die *Struktur des Gegenstandes* erkennen, also den Aufbau des Ganzen und sein Beziehungsgefüge.

Nach dem ersten Modell zerlegt der Lehrer den Unterrichtsgegenstand in seine Elemente und erfragt den Inhalt

Wir alle kennen Unterrichtsstunden, die nach dem *ersten Modell* aufgebaut sind und etwa so ablaufen:

L.:»Wir haben an der Tafel den Grundstücksplan eines Neubaugebietes. Was werden die abgegrenzten Teile vorstellen?« – Sch.: »Die Häuserreihen.« – L.: »Siehst du schon Häuser eingezeichnet?« – Sch.: »Nein.« – L.: »Was wird das also zunächst sein?« – Sch.: »Die Grundstücke.« – L.: »Michael, was meinst du, was wird ›K 1‹ hier bedeuten?« – Sch.: »Karlstraße 1.« – L. (indem er auf ein Eckgrundstück zeigt): »Wohin gehört das Eckgrundstück?« – Sch.: »Zur Karlstraße und zur Rheinstraße.« – L.: »Richtig! Wir wollen uns jetzt einmal in die Lage eines großen Baubüros versetzen, und wir müssen die Kaufinteressenten beraten. Was müssen wir also den Leuten sagen?« – Sch.: »Wie groß die Grundstücke sind, und wie hoch der Preis für einen qm ist.« – L.: »Was kostet z. B. dieses Grundstück?« – Da keine Antwort kommt, fragt der Lehrer weiter: »Wie muß ich das ausrechnen?« usw.

Beim zweiten Modell stellt der Lehrer den
Schülern den Unterrichtsgegenstand als Einheit/
Ganzheit vor

Das gleiche Thema könnte auch so gestaltet werden:

L.: »Ich habe euch einen Grundstücksplan an die Tafel gezeichnet. Jeder von euch hat einen
Abzug vor sich liegen. Es handelt sich um den Plan eines Neubaugebietes. Ihr versetzt euch
jetzt in die Aufgabe einer Baufirma, die diese Grundstücke zum Verkauf anbietet und ihre
Kunden berät. Wir wollen uns zunächst über die Aufgaben der Firma unterhalten, die sie beim
Verkauf des Grundstückes hat.« – Nachdem dies geklärt worden ist, sagt der Lehrer: »Jetzt
geht an die Arbeit, ihr könnt auch in Partnerarbeit die Aufgaben lösen«, nämlich die Berech-
nung der Grundstücke usw.

Der Unterschied ist deutlich: Im ersten Beispiel zerlegt der Lehrer durch sein
Fragen den Inhalt in kleine und kleinste Denkschritte und führt die Schüler von
Stufe zu Stufe zum Ziel. Im zweiten Beispiel eröffnet er durch die Aufgabenstellung ein Denkfeld, dessen Beziehungsgefüge die Schüler selbst finden müssen –
im Einzelfall mit Hilfe des Lehrers oder eines anderen Schülers, sofern dies notwendig ist.
    Die beiden unterschiedlichen Grundmethoden und das ihnen zugrunde liegen-
de Lernen kann man auch mit folgenden Begriffen verdeutlichen:

Lehren und Lernen *in kleinen Schritten*		*Lehren und Lernen zum Zwecke des* *Strukturerfassens- und erschließens*	
(kurz: Belehren und Assoziationslernen)		(kurz: Strukturlehren und -lernen)	
Der Lehrer	*Der Schüler*	*Der Lehrer*	*Der Schüler*
vermittelt Wissen,	nimmt auf, prägt sich	stellt Probleme,	sucht, erarbeitet,
Kenntnisse, er infor-	Gedankenreihen ein,	eröffnet Erfahrungs-	entdeckt, stellt
miert, lehrt, »klärt	wird aufgeklärt, lernt	und Aufgabenfelder,	Beziehungen her
auf«, »bildet ein«	durch äußere Reize	sorgt für »Heraus-	und erkennt Zu-
(dieser Begriff bereits	und Reaktionen	bilden« (Begriff	sammenhänge,
in der Gothaischen		bereits um 1810 ge-	lernt aus sich her-
Schulordnung, 1642,		braucht)	aus, d.h. durch
verwendet)			selbsttätiges Tun

Die Grundmethoden beruhen auf unterschiedlichen Lerntheorien

Die beiden Methoden unterscheiden sich wesenhaft und strukturell im Hinblick
auf ihre Absichten und auf ihre Grundlagen. Durch *Belehren* oder *Informieren*
sollen in erster Linie Wissen vermittelt und Kenntnisse aufgenommen werden.

230

Mit Hilfe von »kleinen Schritten« werden Wissenselemente aneinandergereiht und miteinander verbunden. Dadurch sollen Assoziationen gestiftet werden, d. h. Verknüpfungen von Wissens- und Denkelementen, die dann zu größeren Einheiten ›zusammengesetzt‹ werden bzw. sich zusammenfügen. Das Lernen vollzieht sich nach dem Reiz-Reaktions- oder dem Stimulus-Response-Verfahren. Der Lehrer ›reizt‹ durch seine Fragen die Schüler; sie ›reagieren‹ durch Antworten. Dadurch sollen Assoziationen ›gestiftet‹ werden. »Wie heißen die Nebenflüsse der Donau?« – »Iller, Lech, Isar, Inn fließen nach der Donau hin – Altmühl, Naab und Regen fließen ihr entgegen.« Mit Hilfe solcher assoziativen Verbindungen wird ein festes Wissensgerüst aufgebaut, auch ohne anschauliche Grundlagen. Der Wissensstoff wird mehr oder minder mechanisch auswendig gelernt. Das *Strukturlehren*, d. h. das Unterrichten beginnend mit einem Problem, stellt das Erarbeiten, also das Selbstdenken und -handeln, in den Mittelpunkt des Unterrichts; es zielt primär darauf ab, Einsichten und Erkenntnisse zu gewinnen bzw. gewinnen zu lassen. »Wir wollen herausfinden, warum das Emsland gering, das Ruhrgebiet aber stark besiedelt ist!«

In jeder der beiden Grundmethoden steckt jedoch auch der Keim der ›Gegen‹-methode. Das Lehren in kleinen Schritten oder das Assoziationslernen verhindert nicht die Erkenntnisbildung. Das Strukturlehren, also das Erarbeiten von Erkenntnissen, kann sich in »kleinen Schritten« auf der Bahn des Assoziationslernens vollziehen. Der Unterschied zwischen den beiden Grundmethoden liegt vor allem darin, daß im ersten Modell der Lehrer die Schüler zur Erkenntnis ›hinaufzieht‹ und ihnen in der Regel fremdes Wissen übermittelt. Im zweiten Modell gelangen die Schüler aufgrund eigener Erfahrungen und deren Auswertung selbst zur Erkenntnis. Wir können uns die differenzierten Prozesse und das Zusammenwirken ihrer Glieder an folgender Übersicht deutlich machen:

	Belehren, Kenntnisse, Wissen vermitteln	Erarbeiten, Kenntnisse, Erkenntnisse selbständig gewinnen
Lernen in kleinen Schritten, Assoziationslernen	XX	X
Strukturlernen, Lernen als Gliederungsprozeß eines Denk- und Erfahrungsfeldes	X	XX

Die Übersicht zeigt: Liegt der Schwerpunkt des Unterrichtens auf dem Belehren, also auf der Stoffübermittlung, dann geht der Lehrer in der Regel in kleinen Schritten vor und kontrolliert durch Fragen das Gelernte. Liegt dagegen der Schwerpunkt auf dem Erarbeiten, dann muß der Lehrer Denk- und Handlungsfelder eröffnen, die der Schüler durchgliedert und in denen er das Beziehungsgefüge zwischen den Gliedern aufdeckt, so daß er den Zusammenhang erfaßt. Die beiden Grundmethoden Belehren/Erarbeiten sind zwar mit Grundmodellen des Lernens schwerpunktmäßig gekoppelt, schließen sich aber gegenseitig nicht aus, sondern sind – wie gesagt – Pole des einen Lernprozesses.

Die beiden Grundmethoden kommen in allen
Unterrichtsbereichen zur Anwendung

Die beiden Grundmethoden haben nicht nur Gültigkeit für solche Inhalte, in denen es in erster Linie um Erkenntnisbildung geht, sondern auch in den sog. Erlebnis- und Gestaltungsfächern wie Literatur-, Kunst-, Musik- und Sportunterricht. Auch in diesen Bereichen kann der Lehrer entweder die Methode der »kleinen Schritte« und damit des Belehrens *oder* die des Strukturerfassens und damit des schöpferischen Gestaltens verwenden. Auch hier besteht grundsätzlich die Möglichkeit, den Unterricht für die Schüler entweder mehr passiv-nachvollziehend-reproduktiv *oder* mehr aktiv-gestaltend-produktiv auszurichten. Um das Problem jedoch nicht zu komplizieren, werden wir uns im folgenden auf Erkenntnisinhalte beschränken.

Historischer Exkurs

Die Grundmethode des *Belehrens* in kleinen Schritten auf der einen und des *Strukturlehrens* auf der anderen Seite haben eine lange Geschichte und sind seit *Platon* und den *Sophisten* bekannt. Der Name des griechischen Philosophen steht hier stellvertretend für die Methode des »Strukturerfassens und -erschließens«, der »Selbsttätigkeit des Erarbeitens« und des Suchens und Findens von Erkenntnissen. Die Sophisten, das sind die Lehrer der gewandten Redekunst, zu denen u. a. der griechische Philosoph *Protagoras* (480-410) zählt, haben die Methode des »Belehrens« in »kleinen Schritten« verwendet. Sie wollten die Menschen »aufklären«, ihnen Wissen beibringen und sie mit Kenntnissen anfüllen.
In das Bewußtsein der Lehrerschaft sind die beiden Grundmethoden jedoch erst in der Aufklärung (18. Jh.) getreten. Damals ist der bis dahin gebräuchliche Einzelunterricht und das ›Im-Chor-Sprechen‹ des zu lernenden Stoffes durch die Frage-Antwort-Methode abgelöst worden; sie hat den Unterricht ›revolutioniert‹, indem sie den Einzelunterricht durch die Methode des »Zusammenunterrichtens«

(*Ignatz Felbiger*, † 1778) ersetzte. Durch seine Frage wendet sich der Lehrer an alle Schüler; theoretisch könnten alle Schüler antworten, obwohl nur ein Schüler tatsächlich antwortet. Ein anderer Schüler ergänzt, ein dritter wiederholt, ein vierter faßt zusammen usw. Es entstehen Frageketten, an deren Lösung sich alle beteiligen sollen.

Die Fragemethode ist damals als »sokratische Methode« bezeichnet worden, u. a. von *Christian Gotthilf Salzmann* (1744-1811). Während aber *Sokrates* († 399) und in seiner Nachfolge *Platon* († 347) kein ›fertiges Wissen‹ übermittelt haben, sondern den Zweifel und das Nachdenken über Grundfragen menschlichen Lebens anregen wollten, z. B. über das Gute, das Gerechte, das Tugendhafte, ist die »Mäeutik« (= Hebammenkunst) des Sokrates in der Schule der Aufklärungsepoche als bloße Fragemethode zum ›Einlernen‹ des Lehrstoffes verwendet worden; sie hat nur den Namen für das Strukturerfassen mittels der Mäeutik gegeben. In der Praxis sollten die Schüler ›von außen‹ belehrt werden und Kenntnisse ›einlernen‹. Die Herbartianer, also die Nachfolger *Herbarts* († 1841) wie *Tuiskon Ziller* (1817-1882) und *Wilhelm Rein* (1847-1929), haben dann im letzten Drittel des 19. Jh. die Fragemethode auf der Grundlage der »Vorstellungspsychologie« Herbarts zur ›Kunst‹ entwickelt und gleichzeitig die Methode des Belehrens in »kleinen Schritten« wissenschaftlich begründet (vgl. Thema 7).

Die *Reformpädagogik* des 20. Jh. hat demgegenüber die Aktivität der Schüler betont und das *Selbstentdecken und -erarbeiten von Problemen* bevorzugt. Die Vertreter der ersten Richtung gehen davon aus, daß das Kind ein vorwiegend rezeptives Wesen ist, das schrittweise von außen mit Vorstellungen ›angefüllt‹, also belehrt werden muß, bevor es im Stadium des Erwachsenseins zum selbständigen Denken gelangt. Die Anhänger der zweiten Richtung sind wie schon Rousseau davon überzeugt, daß das Kind Aktivität besitzt. Demzufolge muß man dem Kind die Möglichkeit zum Entdecken geben.

Zu 2.: Beispiele und pädagogisch-psychologische Grundlegung

2.1.: Ein Beispiel für belehrenden Unterricht und die pädagogisch-psychologischen Grundlagen

Als anthropologische Annahme gilt: Der
Mensch muß von außen gesteuert werden

Diese Methode beruht auf der anthropologischen Voraussetzung, daß der Mensch das zu belehrende Wesen ist. Die Seele (das Bewußtsein) wird als tabula rasa (*John Locke*) gedeutet; sie muß daher von außen mit Empfindungen und Vorstellungen angefüllt werden. Das heißt: Die sinnlich erfahrbare Welt ist in die tabula rasa ›einzuprägen‹. Infolgedessen hat der Lehrer den Stoff zu ›vermitteln‹, darzustellen, vorzutragen; er hat etwas zu zeigen oder vorzumachen. Die Schüler nehmen das ›Vermittelte‹ auf. In dieser Weise sind auch die Herbartianer, also die Schüler Herbarts, vorgegangen. Sie haben gelehrt: Die Vorstellungen müssen durch den Lehrer, also von außen, nach einer festgelegten Schrittfolge (Methode) in das Bewußtsein ›hineingesenkt‹ werden. Obwohl die Vorstellungspsychologie Herbarts längst überwunden ist, dominiert das Unterrichten in der Form des Belehrens auch in unseren heutigen Schulen.

Nachfolgend skizzieren wir als Beispiel eine Unterrichtssequenz über das Thema »Der Würfel« in einem 4. Schuljahr.

Die Teile des Würfels werden fragend-aufbauend gelehrt

L. tritt vor die Klasse, hält einen Würfel mit einer Kante von 10 cm hoch und sagt: »Wir wollen jetzt einen Würfel betrachten und seine Teile kennen- und benennen lernen. Wo habt ihr schon einmal solch einen Würfel gesehen?«
Sch.: »Ich habe zu Hause einen Würfelturm, da gibt es einen großen Würfel, den stelle ich ganz unten hin, und dann stelle ich die kleineren Würfel darauf.« – »Wir haben zu Hause kleine Spielwürfel.« – »Mein Bruder hat neulich Würfel aus Pappe gebaut.« – »Mein Vater hat gestern mit einem Zauberwürfel gezaubert.« – »Ich habe mir aus Legosteinen einen Würfel gebaut.« Usw.
L.: »Gut, da kennt ihr also Würfel; wir wollen ihn noch genauer kennenlernen. Seht jetzt nach hier: Ich fahre mit meiner Hand hier entlang. (L. bewegt die Hand an der Vorderfläche entlang.) Wie nennt man das?«
Sch.: »Eine Fläche.«
L.: »Seht euch die anderen Flächen an. Was könnt ihr darüber sagen?« (L. zeigt den Würfel in verschiedenen Stellungen.)
Sch.: »Sie sind alle gleich groß.«
L.: »Wie viele solcher Flächen hat der Würfel?« (L. dreht den Würfel.)
Sch.: »Sechs Flächen.«
L.: »Könnt ihr die Flächen benennen? Wie heißt diese hier, auf die ihr seht?«
Sch.: »Vorderfläche.«
L.: »Und diese hier hinten?«
Sch.: »Hinterfläche.«
L.: »So könnte man sagen. Die Erwachsenen nennen diese Fläche aber anders. Wer weiß das?«
Sch.: »Rückfläche.«
L.: »Wir haben jetzt über die Flächen gesprochen. Manfred, wiederhole noch einmal, was wir über den Würfel bisher erfahren haben.«
Sch.: »Ein Würfel hat sechs gleich große Flächen. Man nennt sie die Vorderfläche ... usw.«
L.: »Der Würfel besteht nicht nur aus Flächen. Seht, wo ich hier entlangfahre?« (L. fährt mit dem Zeigefinger auf einer Kante hin und her.)
Sch.: »Das ist ein Strich.«

L. macht fragenden Gesichtsausdruck: »Wer macht einen Strich auf die Tafel?« (wird ausgeführt).
Sch.: »Das ist eine Linie zwischen zwei Flächen.«
Sch.: »Nein, das nennt man Kante.»
L.: »Gut! Könnt ihr mir genau sagen, was eine Kante ist? Seht her, ich mache euch etwas vor.« (L. fährt zunächst an einer Fläche entlang, dann an der, die senkrecht zu der gezeigten steht; dann fährt er mit dem Finger auf der Kante hin und her.)
Sch.: »Eine Kante ist, wo zwei Flächen zusammenstoßen.«
Usw., in ähnlicher Weise wird über die Ecken gesprochen und dann die Schlußfrage gestellt:
L.: »Wer kann uns noch einmal sagen, was wir heute über den Würfel gelernt haben?«

Soweit das Unterrichtsbeispiel. Wir haben uns bewußt an eine Vorlage des Herbartianers *T. Ziller* aus dem Jahre 1886 gehalten, um dadurch den wissenschaftlichen Ort dieser Methode zu kennzeichnen.[2] Nach Form und Gestaltung könnte ein solcher Unterricht aber auch heute so durchgeführt werden, und zwar in jedem Fach. Dafür gibt es in der Literatur genügend Belege.

Die Stunde beruht auf drei Prinzipien:
Frage – Antwort – Bestätigung

Die *Analyse der Stunde* zeigt, daß drei ›Lernschritte« einander folgen: Der Lehrer stellt eine *Frage* und »reizt« dadurch die Schüler; es erfolgt seitens der Schüler eine *Antwort*, d. h. sie »reagieren«; ist die Antwort richtig, dann wird sie vom Lehrer mündlich oder durch eine Geste »*bestätigt*«.

Die Lehrschritte sollen bei den Schülern entsprechende Lernschritte auslösen: Die Frage soll zum Antworten *motivieren*, die richtige Antwort bedeutet den Neuerwerb eines inhaltlichen Elementes, die Bestätigung soll den Neuerwerb zum *Wissensbesitz* machen. Dazu dient auch die Wiederholung. Anschließende Übungsaufgaben, die hier nicht wiedergegeben, im Original aber vorgesehen sind, sollen die erworbenen Kenntnisse durch Anwendungen sichern und in den Gesamtwissensschatz fest ›einbauen‹. Das Unterrichten in »kleinen Schritten«, das in dem skizzierten Beispiel angewendet wird, berücksichtigt alle Stufen, Phasen oder Lehrschritte, die für das Lernen von Bedeutung sind, nämlich

1. die Motivation
2. die Darstellung des Stoffes ⎫ im Beispiel durch Frage,
3. die Überprüfung des Gelernten ⎭ Antwort, Bestätigung
4. die Anwendung und Einübung des Gelernten (durch Übungsaufgaben)
5. die Einarbeitung in den Gesamtwissensschatz.

---

[2] Vgl. Th. Dietrich (Hrsg.), Unterrichtsbeispiele von Herbart bis zur Gegenwart (Klinkhardts Pädagogische Quellentexte), 5. Aufl., Bad Heilbrunn 1980, S. 7-9. – Vgl. auch: Th. Dietrich, Die Zielorientierung des Unterrichts bei den Herbartianern und in der behavioristisch-orientierten Pädagogik, in: B. Kozdon (Hrsg.), Lernzielpädagogik – Fortschritt oder Sackgasse? Bad Heilbrunn 1981.

Dieser Lehrprozeß soll auf seiten der Schüler einen Lernprozeß auslösen oder in Gang setzen, nämlich

1. ein Lernwunsch erwacht (durch Angabe des Ziels und den Hinweis, daß der Gegenstand schon bekannt ist, aber genauer betrachtet werden soll),
2. ein Neuerwerb von Inhalten erfolgt (die Teile des Würfels),
3. das Gelernte wird durch Überprüfung zum Besitz (Wiederholung),
4. die neuen Kenntnisse werden rasch und sicher durch Übungen/Wiederholungen gefestigt und
5. das neuerworbene Wissen wird für neue Aufgaben bereitgestellt.[3]

Entscheidend ist bei dieser Form des Lehrens und Lernens, daß der Lernprozeß der Schüler durch den Lehrprozeß des Lehrers exakt gesteuert wird, und zwar durch das Reiz-Reaktions-Bestätigungs-Verfahren. Der Lehrer geht ›linear‹ und in »kleinen Schritten« vor. Er übergeht keinen seiner voraus bedachten Schritte und läßt sich vermutlich nicht durch spontane Schülerfragen von seiner Methode, seinem Weg abbringen. Dieser Weg führt geradlinig zum Ziele hin und ist so angelegt, daß die Schüler zu Kenntnissen und Erkenntnissen gelangen und daß sie sich den Stoff einprägen *müssen*. Dabei ist der Lehrer aktiv, während die Schüler sich rezeptiv-aufnehmend verhalten.

2.2.: Beispiel für erarbeitenden Unterricht und seine pädagogischen und psychologischen Grundlagen

Als anthropologische Annahme gilt: Der Mensch
ist das selbstdenkende und -handelnde Wesen

Das *Erarbeiten* eines Unterrichtsgegenstandes bildet den völligen Gegensatz zur eben beschriebenen Vorgehensweise. Es beruht auf der anthropologischen Voraussetzung, daß das Kind/der Mensch einen aktiven Kern besitzt. Der ›innere Antrieb‹ drängt das Kind dazu, selbst-tätig zu werden, sich durch eigene Anstrengungen Wissen und Kenntnisse zu erwerben und zu Erkenntnissen zu gelangen. Der Schüler soll sich nach diesem Modell also selbst die Unterrichtsgegenstände ›erschließen‹, selbst Fragen stellen dürfen und sie beantworten. Themen aus den sog. »musischen Fächern« wie Musik-, Kunst- und Sporterziehung soll er »gestalten« dürfen. Hiernach ist es also die Aufgabe des Lehrers, den Schüler »aus eigenem Antrieb, mit eigenen Kräften, auf selbstgewählten Bahnen, zu freigewählten Zielen« hin arbeiten zu lassen. Selbst wenn diese Zielstellung des Arbeitsschulpädagogen *Hugo Gaudig* (1860-1923) eine Idealvorstellung der

---

[3] Vgl. hierzu u.a.: H. Roth, Pädagogische Psychologie des Lehrens und Lernens, Hannover (1957), 13. Aufl. 1971, S. 195 ff.

Methode des Erarbeitens darstellt, die – wenn überhaupt – erst nach einer längeren Zeit der Einschulung und des Umgangs mit dieser Methode erreicht wird, so sollen beim Erarbeiten auf jeden Fall die »eigenen Kräfte« tätig werden können. Damit sie nicht richtungslos verlaufen und womöglich zu keinem Ergebnis führen, muß der Lehrer dann helfend eingreifen, wenn er erkennt, daß die Schüler »aus eigenen Kräften« das Ziel nicht erreichen. Solche Maßnahmen können selbstverständlich auch *beim folgenden Beispiel* erforderlich werden, dessen Thematik die gleiche wie im Abschnitt 2.1. ist, nun aber im Sinne des Erarbeitens gestaltet wird.

Der Würfel und seine Teile werden durch eigenes Tun erarbeitet

Der Anfang der Stunde könnte ähnlich verlaufen, wie oben dargestellt. Der Lehrer wird allerdings versuchen, das Gespräch über den Würfel dadurch zu vertiefen, daß er den Würfel mit einem Quader (Mauerstein) vergleichen läßt, und/oder er könnte Würfel mit 1 cm Kantenlänge gleich großen Spielwürfeln gegenüberstellen, die in der Regel abgerundet sind. »Warum benutzten wir beim Spielen Würfel, die abgerundet sind? – Versucht einmal, mit diesem Würfel und dem Spielwürfel zu spielen (zu kullern).« Außerdem hat der Lehrer eine Kugel zur Hand und läßt ebenfalls Vergleiche zum Würfel anstellen. Dadurch lernen die Schüler wesentliche Merkmale des Würfels kennen: Zum Würfelspiel ist der Würfel unzweckmäßig – es sei denn, er ist an den Ecken und Kanten abgerundet. Der Würfel hat glatte Flächen, man kann ihn aufstellen, mehrere Würfel aufeinander und nebeneinander setzen, ihn zum Bauen benutzen usw. Die Kugel kann man rollen.

Nach diesem Gespräch, das durch Probieren und Versuche begleitet wird, sagt der Lehrer: L.: »Ich habe für jeden eine Kartoffel und ein Messer mitgebracht. Wir wollen jetzt kleine Würfel ausschneiden.« Anschließend werden Würfel mit Plastilin gestaltet. Durch diese Tätigkeiten ›entdecken‹ die Schüler, worauf es beim Würfel ankommt: Würfel haben gleich große Flächen, auf der unteren Fläche stehen vier senkrechte Flächen, die Oberfläche muß genau waagerecht sein. Ob diese Begriffe hier schon eingeführt oder genannt werden, hängt von der Situation ab. Hiernach erhält jeder Schüler eine Pappe. Die Aufgabe besteht darin, einen Würfel zu bauen. »Wer hat Vorschläge?« – Sch.: »Wir stellen unseren kleinen Würfel auf die Pappe, umranden ihn mit Bleistift, und rollen ihn ab. Und zwar so.« (Schüler macht es vor.) – L.: »Versucht es selbst einmal.« Es entstehen verschiedene Netze. Einige Beispiele werden an der Tafel wiedergegeben. L.: »Jürgen hat dieses Netz gezeichnet (1. Skizze), Michael hat es aber so gemacht (2. Skizze), Annette hat es noch anders gemacht (3. Skizze). Wer kann mir zeigen, daß man mit diesen Netzen tatsächlich einen Würfel aufbauen kann?«

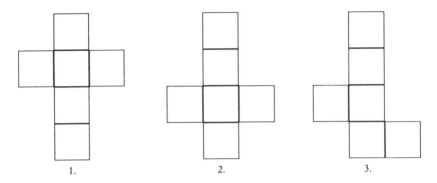

1.   2.   3.

Anschließend bastelt jeder Schüler seinen Würfel zu Ende. Zwei Begriffe müssen noch nach-geholt werden, nämlich Kante und Ecke: Kante als »Schnittlinie zweier Flächen« und Ecke als »Spitze« oder »Knick«, die bzw. der dort entstehen(t), wo zwei Kanten zusammenstoßen. Auf die sachgemäße geometrische Ausdrucksweise kommt es jetzt noch nicht an. Der Lehrer wird die Vorschläge der Schüler entgegennehmen und dann sagen: »Wolf hat soeben das hier als ›Spitze‹ bezeichnet, Susi hat dafür ›Knick‹ vorgeschlagen. Überlegt mal, wann entsteht eine solche ›Spitze‹ oder ein ›Knick‹? – Sch.: »Wo zwei Kanten aufeinander zukommen ... sich begegnen ... aufeinanderstoßen.« – L.: »Kann mir das jemand hier in unserem Klassen-zimmer zeigen? ... Gut, und wie sagt ihr dazu?« – Sch.: »Ecke«. Abschließend werden die Merkmale des Würfels noch einmal zusammengestellt. Ein Würfel wird in das Heft gezeichnet und die neuen Begriffe an die entsprechenden Stellen geschrieben.

Die Schüler machen Erfahrungen durch Um-gang mit dem Gegenstand und werten sie aus

Der Unterschied zum 1. Beispiel ist deutlich: Dort werden die Schüler fragend, in »kleinen Schritten« und in einer Art ›Im-Gleichschritt-Lernen‹ über die Merkmale des Würfels belehrt. Hier wird der Aufbau, die Gestalt oder die Struktur des Würfels, d. h. der Zusammenhang und die Beziehungen der einzel-nen Glieder zueinander, durch eigenes Tun erfaßt. Daß der Würfel sechs gleiche Flächen usw. hat, haben die Schüler erfahren und die Erfahrungen durch das Su-chen nach richtigen Begriffen ausgewertet. Sofern sie einen in der Geometrie gebräuchlichen Begriff nicht selbst finden, muß der Lehrer ihn selbstverständlich vermitteln. »Was Susi mit ›Knick‹ bezeichnet hat, dafür sagen die Erwachsenen Ecke.« Im ganzen haben die Schüler aber nicht fremdes Wissen übernommen, sondern im Umgang mit der Sache Erfahrungen gemacht und sie ausgewertet. Sie haben also gelernt in der ursprünglichen Bedeutung des Wortes, nämlich als Erfahrungen machen und sie auswerten.

 An diesem Prozeß ist nicht nur das Denken, sondern die ganze Person betei-ligt. »Denken und Tun, Tun und Denken« greifen ineinander. Das Denken geht aus dem Handeln hervor.[4] Bei diesem Prozeß haben die Schüler auch Umwege, Nebenwege, falsche Wege gehen können. Das alles erfordert ein wachsames Auge und die Mithilfe des Lehrers, der an entscheidenden Punkten die Arbeit und den Denkprozeß der Schüler vorsichtig in die richtige Richtung lenken muß, ohne dabei die Lösung vorauszunehmen. Er achtet kaum auf die Zeit. Wir können uns vorstellen, daß die Schüler von ihrer Arbeit/Aufgabe so gepackt sind, daß sie den Gong überhören, der die Pause ankündigt.

Der Lehrer verwendet vier methodische »Haupt«-Schritte

Das Ziel der Stunde, nämlich die Struktur, die Gestalt oder die Merkmale des Würfels zu erarbeiten, erreicht der Lehrer mit Hilfe von vier methodischen ›Haupt‹-Schritten:

1. Die Schüler sprechen sich über den Würfel aus, sie tragen das vorhandene Wissen zusammen, vergleichen den Würfel mit dem Quader und der Kugel und erkennen dadurch die typischen Unterschiede der drei Körper (= Motivation).
2. Sie gestalten einen Würfel mit Hilfe verschiedener Materialien (Kartoffel, Plastilin, Pappe) und achten dabei darauf, daß der zu bauende Würfel mit dem Vorbild übereinstimmt (= Suche nach Lösungen).
3. Sie erarbeiten unter Führung des Lehrers die Begriffe, wobei der Lehrer zunächst die Begriffe annimmt, die die Schüler vorschlagen, und erst danach berichtigt (= Lösung).
4. Die Schüler fassen die Einsichten, also das, was sie selbst ›eingesehen‹ haben, in einer Faustskizze zusammen (= Zusammenfassung, Anwendung, Einübung des Gelernten und Einbau in den Gesamtwissensschatz).

Der *Lehrprozeß* weist nach diesem Modell ähnliche Stufen auf, wie wir sie oben bereits kennengelernt haben; der Lernprozeß schließt sich daran an. Der wesentliche Unterschied zum ersten Modell ist jedoch der, daß die Schüler nicht am ›Gängelband‹ des Lehrers geradlinig zur Lösung hingeführt werden, sondern daß sie sich aufgrund eigener Erfahrungen, die sie im Umgang mit dem Material unter Berücksichtigung der Zielstellung machen, die Erkenntnisse erarbeiten. Dadurch erfassen die Schüler die Struktur einer Sache oder eines Vorgangs klarer als nach dem ersten Modell. Das wird dadurch erreicht, daß den Schülern der Weg des ›Entdeckens‹ nicht vorgegeben wird; er verläuft nicht geradlinig, ›linear‹ oder stetig-aufsteigend, sondern eher kreisförmig, zyklisch und ›unstetig‹, d. h., die Schüler umkreisen mit ihren Gedanken eine Fragestellung, schreiten zur nächsten fort, kehren wieder zurück, gehen mit neuen Erfahrungen wieder ›nach vorn‹ usw. Auf dem Weg vom Problem (Aufgabe) zur Lösung ist in

---

[4] H. Aebli, Denken: Das Ordnen des Tuns, Bd. 1, Stuttgart 1980; Bd. 2, Stuttgart 1981 – Aebli baut auf der Psychologie Jean Piagets (1896-1980) auf und hat sie weiterentwickelt.

der Regel die Hilfe des Lehrers erforderlich. Der Lehrer muß vorsichtig lenkend eingreifen, wo entweder alle Schüler oder der eine oder andere Schüler nicht selbständig weiterkommen. ›Vorsichtig lenkend‹ heißt: nicht direkt eingreifen, und nicht gleich den richtigen Weg zeigen, sondern indirekt Hilfestellung geben: »Denke einmal daran ...« Oder: »Ich schlage dir vor, von diesem Zwischenergebnis aus noch einmal zu beginnen und dabei die Regel zu beachten, die wir in der letzten Woche erarbeitet hatten.«

Lehr- und Lernprozeß gliedern sich in drei
Phasen

Der Lehr- und der dadurch ausgelöste Lernprozeß kann ganz allgemein nach drei Hauptphasen gegliedert werden:
1. Motivation, Problem oder Aufgabe,
2. Darbietung/Erarbeitung
3. Lösung
Den dreistufigen Lernprozeß kann man auch als Gliederungsprozeß auffassen, d. h., ein Denk-, Erfahrungs-, Erlebnis- oder Handlungs-»Feld« wird ›durchgegliedert‹: Die Schüler sollen den Würfel kennenlernen, und zwar entweder durch Belehrung (1. Beispiel) *oder* durch Erarbeitung (2. Beispiel). Sie stehen zu Beginn auf der Stufe des ›Ungenau-im-Bilde-Seins‹, d. h., ihr Wissen, ihre Kenntnisse, ihre Vorstellungen vom Würfel sind zunächst mehr oder minder ungenau, unklar, diffus. Im Fortgang der Belehrung *oder* der Erarbeitung gliedert sich der Würfel durch; seine Teile oder Glieder und die Beziehungen derselben zum Ganzen (= Würfel) werden deutlicher, klarer und gewinnen an Präzision. Schließlich gelangen die Schüler zur Struktur, zur Gestaltetheit und zum ›Genau-im-Bilde-Sein‹. Die Ganzheits- und Gestaltpsychologie, eine psychologische Richtung, die nach dem 1. Weltkrieg das psychologische Denken beherrscht hat, deutet den Lernprozeß in diesem Sinne.[5] Der Vorgang der Durchgliederung läßt sich an beiden Modellen zeigen. Der Unterschied zwischen den Modellen besteht darin, daß im ersten Beispiel der Durchgliederungsprozeß von außen gelenkt und herbeigeführt wird, im zweiten Beispiel sich allmählich im Bewußtsein ›entwickelt‹, d. h., sich von innen heraus ›aufbaut‹, und zwar über sog. »Vorgestalten« (= ungenaue, diffuse Anschauung oder Vorstellung vom Würfel) bis hin zur prägnanten »Endgestalt« (= Würfel in seiner Gestalt und Gegliedertheit).

---

[5] Vertreter dieser psychologischen Richtung sind u. a.: F. Krueger (Über psychologische Ganzheit, 1926), Wolfg. Köhler (Gestaltpsychologie, 1929), F. Sander (Exp. Ergebnisse der Gestaltpsychologie, 1928), W. Metzger (Psychologie, 1941), A. Wellek (Das Problem des seelischen Seins, 1941 u. ö.).

Zu 3.: *Vergleich der beiden Grundmethoden und Folgerungen für ihre Verwendung im Unterricht*

Mit Hilfe der »Theorie der kleinen Lehrschritte« wird der Lernprozeß in ebenso kleine Lernschritte zerlegt

Wir haben an *einem* Thema sowohl die Methode des Belehrens als auch die des Erarbeitens dargestellt und erörtert. Im *ersten Beispiel* geht der Lehrer nach der »Theorie der kleinen Lehrschritte« vor; dadurch will er »kleine Lernschritte« auslösen bzw. herbeiführen: Ein Lehrschritt folgt dem anderen, eine Frage reiht sich an die andere an – vergleichbar mit der Tätigkeit eines Maurers, der beim Hausbau einen Stein auf den anderen setzt. Kein Stein darf ausgelassen werden, wenn das Bauwerk keinen Schaden nehmen soll. In ähnlicher Weise baut der Lehrer ein Wissenselement auf das andere auf, bzw. er reiht ein Element an das andere an. Die Art des Lehrens steuert das Lernen. Das Lehren nimmt das Lernen sozusagen ›in Dienst‹ und regelt es so, daß jeder Schüler das Mitgeteilte oder Erfragte auch tatsächlich begreift. Das Lehren ›nötigt‹ das Lernen, sich einem Stimulus-Response-Zwang zu unterwerfen, dem die Bestätigung (Belohnung) folgt; es läßt keine Flexibilität, Spontaneität und Aktivität des Denkens und Handelns zu. In ›reiner‹ Form finden wir diesen Lehr- und Lernprozeß in der programmierten Unterweisung.[6]

Das Strukturlehren eröffnet Denk- und Handlungsfelder

Ganz anders ist der Vorgang beim *zweiten Beispiel*. Der Lehrer eröffnet durch das Gespräch und den Vergleich mit anderen geometrischen Körpern ein Denkfeld. Das regt problemlösendes Verhalten an und macht frei für selbständiges, an die Sache gebundenes Denken. Beim Suchen nach Teillösungen und nach der Lösung (Entwerfen von Netzen) sind Alternativen möglich, die auf ihre Richtigkeit hin überprüft werden müssen. Je öfter man in den Unterricht ungenaue, unvollständige und widersprüchliche Aussagen, Informationen oder Aufgaben ›eingibt‹, desto mehr werden die Schüler motiviert, Lösungen zu finden. Das regt die Denk- und Kritikfähigkeit an und lehrt, Probleme zu sehen und als Fragen zu formulieren. Auf der Grundlage dieses Verfahrens werden im weiteren

---

[6] Vgl. hierzu u. a.: Programmiertes Lernen, hrsg. von W. S. Nicklis (Klinkhardts Pädagogische Quellentexte), Bad Heilbrunn 1969 (mit Bibliografie und Beispielen) – Klaus Weltner, Programmierte Instruktion, Bildungstechnologie, autonomes Lernen, in: Handbuch Schule und Unterricht, hrsg. von W. Twellmann, Band 4.1., Düsseldorf 1981.

Verlauf des Unterrichts Kräfte und Fähigkeiten der Schüler freigesetzt; sie sollen bei jedem einzelnen ein selbständiges und selbstverantwortliches Denken und Handeln auslösen und den Transfer, d. h. die Übertragung des Erfahrenen, des Entdeckten und des Erkannten, auf neues Lernen ermöglichen.[7]

Das Strukturlehren bildet die wesentliche Voraussetzung der Mündigkeitserziehung

Was für den kognitiven Bereich gilt, nämlich daß Lernprozesse nur dann ›frei‹ machen, wenn problemlösende Verfahren die Unterrichtsarbeit bestimmen, gilt ebenso für den emotionalen und sozialen Bereich. Auch hier kommt es darauf an, das Erleben oder das soziale Denken und Handeln nicht einzugrenzen, nicht in Einbahnstraßen zu zwängen oder gar zu konditionieren, sondern im Rahmen freiheitlicher Gestaltungs- und Kooperationsformen auf Freiheit hin auszurichten. Das bedeutet, daß man Erlebensprozessen, die z. B. bei der Bearbeitung von Lesestücken oder einer Dichtung oder beim Besuch eines mittelalterlichen Stadtkerns entstehen, die Möglichkeit einer eigenständigen Gestaltung geben muß. In ähnlicher Weise müssen soziale Lern- und Erziehungsprozesse auf ihre Kooperationsformen und Konflikte hin aufgearbeitet werden, so daß Selbstbestimmung und Zusammenarbeit geübt werden. Kreatives Gestalten im Erlebensbereich und problemlösendes Denken und Handeln im sozialen Raum sind also oberste Prinzipien.

Beide Grundmethoden haben im Unterricht ihren legitimen Verwendungszweck

Der Vergleich der beiden Grundmethoden könnte den Eindruck erwecken, daß dem Strukturlernen oder den »befreienden Lernprozessen«, wie sie H. Roth[8] bezeichnet, der Vorzug zu geben sei. Das ist richtig. Denn diese Methode regt die »Denk- und Handlungslebendigkeit« der Schüler an. Daher sollte sie weit mehr angewendet werden, als wir sie im Unterricht heute vorfinden. Andererseits darf das Belehren zum Zwecke der Information, der Kenntnis- und Wissenserweiterung nicht vernachlässigt oder gar ausgeschaltet werden. Im Unterricht müssen beide Grundmethoden sinnvoll und sachgerecht eingesetzt werden. Wenn den Schülern die unterrichtlichen Inhalte völlig unbekannt sind, hat es – zumal unter Zeitdruck – wenig Sinn, sie aus ihnen ›herausfragen‹ oder ›herausarbeiten‹ zu wollen. Liegen jedoch Vorkenntnisse vor – und dies ist heute auf Grund der au-

---

[7] Vgl. hierzu H. Aebli, a.a.O., sowie: Grundformen des Lehrens, Stuttgart 1983 u. ö.
[8] H. Roth, Pädagogische Anthropologie, Bd. II, Hannover 1971, S. 428 ff.

ßerschulischen Informationsmöglichkeiten weit mehr der Fall als z. B. im 19. Jh. –, dann sollte der Lehrer auf ihnen aufbauen und sie auswerten.

Der Lehrer kann auf das Lehren und Lernen in »kleinen Schritten« auch deshalb nicht verzichten, weil zahlreiche Schüler auf das »Strukturlehren« nicht oder noch nicht ansprechen. Sie müssen in »kleinen Schritten« geführt werden, um überhaupt zu Kenntnissen und Erkenntnissen zu gelangen. Auch aus ökonomischen Gründen läßt sich das Strukturlehren nicht immer durchführen. Es benötigt weit mehr Zeit als das Lehren in kleinen Schritten. Die Behandlung des Würfels nach dem ersten Modell kann in weniger als einer Unterrichtsstunde erfolgen. Nach dem zweiten Modell sind mindestens zwei Unterrichtsstunden erforderlich. Außerdem – und darauf sei noch einmal ausdrücklich hingewiesen – kann das Modell der »kleinen Schritte« für die Entwicklung und Schulung des Denkens durchaus förderlich sein. In der straffen Form des fragend-entwickelnden Vorgehens, z. B. bei einer mathematischen Beweisführung, werden die Schüler in die Lage versetzt und dazu angehalten, logisch mitzudenken. Der von der Frage ausgehende ›Zwang‹ kann der inneren Disziplin förderlich sein.

Wir vertreten also heute den Standpunkt einer Methodenvielfalt, die sich allerdings auf die besprochenen beiden Grundmodelle zurückführen läßt. Aus der folgenden Übersicht wird deutlich, daß aus den beiden Grundmethoden spezielle Unterrichtsmethoden abgeleitet werden können oder anders gesagt: daß sich die einzelnen Unterrichtsmethoden auf die beiden Grundmodelle zurückführen lassen:

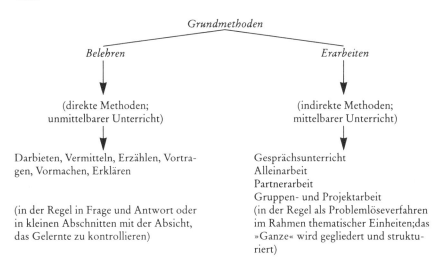

Grundmethoden

Belehren   *Erarbeiten*

(direkte Methoden; unmittelbarer Unterricht)   (indirekte Methoden; mittelbarer Unterricht)

Darbieten, Vermitteln, Erzählen, Vortragen, Vormachen, Erklären

Gesprächsunterricht
Alleinarbeit
Partnerarbeit
Gruppen- und Projektarbeit
(in der Regel als Problemlöseverfahren im Rahmen thematischer Einheiten; das »Ganze« wird gegliedert und strukturiert)

(in der Regel in Frage und Antwort oder in kleinen Abschnitten mit der Absicht, das Gelernte zu kontrollieren)

Die Übersicht zeigt, daß die methodische Grundform des Belehrens mit dem Frontalunterricht, die des Erarbeitens mit aufgelockerten Unterrichtsformen verbunden ist. Im Frontalunterricht führt der Lehrer den Unterricht straff auf die Zielstellung hin, die sich aus dem Inhalt ergibt. Die ganze ›Last‹ des Unterrichtens liegt bei ihm. Beim mittelbaren Unterricht hält sich der Lehrer demgegenüber mehr oder minder zurück; seine ›Last‹ liegt in der Vorbereitung, z. B. in der Herstellung von Arbeitsmitteln oder von Arbeitsanweisungen. Die Mitarbeit der Schüler tritt stärker hervor, bis die Schüler imstande sind, »aus eigenen Kräften« den Weg zu bestimmen und das Ziel zu finden. Aber auch dort, wo dieser ›Ideal-Fall‹ erreicht sein sollte, besteht keine Gewähr dafür, daß die Schüler den Weg zum Ziel stets »aus eigenen Kräften« finden. Der Lehrer muß immer wieder helfend eingreifen, damit die Schüler die Struktur eines Gegenstandes oder eines Vorgangs – wenn erforderlich auch mit Hilfe »kleiner Lernschritte« – erfassen, und er muß aufgrund seiner Planung entscheiden, welche spezielle Unterrichtsmethode oder welche Kombination von Methoden er einsetzt. Dabei kann ihm die Kenntnis der Grundlagen und des Zusammenhanges der beiden Grundmethoden helfen, eine sachgemäße Entscheidung zu treffen. Eines aber ist sicher: Die antithetischen Grundmodelle bedürfen in der Praxis der Synthese. Sie werden nebeneinander und ineinander verschränkt verwendet werden können und müssen. Stets aber kommt es darauf an, daß der Schüler ›etwas lernt‹, und das heißt letztlich, daß er den Sinn und Bedeutungsgehalt einer Sache oder eines Vorgangs erfaßt, die Erkenntnisse zu übertragen versteht und dadurch im Leben besser zurechtkommt (vgl. das Beispiel: Der Professor und die Kuh, S. 168).

Arbeitsaufgaben:

1. Denken Sie über den von Ihnen ›erlittenen‹ Unterricht nach und suchen Sie Beispiele für jedes der beiden Grundmodelle bzw. für Synthesen. Welches der Grundmodelle hat nach Ihrer Erinnerung dominiert? Geben Sie dafür Gründe an (z. B. leichtere Beherrschbarkeit der Methode und ihrer Durchführung? Zeitaufwendigkeit in der Vorbereitung und Durchführung? Abhängigkeit von der Lehrerpersönlichkeit? Geringe Kenntnisse der Lerntheorie?).

2. Lesen Sie die nachfolgende Geschichte »Die Weiber von Weinsberg« durch. Sie finden dieselbe häufig in Lesebüchern für das 5./6. Schuljahr. Ihre Aufgabe besteht darin, das Lesestück für eine Unterrichtsstunde nach beiden Grundmethoden vorzubereiten. Gehen Sie davon aus, daß der Inhalt den Schülern unbekannt ist. Hier einige Fragen und Überlegungen zur ersten Grundmethode: Das Lesestück ganz vorlesen? Dann abschnittsweise lesen? Welche Fragen stellen Sie? Welche Antworten erwarten Sie? Überschriften zu den Absätzen bilden? Teilzusammenfassungen an welcher Stelle? Zusammenfassung des Ganzen? Wie klären Sie unbekannte oder ungebräuchliche Begriffe, u. a. Gnade, Erweichen, Weiber usw.? – Zur zweiten Grundmethode: Wie beginnen Sie und auf welche Weise machen Sie die Schüler mit dem Inhalt bekannt? Vorlesen, Erzählen, selbst lesen lassen? Mit welcher Fragestellung, Aufgabenstellung ›schließen Sie das Ganze auf‹, sofern von den Schülern

spontan keine Fragen kommen? Sollte man nur die ersten drei Abschnitte vorlesen und die Geschichte ›weiterdenken‹ lassen? Könnte man Teile der Geschichte spielen? Könnte man, nachdem die Schüler den Inhalt kennengelernt haben, die Besprechung mit der Aussage beginnen: Der Kaiser gestattete den Frauen das auf die Flucht mitzunehmen, was ihnen »am liebsten und am kostbarsten ist«? Welchen Verlauf könnte das Gespräch nehmen?

Erich Bockemühl: Die Weiber von Weinsberg

Weinsberg ist nur eine kleine Stadt dort in dem Lande, wo der Neckar fließt. Sie hatte früher feste Mauern und eine starke Burg. Aber der Kaiser Konrad hatte vor achthundert Jahren ein starkes Heer. Und als er einmal mit der Stadt in Streit geraten war, ließ er den Bürgern durch einen Herold sagen, daß er, wenn er in die Stadt hineinkäme, keinen Mann und Krieger mehr würde leben lassen.

Da entstand ein großes Wehklagen in der Stadt. Das Korn und Brot und alles, was zu essen aufgespeichert worden war, war aufgezehrt, und was blieb den Leuten, wenn sie nicht verhungern wollten, anderes übrig, als die Stadt zu übergeben? Aber wenn sie das taten, mußten alle Männer sterben.

Da war eine junge Frau, die sagte: »Wir Frauen bitten den Kaiser um eine Gnade. Und wenn er uns zu sich kommen läßt, dann laßt mich nur machen!« Der Kaiser ließ die Frauen zu sich kommen, aber er blieb hart und wollte sich nicht erweichen lassen. Da sagte das junge Weib: »Herr Kaiser, wenn Ihr schon die Stadt verderben wollt, dann laßt doch wenigstens uns Frauen leben. Denkt an unsere Kinder! Und wir Weiber können Euch doch nichts Übles tun. Und wenn Ihr uns abziehen laßt, dann laßt uns wenigstens etwas für den weiten Weg und die Flucht mitnehmen, wenigstens das, was uns am liebsten und am kostbarsten ist.« Darauf willigte der Kaiser schließlich ein. »Nun ja«, sagte er, »dann sei euch das gewährt. Morgen früh wird das Tor geöffnet, und wenn ihr zieht mit euren Kindern ab, und was euch am kostbarsten ist und was ihr auf dem Rücken tragen könnt, das könnt ihr mitnehmen.« Am anderen Morgen stand der Kaiser mit einigen seiner Ritter auf dem Hügel vor dem Stadttor. Als er den Befehl gegeben hatte, das große Tor zu öffnen, strömte der Zug der Weiber heraus. Aber was war denn das? Was trugen die Frauen denn da alle auf ihrem Rücken? Das sah ja wirklich zum Lachen aus! Und der Kaiser lachte. Jede Frau hatte ihren Mann auf den Rücken gepackt. Huckepack trugen sie so ihre Männer aus der Stadt hinaus. Die Männer waren ja doch das Kostbarste und Liebste, was sie hatten, und das durften sie nach den Worten des Kaisers mitnehmen. Die Ritter waren böse darüber, aber der Kaiser lachte weiter. »Gewiß war es so nicht gedacht, aber die Weiber waren wieder einmal klüger als wir Männer. Und an einem Kaiserwort darf nicht gedreht und gedeutet werden!« Er schenkte so den treuen Frauen und ihren Männern die Freiheit. Es wird erzählt, er habe sie alle wieder zurückgerufen und ein großes Fest veranstaltet. Sie durften nun alle in der Stadt bleiben und die Männer auch. Und bei dem Fest hätten der Kaiser selber und die Ritter mit den Frauen getanzt. Die Burg, die schon seit langer Zeit Ruine ist, erhielt den Namen »Weibertreu«.

Kommentierte Literaturhinweise:

König, E. – Schier, N. – Vohland, U. (Hrsg.): Diskussion Unterrichtsvorbereitung – Verfahren und Modelle, München 1980

»Unterricht gehört zu den zentralen Aufgaben des Lehrers: Ein Lehrer etwa überlegt, wie er die morgige Deutschstunde gestalten kann; eine Klasse plant gemeinsam die Durchführung eines Projekts ...« Aber wie soll die Unterrichtsvorbereitung eigentlich durchgeführt werden? Darauf geben die Autoren dieses Bandes Antworten. Sie diskutieren die verschiedenen Verfahren und untersuchen sie auf ihre praktische Leistungsfähigkeit. – Die gleiche Zielstellung hat das Buch von Glöckel/Rabenstein u. a. (Hrsg.): Vorbereitung des Unterrichts – Neuausgabe, Bad Heilbrunn 1989: Lehrerbildner der 1. und 2. Phase diskutieren an Hand von sieben Unterrichtsbeispielen aus der 2.-9. Jahrgangsstufe, wie man einen begründeten Unterrichtsentwurf erarbeitet, ihn in die Praxis umsetzt und nachbereitet mit dem Ziel, den Unterricht zu verbessern.

Memmert, W.: Didaktik in Graphiken und Tabellen, 5. Aufl., Bad Heilbrunn 1995

Anhand von Tabellen, Graphiken und Schemata orientiert der Verfasser knapp, instruktiv und übersichtlich über alle Gebiete der Didaktik. Die »didaktischen Modelle«, die Lehrplantheorie und die Unterrichtsmethoden werden »soweit wie möglich den Sinnen zugänglich« gemacht (Comenius, 1630) und kritisch erläutert. Damit werden zwei Anliegen gelöst: Dem Studenten wird eine Hilfe zum Verständnis didaktisch-methodischer Fragen und zum Einprägen gegeben.

Steindorf, G.: Grundbegriffe des Lehrens und Lernens, 4. Aufl., Bad Heilbrunn 1995

Das Buch führt in die wichtigsten Begriffe und Fragestellungen der Theorie des Unterrichts, des Lehrens und Lernens, der Lehrinhalte, des Lehrplans, der Lehrweisen und Unterrichtsformen sowie der Methoden und Medien ein. Es handelt sich um eine umfassende Didaktik als Wissenschaft vom Lehren und Lernen.

Glöckel, H.: Vom Unterricht – Lehrbuch der Allgemeinen Didaktik, 3. Aufl., Bad Heilbrunn 1996

Das umfangreiche, gut lesbare und anregende Buch behandelt alle Teilgebiete der Allgemeinen Didaktik – verstanden als »Theorie des Unterrichts«, also die »Formen des Unterrichts«, die »Unterrichtseinheit«, den »Lehrgang«, den »Lehrplan« und die »Unterrichtsgrundsätze«. Der Verfasser führt den »Anfänger im Lehramt« so in dieses Wissenschaftsgebiet ein, daß er die Grundlagen des Unterrichts verstehen und künftiges Unterrichten bewältigen lernt. Immer ist er bemüht, »von der Situation des Studierenden« auszugehen und ihn schrittweise in die Aufgabe einzuführen, die ein Lehrer bewältigen muß, und das heißt: begründet einen immer besseren Unterricht zu geben.

Bronnmann, W. – Kochansky, G. – Schmid, W. E.: Lernen lehren – Training von Lernmethoden und Arbeitstechniken, Bad Heilbrunn 1981

Ausgehend vom reformpädagogischen Ansatz des Lehrens und Lernens, nämlich vom Prinzip der Selbsttätigkeit, wird dargestellt, wie man durch Vermittlung von Arbeitstechniken das Lernen erleichtern und vertiefen kann.

Weitere wichtige Literatur:

Aebli, H.: Grundformen des Lehrens, Stuttgart 1961 u. ö.
Copei, R.: Der fruchtbare Moment im Bildungsprozeß, Heidelberg (1930), 9. Aufl. 1968
Gagné, R. M.: Die Bedingungen des menschlichen Lernens, Hannover 1969 u. ö.
Roth, H.: Pädagogische Psychologie des Lehrens und Lernens, Darmstadt-Hannover 1957 u. ö.
Wertheimer, M.: Produktives Denken (1945), dt. Frankfurt a.M. 1957 u. ö.
Vgl. auch die Literaturhinweise beim Thema 11.

Thema 11
Kann der Schüler selbst bestimmen, was er lernen will, oder hat der Staat (die Gesellschaft) die Lerninhalte festzulegen? – Von der Entstehung, dem Aufbau und den Inhalten des Lehrplans – ein Problem aus der »Curriculumtheorie«

Einführung: Kann/darf die Schule auf einen Lehrplan verzichten?

Schüler müssen das lernen, was vorgeschrieben
ist!

Schüler fragen: »Warum müssen wir uns in Mathematik mit Differential- und Integralrechnung, in Geschichte mit den fränkisch-salischen Kaisern, in Geographie mit der Wirtschaftsstruktur und der Bevölkerungsentwicklung Südamerikas, im Deutschen mit der Beobachtung und Beschreibung von Begebenheiten oder mit mehrgliedrigen Sätzen usw. usw. befassen?« Die Antwort der Erwachsenen auf diese und ähnliche Fragen lautet vielfach: »Das steht im Lehrplan, das gehört zur Allgemeinbildung. Das müßt Ihr zur Prüfung können.« – Darauf die Schüler: »Diese ›Dinge‹ interessieren uns nicht, und wir brauchen sie im späteren Leben nicht.« Anschließend folgt vielfach die weitere Frage: »Warum dürfen wir in der Schule nicht das lernen, wofür wir uns ›wirklich‹ interessieren?« Auch Eltern fragen gelegentlich so, und selbst Lehrer, Kultusminister und die wissenschaftliche Pädagogik haben sich mit den Einwänden gegen die bestehenden Lehrpläne beschäftigt, nämlich daß die Lehrpläne nicht nur ein Übermaß an Stoff enthalten, sondern daß sie das Lernen von Inhalten fordern, die aus Traditionsgründen beibehalten werden und wenig zur Lebensbewältigung in unserer Gegenwart beitragen. Vor allem aber hat man – zumindest in der Theorie – erkannt, daß die Schüler durch die ›von oben‹ verfügten Lehrplananweisungen zu ›Objekten‹ eines fremden Willens ›gestempelt‹ werden; sie müssen das lernen, was andere in die Lehrpläne ›hineingepackt‹ und was diese anderen für wichtig und richtig gehalten haben und noch halten. Wie aber kann durch eine solch restriktive Maßnahme das Ziel der Mündigkeitserziehung in die Wege geleitet und durchgeführt werden, das in den Präambeln der Lehrpläne den inhaltlichen Anforderungen vorangestellt ist?

Von solchen Überlegungen aus gesehen, hat es schon immer eine Curriculumrevision[1] gegeben, die den Lehrplan zu ›entlasten‹ und die ihn den Bedürfnissen der jeweiligen Gegenwart anzupassen versuchte. Trotz dieser Bemühungen ist

---

[1] Vgl. S. B. Robinsohn, Bildungsreform als Revision des Curriculum (1967), 5. Aufl. 1975.

aber das eingetreten, was man hat vermeiden wollen: Nach jeder Revision ist der Lehrplan wieder mit neuen Inhalten angereichert worden, und er wird fortwährend aufgrund des Wissenszuwachses mit weiteren Inhalten aufgefüllt. Es scheint so zu sein, daß man der »Hydra des Stoffdrachens« nicht entgehen kann. Dem Schlangenungetüm wachsen sofort zwei neue Köpfe nach, wenn man einen Kopf abgeschlagen hat (Gg. Kerschensteiner).

Schüler wollen lernen, was sie interessiert, und
nicht mit Informationen ›vollgefüllt‹ werden

Um dem Dilemma der Lehrplanüberfüllung zu entgehen, haben Reformschulen nach dem ersten Weltkrieg es als eine »erste Bedingung« für ihre pädagogische Arbeit angesehen, »die Befreiung von jedem Stunden- und Lehrplan und von jedem Soll-Stoff« zu erreichen.[2] Und die »Free-Schools«, »Gegenschulen« oder »Alternativschulen« der Zeit nach dem zweiten Weltkrieg betonen im Hinblick auf die Unterrichtsinhalte die uneingeschränkte Rücksichtnahme auf die Interessen, Wünsche und Bedürfnisse der Kinder. Die Schüler entscheiden dort zusammen mit ihren Lehrern über die zu behandelnden Unterrichtsgegenstände selbst. Aus der Erfahrung eines Schülers oder aus gemeinsamen Erlebnissen, aus einem Problem, einer Anregung, dem Interesse eines Schülers oder mehrerer Schüler erwachsen spontan oder auch geplant und vorbereitet Unterrichtsaufgaben:

»Manchmal sagt ein Kind: Ich möchte mich mit Indianern beschäftigen, oder ich möchte mich mit der ägyptischen Schrift beschäftigen, und wenn ein paar weitere Kinder sich dafür interessieren, wird ein Kurs zusammengestellt. Manchmal kommt jemand von den Eltern herein und sagt, daß er (oder sie) chinesische Literatur liest oder Russisch lernt, und fragt, ob jemand mitmachen wollte, und so wird chinesische Geschichte oder Russisch ein Teil des Lehrplans. Über Aktivitäten für ein ganzes Semester wird im allgemeinen in einer Reihe von Zusammenkünften beschlossen.«[3]

Aus solchen kurz- oder längerfristigen Überlegungen erwachsen Kurse über Theaterspielen, Malen, Drogenkunde, die Kultur der Azteken, naturwissenschaftliche Anthropologie, Fotografie, Tanzen, Soziologie, Frauenemanzipation, Geschichte der Sowjetunion, Automechanik u.v.a.m. Kurse bedeuten ein Viertel- bis ein Halbjahr harte Arbeit. Danach wird der Kursplan geändert.

---

[2] »Bericht über die beiden ersten Jahre der Wendeschule-Hamburg (1921)«, in: D. Hoof, Die Schulpraxis der Pädagogischen Bewegung des 20. Jahrhunderts, Bad Heilbrunn 1969, S. 17.
[3] A. Graubard, Free the Children. Radical Reform and the Free School Movement, New York 1974, S. 91, zitiert nach J. Ramseger, Gegenschulen – Radikale Reformschulen in der Praxis, Bad Heilbrunn 1975, S. 71 – H. Kemper, Wie alternativ sind alternative Schulen? Theorie, Geschichte und Praxis, Weinheim 1991.

Kann/darf sich der Unterricht auf gelegentliche
und zufällige Inhalte stützen?

Die Praxis der Reformschulen, die dadurch gekennzeichnet ist, daß ›glückliche
Kinder in einer freiheitlichen Atmosphäre zusammen lernen‹, wie es in entsprechenden Verlautbarungen heißt, führt uns zu der in unserem Zusammenhang
wichtigen Frage: *Kann man das Lernen ausschließlich oder doch fast ausschließlich an die mehr oder minder zufälligen Erfahrungsinhalte und subjekti-
ven Interessen der Kinder anschließen?* Und weiter: Würde diese Aufgabe den
durchschnittlichen Lehrer überfordern? Kann man den Lehrplan, d. h. die Anordnung und Auswahl der Unterrichtsgegenstände für die einzelnen Fächer und
Schulstufen, einfach ›über Bord‹ werfen? Braucht die Schule nicht doch einen
solchen Plan, ja, gehört er nicht zum Fundament der Institution Schule? Bevor
wir darauf eine Antwort geben, sollen noch folgende Fragen geklärt werden:
1. Wie und aus welchen Gründen ist der Lehrplan entstanden, und wie sind
die Fächer in den Lehrplan gelangt? In Beantwortung dieser Frage werden wir
erkennen, daß der Lehrplan fortwährend durch neue Fächer und Inhalte angereichert und erweitert worden ist und daß die Überfülle der Stoffe zur Forderung
nach »Entrümpelung« des Lehrplans geführt hat. Wir müssen also 2. danach fragen, wie man aus dem Vielen der möglichen Inhalte Unterrichtsgegenstände
gewinnt. Das ist die Frage nach den Auswahlkriterien und der Begrenzung der
Inhalte. Daran schließen wir 3. die Frage nach den Prinzipien an, die für die
Lehrplangestaltung in unserer Gegenwart Gültigkeit haben könnten und sollten,
um dann aus den gewonnenen Erkenntnissen 4. die Konsequenzen für unsere
Thematik zu ziehen, nämlich ob der Schüler die Lerninhalte auswählen kann/
darf, oder ob sie ›von oben‹ festzusetzen sind.

Zuvor noch eine begriffliche Klärung

In der Fußnote auf S. 248 wiesen wir auf B. S. Robinsohns Forderung nach
»Revision des Curriculum« hin. Robinsohn hat 1967 den Begriff »Curriculum«
aus dem angloamerikanischen Sprachraum wieder in die deutsche Pädagogik
eingeführt, nachdem er hier seit der Barockpädagogik[4] nicht mehr verwendet
worden ist. Der neue Begriff kommt aus dem Lateinischen und bedeutet soviel
wie »Lauf, Lebenslauf«. Auf die Pädagogik übertragen meint man damit den
›Weg oder den Aufbau des Lehrplans‹. Während aber im Lehrplan die Lehrin-

---

[4] Das ist die Pädagogik des 17. Jh.; ihre Hauptvertreter sind: Wolfg. Ratke (1571-1635)
und Joh. Amos Comenius (1592-1670). Die Pädagogen suchten nach der »natürlichen« Ordnung in Erziehung und Unterricht durch die »natürliche Methode«. Das »Curriculum«
schreibt die »natürliche« Abfolge der Inhalte vor.

halte und die einzelnen Fächer planvoll geordnet und auf die Jahrgangsstufen verteilt sind, enthält das Curriculum die genaue Beschreibung der Unterrichtsziele bzw. die zu erwerbenden Qualifikationen, die Inhalte nach Jahrgängen geordnet und nach Monaten und Wochen aufgeteilt, die Methoden und Mittel, die bei der Vermittlung der Inhalte anzuwenden sind sowie die Erfolgskontrollen. Beim Thema »Martin Luther«, das laut Lehrplan im Fach Geschichte der 7. Jahrgangsstufe zu behandeln ist, begnügt sich das Curriculum nicht nur mit dieser ›schlichten‹ Angabe, sondern es setzt das Lernziel fest: »Einsicht in die Bedeutung der Person und Lehre Luthers für Ausbruch und Verbreitung der Reformation«. Diesem Ziel wird der »Lerninhalt« zugeordnet: »Die Kritik Luthers an der Kirche entzündet sich am Ablaßhandel (1517). Seine Lehre fällt bei der religiös unzufriedenen Bevölkerung auf fruchtbaren Boden ...« Es folgen genaue Angaben zum »Unterrichtsverfahren«, also zur Methode und den Mitteln, sowie zur »Lernzielkontrolle«: »Aufzeigen der Bedeutung Luthers und seiner Lehre für die Reformation.« Durch solche detaillierten, für einen Lehrer selbstverständlichen ›Vorschriften‹ wollte und will man den Unterricht besser ›in den Griff‹ bekommen und die Leistungen steigern. Das hat aber andererseits auch dazu geführt, daß für die kreative Ausgestaltung des Unterrichts, für eigenes Fragen und Denken und für die Bearbeitung selbstgewählter Themen weder Zeit noch Raum bleiben. Das »wünschenswerte und meßbare Endverhalten« steht im Vordergrund unterrichtlicher Bemühungen, läßt das Curriculum durch differenzierte Angaben anschwellen und schränkt die Freiheit von Lehrern und Schülern nachhaltig ein. Aufgrund der Kritik an der Curriculumerstellung hat man in der Folgezeit sog. »offene Curricula« entwickelt, die wieder mehr Platz für ›situative Gelegenheiten‹ geben. In unserem Zusammenhang verwenden wir den überlieferten Begriff des Lehrplans und schließen dadurch alle technizistischen Vorkehrungen und Programme aus, die mit dem Curriculum verbunden sind.

Zu 1.: Wie und aus welchen Gründen sind der Lehrplan und der Fächerkanon entstanden?

Der Lehrplan sorgt für geplantes Lehren; er
setzt die Existenz von Schulen voraus

In allen Kulturen sind Schulen zu dem Zeitpunkt gegründet worden, als die Kultur und die für das Leben notwendigen Kenntnisse nicht mehr durch bloße Teilnahme erworben werden konnten, d. h. durch Zuschauen und Mitmachen in der Familie, in der Nachbarschaft oder im Stamm. Die Kinder wurden zur Schule geschickt, in der sie zunächst von Erwachsenen unterrichtet wurden, die der Kultur oder einzelner ihrer Zweige mächtig waren. Im weiteren Verlauf der Entwicklung ist diese Aufgabe von ausgebildeten Lehrern übernommen worden. Der Unterricht selbst war an bestimmte Inhalte gebunden, die der Stamm, die gesellschaftlichen Gruppen und die Gesellschaft als Ganzes für die Eingliederung des jungen Menschen in die soziokulturelle Umwelt sowie für das Überleben und die Erhaltung (Tradition) der Kultur für wichtig erachteten. Das waren in frühester Zeit religiöse und kultische Inhalte sowie solche der Sitte, weiter: ›Techniken‹, die der Lebenserhaltung dienten wie Pflanzen- und Tierkenntnisse, Herstellung von Kleidung, Schmuck, Waffen u. ä. In späterer Zeit, z. B. im ›alten‹ Griechenland, wurden aus dem körperlichen Bereich sportliche und Wettkampfübungen, aus dem geistigen Bereich Kenntnisse der Götter- und Heldensagen und des Rechts, dann das Lesen und Schreiben sowie Kenntnisse aus den Realien in den Unterricht aufgenommen.

Für die Übermittlung der Inhalte ergab sich von Anfang an die Notwendigkeit der Planung, d. h., die Inhalte mußten ausgewählt und nach ihrer Bedeutung für die Tradierung der Kultur und ihrer Nützlichkeit für das gemeinsame und individuelle Leben in eine Ordnung gebracht werden. Die zeitliche Abfolge ergab sich aus dem logischen Aufbau der Inhalte, ihrem Schwierigkeitsgrad, der Verstehensfähigkeit und dem Grad der Fertigkeiten der Kinder. Das Übereinkommen über die Auswahl und Anordnung der Inhalte erfolgte zuerst mündlich, später schriftlich. In dieser Weise sind Lehrpläne in den frühen Kulturen, im alten Athen und Rom, in Europa während des Mittelalters, der Reformationszeit und der landesherrlichen Territorialstaaten entstanden und bis in unsere Zeit hinein weiterentwickelt worden. Sie enthalten die Inhalte für ›geplantes Lehren‹ einer bestimmten Epoche und Gesellschaftssituation und weisen die Lehrer an, mit Hilfe der ausgewählten Inhalte das Zielbild der Erziehung – das erstrebte Menschenbild – durch Unterricht zu verwirklichen. In diesem Sinne haben die Zielbilder des christlichen oder des humanistischen oder des ritterlichen oder des realistischen Menschen zu jeweils unterschiedlichen, wenn auch sich überschneidenden, Lehrplaninhalten geführt. Im folgenden stellen wir einige Linien und Situationen der Lehrplanentwicklung dar. Dabei wird sich zeigen, daß der Umfang sowie der Grad der Differenzierung der Lehrpläne zunimmt.

Stationen der Lehrplanentwicklung: Jede Epoche
verlangt neue Inhalte und erweitert den Lehrplan

In den *mittelalterlichen Schulen* werden die *septem artes liberales* – die sieben freien Künste[5] – gelehrt. Ihre Grundlagen reichen zurück bis zum »enzyklischen Lehrplan« (= die kreisförmig abgerundete Bildung) der Sophisten im 5. bis 4. vorchristlichen Jahrhundert und den spätrömischen artes liberales. Hier wie dort ist ein Kanon von Inhalten vorgeschrieben worden, der den damals bekannten Fachwissenschaften entnommen und in der Schule in elementarer Form vermittelt worden ist. Zuerst hat man das *Trivium*, den Dreiweg, unterrichtet, bestehend aus Grammatik, Rhetorik, Dialektik. Im Anschluß daran folgte das *Quadrivium*, der Vierweg, mit Arithmetik, Geometrie, Astronomie und Musik.

Diese ›Fächer‹ sind nicht gleichzeitig, sondern nacheinander gelehrt worden: Der Schüler ging also zuerst in die Grammatikklasse, lernte das Latein, um danach in der Rhetorikklasse die Fähigkeit zu erwerben, politische, gerichtliche und festliche Reden zu halten. Auf der nächsten Stufe, also in der Dialektikklasse, übte er die Kunst des gelehrten Streitgesprächs. Mit Hilfe logischer Argumentation mußte er widersprechende Thesen zu beweisen versuchen. Danach befaßte sich der Schüler mit den Fächern des Quadriviums bis hinauf zur Musiktheorie. Wenn er diesen Kanon von Bildungsinhalten ›durchlaufen‹ hatte, konnte er in die sog. Artistenfakultät – die untere Fakultät – einer Universität eintreten. Dort wurden die septem artes liberales auf einer höheren Stufe wiederholt. Erst danach studierte er in einer der »oberen Fakultäten« Theologie oder Jurisprudenz oder Medizin. Viele Schüler der mittelalterlichen Schulen haben aber nicht alle »Fachklassen« durchlaufen, sondern sind vorher abgegangen und haben sich einem Beruf zugewandt.

Die Gliederung und der Aufbau des Schulwesens richtete sich damals also nach den Lehrgegenständen. Jeder Klasse war ein bestimmter Lehrgegenstand zugeordnet, der in einem Nacheinander von Einzelinhalten vermittelt wurde. Man bezeichnet dieses System als »progressive Anordnung« der Lehrinhalte. Während für den literarischen Teil dieser Bildung, also vorwiegend in den Fächern des Triviums, im alten Athen und Rom die vorchristliche Literatur grundlegend war, ist mit der Übernahme der Bildung durch die Kirche immer stärker die *Bibel als Bildungsinhalt* in den Mittelpunkt getreten. Grammatik, Rhetorik und Dialektik sind nunmehr gelehrt worden, um die Bibel lesen, verstehen und abschreiben zu können. Im Spätmittelalter ist dann der Kanon der artes immer stärker aufgelockert worden. Durch die Erweiterung und Veränderung des Weltbildes aufgrund von Entdeckungen und Reisen sind neue Lehrinhalte in den

---

[5] Der Begriff ars = Kunst bedeutet hier »Lehre«, »Fach«.

Plan aufgenommen worden. Dadurch ist der überlieferte Kanon langsam abgewandelt und verändert worden.

Die *Reformation* hat dem Inhaltsproblem neue Impulse gegeben. Zwar bleibt die Bibel als ›globaler Inhalt‹ des Schulunterrichts bestehen. Nachdem es *Luther* aber nicht gelungen war, das Wort Gottes allen Menschen nach der Vulgata – der lateinischen Bibelübersetzung – zu übermitteln, hat er die Bibel in die deutsche Sprache übersetzt. Dadurch trat das Deutsche als Lese- und Schriftsprache in den Mittelpunkt der Elementarschulbildung. *Ein Jahrhundert später* sind aufgrund der wirtschaftlichen und gesellschaftlichen Entwicklung auch »weltliche« und vor allem »nützliche Dinge« in den Unterricht gelangt. So schreibt die bekannte »Gothaische Schulordnung« (1642) – auch »Methodus oder Bericht« genannt – vor,

»daß die Knaben und Mägdlein in diesem löblichen Fürstentum durchgängig vermittelst göttlicher Hilfe und angewandtem gebührenden Fleiß im Katechismo und dessen Verstande (nämlich im Verstande Luthers; d. Verf.), auserlesenen biblischen Sprüchen, Psalmen und Gebetlein, wie auch im Lesen, Schreiben, Singen, Rechnen und, wo man mehr als einen Praeceptorem hat, in Wissenschaft etlicher nützlicher, teils natürlicher, teils weltlicher und anderer Dinge in guter Ordnung nach und nach unterrichtet und daneben zu christlicher Zucht und guten Sitten angeführt werden mögen.«[6]

Als »natürliche und andere nützliche Wissenschaften« werden in Kapitel VIII u. a. genannt: der Umgang mit der »Sanduhr« und dem »Kalender«, die Ursachen von »Blitz und Donner« und vom »Erdbeben«, Pflanzen- und Heilkräutersowie Tierkunde, weiter: Heimat-, Landes-, Wirtschafts-, Maß- und Gewichtskunde. Damit sind die Anfänge der Erd- und Naturkunde sowie der Geschichte gemacht. Alle diese »Dinge« sollen – wie es im zitierten Text heißt – »in guter Ordnung nach und nach unterrichtet« werden. Der »Schulmethodus« gibt für die Abfolge der Stoffe nur wenige Anweisungen. Die Stoff-»Anordnung«, also das Nacheinander der Inhalte, vermitteln die Lehrbücher, die zum »Methodus« gehören und die damals jedes Kind von der Obrigkeit erhalten hat.

Am *Anfang des 19. Jahrhunderts* wird dann unter der Leitidee der allgemeinen Menschenbildung und der Nationalbildung im »Preußischen Unterrichtsgesetzentwurf« (1819) von *Johann Wilhelm Süvern* (1775-1829) der »Grundriß des Unterrichtssystems« und damit des Lehrplans, vor allem im Hinblick auf den Fächerkanon festgelegt. Folgende Fächer sollen in der *Volks- und Elementarschule* unterrichtet werden: 1. Religionsunterricht, 2. Sprachunterricht einschließlich des Lese-, Schreib- und Rechtschreibunterrichts sowie der Sprachlehre und Stilistik, 3. Rechen- und Geometrieunterricht, 4. Realien (Naturkunde,

---

[6] Th. Dietrich und J. G. Klink, Gothaische Schulordnung (1642, in der Ausgabe von 1672), in: Zur Geschichte der Volksschule, Bd. I (Klinkhardts Pädagogische Quellentexte), 2. Aufl. 1972, S. 54.

Erdkunde und Geschichte), 5. Gesang, 6. Leibesübungen, 7. Handarbeit. Der Kanon für das *Gymnasium* beruht in erster Linie auf den klassischen und später auf den neueren Sprachen sowie deren Literatur. Außerdem werden hier die Inhalte der Volksbildung vertieft behandelt. Das geschieht u. a. auch in enger Verbindung mit den für das Gymnasium zentralen alt- bzw. neusprachlichen Inhalten.

Im 19. und 20. Jh. dringen aufgrund der Wissenschaftsentwicklung, der beruflichen Differenzierung und Anforderungen neue Fächer und Inhalte in den Lehrplan ein

Der Lehrplan-»Grundriß« aus dem frühen 19. Jh. ist bis in die Gegenwart hinein in seinen Grundzügen erhalten geblieben, wenngleich er differenziert und auch ergänzt worden ist. Aus den »Realien« haben sich Naturkunde, Erdkunde und Geschichte als eigenständige Fächer entwickelt. Die »Naturkunde« hat sich in die Fächer Biologie, Physik und Chemie aufgegliedert. Die »Handarbeit« ist in der »Arbeitslehre« aufgegangen, der weitere fachliche Inhalte aus dem sozialökonomischen und technischen Bildungsbereich hinzugefügt worden sind wie Haushaltslehre, Wirtschaftslehre, technisches und textiles Werken. Vor allem aber haben sich die Inhalte der Fächer verändert und vielfach vermehrt. So hat beispielsweise die »Geschichte« Themen aufgenommen, die dem Fach durch den Ablauf der Zeit zugewachsen sind. Dafür sind bisher vorhandene Inhalte ›zusammengestrichen‹ oder überhaupt fallengelassen oder in andere Zusammenhänge eingeordnet oder aber auch beibehalten worden. Vor allem haben die naturwissenschaftlichen Fächer durch neue Erkenntnisse der Naturwissenschaften ihren Umfang stark erweitert. In der unmittelbaren Vergangenheit sind noch einmal Fächer in die Schule eingedrungen wie die schon genannte »Arbeitslehre«, die Sexualkunde, die Verkehrserziehung, das Englische in den Hauptschulen, Pädagogik, Psychologie und Soziologie in den Gymnasien und die Informatik sowie die Ökologie in allen Schularten, ohne daß dafür in jedem Fall überalterte und weniger wichtige Stoffe herausgenommen worden sind.

Über den Umfang der Inhalte, die im Verlauf von etwa 150 Jahren in die Schule ›hineingepumpt‹ worden sind und die in den Köpfen der Kinder ›gespeichert‹ werden sollten und sollen, können wir uns an Hand des folgenden Beispiels eine Vorstellung machen: In Bayern wurden zu Beginn des 19. Jh. in den Elementar-/Volksschulen vier Fächer unterrichtet, nämlich Religion, Deutsche Sprache, Rechnen und die Realien, und zwar in 24 Wochenstunden zu je 60 Minuten. Das sind insgesamt 1440 Minuten pro Woche. Heute werden in 32 Wochenstunden (45-Minuten-Stunden), also in der gleichen Zeit von 1440 Minuten, 16 Fächer unterrichtet. An diesem Beispiel können wir ablesen, welche Änderungen sich im Hinblick auf die Inhalte und vor allem deren Zunahme im 19. und 20. Jh. vollzogen haben.

Aus dem Abriß über die Entstehung und Entwicklung des Lehrplans können wir die folgenden wichtigen Erkenntnisse ableiten:

1. Jahrhunderte haben am Lehrplan ›mitgebaut‹. Der Lehrplan beruht also nicht auf einer zufälligen oder willkürlichen Zusammenstellung, die von einzelnen Personen oder – aus heutiger Sicht – von einem Ministerium erarbeitet worden ist, sondern: die bestehenden Lehrpläne greifen hinsichtlich ihres Fächerkanons und ihrer Inhalte zurück auf frühere Lehrpläne; Teilstrukturen wie alte Sprachen lassen sich bis in die Antike, der Religionsunterricht bis ins Mittelalter bzw. in die Reformationszeit, der Geschichtsunterricht bis in die Zeit des Absolutismus zurückverfolgen. Elemente der eben genannten Fächer sind historisch noch tiefer verwurzelt.

2. Die Einzelinhalte der Fächer verändern sich aufgrund der Zeit- und Gesellschaftssituation. Welche Inhalte die »Handarbeit« oder die »Arbeitslehre« oder das »Englische« usw. zu vermitteln haben, wird aus der jeweiligen Gegenwart und aus dem Fachverständnis heraus entschieden. Ob z. B. das Fach Geschichte als Geschichte der Landesfürsten und Monarchen, ob ganz allgemein als politische Geschichte oder als Kulturgeschichte aufzufassen ist und welche Einzelinhalte sich aus der jeweiligen Konzeption ergeben, wird von der geistigen Situation der Zeit und dem Verständnis der Geschichtswissenschaft mitbestimmt.

3. Die Entwicklung der Wissenschaften nimmt auf die Gestaltung des Lehrplans Einfluß. Neue Erkenntnisse der Einzelwissenschaften dringen in die Lehrpläne ein. Das kann man im Hinblick auf die Entwicklung der Naturwissenschaften im 19. Jh. besonders deutlich erkennen: Die »Naturkunde« gliedert sich – wie schon gesagt – in Biologie, Physik, Chemie auf, weil man die vielen neuen Erkenntnisse nicht mehr in dem ›Globalfach‹ »Naturkunde« unterbringen kann.

4. Das Prinzip der »Allgemeinbildung« bestimmt von Anfang an den Aufbau des Lehrplans. Obwohl der Begriff der geistigen Welt des deutschen Idealismus und des Neuhumanismus, also dem frühen 19. Jh., entstammt, hat sich die Schule von Anbeginn an um die allgemeine Bildung des Menschen im Sinne einer anthropologisch begründeten Ausbildung aller Fähigkeiten bemüht.

Der Aufbau des Lehrplans nach »konzentrischen Kreisen« hat die Stoffülle nicht eingrenzen können

Die geschichtliche Entwicklung des Lehrplans sowie die Tatsachen, daß die Explosion der Wissenschaften im 19. Jh. dem Lehrplan ein Übermaß neuer Inhalte zugeführt hat und daß gesellschaftliche Mächte wie der Staat, die Kirche, die Parteien, die Verbände usw. Einfluß auf die Inhalte zu nehmen versuchten und versuchen, haben letztlich zu einer *Überfüllung des Lehrplans mit Inhalten* geführt. Diese Entwicklung beginnt praktisch schon im 17. Jh. Daher hat man damals die progressive Lehrplanstruktur aufgegeben und statt dessen den Lehrplan nach *»konzentrischen Kreisen«* geordnet. An die Stelle des Nacheinanders einzelner Fächer und ihrer Inhalte ist das Nebeneinander der Fächer getreten: Neben Religion sind die Deutsche Sprache, das Rechnen, die Realien, der Gesang usw. unterrichtet worden.

Nach diesem Prinzip werden alle jene Inhalte zur gleichen Zeit behandelt, die Schülern einer bestimmten Altersstufe entsprechen. Beim progressiven Aufbau des Lehrplans besucht ein Schüler eine Fachklasse oder auch mehrere Fachklassen; er beginnt den Schulvormittag z. B. in der Lateinklasse mit »Grammatik«, während andere Schüler in der gleichen Klasse den »Cato« studieren, ein lateinisch-moralisches Lesebuch; dann besucht der Schüler die »Musikklasse«, dann die Klasse für »Realien«. Der Unterricht vollzieht sich vorwiegend als Einzelunterricht, aber auch in »Haufen« oder Gruppen. Beim konzentrischen Aufbau steht nicht das Fach bzw. der Stoff, sondern der Schüler im Mittelpunkt; an ihn werden die für eine Altersstufe geeigneten Inhalte aus verschiedenen Fächern gleichzeitig herangetragen. Der Unterricht schreitet nicht mehr vom logisch Früheren zum logisch Späteren fort, sondern vom psychologisch Leichteren zum Schwereren. Die Lehrplankonstruktion beruht auf dem Prinzip der »organischen Bildung«, d. h., der Schüler soll die Inhalte aufnehmen, die für ihn altersgemäß sind und die er ›verdauen‹ kann. Vom ausgehenden 18. Jh. ab ist der Lehrplan immer mehr konzentrisch gestaltet worden, und das geschieht auch heute so.

Obwohl sich das neue Lehrplanprinzip am Schüler orientiert, konnte dadurch die Frage der *Stoffülle* nicht gelöst werden. Auch dieses Prinzip hat es nicht vermocht, den »Stoffmaterialismus« und das Viele des Zuvielen zu begrenzen. Zwar hat die Schule schon immer vor diesem Problem gestanden, aber im 19. Jh. hat sich die Situation so zugespitzt, daß man nach Auswegen suchen mußte, um der Stoffülle Herr zu werden. Sichtbarer Ausdruck der Notsituation ist die Klage des Arztes *I. Lorinser* über das Zuviel der Lehrfächer, der Schulstunden, der häuslichen Aufgaben und der dadurch bedingten Gefährdung der Jugend in der Schrift »Zum Schutze der Gesundheit in unseren Schulen« (1836). Obwohl die Schrift von der Situation der Schüler in den Gymnasien ausgeht, gilt die Klage für alle Schulen gleichermaßen.

Zu 2.: Lösungsversuche, die Inhalte zu begrenzen

Die Unterrichtsinhalte werden auf »Gesinnungsstoffe« hin »konzentriert«

Der *erste Versuch* im 19. Jh., das Viele der Inhalte einzuschränken, beruht auf
dem *Prinzip der Konzentration*. Im Gymnasium hat man den Lehrplan auf die
Hauptfächer »konzentriert«: auf Latein, Griechisch, Geschichte und Mathematik.
Alles andere wie Hebräisch, Französisch, Naturgeschichte, Zeichnen, Singen
usw. ist nebenbei oder nach Neigung und Gelegenheit betrieben worden. Im Bereich der Volksschule hat man mit Hilfe einer ›zweifachen Konzentration‹ die
Überfüllung der Fächer mit Lehrinhalten zu mindern versucht. Das bedeutet: 1.
Die Inhalte werden auf »Gesinnungsstoffe« oder »Kernstoffe« hin »konzen-
triert«, und zwar für die einzelnen Schuljahre. (Beispiel: Das 2. Schuljahr steht
im Zeichen der Thematik »Robinson«; im 4. Schuljahr bilden die Nibelungen-
bzw. die Gudrunsage das Konzentrationsthema.) 2. Die Inhalte der einzelnen
Fächer werden auf den »Gesinnungsstoff« hin »konzentriert«. (Beispiel: Das
Thema »Robinson baut sich eine Hütte« wird ausgewertet für Lesen und Schreiben, Zeichnen, Rechnen, Naturkunde, Basteln usw.) In diesem Bemühen um
Konzentration liegt *eine* Wurzel des späteren *Gesamtunterrichts*. Im Gesamtunterricht wird ein Thema wie »Auf der Post« oder »Der Verkehr in unserer Stadt«
in den Mittelpunkt des Unterrichts gestellt und in einem organischen Arbeitsab-
lauf bearbeitet. Der Gesamtunterricht kennt also keine Fächer.

Die genannten Maßnahmen haben jedoch nicht ausgereicht, um der Aufsplit-
terung des Unterrichts in eine Vielzahl und weiter zunehmende Zahl von Fächern und vor allem von Einzelinhalten Einhalt zu gebieten und dadurch »Allgemeinbildung« statt »Vielwisserei« zu vermitteln.

Unterrichtsinhalte sollen auf das »Typische«
oder das »Wesentliche« reduziert werden

Daher hat man weitere Anstrengungen unternommen, »das Quantum des Lehrstoffes ... unbedenklich, unerbittlich, bis aufs Minimum« zu beschränken.[7]
Dörpfeld will mit dieser Forderung darauf hinweisen, daß man aus jedem Fachgebiet nur das »Typische« auswählen dürfe. In die gleiche Richtung weist *W.
Rein*, wenn er schreibt, daß im Lehrplan »alle Überhäufung aufs Ängstlichste«
zu vermeiden sei. Für den Naturkundelehrplan schreibt er direkt vor:

---

[7] F. W. Dörpfeld, Theorie des Lehrplans (1873), neu hrsg. von A. Reble (Klinkhardts Pädagogische Quellentexte), Bad Heilbrunn 1961.

»Wähle aus den natürlichen Gruppen einzelne typische Vertreter zu eingehender Behandlung aus und bevorzuge solche, die der Schüler am leichtesten auffaßt.«[8]

Das *Prinzip des »Typischen«* ist dann von der Naturkunde aus auf weitere Fächer übertragen worden. Im 20. Jh. hat man dann andere Begriffe für das Problem der Inhaltsbegrenzung eingeführt: Aus den vielen möglichen Inhalten soll das »Klassische«, das »Paradigmatische«, also das Beispielhafte, das »Wesentliche« ausgewählt werden. Im pars-pro-toto-Prinzip steht das Teil für das Ganze, d. h. das Teil soll das Ganze widerspiegeln, z. B. Kaiser Otto I. das mittelalterliche Kaisertum. Nach dem 2. Weltkrieg ist erneut und mit Nachdruck auf die Dringlichkeit der Auswahl und Begrenzung der Lehrinhalte hingewiesen worden. Mit Hilfe von Formulierungen wie »Vom Mut zur Lücke«, »Vertiefung durch Auswahl«, Vertrautmachen mit »ausgewählten Modellstoffen«, »Verzicht auf enzyklopädische Vollständigkeit«, Stoffbeschränkung durch »Inselbildung« hat man die Lehrplanentrümpelung voranzutreiben versucht.

Schließlich hat *M. Wagenschein* 1954 den Begriff des »exemplarischen Lehrens und Lernens« oder ganz allgemein des »Exemplarischen« eingeführt. Damit meint er, daß aus einem ›ganzen‹ Fachgebiet solche Lehrgegenstände als Exempla »herausgenommen« (lat. eximere = herausnehmen) werden sollen, die das Ganze ›beispielhaft‹ vertreten. Obwohl Wagenschein das exemplarische Prinzip ursprünglich auf den naturwissenschaftlichen Unterricht für den nicht-naturwissenschaftlichen Zweig des Gymnasiums angewendet wissen wollte, ist es später auf alle Fächer übertragen worden und im Sinne der Beschränkung auf das Wesentliche oder auf die »wenigen, würdigen Stoffe« gebraucht worden, die der Dichter *Emanuel Geibel* bereits im 19. Jh. im Unterricht gelehrt wissen wollte.

Trotz zahlreicher Ansätze ist es bisher jedoch
nicht gelungen, das Viele der Inhalte zugunsten
einer Vertiefung einzuschränken

Die Frage aber bleibt: Welches sind die »wesentlichen«, wichtigen, unabdingbaren Inhalte oder die »wenigen, würdigen Stoffe« aus einem Fachgebiet? Die Antworten hierauf geben in erster Linie 1. der Zeitgeist und 2. die gesellschaftlichen Interessengruppen, die auf die Schulen Einfluß zu nehmen versuchen, also weniger die Pädagogen und ihre Vertretungen. Was den *ersten Punkt* betrifft, so heißt das, daß die jeweilige Staats- und Gesellschaftsordnung und -situation darüber befinden, welche Inhalte als die »wenigen, würdigen Stoffe« zu gelten ha-

---

[8] W. Rein, Pädagogik in systematischer Darstellung, Bd. III, 2. Aufl., Langensalza 1912, S. 104 und 187.

ben. Der Entscheid hierfür fällt in der Monarchie anders aus als in der parlamentarischen Demokratie. Während erstere nur solche Inhalte zuläßt, die dazu geeignet sind, treue und gehorsame Diener der Monarchie heranzubilden, wird letztere jene Inhalte bevorzugen, die der Mündigkeitserziehung dienen. Gleichgültig jedoch, welches Ziel im Vordergrund steht: die Verantwortlichen werden stets eine möglichst große Zahl von Inhalten vorschreiben, damit das betreffende Ziel auch tatsächlich erreicht wird! Der *zweite Punkt* bezieht sich auf die zahlreichen Gruppen, die an der Schule interessiert sind. Dazu zählen die oben schon genannten wie die Kirchen beider Konfessionen, die Wirtschaft, die Fachwissenschaften und ihre Vertreter, z. B. die Germanisten, Geographen, Mathematiker, Sportwissenschaftler usw. usw., die politischen Parteien, die Gewerkschaften, die Ärzteverbände, psychologische und pädagogische Gesellschaften, die Eltern und selbstverständlich *auch* die Lehrer und ihre Vertretungen, die Ministerien: Sie alle wollen über die Inhalte des Lehrplans mitbestimmen, und zwar weniger darüber, welche Inhalte aus dem Vielen eines Fachgebietes auszuwählen sind, sondern: welche Inhalte aus der Sicht der Interessenvertreter unabdingbar noch in den Lehrplan aufzunehmen sind.

So sind beispielsweise die Gewerkschaften daran interessiert, die Situation des Proletariats im 19. Jh. und die Bedeutung von Karl Marx für den Kampf der Arbeiterklasse stärker zu thematisieren. Die Polizeigewerkschaft ist mit Nachdruck für »Verkehrserziehung« als Fach eingetreten. Die Mathematiker haben in den 60er Jahren dafür gesorgt, daß der Rechenunterricht als »Mathematik« betrieben und die »Mengenlehre« schon in den ersten Schuljahren unterrichtet wird. Die Naturwissenschaftler und die Ingenieurverbände haben auf die rasante Entwicklung der Naturwissenschaften und der Technik hingewiesen und gemeint, daß die neuen Erkenntnisse z. B. in der Atomphysik oder der Mikrobiologie zusätzlich in den Lehrplan aufzunehmen seien. Diese Beispiele lassen sich leicht vermehren. Sie zeigen, daß zahlreiche gesellschaftliche Gruppen die ›Kulturgüter und -werte‹, die sie vertreten, als Bildungsgüter oder Lehrinhalte in den Lehrplan einzubringen versuchen. Das mag alles seine Berechtigung haben. Die Stoffülle kann dadurch jedoch nicht abgebaut werden; sie nimmt im Gegenteil rasant zu.

Kerschensteiner hat also recht: Selbst wenn man der »neunköpfigen Hydra« einen Kopf abschlägt, wachsen zwei neue Köpfe sofort nach. Die pädagogische Theorie von der »Auswahl der Inhalte« hat es bisher nicht vermocht, der Stoffülle Einhalt zu gebieten. Gewiß sind Inhalte ausgewechselt worden, aber ihr Umfang ist nicht vermindert worden. Von daher ist es verständlich, daß zahlreiche Lehrer und Schüler fordern: Weg mit dem Lehrplan! Laßt uns *die* Inhalte bearbeiten, die die Schüler interessieren. Wir – Schüler und Lehrer – werden gemeinsam darüber entscheiden, was wir ›brauchen‹ und welche Inhalte für uns ›bildend‹ sind.

Die Forderung nach mehr Freiheit für die Unterrichtsgestaltung im Hinblick auf die Auswahl der Inhalte hat die Lehrplantheorie der Gegenwart zu lösen versucht. Sie hat Prinzipien erarbeitet und bereitgestellt, die den Aufbau des Lehrplans bestimmen sollen bzw. sollten. Die Frage ist, ob diese Prinzipien dazu beitragen können, die Inhalte entscheidend zu reduzieren, so daß das genannte Anliegen der Schüler und Lehrer realisiert werden kann, nämlich über die Lehrinhalte mitzubestimmen oder gar über sie zu entscheiden, wie das in ›Alternativschulen‹ (s. o.) geschieht. Die Grundfrage aber bleibt: »Darf/kann man dem Ruf ›weg mit dem Lehrplan‹ folgen?«

Zu 3.: Prinzipien der Lehrplangestaltung für die Gegenwart

Es ist eine Binsenwahrheit, wenn wir darauf hinweisen, daß die Schule der Gegenwart andere Aufgaben zu erfüllen hat als die Schule des 19. Jh. Während der junge Mensch damals – vor allem in der ersten Hälfte des Jahrhunderts – in eine statische, von der Tradition bestimmte Gesellschaft ›hineinwuchs‹ und sich in der Schule vorberufliche Kenntnisse *wissensmäßig* aneignete – eine Forderung, die von der rationalistischen Pädagogik Herbarts theoretisch abgestützt worden ist (vgl. Thema 7) –, muß er sich heute auf das Leben in einer dynamischen Gesellschaft vorbereiten. Die Mitarbeit in der parlamentarischen Demokratie und in der technischen Massengesellschaft erfordert von jedem einzelnen »Denk- und Handlungslebendigkeit« (H. Roth), Kreativität, Entscheidungsfähigkeit u. ä. *und* gute fachliche Qualifikationen für den flexiblen Einsatz in der Arbeitswelt. Es müssen also in erster Linie sog. »Grundfähigkeiten« ausgebildet werden, die die Zukunftsgestaltung denkend leiten.

Die Vielseitigkeit des Berufslebens, die Aufgaben, die jeder Bürger im gesellschaftlich-politischen Leben zu erfüllen hat oder erfüllen sollte und die Vorbereitung auf die zunehmende Freizeit lassen es als wünschenswert erscheinen, *alle* ›wesentlichen‹ Inhalte *allen* Schülern nicht nur anzubieten, sondern in elementarer Form ohne Beschränkung auf die Schulart zu vermitteln. Das aber ist undurchführbar. Daher muß eine Reduktion im Hinblick auf die Fächer und Inhalte vorgenommen werden, die für unser heutiges gesellschaftliches und individuelles Leben wesentlich sind. Da wir aufgrund der Wissenschaftsentwicklung in Zukunft mit Sicherheit nicht mehr alle überlieferten Unterrichtsfächer nebeneinander unterrichten können, empfiehlt es sich, anstatt von Unterrichtsfächern von Fachbereichen oder Fächergruppen auszugehen und thematische Schwerpunkte im Ablauf des Jahres zu setzen. Zu den Fachbereichen oder Fächergruppen zählen die Gegenstände

- des Ethisch-Religiösen (als Religionsunterricht, philosophische Propädeutik, Weltanschauungslehre)
- der Sprache (als Mutter- und Fremdsprachenunterricht),
- der Geschichte (als politischer und Kulturgeschichts-Unterricht),
- der Mathematik (als Mathematikunterricht),
- der Naturwissenschaften (als naturwissenschaftlicher und mathematischer Unterricht sowie als Arbeitslehre),
- des Politisch-Sozialen-Ökonomischen (als Unterricht in Rechts-, Sozial-, Wirtschafts-, Arbeits- und Gesellschaftslehre, Psychologie und Pädagogik),
- der Phantasie und Gestaltung (als Leibes-, Kunst und Musikunterricht).[9]

Die Fachbereiche oder Fächergruppen sind unter dem bereits genannten Gesichtspunkt des »Exemplarischen« neu ›zu durchforsten‹, von Ballast zu befreien und nach Minimal- und Maximaleinheiten zu ordnen. Was wiederum als »Exemplum« gelten kann oder soll, also als wesentliches und wichtiges »Beispiel«, muß danach ausgewählt werden, ob es für das betreffende Fach oder die Fächergruppe »elementar«, d. h. grundlegend, ist, und zwar ›grundlegend‹ für das Verständnis von Selbst und Welt (vgl. hierzu als Beispiel das Lesestück »Der Professor und die Kuh«; Thema 7). Das bedeutet praktisch, daß jeder Schüler nach dem Erwerb der Grundkenntnisse im Lesen und Schreiben, in der Mathematik, den Sachfächern und in der musisch-künstlerisch-sportlichen Betätigung weiterführende Inhalte aus jedem der genannten Bereiche so bearbeitet, daß er die Struktur des betreffenden Faches oder Bereichs, der ihnen zugrunde liegenden Wissenschaftsgruppe und deren Methoden der Erkenntnisgewinnung verstehen lernt. Es ist also wichtig, daß jeder Schüler »wenige, würdige Stoffe« aus den drei Wissenschaftsgruppen der Geistes-, Sozial- und Naturwissenschaften sowie aus dem Phantasie- und Gestaltungsbereich kennenlernt und in einem aktiven Lernprozeß nicht nur zu Kenntnissen und Erkenntnissen gelangt, sondern daß er darüber hinaus die unterschiedlichen Methoden des Fragens und Erarbeitens erfaßt. Der Schüler muß erfahren, daß man die Natur anders ›befragt‹ und ›erforscht‹ als geisteswissenschaftliche oder sozialwissenschaftliche Inhalte. Das ist für sein späteres Berufs- und persönliches Leben weit wichtiger als die Anhäufung enzyklopädischer Wissensstoffe.

Gewiß: In die Schule und in die Lehrplangestaltung sind diese Gedanken noch nicht eingedrungen. Zwar ist die Einsicht über die Notwendigkeit des exemplarischen Lehrens und Lernens und damit über die Beschränkung der Unterrichtsfächer und der Lehrplaninhalte weithin vorhanden, aber die Praxis der Lehrplangestaltung entzieht sich bisher der ›besseren‹ Einsicht. Die hier entwickelten Prinzipien können helfen, das Lehrplansystem neu zu ordnen und Rahmenpläne zu erstellen, die für jeden Bereich »Exempla« enthalten. Die Selbsterhal-

---

[9] Vgl. Th. Wilhelm, Theorie der Schule, Stuttgart 1967 u. ö., S. 293 ff. – Th. Dietrich, Geschichte der Pädagogik, 2. Aufl., Bad Heilbrunn 1975, S. 292.

tungstendenz und die damit verbundene vermeintliche Verpflichtung auf die Tradition, die jeder Institution, also auch der Schule, innewohnen, haben bisher den Umwandlungsprozeß in der angedeuteten Richtung verhindert. Um den Lehrplan tatsächlich zu ›entrümpeln‹ und sachgemäß neu zu gestalten, bedürfte es bedeutender Persönlichkeiten, die nicht nur den »Mut zur Lücke« haben, sondern auch die Kraft besitzen, die »neunköpfige Hydra« zu töten, und es bedürfte wissenschaftlich und pädagogisch gut ausgebildeter Lehrer, die aufgrund ihrer pädagogischen und Sach-Kompetenz zusammen mit den Schülern den Lehrplan freier handhaben können.

Zu 4.: Konsequenzen im Hinblick auf die Fragestellung des Themas

Soll/Kann der Schüler selbst bestimmen, was
er lernen will, oder hat der Staat (die Gesellschaft) die Lerninhalte festzulegen?

Bisher hat in der Regel der Staat bzw. die Gesellschaft diese Aufgabe übernommen. ›Von oben‹ ist festgelegt worden, was in den Schulen gelehrt werden soll. Staat und Gesellschaft haben sich das Recht genommen ›anzuordnen‹, was ein junger Mensch in seiner Zeit für seine allgemeine und vorberufliche Bildung lernen soll. Diese Entscheidung kann gewiß nicht ohne Rücksichtnahme auf die geistige Situation der Zeit, den Stand der Wissenschaften und die ›Psychologie des Schülers‹ gefällt werden, die für die jeweiligen Unterrichtsfächer grundlegend sind. Gleiches gilt prinzipiell für andere Bereiche, z. B. den Kunstbereich. Da jede Wissenschaft, aber auch der künstlerisch-gestalterische Bereich, einen systematischen Zusammenhang bildet, haben die Lehrplangestalter gemeint, auch für die Unterrichtsfächer den systematischen Aufbau beibehalten zu müssen. Diese ›Tradition‹ lastet auf jedem Fach und hat die Stofffülle mitbewirkt. Aber schon der Physiker und Philosoph *Ernst Mach* (1838-1916) hat bereits 1880 unmißverständlich zum Ausdruck gebracht:

»Ich wäre zufrieden, wenn jeder Jüngling einige wenige mathematische und naturwissenschaftliche Entdeckungen sozusagen miterlebt und in ihren breiteren Konsequenzen verfolgt hätte.«

Mach will wie später Wagenschein in ›logischen Fächern‹ wie Mathematik und Physik auf einen systematischen Lehrgang verzichten und den naturwissenschaftlichen Unterricht problemorientiert durchführen. Dabei kann es allerdings nicht gleichgültig sein, welche Probleme am Anfang stehen, um daran elementare Grundvorgänge oder Grundgedanken zu entwickeln und zu erkennen, und welche Fragestellungen man am günstigsten anschließt. Was für die Naturwissenschaften gilt, trifft auch auf die anderen Bereiche zu. Welche Exempla z. B. aus der Geschichte ›herauszunehmen‹ sind, muß von der Frage aus entschieden werden, ob sie grundlegende Bedeutung für unsere Gegenwart haben und ob sie dazu beitragen, den heute Lebenden die Gegenwart ›aufzuschließen‹. Ein solches Exemplum ist z. B. in unserem glaubensgespaltenen Volke die Reformation; im Hinblick auf die Demokratisierung ist es die Französische Revolution. Aber diese beiden Beispiele genügen nicht, um die geschichtliche Entwicklung und unsere Gegenwart zu verstehen. Welche weiteren Exempla sind noch bedeutsam? Wir können hier diese Frage nicht beantworten, sondern wollen nur auf die Schwierigkeiten hinweisen, die hier wie auf jedem anderen Gebiet im Hinblick auf die Auswahl bestehen. Gerade solche Schwierigkeiten haben mit dazu beigetragen, den Lehrplan anzufüllen. Wer vor der Entscheidung der Auswahl steht, wird sich im ›Ernstfall‹ für ein Mehr statt für ein Weniger einsetzen.

Soviel ist gewiß: In allen Fächern bedarf es des Rates und der Empfehlung der Sachkundigen, welche Inhalte zu den »wenigen, würdigen Stoffen« gehören, die für unsere Gegenwart ›schicksalhafte‹ Bedeutung haben. Die Sachkenner müssen zugleich Verständnis für die Aufnahme- und die Arbeitsfähigkeit der Schüler haben. Und es bedarf der Pädagogen als Sachwalter der Schüler. Die Pädagogen müssen Erfahrungen im produktiven Unterrichten sowie Kenntnisse in den verschiedenen Wissenschaftsbereichen besitzen. Ein ›exemplarischer Lehrplan‹ kann also nur in Kooperation von Wissenschaftlern, Didaktikern und Lehrern erstellt werden. *Aber:* Der Lehrplan bleibt bestehen, zwar muß er ›entrümpelt‹ werden von dem Vielen, Allzuvielen. Die Schule kann auf den Lehrplan jedoch nicht verzichten, an dem ›Jahrhunderte‹ mitgewirkt haben. Es müssen Inhalte gelehrt und erarbeitet werden, die *allen gemeinsam* sind, die den Aufbau und die Entwicklung unserer Kultur verständlich machen und die uns die ›neuralgischen‹ Punkte unseres sozio-kulturellen Lebens erhellen. Dieser Lehrplan kann und muß sich jedoch auf ein Minimum von Inhalten beschränken, um mit dem »Minimum von Stoff ein Maximum an Bildung« (Kerschensteiner) zu erreichen.

Im Rahmen eines solchen Minimallehrplans bleibt Zeit für Themen, auf die Schüler und Lehrer ›stoßen‹, die sie befragen und bearbeiten können. Das hat zur Konsequenz, daß der Lehrplan den Charakter eines Rahmenplanes haben muß. Ein Rahmenplan legt den Rahmen fest. Er enthält die wesentlichen Themen, die für alle gelten, und er gibt Raum für Themen, die aus den Interessen der Schüler erwachsen. Der Lehrplan sollte/müßte also – auf eine knappe Formel gebracht – zwei Prinzipien beachten: die Tradition *und* den Fortschritt. Damit meinen wir: Ein *Rahmenlehrplan* sollte Lehrer und Schüler auf die ›wesentlichen‹ Inhalte verpflichten, die den kulturellen und fachlichen Zusammenhang, also die Tradition, wahren und herstellen; und er sollte die Freiheit geben, die es Schülern und Lehrern ermöglicht, an der kulturellen und fachlichen Weiterentwicklung teilnehmen zu können. Das Einhalten der Antinomie von Tradition und

Fortschritt, Bindung und Freiheit im Lehrplan ist für die Lehrplangestalter und vor allem für jeden Lehrer keine leichte Aufgabe. Was als Gegenstand des Unterrichts heute und für eine bestimmte Gruppe von Schülern Sinn und Wert hat, darf aber nicht allein durch einen ›verordneten‹ Lehrplan entschieden werden, sondern muß auch aus dem Recht der Schüler auf ihre geistige Entfaltung bestimmt werden. Von dieser Forderung aus gesehen können wir unsere Ausgangsfrage nunmehr so beantworten: Der Lehrplan ist aufgrund der kulturellen Entwicklung unerläßlich; er muß dafür Sorge tragen, daß die gemeinsamen Grundlagen unserer Kultur erhalten bleiben; er muß aber auch Zeit und Raum zur Bearbeitung persönlicher Interessenfelder geben. Andernfalls lernt die junge Generation nicht, das gesellschaftliche und individuelle Leben nach eigener Verantwortung zu gestalten. Der Lehrer hat in diesem Zusammenhang die Aufgabe, Anwalt der jungen Generation zu sein. Daraus erwächst ihm eine hohe Verantwortung; sie muß in einer berufsfeldorientierten Lehrerausbildung nachdrücklich angesprochen und ausgebildet werden (vgl. Thema 12).

Arbeitsaufgaben:

1. Nehmen Sie den heute gültigen Lehrplan Ihrer Schulart zur Hand und überprüfen Sie, 1. ob und welche anthropologischen Prinzipien die Präambel des Lehrplans enthält; 2. ob sich die Aussagen in der Präambel (dort werden vielfach Forderungen genannt wie Selbsttätigkeit, Eigenverantwortung, Mündigkeit, exemplarische Lehre u. ä.) aufgrund der inhaltlichen Anforderungen (Umfang der Inhalte) erfüllen lassen; 3. in welcher Beziehung die inhaltlichen Anforderungen für die Klassenstufen stehen (Abfolge, Wiederholungen, Einbettung von Inhalten früherer Klassenstufen in größere Zusammenhänge und späteren Klassenstufen); 4. inwieweit die vorgeschriebenen Inhalte der allgemeinen und persönlichen Bildung dienen und/oder inwieweit sie ›Nutzwissen‹ darstellen.
2. Vergleichen Sie den heute gültigen Lehrplan (s. o.) mit entsprechenden Lehrplänen aus früherer Zeit, z. B. aus den 20er Jahren oder aus dem 19. Jh. Können Sie Unterschiede feststellen? (z. B. nach Umfang, detaillierten Angaben; werden über inhaltliche Angaben hinaus methodische Anweisungen u. a. gegeben? Handelt es sich um Rahmen-, Minimal- oder Maximallehrpläne? Welcher Lehrplan gibt dem Lehrer größere Freiheiten, welcher verpflichtet den Lehrer stärker? Begründung!)
3. Die Lehrplananforderungen für einen Schülerjahrgang müssen in Halbjahres-, Vierteljahres-, Monats-, Wochen- und Stundenarbeitspläne umgesetzt werden. Machen Sie sich Gedanken darüber, wie die ›Stoffverteilung‹ vorgenommen werden könnte. Lassen Sie sich sog.»Stoffverteilungspläne« zeigen.
4. Das Lehrplanproblem ist nur ein Feld oder ein Zweig der Unterrichtstheorie. Dazu zählen noch die Arbeitsformen wie Einzelunterricht, Partner- und Klassenunterricht, weiter: die Methoden des Unterrichts (s. Übersicht S. 243), die Unterrichtsgrundsätze wie Schüler- und Sachgemäßheit, Anschauung, Elementarisierung usw. Sie sollten sich in einer Unterrichtstheorie oder Allgemeinen Didaktik über diese Probleme orientieren, dort über den Lehrplan oder das Curriculum nachlesen und die Ausführungen mit dem hier Gelesenen vergleichen. Verwiesen sei u. a. auf H. Glöckel, Vom Unterricht, 3. Aufl., Bad Heilbrunn 1996; H. Meyer, Unterrichtsmethoden, Bd. 1 und 2, Frankfurt a.M. 1987 u. ö.

Kommentierte Literaturhinweise:

Hettwer, H. (Hrsg.): Lehr- und Bildungspläne 1921-1974 (Klinkhardts Pädagogische Quellentexte), Bad Heilbrunn 1976

Der Text enthält Lehrpläne, Richtlinien, Lehrordnungen verschiedener Schularten aus den Ländern des Deutschen Reiches der Weimarer Republik, der NS-Zeit und der Bundesrepublik Deutschland. Anhand der Textwiedergaben können die grundlegenden Prinzipien der Lehrplanerstellung in den jeweiligen Zeitabschnitten, die Inhalte und deren Veränderung u.v.a.m. herausgearbeitet werden.

Ruprecht, H., Beckmann, H.-K. u. a.: Modelle grundlegender didaktischer Theorien, 2. Aufl., Hannover 1975

In diesem Band werden die drei wichtigsten Didaktiktheorien vorgestellt, nämlich die geisteswissenschaftlich oder bildungstheoretisch orientierte Didaktik, das informationstheoretische und kybernetische Didaktikmodell sowie die lehr- und unterrichtsbezogene Theorie der Berliner Schule, und zwar jeweils von einem ihrer Hauptvertreter. Die Modelle werden auf ihre Grundlagen zurückgeführt und auf ihre praxisrelevanten Bezüge hin überprüft.

Sandfuchs, U.: Unterrichtsinhalte auswählen und anordnen – Vom Lehrplan zur Unterrichtsplanung, Bad Heilbrunn 1987

Im Mittelpunkt steht die Frage, was Schüler lernen sollen und in welcher Weise dabei der Lehrplan bzw. das Curriculum helfen können. Da der Lehrplan auf Allgemeinbildung bedacht sein muß, sucht der Verf. nach einer »neuen Allgemeinbildung« und entwickelt hierfür 14 Thesen wie: das Vermitteln des Problembewußtseins, das Beachten der interkulturellen Situation, die Entfaltung der Person im sozialen Kontext usw. Als Auswahlprinzipien für das Viele, das zu lernen wichtig wäre, werden vor allem das exemplarische Prinzip, das orientierende Lehren sowie das Transferlernen erörtert. Wie man die »rechte Reihenfolge« der Inhalte für den Fachunterricht, den fächerübergreifenden Unterricht, den Projektunterricht usw. findet, wird an Hand von Beispielen ›durchgespielt‹. Abschließend wird die Frage beantwortet, wie Lehrpläne tatsächlich entstehen.

Kunert, K. (Hrsg.): Beispiele zum offenen Unterricht, München 1979

Das Buch vermittelt an Hand zahlreicher, gut durchdachter und erprobter Beispiele Möglichkeiten einer »offenen« Unterrichtsgestaltung. Dabei werden die Bedingungen im öffentlichen Schulwesen beachtet, also keine »Glasperlenspiele der Schultheoretiker« vorgelegt. Das wird u. a. am Weg von lehrerorientierten zu schülerorientierten Gesprächsformen (68 ff.) oder am Beispiel der Erstellung eines schülerorientierten Curriculums (96 ff.) gezeigt. Für diese freiere Schularbeit ist es erforderlich, daß der Lehrer zu einer »offenen Begegnungssituation mit seinen Schülern« (11) bereit ist.

Wer sich vertieft und umfassend mit der Theorie und Entwicklung des Lehrplans befassen möchte, kommt um das Studium der Lehrplangeschichte von Josef Dolch nicht herum: »Lehrplan des Abendlandes, Ratingen 1959«. D. untersucht die Entstehung der enzyklischen Lehrplanprogramme bei den Griechen im 5. vorchristlichen Jahrhundert, deren Übernahme und Umgestaltung durch die Römer und im frühen Christentum; er geht den Veränderungen im Mittelalter, der Renaissance und im Humanismus nach, erörtert die Ausgestaltung der

Lehrpläne in den nachreformatorischen Schulordnungen und in der Barockzeit bis hin zu den Lehrplantheorien des 19. Jh. Die Darstellung will zur kritischen Auseinandersetzung mit der Lehrplangestaltung unserer Zeit anregen. – Wer die ›Suche nach dem richtigen Volksschullehrplan‹ bzw. nach dem Lehrplan für die allgemeinbildenden Schulen tiefgreifender erfassen will, sollte die Schrift von Fr. Wilh. Dörpfeld »Grundlinien einer Theorie des Lehrplans« studieren (1873; neu hrsg. von A. Reble in »Klinkhardts Pädagogische Quellentexte«, Bad Heilbrunn 1962). D. stellt seine Lehrplantheorie in bewußten Gegensatz zum überlieferten Lehrplan mit Lesen, Schreiben, Rechnen, Religion, Gesang und einigen Inhalten aus den Realien. Der Lehrplan soll vielmehr ein ›organisches Ganzes‹ bilden aus den Bereichen »Gott, Natur und Menschenwelt«. Im Mittelpunkt des Lehrplans soll also der Mensch stehen, und zwar in seinem Verhältnis zur Natur und Gesellschaft und zu Gott. Der Schrift kommt fundamentaler Charakter zu; sie enthält zahlreiche Anregungen zur Lehrplandiskussion der Gegenwart.

Vgl. auch die Literaturhinweise beim Thema 10.

Thema 12
Kann man den Lehrerberuf erlernen, oder muß man zum Lehrer geboren sein? – Vom Erwerb erzieherischer und didaktischer Fähigkeiten – ein Problem aus den Bereichen der »Psychologie des Lehrers« und der »Lehrerausbildung«

Einführung:
Zwei Mütter unterhalten sich über Lehrerverhaltensweisen

Kürzlich war ich während einer Omnibusfahrt unfreiwillig Zeuge des folgenden Gesprächs zwischen zwei Müttern. Es ging um das Thema »Schule«. Die eine Mutter klagte besorgt über die »Schulangst« ihres 11jährigen. Der Junge gehe nur widerwillig zur Schule. Jeden Morgen spiele sich ein ›Drama‹ ab, wenn der Zeitpunkt näher rückt, die elterliche Wohnung verlassen zu müssen. Der Junge – so erzählte die Mutter weiter – klage über »Bauchweh«; er habe sich auch schon mehrfach erbrochen und gehe nur mit Angst zur Schule. Der Lehrer habe ihn verschiedene Male ausgeschimpft, und zwar deshalb, weil der Junge nicht »aufpasse«, »unkonzentriert« sei, mit den Fingern spiele oder durch »Schwatzen« mit dem Nachbarn störe. Ein Gespräch mit dem Lehrer, das auf Wunsch der Eltern stattgefunden hat, sei ohne Ergebnis verlaufen. Der Lehrer vertrete den Standpunkt, der Junge müsse sich besser konzentrieren und gut aufpassen; vor allem aber dürfe es nicht wieder vorkommen, daß er zu spät in den Unterricht mit nur unvollständig erledigten Schularbeiten komme. Letzteres war für die Eltern völlig neu, da ihr Sohn rechtzeitig, wenn auch ängstlich und verzagt, von zu Hause weggeht und am Nachmittag lange in seinem Zimmer an den Schularbeiten sitzt. Er – der Lehrer – habe eine Fülle von Stoff zu bewältigen und könne daher verlangen, daß jeder – also auch ihr Sohn – konzentriert mitarbeitet, pünktlich zum Unterricht erscheint und die Schularbeiten sorgfältig erledigt. Die Mutter machte einen sehr niedergeschlagenen Eindruck. Sie wußte nicht, wie sie ihrem Kind helfen kann, das zu Hause die elektrischen Geräte der Nachbarn repariert und als wißbegierig gilt.

Die andere Mutter berichtete über völlig andere Schulerfahrungen ihres 12jährigen Sohnes. In der Klasse verlaufe alles zur Zufriedenheit der Schüler und deren Eltern. Da gäbe es keine nennenswerten Schwierigkeiten; im Gegenteil, ihr Sohn gehe gern zur Schule, und sie hätte den Eindruck, daß dies auch für die anderen Schüler zuträfe. Zwischen Lehrer und Schülern sei ein guter Kontakt. Man träfe sich auch außerhalb der Schule; der Lehrer führe regelmäßig Elternabende durch, an denen sich die Eltern frei über die schulischen Angelegenheiten aussprechen könnten; er sei auch schon zu Besuchen in der Wohnung gewesen, und man habe sich hier über die Leistungen und das Fortkommen ihres Sohnes unterhalten. Zwar würde auch dieser Lehrer eine ›ganze Menge‹ von den Schülern verlangen, aber sie – die Mutter – habe den Eindruck, daß die Schüler keine Angst vor der Schule hätten, obwohl ihr Sohn durchaus Schwierigkeiten beim Lernen zeige. Aber die freundliche Atmosphäre, die in der Klasse herrsche, sowie die interessanten Themen, die der Lehrer mit den Schülern bearbeite, die Möglichkeit, bei der Auswahl und Durchführung der Aufgaben mitzuwirken, die Geduld, die der Lehrer an den Tag lege, das gemeinsame Frühstück, das in der Pause eingenommen werde u.v.a.m., habe eine Vertrauensbasis geschaffen, die Konflikte zwar nicht ausschließe, aber doch stark vermindere.

Unterschiedliche Lehrerverhaltensweisen bewirken unterschiedliche Einstellungen und Stim-
mungen bei Schülern

Diesen beiden Berichten über gegensätzliches Lehrerverhalten, über eine jeweils unterschiedliche Klassenatmosphäre sowie über Schülerleiden und -freuden liegt ein vielfältiges Ursachengefüge zugrunde. Wir können das hier im einzelnen nicht klären, weil man dazu 1. weitere Details benötigt und weil 2. unsere Fragestellung eine andere ist. Unser Augenmerk gilt nicht den Schülern, sondern den beiden Lehrern. Man kann deren Verhalten kurz so beschreiben: Der eine Lehrer fühlt sich dem Unterrichtsstoff verpflichtet, und zwar – so dürfen wir vermuten und das Bild ergänzen – ohne Rücksicht auf die Interessen und die Fassungskraft der Schüler; er straft, wenn die Klassenordnung gestört wird, ohne nach den Ursachen zu fragen, im ganzen erzeugt er Angst und nimmt dadurch seinen Schülern jede Freude an der Schule. Nennen wir ihn den ›dem Stoff verpflichteten Lehrer‹. Sein primäres Ziel ist es, den Lehrplan zu erfüllen. Diesem Ziel haben sich alle Schüler unterzuordnen, und zwar ohne Rücksichtnahme auf ihre Individualität.

Demgegenüber ist der andere Lehrer ›schülerfreundlich‹. Er hat eine gute Beziehung zu seinen Schülern. Er ›kümmert‹ sich um sie, zeigt Verständnis für ihre Nöte, läßt sie aktiv am Unterricht teilnehmen und wird auch dann nicht zornig, wenn den Schülern einmal ›das Fell juckt‹, ja, er reagiert darauf in der Regel mit Humor. Auf dieser Basis entwickelt sich ein gegenseitiges Vertrauensverhältnis.

Ohne Zweifel ist das Verhalten des zweiten Lehrers als wünschenswert anzusehen. Dieser Lehrer macht den Schülern Mut; er weckt das Selbstvertrauen und steigert dadurch die Leistungen. Der andere Lehrer erzeugt das Gegenteil, nämlich Angst, Unsicherheit und Leistungsversagen. Unsere Frage lautet nun: *Ist das schülerfreundliche Verhalten erlernbar, oder handelt es sich um eine Fähigkeit, die man mitbringen muß, wenn man Lehrer werden will?* Um diese Frage beantworten zu können, müssen wir zunächst einige Vorfragen klären, nämlich

268

1. welche Aufgaben ein Lehrer zu bewältigen hat. Aus der Antwort gewinnen wir 2. die Eignungsmerkmale für den Lehrerberuf. Dabei greifen wir auch auf Überlegungen bedeutender Pädagogen und auf empirische Untersuchungen zurück. Wir werden dann unsere Befunde 3. zu einem Strukturbild des »idealen« Lehrers zusammenfassen, wohl wissend, daß es dies in der Realität nicht gibt. Anschließend beantworten wir 4. die Grundfrage unseres Themas, nämlich ob man zum Lehrer geboren sein muß, oder ob man den Lehrerberuf erlernen kann. Die Konsequenzen, die sich daraus für die Lehrerausbildung ergeben, beziehen wir hier mit ein.

Zu 1.: Von den Berufsaufgaben des Lehrers

»Der Lehrer sei Fachmann für Erziehung und
Unterricht«

Mit diesen Worten hat man in den letzten Jahren das Berufsbild des Lehrers zu umreißen versucht. Diese Forderung ist so alt wie die Schule selbst. Das läßt sich aus der Geschichte der Schule und der Lehrerausbildung leicht nachweisen. Seit alters her wird es als die wesentliche Aufgabe der Lehrertätigkeit angesehen, einem anderen – in der Regel einem jüngeren – etwas zu lehren, ihm etwas ›beizubringen‹. Damit verbunden ist die Aufgabe der Erziehung, nämlich junge Menschen zu ›versittlichen‹. Der Lehrer sollte die Kinder schon immer für das Leben vorbereiten, ihnen also Lebenskenntnisse – brauchbares Wissen – vermitteln, und er soll zugleich dafür sorgen, daß sie »fromm« handeln, wie es in Schulordnungen des 16. Jh. heißt. Heute sagen wir dafür: Die Kinder sollen »sozialethisch« handeln lernen (vgl. Thema 1, 3 und 7).

Für die Gegenwart hat der »Deutsche Bildungsrat« in seinem »Strukturplan für das Bildungswesen« (Stuttgart 1970) die allgemeine Aussage, der Lehrer sei »Fachmann für Erziehung und Unterricht«, spezifiziert und ein differenziertes Bild von den Aufgaben des Lehrers entwickelt. Es besitzt für alle Lehrergruppen in gleicher Weise Gültigkeit. Im »Strukturplan« heißt es:

»Die Aufgaben des Lehrers lassen sich darstellen unter den Gesichtspunkten des Lehrens, Erziehens, Beurteilens, Beratens und Innovierens. Obwohl diese Aufgaben nicht voneinander zu trennen sind, kann die Vielfalt seines Auftrags am deutlichsten unter diesen Einzelaspekten dargelegt werden« (217).

Dieser Aufgabenkatalog, der schlüssig, aber keineswegs neu ist, kann helfen, das Tätigkeitsfeld des Lehrens genauer zu umreißen, sofern man die Erziehungsaufgabe auch als eine bewußte ›Führungs- und Leitungsaufgabe‹ begreift.[1]

Die Einheit von Lehren und Erziehen, Erziehen und Lehren bleibt erhalten

Das *Lehren,* also das Unterrichten, wird an erster Stelle genannt. Die Reformpädagogik des 20. Jh. hat demgegenüber die Aufgaben des Erziehens jenen des Lehrens vorangestellt. Es ist ein alter Streit innerhalb der Pädagogik, welche Aufgabe als die grundlegende zu betrachten sei. Wenn man aber davon ausgeht, daß 1. die Schule in ihren Anfängen primär als Lehranstalt eingerichtet und 2. das Lehren stets mit dem Erziehen verbunden worden ist, so daß Lehren und Erziehen, Erziehen und Lehren als eine Einheit betrachtet werden (vgl. Thema 7), dann lassen sich kaum Einwände gegen die Reihenfolge vorbringen, die der »Bildungsrat« festlegt. Auch heute steht in der Praxis des Unterrichts das Lehren an erster Stelle. Die Verfasser des »Strukturplans« formulieren ganz in diesem Sinne:

»Der primäre Inhalt des Lehrerberufes ist nach allgemeinem Verständnis das Lehren als Vermitteln von Kenntnissen und Fertigkeiten. Darüber hinaus muß der Lehrer beim Lernenden das Verständnis für das Gelernte wecken und den Zusammenhang der Dinge sichtbar machen ...« (217).

Ausdrücklich geht es beim Lehren nicht allein darum, bloße Kenntnisse und Fertigkeiten zu vermitteln, den Schüler zu belehren, ihn also mit Inhalten ›füllen‹, sondern im Lernprozeß soll »Verständnis für das Gelernte« und Problembewußtsein geweckt sowie »problemlösendes Denken« entwickelt werden. Das hat zur Folge, daß der Lehrer nicht nur die Lehrinhalte kennen muß, die er vermittelt, sondern daß er vor allem Theorien des Lehrens und Lernens beherrscht und produktiv auf die Praxis zu übertragen versteht. Er sollte also »Pädagogische Situationen« wie Gespräch, Spiel, Arbeit und Feier ›inszenieren‹ können, die ihrerseits die Schüler/innen zur Selbsttätigkeit und gemeinsamen Arbeit ›heraus-

---

[1] Bereits die deutsche Reformpädagogik (1900-1933) hat die »Führungs«aufgabe des Lehrers betont, obwohl sie sich als eine ›Pädagogik vom Kinde aus‹ verstanden hat. Sie hat wie jede andere Pädagogik um die Frage gerungen: Wann darf und warum muß der Erzieher ›eingreifen‹? Der Erzieher muß das tun, weil er die Verantwortung dafür trägt, daß Unmündige mündig werden. Das ist ohne verantwortliche Führung im Sinne der Anleitung und des Helfens nicht zu erreichen. – Gegenwärtig betont H. Glöckel in der Theorie »Vom Unterricht« (3. Aufl., Bad Heilbrunn 1996) die Führungsaufgabe des Lehrers im Unterricht.

fordern‹. Dadurch werden die Selbst- und die mitmenschlichen Kräfte angeregt und ›geübt‹ (vgl. dazu die Themen 7 und 10).[2]

An zweiter Stelle nennt der »Bildungsrat« das *Erziehen*. Es ist vom Lehren nicht zu trennen und schließt – wie schon gesagt – die Kategorie des »Führens« mit ein:

»Von den Lehraufgaben sind die Erziehungsaufgaben des Lehrers nicht zu trennen. Sie haben sich in der Ausübung seiner Lehraufgaben mit zu verwirklichen. Als Erzieher soll der Lehrer dem Lernenden Hilfe zu persönlicher Entfaltung und Selbstbestimmung geben. Er soll ihn zu freiem und verantwortlichem Handeln hinleiten ...« (218).

Wichtig ist die Aussage: Die Erziehungsaufgaben »haben sich in der Ausübung seiner (des Lehrers) Lehraufgaben mit zu verwirklichen«. Damit wird die alte Auffassung bestätigt, nämlich daß die Unterrichtsinhalte sowie die Art des Lehrens *auch* eine erzieherische Funktion haben, nämlich die Kritikfähigkeit und das Verantwortungsbewußtsein zu wecken, die individuelle Selbstbestimmung und Kooperationsfähigkeit zu fördern, den persönlichen Durchsetzungswillen zu stärken und die Kompromißbereitschaft anzusprechen. Darüber hinaus soll der Lehrer die »Fähigkeit und Bereitschaft zum persönlichen Kontakt« fördern: Er soll also bereit und fähig sein, im persönlichen Gespräch auf die Sorgen der ihm anvertrauten Jugend einzugehen und ihr bei der Lösung von Lebensproblemen beistehen. Solche Gespräche vertiefen die persönlichen Beziehungen und ermöglichen eine wirksame erzieherische Einflußnahme. Das macht noch einmal deutlich, daß der Lehrer eine Führungsaufgabe hat; sie muß in der Regel so ausgeübt werden, daß die Freiheit des jungen Menschen nicht gebrochen wird, sofern das Kind/der Heranwachsende nicht gegen die sittlichen Normen verstößt. In solchen Fällen ist die Anwendung von Macht nicht auszuschließen; sie ist begründet in der Verantwortung gegenüber den Mitschülern *und* dem ›Reiche der Werte‹ oder religiös gesprochen: in der Verantwortung gegenüber Gott.

In enger Verbindung mit »Lehren« und »Erziehen« steht das »Beurteilen« und »Beraten«

Diese Aufgabenbereiche des Lehrers werden im »Strukturplan« an dritter und vierter Stelle genannt. Obwohl in der Schule schon immer beurteilt und beraten worden ist, werden die genannten ›Amtspflichten‹ aus dem Gesamtbereich des Lehrens und Erziehens herausgelöst. Das hängt damit zusammen, daß diese Aufgaben heute schwieriger zu lösen sind und an den Lehrer höhere Anforderungen stellen als in früheren Jahrzehnten. Dem Ausbildungsauftrag unserer

---

[2] Zur Pädagogischen Situation: P. Petersen, Führungslehre (1937), 10. Aufl., Weinheim 1971.

Schulen, der damit verbundenen Auslese sowie der Vergabe von Qualifikationen kommt in der gegenwärtigen Gesellschaft eine größere Bedeutung zu als noch vor dem 2. Weltkrieg. Gerade weil diese Forderungen mit dem pädagogischen Auftrag der Schule in Spannung stehen, sind sie mit Überlegung und Vorsicht zu handhaben. Der Lehrer muß nicht nur die Wirkung einer Beurteilung auf einen Schüler abschätzen können, er muß nicht nur Kenntnisse darüber haben, wie sich das Zensieren auf die Klassengemeinschaft auswirkt oder welche Bedeutung die »Auslese« für viele Schüler hat usw., sondern er soll auch die Entwicklungsmöglichkeiten eines Schülers einschätzen können und ihn über mögliche Schullaufbahnen beraten. In diesem Zusammenhang heißt es im »Strukturplan«:

»Angesichts der Bedeutung des Lehrerurteils und der Schwierigkeiten einer gerechten Beurteilung ist es erforderlich, sich intensiv um die Möglichkeiten einer Objektivierung des Lehrerurteils zu bemühen. Dadurch wird man zugleich mancher Kritik am Lehrerberuf, die sich an der Unzulänglichkeit von Beurteilungen entzündet, entgegenwirken« (219).

Hier wird auf die »Schwierigkeiten einer gerechten Beurteilung« hingewiesen. In Fächern, in denen die Leistungen ›gemessen‹ werden können und in denen sie quantifizierbar sind wie z. B. in der Mathematik, ist eine Urteilsfindung und Begründung leichter als in Disziplinen, in denen sie sich primär nur ›schätzen‹ lassen und der subjektive Eindruck eine Rolle spielt wie beim bildnerischen Gestalten oder bei Aufsätzen. Hier müssen Verfahren entwickelt werden, die gruppenübergreifende Maßstäbe zulassen. Es muß vermieden werden, daß in einer Gruppe eine Leistung als »gut« gilt, die in einer anderen lediglich mit »befriedigend« beurteilt wird. Daher ist es erforderlich, daß sich die Lehrer »intensiv um die Möglichkeiten einer Objektivierung des Lehrerurteils« bemühen, wie im Text gefordert wird (219).[3]

Pädagogisch noch bedeutsamer und schwieriger als das Beurteilen ist das *Beraten*. Abgesehen von beiläufigen Ratschlägen, die der Lehrer ›bei Gelegenheit‹ und punktuell erteilt (z. B. »Für die Sportveranstaltung heute nachmittag rate ich euch ...«), bezieht sich das »Beraten« auf Empfehlungen, die den Schülern und deren Eltern in allen Bildungs- und Erziehungsfragen umfassend helfen sollen. Darüber haben wir ausführlich beim Thema 9 gesprochen, so daß wir uns hier mit diesen wenigen Bemerkungen begnügen können.

Die bisher genannten Aufgaben – darauf haben wir schon hingewiesen – stehen nicht nebeneinander; sie bilden vielmehr einen Zusammenhang. Es handelt sich auch nicht um »abgeschlossene Fertigkeiten«, über die der Lehrer ›verfügt‹; er muß vielmehr die in Ansätzen erwarteten Fähigkeiten ausbauen und sich bemühen, sie sinnvoll aufeinander zu beziehen (vgl. Strukturplan, 220).

---

[3] Vgl. hierzu W. Sacher, Praxis der Notengebung, Bad Heilbrunn 1984, und ders., Prüfen – Beurteilen – Benoten, Bad Heilbrunn 1994, 2. Aufl. 1997 (hier weitere Literatur).

Der Lehrer soll Träger der Schul- und
Bildungsreform sein

Schließlich nennt der »Bildungsrat« als fünfte Aufgabe das *Innovieren*. Mit dem aus dem Lateinischen übernommenen Begriff des »Erneuerns« (innovere) ist gemeint, daß der Lehrer alles

»kritisch aufzunehmen und zu verarbeiten (bereit sein soll), was an Ansätzen methodischer, didaktischer und curricularer Art in sein Blickfeld kommt. Innovationen sind zu einem besonderen Aspekt seines Berufsfeldes geworden« (220).

»Innovieren« ist also eine Aufgabe, die das gesamte Berufsfeld durchdringt. Jeder Lehrer ist dazu aufgerufen und verpflichtet, bei jeder Gelegenheit zur Verbesserung der erziehlichen und unterrichtlichen Verhältnisse beizutragen. Das bedarf einer fortwährenden kritischen Auseinandersetzung mit den Aufgaben, die das Berufsfeld stellt und auch mit jenen, die in unserer gesellschaftlichen Wirklichkeit zu lösen sind. Dadurch wird der Lehrer nach Auffassung des »Bildungsrates« zum »ersten und wichtigsten Träger fortschreitender Schul- und Bildungsreform« (220). Diejenigen sollen also die Richtung der Reform bestimmen, die im Berufsfeld aktiv tätig sind. Der »Deutsche Bildungsrat« hat mit der Herausarbeitung der fünf innig miteinander verzahnten Aufgabenfelder die Tätigkeiten angegeben, die ein Lehrer in der Ausübung seines Berufes zu verrichten hat. Damit ist jedoch noch nichts über die Voraussetzungen, Fähigkeiten oder Eignungsmerkmale ausgesagt, die ein Lehrer ›besitzen‹ oder ›erwerben‹ sollte, um seinen Auftrag als Lehrer voll erfüllen zu können. Welche Fähigkeiten muß also ein ›guter Lehrer‹ besitzen oder ausbilden, damit er die vom »Bildungsrat« herausgestellten Aufgaben zur Zufriedenheit von Schülern und Eltern und auch seiner selbst erfüllen kann?

Zu 2.: Eignungsmerkmale oder individuelle Voraussetzungen für den
    Lehrerberuf

Bis in die 50er Jahre unseres Jahrhunderts hinein sind die Untersuchungen über die mit dem Lehrerberuf verbundenen Erwartungen unter die Leitfrage gestellt worden: »Was ist eine Lehrerpersönlichkeit?« Mit dem Begriff der Lehrerpersönlichkeit sind Hoffnungen auf eine qualitativ sehr hohe Ausprägung des Lehrerseins verbunden, d. h., die »Lehrerpersönlichkeit« wird in der Regel als eine »Idealpersönlichkeit« angesehen. Aus diesem Grunde wollen wir den Begriff »Lehrerpersönlichkeit« im Zusammenhang der Erörterung des Lehrerbildes vermeiden. Wir sprechen daher nüchtern von Eignungsmerkmalen, Eigenschaften,

Voraussetzungen oder Fähigkeiten, die ein Lehrer haben sollte. Sie lassen sich auf zweierlei Weise ermitteln, nämlich 1. deduktiv und 2. induktiv.

Das *erste Verfahren* geht von den allgemeinen und unterrichtlichen Aufgaben des Lehrers aus und leitet davon die wünschenswerten Eigenschaften oder Wesensmerkmale des Lehrers ab. Dabei finden zeitgemäße Auffassungen über den Sinn von Erziehung, Bildung und Unterricht und über die Psychologie des Kindes und seine Entwicklung gebührende Berücksichtigung. Mit Hilfe dieser Methode gewinnt man das »Urbild des idealen Lehrers«. Diese Art der Erfassung des Lehrerbildes hat dazu angeregt, sog. »Lehrertypologien« zu entwerfen. Beim *zweiten Verfahren* werden bedeutende Lehrerpersönlichkeiten auf ihre Merkmale und Verhaltensweisen hin untersucht, oder man befragt und analysiert das Verhalten einer jeweils gegenwärtigen Gruppe von Lehrern, oder man leitet aus Schüleraussagen über den »idealen Lehrer« die Voraussetzungen ab, die an einen Lehrer zu stellen sind. Alle diese Wege sind beschritten worden. Wir geben nachfolgend exemplarische Beispiele aus jeder der beiden Untersuchungsrichtungen. Sie helfen uns, die Anforderungsschwerpunkte an den Lehrerberuf zu formulieren.

Der Lehrer ist eine Persönlichkeit vom
»sozialen Typus«

Ein bekanntes Beispiel deduktiven Vorgehens gibt *Georg Kerschensteiner* (1854-1932) in seinem Buch »Die Seele des Erziehers und das Problem der Lehrerbildung« (1921; 5. Aufl. 1952). Kerschensteiner geht vom Begriff des Erziehers aus und sagt, daß der Erzieher ein Mensch sein müsse, der das »seelische Leben der Mitmenschen gewollt oder ungewollt im Sinne eines Aufstiegs zu einem höheren Sein beeinflußt« (23). Er betont, daß es dem Erzieher und Lehrer um Wertverwirklichung bei fremden, besonders bei unmündigen Kindern gehe, d. h., daß die Kinder ihr Handeln nach dem Schönen, Wahren und Guten ausrichten (vgl. Thema 7, bes. S. 159). Diese Aufgabe erfordere »eine Individualität oder eine Lebensform vom sozialen Typus« (47). Kerschensteiner stellt fest:

»Die Seele des Erziehers ist also eine Seele vom sozialen Typus. Nicht jeder sozialgerichtete Mensch braucht notwendig eine Erziehernatur zu haben, aber jede echte Erziehernatur muß dem sozialen Typus angehören« (31).

Die Wesensbestimmung des Erziehers als eines »sozialen Menschen« gewinnt Kerschensteiner aus *Eduard Sprangers* (1882-1963) »Lebensformen« (1921). Spranger hat in diesem Buch sechs »ideale Strukturtypen« oder »Seelentypen« beschrieben, nämlich den theoretischen, ökonomischen, ästhetischen, sozialen, politischen und religiösen Menschen. Das sind »ideale Konstruktionen, die in

274

ihrer Reinheit niemals oder doch nur ganz ausnahmsweise zu finden sind«
(Kerschensteiner, 37). Aus der Bezeichnung der einzelnen »Lebensformen« wird
deutlich, daß sie aus Wert- oder Kulturbereichen abgeleitet worden sind, die das
Denken und Handeln einer Person vorwiegend bestimmen. So wird z. B. der
wissenschaftliche Mensch von der Neigung oder dem Drang nach Wahrheit und
Erkenntnis geleitet; sein Medium ist die Wissenschaft. Der »soziale Typus des
Erziehers«, den Kerschensteiner von anderen »sozialen Lebensformen« wie der
Krankenschwester, der Kindergärtnerin u. ä. abhebt, ist durch den Drang zum
pädagogischen Wirken gekennzeichnet.

»Der Erzieher ist eine im geistigen Dienste einer Gemeinschaft stehende Lebensform des sozialen Grundtypus, der aus reiner Neigung zum werdenden, unmündigen Menschen als einem
eigenartigen zukünftigen Träger zeitloser Werte dessen seelische Gestaltung nach Maßgabe
seiner besonderen Bildsamkeit zu beeinflussen im Stande ist und in der Betätigung dieser Neigung ihre höchste Befriedigung findet« (54).

Die Bestimmung des Wesens der »Erziehernatur«, die von Kerschensteiner mit
Begriffen und in der Sprache der Wertphilosophie der ersten Jahrzehnte unseres
Jahrhunderts formuliert worden ist, enthält vier Hauptmerkmale, nämlich: die
Neigung zum pädagogischen Wirken; die Befähigung, dieser Aufgabe erfolgreich nachzukommen; das innere Bedürfnis, sich gerade an Unmündige zu wenden und den Willen, deren Entwicklung unter Berücksichtigung ihrer Eigenart zu
beeinflussen (vgl. S. 57). Aus diesen vier Merkmalen leitet Kerschensteiner
weitere spezielle Wesenszüge des Erziehers ab wie die »Aufwühlbarkeit für
geistige Werte«, die Fähigkeit zum »Einfühlen« und der »Diagnose des typischen Persönlichkeitswertes« des Kindes; weiter: gewisse Grade der »Willensstärke«, um »bestimmend« auf ein Kind einwirken zu können. Zu all dem soll
sich der »Humor« gesellen oder die »Fröhlichkeit des Herzens«. Erst diese emotionale Grundstimmung mache es möglich, die Erscheinungen des Übermuts und
der Aufsässigkeit der Schüler zu ›ertragen‹. Für den Erzieher als Lehrer, der eine
Klasse, also eine Mehrzahl von Schülern gleichzeitig zu unterrichten hat, nennt
Kerschensteiner als weitere Voraussetzungen: die Begabung für bestimmte Lehrinhalte; eine jederzeit zur Verfügung stehende Doppeleinstellung, nämlich
»einerseits auf das Sachliche des Lehrgebiets, andererseits auf das mannigfalte
Persönliche« der Schüler zu achten; weiter: eine rhetorische Begabung, die Fähigkeit, »zur methodisch-künstlerischen Gestaltung der Lehrstunde als eines ...
Erlebnisses« (vgl. 105 f.).

Das Wirken des Lehrers sollte von »pädagogischer Liebe« durchdrungen sein

Die ausführliche Darstellung des Vorgehens von Kerschensteiner, aus dem Erziehertum die Merkmale des Erziehers und Lehrers abzuleiten, steht stellvertretend für ähnliche Studien. *Eduard Sprangers* Spätschrift »Der geborene Erzieher« (1958) weist die gleichen Züge auf. Was Kerschensteiner als »reine Neigung zum werdenden Menschen« bezeichnet, nennt Spranger »pädagogische Liebe«. Denn:

»Nur in der Temperatur der Liebe gelingt es, Menschen in ihrem Kern zu beeinflussen. Ihre Wärme durchwaltet das ganze Gemüt und strahlt aus auf die Begegnung von Erzieher und Zögling« (2. Aufl. 1960, 22/23).

Spranger setzt hinzu: Das haben wir oft gelesen, »besonders bei Pestalozzi; ebenso bei Kerschensteiner«. Der Hinweis auf Kerschensteiner deutet die geistige Verwandtschaft beider Standpunkte an.

So wichtig die genannten Voraussetzungen für ein erfolgreiches Wirken des Lehrers sind, so darf man aber nicht verkennen, daß die zum Bild des Lehrers gefügten Merkmale eine »Idealkonstruktion« darstellen und Maßstäbe setzen, die vom einzelnen im vollen Umfange nicht erfüllt werden können.

Die Psychologie hat im Rahmen der »Lehrertypologie« zwei gegensätzliche »Wesensformen« des Lehrers ›konstruiert‹; den »stoffzugewandten« und »kindzugewandten« Lehrer

Die deduktive Ableitung des idealen Lehrerverhaltens aus den Tätigkeitsmerkmalen und den Bildungs- und Erziehungsaufgaben hat dazu angeregt, »Lehrertypologien« zu entwickeln. Hierfür ist der Versuch *C. Caselmanns* († 1982) beispielhaft. Caselmann hat in seinen »Wesensformen des Lehrers« (1949; 2. Aufl. 1953) zwei Grundtypen des Lehrerseins beschrieben, nämlich den »logotropen« (vorwiegend der Wissenschaft, dem Lehrstoff und der Kultur zugewandten) und den »paidotropen« (vorwiegend dem Kind zugewandten) Lehrer. Die typenbildenden Merkmale gewinnt Caselmann aus der Einstellung des Lehrers sowohl zum Lehrinhalt als auch zum Schüler. Mit Hilfe weiterer Gliederungsgesichtspunkte wie autoritatives oder mitmenschliches Verhalten, wissenschaftlichsystematische oder künstlerisch-organische Naturen und Temperamentseigenarten wie »ruhige« und »lebhafte« Lehrer gelangt Caselmann durch Kombination und Kreuzung der beiden Grundtypen zu einer Vielzahl von typischen Ausprägungen des Lehrerseins. Das einem Typ entsprechende Verhalten ist nach Caselmann »angeboren« und hat Auswirkungen auf die Unterrichtsmethoden. Darin erblickt Caselmann den speziellen Wert seiner Typologie für die Praxis, nämlich daß

»die Erkenntnis der Wesensart des Lehrers ... wertvolle Winke für die Richtung (gibt), in der das methodische Bemühen erfolgreich sein wird« (54).

Caselmann behauptet z. B.: logotrope und autoritativ veranlagte Naturen fühlen sich bei der Anwendung von Selbsttätigkeitsmethoden immer »unglücklich« und haben mit diesen Methoden wenig Erfolg; demgegenüber entspräche der Selbsttätigkeitsunterricht den paidotropen Lehrertypen (vgl. S. 54 ff.).
Solche Folgerungen deuten die Problematik dieser oder ähnlicher Typologien an. Es wird nicht nur angenommen, daß die Lehrerverhaltensweisen angeboren sind, sondern daß sie auch bestimmte unterrichtsmethodische Konzepte zur Folge haben. In einem gewissen Widerspruch dazu steht die Aussage Caselmanns, daß jeder Lehrer seinen Typ voll entfalten, zugleich aber auch den »Gegentyp« pflegen müsse. Wenn das als möglich angenommen wird, dann wäre das Lehrerverhalten in Grenzen ›trainierbar‹, und der Schritt von einer stark idealisierenden zu einer realitätsnäheren Betrachtung des Berufsbildes wäre vollzogen. Trotz gewisser Einseitigkeiten weisen dieser Versuch und ähnliche Arbeiten auf wichtige menschliche Grundzüge hin, die als individuelle Voraussetzungen für den Lehrerberuf bedeutsam sind.

Empirische Untersuchungen bestätigen die oben
genannten Sollensforderungen an den Lehrer

Empirische Untersuchungen aus der Zeit nach dem 1. Weltkrieg sind zu ähnlichen Ergebnissen gelangt wie die aus deduktiven Ableitungen gewonnenen Erkenntnisse über wünschenswertes Lehrerverhalten. Als wesentliche Grundvoraussetzungen für den Erfolg im Lehrerberuf gelten: »Gleichmäßigkeit der Gemütslage«, »Richtung des Denkens nach dem Konkret-Anschaulichen«, »Einfühlung in den Schüler«, »Geduld«, »Neigung zu lehren«, »die Fähigkeit, Disziplin zu halten«.[4]
In anderen Untersuchungen sind diese Merkmale bestätigt worden. Immer wieder werden die folgenden fünf Eignungsschwerpunkte genannt: Duldsamkeit, Einfühlungsgabe, Neigung, mit Kindern umzugehen, pädagogischer Takt, Fähigkeit der Klassenführung. Diesen Ergebnissen widerspricht allerdings *G. Müller-Fohrbrodt* in ihrer Untersuchung »Wie sind Lehrer wirklich?« (1973). Sie kommt zu dem Ergebnis:

---

[4] Vgl. E. Hylla, Vorfragen zum Problem der psychischen Eignung für den Lehrerberuf, in: Die Deutsche Schule, 22. Jh., 1918, S. 273-285 und 337-348.

»Generell läßt sich sagen, daß es eine geschlossene Lehrergruppe mit besonderen, speziell für sie charakteristischen Persönlichkeitsmerkmalen nicht gibt« (123).

Die stark verallgemeinerte Aussage kann richtig und falsch sein. Es trifft zu, daß die für den Lehrerberuf wünschenswerten Voraussetzungen auch in anderen Berufsgruppen zu finden sind, und es ist durchaus möglich, daß die von Müller-Fohrbrodt untersuchten Gruppen sie tatsächlich nicht gezeigt haben. Aufgabe der Untersuchung war es festzustellen, wie Lehrer wirklich sind und nicht, wie sie sein sollen, damit sie in ihrer Berufsausübung erfolgreich sein können. Die in der Untersuchung und anderswo festgestellten autoritativen und dirigistischen Züge bei Lehrern können durch schwierige unterrichtliche Verhältnisse ausgelöst worden sein und müssen nicht konstitutive Merkmale der betreffenden Personen sein.

Eine Antwort auf wünschenswerte Voraussetzungen für den Lehrerberuf geben Schülerbefragungen über den »idealen Lehrer«

Eine breit angelegte Untersuchung dieser Art ist bereits 1932 von *Martin Keilhacker* vorgelegt worden: »Der ideale Lehrer nach der Auffassung der Schüler«. Keilhacker hat etwa 4000 Aufsätze von Schülern, vorwiegend von Gymnasiasten, im Alter von 8 bis 20 Jahren, über das Thema schreiben lassen: »Wie wünsche ich mir meinen Lehrer/meine Lehrerin?« *R. B. Aibauer* hat diese Untersuchung 1954 wiederholt. Sie wertete 3000 Schüleraufsätze von Volks- und Berufsschülern aus und bezog eine Elternbefragung mit ein. Die Eltern sollten aus ihrer Sicht sagen, welche Eigenschaften sie für einen »guten« Lehrer als wünschenswert ansehen.[5]

Beide Untersuchungen, die über 20 Jahre auseinander liegen, kommen trotz der veränderten Zeitsituation zu ähnlichen Ergebnissen über die Eignungsmerkmale für den Lehrerberuf. Übereinstimmend wünschen sich die Schüler einen

»guten, netten, freundlichen Lehrer; einen Lehrer, der die Schüler gern hat, geduldig und gütig ist, der ihnen ein Freund ist, eine heitere Atmosphäre verbreitet, der Spaß versteht, Humor besitzt, der aber auch Ordnung halten kann, streng ist und auf Strafen nicht immer verzichten kann; vor allem soll der Lehrer gerecht sein, wobei etwa vom 15. Lebensjahr an die ›unterscheidende‹ Gerechtigkeit immer mehr dominiert, d. h. ›das Verständnis für individuelle Behandlung auf dem Gebiet der Gerechtigkeit‹« (Keilhacker, 63).

Dazu treten Wünsche, die das spezielle berufliche Können des Lehrers betreffen. Die Schüler erwarten vom Lehrer Fachkenntnisse, Allgemeinbildung und didak-

---

[5] R. B. Aibauer, Die Lehrerpersönlichkeit in der Vorstellung der Schüler, Regensburg 1954.

tische Fähigkeiten. Der Unterricht soll »interessant«, »packend«, »spannend«, nicht »langweilig« oder »eintönig« sein. Der Wunsch nach einem interessanten Unterricht wird damit begründet, daß man »besser aufpassen«, »leichter begreifen« und dadurch mehr »erreichen« kann. Ein solcher Unterricht zeichnet sich nach den Ansichten der Schüler durch »Anschaulichkeit«, »Abwechslung« und »Selbsttätigkeit« aus. Die Schüler wollen »selbst aktiv mitarbeiten«, zur Ausbildung der »eigenen Urteilsfähigkeit« angeregt werden und »nicht nur dasitzen und zuhören«. Zieht man als Ergänzung dieser Aussagen die Ergebnisse der Elternbefragung aus der Untersuchung Aibauers heran, dann werden als Merkmale eines »guten« Lehrers folgende Besonderheiten – nach der Häufigkeit geordnet – genannt: »angeborener Gerechtigkeitssinn«, »Lehrgabe«, »Strenge« im Sinne von Konsequenz, »Güte«, »Geduld«.

Zu 3.: Strukturbild des idealen Lehrers

Vergleicht man die auf unterschiedlichen Wegen gewonnenen Eignungsmerkmale für den Lehrerberuf, dann lassen sich Gemeinsamkeiten feststellen. Kerschensteiner hat als Grundvoraussetzungen der Lehrertätigkeit deduktiv aus dem Wesen und dem Sinn der pädagogischen Aufgabe die soziale Einstellung und die Hingabe an jüngere Menschen abgeleitet. Die empirischen Untersuchungen sind zu ähnlichen Ergebnissen gekommen, wenngleich einige dieser Untersuchungen nachgewiesen haben, daß ein großer Teil der Lehrerschaft nicht im Sinne der wünschenswerten Vorstellungen handelt oder aus unterschiedlichen Gründen nicht so handeln kann. Es ist auch grundsätzlich bestritten worden, daß es Unterschiede zwischen Lehrern und Nicht-Lehrern gibt. Daraus darf jedoch nicht gefolgert werden: Es gibt kein typisches Berufsbild des Lehrers und keine wünschenswerten Voraussetzungen für das Lehrersein. Wie die meisten Berufe bestimmte Fähigkeiten voraussetzen, wenn derjenige erfolgreich sein will, der den Beruf ausübt, so gibt es auch für den Lehrerberuf günstige und weniger günstige Vorbedingungen.

Im folgenden wollen wir versuchen, die schon genannten Eignungsmerkmale für den Lehrerberuf zu einem »Strukturbild des idealen Lehrers« zusammenzufügen. Wir entwerfen also auf der Grundlage unserer bisherigen Feststellungen und eigener Berufserfahrungen das Bild des »idealen Lehrers« – wohl wissend, daß es in der Wirklichkeit nur in Teilaspekten auftritt und daß auch über Teilaspekte aufgrund situativer Bedingungen nicht immer verfügt werden kann.

1. Grundlegend ist der Drang, mit anderen Menschen, besonders mit jüngeren Menschen, Kontakt aufnehmen zu wollen und die Fähigkeit, diesen Kontakt zu gestalten. Es geht hier nicht nur um den allen Menschen mehr oder minder

gemeinsamen Antrieb zur Gesellung, sondern der Antrieb muß sich auf jüngere Menschen richten mit der Absicht, auf sie nachhaltig unter Berücksichtigung des »pädagogischen Takts« (s. u.) einwirken zu wollen. Es werden also mitmenschliche Gefühlsregungen vorausgesetzt wie das Mitgefühl, die Mitfreude und das Mitleid, die Fürsorge sowie mitmenschliche Liebe. Der Betreffende muß Freude daran haben, die genannten Gefühlsregungen ›einzusetzen‹, und zwar so, daß der ›Anruf‹, der vom Kind/Schüler kommt, vom Lehrer/Erzieher ›wahrgenommen‹ und führend-leitend aufgearbeitet wird.

2. Die mitmenschlichen Gefühlsregungen bedürfen der Ergänzung durch die Empfänglichkeit für Werte oder sittliche Normen; weiter: der Willensfähigkeit, die Werte und Normen durch Erziehung verwirklichen und durch Unterricht vermitteln zu sollen und zu wollen.

Die beiden Grundvoraussetzungen bilden eine urgegebene, nicht auflösbare Einheit. Dazu kommen

3. die Fähigkeit, die Eigenart von Kindern (intuitiv) zu erfassen, sie zu bejahen und auszubilden;

4. der pädagogische Takt, d. h. die Fähigkeit, pädagogische Situationen ohne lange Überlegungen angemessen zu meistern, d. h., im Erziehungsakt ›achtende Zurückhaltung‹ zu üben und im ›Zugriff‹ zu gestalten.

5. Allgemeinbildung und Fachkenntnisse und das Interesse, sich darin weiterzubilden;

6. die Fähigkeit, interessant und produktiv zu unterrichten;

7. die Fähigkeit, Disziplin zu halten;

8. die Fähigkeit zur distributiven Aufmerksamkeit, d. h., die Aufmerksamkeit gleichzeitig auf mehrere Inhalte zu verteilen, also auf den Unterrichtsgegenstand und die Schüler;

9. die Fähigkeit, eine Schülergruppe bzw. eine Schulklasse zu führen, d. h., von den Schülern in sachlicher und sittlicher Hinsicht etwas zu fordern.

Zu diesen grundlegenden Eignungsmerkmalen sind weitere wünschenswert wie Intelligenz, Gedächtnis, Verantwortungsbewußtsein, ein ruhiges Temperament, Ausgeglichenheit, kritisches Denken u. ä. Weiter oben haben wir in anderen Zusammenhängen solche ›wünschenswerten‹ Eigenschaften bereits genannt, so daß wir hier nicht noch einmal darauf einzugehen brauchen. Aber, um es noch einmal zu sagen: Der ›Besitz‹ aller oder eines Teiles der genannten Eignungsmerkmale bürgt nicht dafür, daß der Schulalltag reibungslos abläuft. Schule ist kein ›harmonischer Raum‹; sie erfordert die Anstrengungsbereitschaft eines Kinder- und Jugend-»Führers«, der eine Schülergruppe ›führen‹ – etymologisch erklärt – ›in Bewegung setzen‹ und ›leiten‹ kann, und zwar so, daß der einzelne zur Autonomie gelangt.

Zu 4.: Wird man zum Lehrer geboren, oder kann man den Lehrerberuf erlernen?

Anders gefragt: Werden die Voraussetzungen für eine erfolgreiche Lehrertätigkeit ›in die Wiege‹ gelegt, oder kann man sie während der Ausbildung und in der Berufstätigkeit erwerben? Als ›erfolgreich‹ bezeichnen wir einen Lehrer, der die Aufgaben des Lehrers und Erziehers zur Zufriedenheit für andere und für sich selbst erfüllt, d. h., der gute Beziehungen zu seinen Schülern entwickelt, eine freundliche Klassenatmosphäre aufzubauen vermag, interessant unterrichtet, die Schüler aktiviert, ihnen etwas ›beibringt‹, sie zum Lernen motiviert und sie zur Mündigkeit hin anleitet. Kann man das erlernen, oder müssen die Fähigkeiten hierfür angeboren sein (vgl. Thema 6)?

Berufliches Können wird während der Ausbildung und durch die Berufstätigkeit erworben, beruht aber auf dispositionellen Voraussetzungen

Es ist sicher, daß man die beruflichen Aufgaben des Lehrers im Tun, also im Vollzug, während der Ausbildung und der Berufsausübung erlernt. Es ist aber ebenso sicher, daß dafür bestimmte Voraussetzungen erforderlich sind. Wir haben sie genannt. Wer kontaktscheu und stark in sich gekehrt ist, oder wer ein Machtmensch ist, dirigistische Züge hat und mit anderen Menschen autoritativ umgeht, oder wer von einer tiefsitzenden Lebensangst niedergedrückt wird oder pessimistisch eingestellt ist, oder wer stark erregbar und reizbar ist und leicht ›in Wut‹ gerät, – der wird sich im Lehrerberuf schwer tun.

Die oben angegebenen Grundvoraussetzungen sollte eine Person also ›mitbringen‹, die den Lehrerberuf ergreifen will. Damit wird nicht behauptet, daß die genannten Voraussetzungen im Erbe bereits fertig vorhanden sind und bereitliegen, wie es Ausführungen von *Kerschensteiner* oder solche über die Lehrertypologien vermuten lassen. Gewiß sind die Stärke der Gefühlsansprechbarkeit und der Willenskraft sowie die Art der Aufmerksamkeit erbbedingt; aber die Richtung und das ›Einsatzgebiet‹ dieser Funktionen werden durch die Sozialisation und die Berufsausbildung mitbestimmt. Die anderen im Strukturbild zusammengefaßten Voraussetzungen (s. Abschn. 3) können in den Grenzen erlernt werden, die das Anlagengefüge zuläßt. Dazu zählen z. B. die Bedingungen für die Fähigkeit, Disziplin zu halten. Auf diesem Gebiet wird man durch die Beobachtung, den Umgang und die Analyse von Modellbeispielen sowie durch Training viel lernen können. Voraussetzungen hierfür sind allerdings eine menschenzugewandte Einstellung und eine heitere Grundstimmung. Wer diese Grundvoraussetzungen nicht ›besitzt‹ und nicht entwickeln kann, wird z. B. sein »Lehrgeschick« trotz guter fachlicher Kenntnisse nicht oder nur in geringem Maße in Richtung eines sozialintegrativen oder kooperativen Unterrichtsstils ›ausbilden‹ können, oder er wird Disziplinkonflikte vorwiegend durch Machtausübung ›lösen‹ und einem pädagogischen Gespräch über die Ursachen des Konflikts und über mögliche Maßnahmen zur Lösung aus dem Wege gehen.

Konsequenzen für die Ausbildung: Orientierung der Studien am Berufsfeld

Während der Ausbildung und der Berufsausübung müssen die drei wesentlichen Grundbedingungen, nämlich die emotionale mitmenschliche Zuwendung, die Willensbestimmtheit und die ›verteilende‹ Aufmerksamkeitshaltung zusammen mit den anderen genannten Voraussetzungen weiter ausgebildet und geschult werden. Daher sollte in der Lehrerausbildung die Analyse der beruflichen Tätigkeiten und die Mittel ihrer erfolgreichen Bewältigung im Zentrum stehen – und nicht die systematische Lehre der Wissenschaften, die den Unterrichtsfächern zugrundeliegen. Die Auswahl der Problemfelder aus den verschiedenen wissenschaftlichen Gegenstandsbereichen muß sich also am Berufsfeld des Lehrers orientieren; sie darf weder praxisfrei noch praxisfern vorgenommen werden. Darüber hinaus sind in jedem der Studienfächer die philosophisch-anthropologischen Fundamente herauszuarbeiten, so daß über das Fachwissen hinaus eine Besinnung auf tiefere, nämlich philosophische Zusammenhänge erfolgt. Schließlich müssen alle angehenden Lehrer in den »Schulpraktischen Studien« mit den Problemen des Berufsfeldes konfrontiert werden. Das ›Studium in der Schule‹, also vor Ort, führt von der Beobachtung und dem eigenen Tun an die Probleme heran und trägt dazu bei, pädagogisches Denken – also die Theoriebildung – anzuregen und pädagogisches Handeln – also die Praxis – denkend zu bewältigen. Diese Studien regen zu neuen und weiteren Fragen an *die* Wissenschaften an, die im Lehrerstudium eine besondere Bedeutung haben, besonders die Erziehungswissenschaft, die Fachdidaktiken und die Psychologie.

Die philosophisch-anthropologische Grundlegung der Studien sowie eine ständige Begegnung mit der Unterrichtspraxis tragen dazu bei, im künftigen Lehrer eine »pädagogische Verantwortung« auszubilden. Lehrerausbildung kann und darf sich also nicht allein auf Studien von wissenschaftlichen Disziplinen beschränken, und sie darf nicht nur wissenschaftliche Qualifikationen vergeben, sie muß darüber hinaus zur Personbildung des Lehrers beitragen. Dieser Aufgabe haben sich alle Fakultäten und Fachbereiche der Universitäten und Hochschulen anzunehmen. Da die Fakultäten dies aus unterschiedlichen universitätsinternen und geschichtlichen Bedingungen heraus nicht zu leisten vermögen, auch nicht leisten können oder wollen, ist es an der Zeit, die Lehrerausbildung eigenen Pädagogischen Fakultäten zu übertragen.

Zusammenfassend können wir nunmehr sagen: Auf der Basis konstitutiver Berufsfähigkeiten muß eine Ausbildung erfolgen, die an den beruflichen Tätigkeiten orientiert ist. Ein »guter« Lehrer wird man nur dann, wenn man bestimmte Grundfähigkeiten ›mitbringt‹, sie weiterentwickelt und sich außerdem vieles aneignet, was zur Berufsausübung gehört, seien es die sachlichen Gegenstände, also die Grundlagen für die Unterrichtsfächer, und die Verfahrensweisen ihrer Übermittlung, seien es Kenntnisse, die die Führung des Schülers zur Mündigkeit hin betreffen. Lehrersein hat also immer zur Voraussetzung, daß die Grundbedingungen der Zuwendungsfähigkeit, des Einflußnehmenwollens und einer weiten Aufmerksamkeitshaltung in Ansätzen vorhanden sind; sie und die anderen genannten Eignungsmerkmale bedürfen aber auch einer speziellen und intensiven, auf das Berufsfeld hin ausgerichteten Ausbildung. Wenn es nicht gelingt, auf der Basis des hier Erörterten viele ›gute‹ Lehrer zu ›bilden‹, dann besteht die Gefahr, daß zahlreiche Lehrer von den Schülern abgelehnt werden. Dadurch würden diese Lehrer ihre Vorbildwirkung verlieren, und Bildung als Wertekonfrontation und Erziehung als mit-menschliche Begegnung wären in Frage gestellt.

Arbeitsaufgaben:

1. Erinnern Sie sich an Ihre Lehrer, die Sie gehabt haben! Welche Lehrer haben Sie als ›gut‹, welche als ›schlecht‹ empfunden? Listen Sie die entsprechenden Merkmale auf.
2. Schreiben Sie sich die Eignungsmerkmale des sog. ›guten‹ Lehrers anhand der Angaben im Text heraus. Vgl. Sie die Ergebnisse der verschieden Forschungsrichtungen miteinander und dann mit denen aus Ihrer Erfahrung.
3. Nehmen Sie Stellung zu den vom »Bildungsrat« genannten Berufsaufgaben des Lehrers. Versuchen Sie, die fünf Komplexe differenzierter zu umreißen. Welche Aufgaben gehören zum Komplex »Erziehen« usw. im einzelnen? Kann ein Lehrer die geforderten Aufgaben übernehmen und bewältigen? Durchdenken Sie vor allem das Verhältnis von Erziehen und Unterrichten. Wann und bei welcher Gelegenheit ist der Unterricht »erziehend« und die Erziehung »unterrichtend«? (Vgl. Thema 7) Schließlich: Wäre nicht doch eine andere Rangordnung der Tätigkeiten vorzuschlagen, als sie der »Bildungsrat« empfiehlt?

Kommentierte Literaturhinweise:

Brabeck, H., Hoster, H., Pesch, W.: Lehrerverhalten – Beobachtung, Analyse, Training, 2. Aufl., Heidelberg 1979

Die Verf. geben Anregungen und Beispiele zum Training des Lehrerverhaltens, und zwar aus den Bereichen der Motivation, der Gesprächsführung und der Disziplin. Sie widersprechen damit der Auffassung vom »geborenen Erzieher« und zeigen, wie man durch Training den Unterrichtsprozeß zu fördern vermag und Lehren lernen kann.

Gerner, B. (Hrsg.): Der Lehrer und Erzieher (Klinkhardts Pädagogische Quellentexte), 3. Aufl., Bad Heilbrunn 1976

Die Textausgabe enthält Arbeiten von namhaften Pädagogen des ersten Jahrzehnts unseres Jahrhunderts bis auf unsere Zeit zu den Themen »Lehrer als Beruf«, »Psychische Probleme« und »Soziale und politische Bezüge« des Lehrerberufs. Aus den Beiträgen geht u. a. hervor, daß ein erfolgreicher Lehrer einen hohen Grad pädagogisch-methodischer Befähigung besitzen muß und daß er seine größte Wirkung in einem demokratisch-partnerschaftlichen Führungsstil erzielt.

Martin, L. R.: Klassenlehrer- und Tutoren/innen-Aufgaben, Tätigkeiten, Leistungen, Konzeptionen, Bad Heilbrunn 1996

Im Rahmen einer empirischen Untersuchung wird gezeigt, was Schüler/innen von ihren Lehrern/innen erwarten, und was sie über deren Arbeit denken. Sind Lehrer/innen in erster Linie Unterrichter oder Erzieher? Viele fühlen sich als Fachlehrer, aber sie haben weit umfassendere Aufgaben wie Beratung, Förderung und die Gestaltung des Schullebens. Der Lehrer muß zentral über »personenbildende Aktivitäten« verfügen, d. h., er muß in der Begegnung mit Lernenden verhaltensändernde Wirkungen und problemlösendes Tun auslösen können.

Spanhel, D. und Hüber, H.-G.: Lehrersein heute – berufliche Belastungen und Wege zu deren Bewältigung, Bad Heilbrunn 1995

Die berufliche Belastung von Grund- und Hauptschullehrern hat durch den Wandel der politischen und gesellschaftlichen Rahmenbedingungen zugenommen, z. B. durch steigende Prosperität, zunehmende Demokratisierung, Verkümmerung sozialer Kontakte, Drogenkonsum u.v.a.m. Diese Situation wird analysiert; daraus werden »Bewältigungsstrategien« entwickelt und praktische Konsequenzen gezogen. U. a. wird der Frage nachgegangen: Wie können Belastungssituationen im sozialen System der Schulklasse gemildert oder überwunden werden? Wie können Lehrer Beziehungsstörungen unter ihre Kontrolle bringen? Wie können Lehrer Belastungssituationen vorbeugen? Über die Analyse der Belastungen hinaus werden begründete und praktisch erprobte Ratschläge vermittelt.

Schlußüberlegungen
Ist die Pädagogik/Erziehungswissenschaft eine Geisteswissenschaft, oder ist sie eine empirische Wissenschaft? – Vom Selbstverständnis der Pädagogik/Erziehungswissenschaft, von ihren Teildisziplinen und Forschungsmethoden – ein Problem aus dem Bereich der »Wissenschaftstheorie«

Das Studium der zwölf Themen hat den Leser mit pädagogischem Denken vertraut gemacht. Mindestens sechs wichtige ›Erfahrungen‹ haben wir aufgrund des ›Umgangs‹ mit den Themen machen können:

1. Pädagogische Fragen, Probleme, Aufgaben lassen keine ›eindeutigen‹ Antworten oder Lösungen zu; sie müssen vielmehr von verschiedenen Seiten und Aspekten aus betrachtet und einer Klärung zugeführt werden.
2. Pädagogisches Denken vollzieht sich nicht linear-aufsteigend, also geradlinig, d. h., eine Erkenntnis wird dem bereits vorhandenen Erkenntnisbestand nicht einfach ›aufgesetzt‹ oder hinzugefügt und erweitert bis zu immer höheren und allumfassenderen Kenntnissen und Erkenntnissen, sondern pädagogisches Denken verläuft antinomisch; es bewegt sich zwischen zwei oder mehreren Standpunkten hin und her, weist also eine zyklische Struktur auf; die gleichen Probleme kehren wieder, werden erneut befragt und durchdacht ggf. unter Einbeziehung neuer Gesichtspunkte, Erfahrungen und Erkenntnisse; dabei kann es zu Fort- und Rückschritten kommen, aber nicht zu Endpunkten oder endgültigen Lösungen.
3. Pädagogisches Denken ist an die »geistige Situation der Zeit« (K. Jaspers) gebunden; es ›bewegt‹ sich nicht ausschließlich auf der Einbahnstraße einer wissenschaftlichen Disziplin, eben der Pädagogik, sondern: Die Disziplin »Pädagogik/Erziehungswissenschaft« kann die ihr gestellten Aufgaben nur lösen, wenn sie ihr ›Umfeld‹, d. h. die Ergebnisse ihrer Nachbarwissenschaften, und die ›Tendenzen der Zeit‹ beachtet sowie die ›Geschichtlichkeit‹ ihrer Phänomene durchsichtig macht. Pädagogisches Denken ist stets ein standortgebundenes Denken.
4. Pädagogisches Denken, d. h. hier die Art des Denkens (vgl. die Punkte 1-3), und die Deutung der pädagogischen Phänomene ist verknüpft mit dem Menschenverständnis einer Epoche, mit dem Sein des Menschen als einem relativ weltoffenen Wesen, und es ist abhängig von der Besonderheit des Wirklichkeitsbereichs der Erziehung; hier bestehen keine kausal-mechanischen Zusammenhänge, die auf eine mathematische Formel gebracht werden könnten, d. h., in der gleichen erzieherischen Situation können die Menschen unterschiedlich handeln, und zwar sowohl der Erzieher als auch der Zu-Erziehende.
5. Pädagogisches Denken ist philosophischer Art im ursprünglichen Sinne der »Liebe zur Wahrheit«; es führt zu keinen sicheren und allgemeingültigen Ergebnissen; zwar umfaßt es nicht wie die Philosophie das Ganze des Seins, aber doch ein umfassendes, wesentliches Teilganzes, nämlich den Menschen als Wesen der Erziehung. Die philosophische Art des Denkens gilt auch für den empirischen Teil der Pädagogik, deren Ergebnisse anthropologisch und geschichtlich bedacht, geklärt und eingeordnet werden müssen. Schließlich zielt es auf eine Verbesserung des pädagogischen Handelns ab.
6. Das ›pädagogische Feld‹, also das Gesamt der pädagogischen Erscheinungen, Fragen und Probleme zeichnet sich durch Komplexität aus, d. h., es besteht in der Regel aus einem differenzierten und vielschichtigen Bedingungs- und Wirkungsgefüge; man kann es unterteilen in Sektoren, d. h. hier: in Teildisziplinen.

Die ›Erfahrungen‹, die wir – wie gesagt – im Umgang mit pädagogischen Fragestellungen und deren Lösungsversuchen gemacht haben, wollen wir als ein erstes Ergebnis unseres Nachdenkens über die Frage auffassen, was *»wissenschaftliche Pädagogik/Erziehungswissenschaft* ist. Die bisherigen ›Erfahrungen‹ sollen dazu anregen, die Aussagen zu vertiefen, für die wir in der Einleitung bereits ein Vorverständnis zu erwecken versuchten.

Dort haben wir gesagt, die Pädagogik/Erziehungswissenschaft ist die Theorie von den Tatbeständen und Prozessen der Erziehung. Anders ausgedrückt: Sie ist die »Theorie der Erziehungswirklichkeit«. Unter Erziehungswirklichkeit verstehen wir die Wirklichkeit unseres individuellen und gesellschaftlichen Lebens, in der Erziehung ›wirkt‹. Erziehungswirklichkeit ist also jener Ausschnitt aus der Lebenswirklichkeit des Menschen, in der »Erziehung« konstitutiv ist. Dazu zählen das soziale Leben, die Kultur- und Naturwelt mit den bewußten und unbewußten versittlichenden Einflüssen und Wirkungen auf den Menschen.

Der in diesem Bereich tätige Wissenschaftler hat die Aufgabe, alle Fragen und Probleme, die in der Erziehungswirklichkeit ›auftauchen‹ oder die er selbst stellt bzw. erkennt, mit Hilfe der Reflexion und/oder der Empirie zu untersuchen und seine Erkenntnisse für erzieherisches Handeln bereitzustellen.

Die zu Beginn der »Schlußüberlegungen« formulierten ›Erfahrungen‹ und die in der Einleitung gemachten Aussagen zum Wissenschaftsverständnis der Pädagogik/Erziehungswissenschaft (vgl. S. 16 ff.) sollen abschließend noch einmal aufgenommen und einem tieferen Verständnis zugeführt werden. Wir beginnen damit, daß wir uns aufgrund der schon vorhandenen Kenntnisse einen Überblick über die Teildisziplinen der Pädagogik verschaffen (1.), gehen dann auf die im Thema gestellte Frage nach der wissenschaftstheoretischen Grundauffassung der Pädagogik ein (2.) und schließen mit einer ›Ortsbestimmung der Pädagogik‹ ab (3.).

Zu 1.: Die Teildisziplinen der Pädagogik

In der *Einleitung* empfahlen wir, die einzelnen Themen auf die angesprochenen Einzelfragen und inhaltlichen Aspekte hin durchzugliedern und aufzulisten, so daß jeder Leser auf ›empirischem Wege‹ selbst zum Entwurf einer möglichen Gliederung der Pädagogik gelangt (vgl. S. 14 ff.). Wir haben dort aber auch auf die Schwierigkeiten hingewiesen, die dieses Verfahren mit sich bringen kann. Daher haben wir auf der folgenden Seite eine Gliederung der Pädagogik vorgegeben und für das Thema 2 die inhaltlichen Schwerpunkte eingetragen. Dabei haben wir dem Hauptaspekt zwei Kreise, anderen wichtigen Aspekten je einen Kreis gegeben. Das gleiche sollte für die anderen aufgeführten Themen getan

Teildisziplin der Pädagogik

Nachbar- oder Ergänzungswissenschaft

Thema	Allgemeine Pädagogik (Päd. Anthropol.; Phil. d. Erz., Erziehungstheorie; Bildungspolitik)	Theorie d. Schule u. d. Organisation	Theorie d. Lehrplans	Theorie d. Unterricht	Sozial-pädagogik	Vergleich. Pädagogik	Historische Pädagogik	Psychologie: Pädagogische Psychol.	Soziologie: Pädagogische Soziologie
1									
2	◎								
3					○	○	○		
5									
6									
7									
8									
9									
10									

Schulpädagogik

Weitere Disziplinen:
Erwachsenenpädagogik
Betriebspädagogik
Sonderpädagogik
Museumspädagogik

Weitere Nachbar- u. Ergänzungswiss.:
Philosophie
Theologie
Volkskunde
Pädiatrie
Psychotherapie

287

werden, und für die aus Raumgründen nicht aufgenommenen Themen sollte jeder Leser eine Liste erstellen und alle Themen in der vorgeschlagenen Weise bearbeiten. Die Lösung der Aufgabe vermittelt einen guten Ein- und Überblick über das Ganze der pädagogischen Wissenschaft. Hin und wieder wird die Entscheidung für die Eintragung nicht leicht fallen. Einzelne Feststellungen, Teilthemen und Aspekte werden unter unterschiedlichen Gesichtspunkten in verschiedene Teildisziplinen eingeordnet werden können. Wie und wo soll man beispielsweise das Thema 9 (Beratung) ›einbauen‹? Die unter diesem Thema behandelten Fragestellungen haben sich in den letzten Jahrzehnten zu einem eigenen Lehr- und Forschungszweig ausgeweitet, der eine besondere Rubrik in unserer Übersicht verdiente. Im vorliegenden Schema hätte die »Beratung« schwerpunktmäßig in der Pädagogischen Psychologie ihren Platz, da Beratungsprobleme psychologische Kenntnisse voraussetzen. Die Beratung ist aber auch eine Aufgabe der Schule als Institution und tritt als Unterrichtsberatung im Unterricht auf; daher sollte man auch dort je einen Kreis eintragen.

Allgemeine Pädagogik und Besondere Pädagogiken sollten bis zu den anthropologischen Grundlagen ihrer allgemeinen und speziellen Fragen vordringen

Wenn der Leser in der vorgeschlagenen Weise alle Themen aufgliedert, dann wird er feststellen, daß die Mehrzahl der Themen zentral in der »Allgemeinen Pädagogik« ›angesiedelt‹ ist. Das entspricht der Thematik dieses Buches. Einen weiteren Schwerpunkt finden wir in der »Schulpädagogik«. Das tritt vom Thema 6 ab besonders deutlich hervor. Während die »Allgemeine Pädagogik« die pädagogischen Fragestellungen ›allgemein‹, d. h. in einem philosophisch-anthropologischen Sinne bearbeitet und dadurch die Teildisziplinen übergreift, stehen in der »Schulpädagogik« speziell die Fragen, Probleme, Prozesse und Aufgaben im Mittelpunkt, denen wir in der Schule begegnen. Die »Schulpädagogik« dürfte aber nicht den Rang einer Wissenschaft beanspruchen, wenn sie nicht auch die ihr zugewiesenen zentralen Fragestellungen bis zu den philosophisch-anthropologischen Grundlagen hin durchdenkt, wie wir das hier bei den einschlägigen Themen getan haben. Von daher gesehen bestehen zwischen »Allgemeiner Pädagogik« und den »Besonderen Pädagogiken« wie z. B. der »Schulpädagogik« enge Beziehungen. So können Themenkreise wie die Erziehungsinstitutionen (Familie, Kindergarten, Schule, Jugendgruppe, Erwachsenenbildungsinstitutionen usw.) sowohl unter der »Allgemeinen Pädagogik« als auch unter den jeweiligen »Besonderen Pädagogiken« wie eben Familienpädagogik, Kindergartenpädagogik (Sozialpädagogik), Betriebspädagogik, Sonderpädagogik usw. abgehandelt werden.

288

Die Frage ist daher berechtigt, ob unter den heutigen Bedingungen überhaupt noch eine »Allgemeine Pädagogik« vertretbar ist, nachdem sich die »Besonderen Pädagogiken« zu relativ selbständigen Wissenschaften entwickelt haben. Wir haben im Hinblick auf die Ausdifferenzierung der Pädagogik/Erziehungswissenschaft in »Besonderen Pädagogiken« eine ähnliche Situation vor uns wie zur Zeit der Herauslösung der Pädagogik, der Psychologie und der Soziologie aus der Philosophie im Verlauf des 19. und frühen 20. Jh. Jede pädagogische Einzelwissenschaft kann erst dann den Anspruch auf ›Wissenschaftlichkeit‹ erheben, wenn tatsächlich das Teilgebiet für das Ganze steht, und d. h.: das Teilgebiet muß bis zu den philosophisch-anthropologischen und gesellschaftlichen Grundlagen hin vordringen.

Aus diesen Überlegungen ergibt sich die folgende Gliederung der Pädagogik/Erziehungswissenschaft: Sofern man die »Allgemeine Pädagogik« als eigene Disziplin gelten läßt, wie das heute im Studiengang für die Ausbildung der Lehrer an allgemeinbildenden Schulen noch gebräuchlich ist[1], müßte man die »Besonderen Pädagogiken« als gleichgeordnet danebensetzen und ihnen die spezifischen Pädagogiken zuordnen; sie bilden selbständige pädagogische Einheiten, die die ihnen zugewiesenen Probleme umfassend bearbeiten.

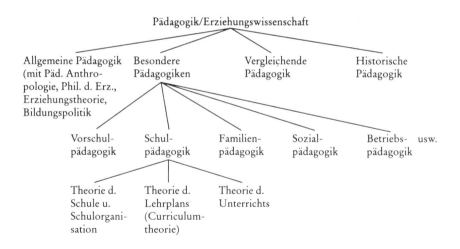

---

[1] Der Student der Berufs- oder der Sozialpädagogik studiert diese Disziplinen und nicht ›daneben‹ noch »Allgemeine Pädagogik«.

Historische Pädagogik und Vergleichende Pädagogik (Studien) sind für die pädagogische Erkenntnisbildung unabdingbar

Aus den von jedem Leser vorzunehmenden Eintragungen in das Übersichtsblatt
kann ersehen werden, daß bei fast allen Themen historische und vergleichende
Bezüge vorhanden sind. Die *Historische Pädagogik* ist ein Lehr- und For-
schungsgebiet, das sich bereits im 19. Jh. verselbständigt hat und das bis in die
60er Jahre unseres Jahrhunderts hinein einen wesentlichen Anteil an pädagogischen Studiengängen hatte. Demgegenüber hat sich die *Vergleichende Pädagogik (Erziehungswissenschaft)* erst in den letzten Jahrzehnten als eigene Disziplin
konstituiert. Gegenstand beider Wissenschaftszweige ist wie in der »Allgemeinen Pädagogik« und in den »Besonderen Pädagogiken« die Erziehungswirklichkeit, entweder in vertikaler Richtung – so in der Historischen Pädagogik – oder
in horizontaler Sicht wie in der Vergleichenden Pädagogik. Beide Teilgebiete
können aber auch bei bestimmten Fragestellungen als Aspekte auftreten, wie wir
bei fast allen Themen gezeigt haben. Man fragt z. B. bei der Darstellung der
heutigen Schulorganisation, wie der Aufbau und die Gliederung der Schule im
19. Jh. gewesen ist, und aus welchen Gründen die Organisation gerade so entstanden ist. Weiter: Man vergleicht die gegenwärtigen Organisationsformen mit
denen in anderen Ländern. Die beiden Teilgebiete können aber auch als systematische Disziplinen behandelt werden; sie sind als solche für die pädagogische
Wissenschaft unentbehrlich.

Die *Historische Pädagogik* ist gegenwärtig durch den Verlust des historischen Bewußtseins im Studium stark zurückgetreten. Kenntnisse und Forschungen auf diesem Gebiet sind aber unerläßlich. Man kann das pädagogische Geschehen der Gegenwart nur dann richtig verstehen, wenn man auch die Wurzeln
und die Entwicklung der einzelnen Probleme kennt. So kann man beispielsweise
die Überbetonung der Fragemethode in der heutigen Schule erst dann vollauf
begreifen, wenn man die Begründung dieser Methode durch die rationalistisch-
intellektualistische Pädagogik des 19. Jh. kennt, also durch das Aufdecken der
historischen Zusammenhänge (vgl. Thema 10). Das gilt in gleicher Weise auch
für andere Fragestellungen.

Eine ähnliche Hilfsfunktion für die Klärung gegenwärtiger Probleme besitzt
die *Vergleichende Pädagogik*. Die Diskussion z. B. über das Für und Wider der
Gesamtschulen bleibt ohne Kenntnisse des ausländischen Schulwesens und seiner jeweiligen geschichtlichen Verwurzelung (wie auch der des eigenen Schulwesens) an der Oberfläche und kann zur ideologischen Verhärtung führen (vgl.
Thema 8). Die Pädagogik als Wissenschaft benötigt daher zum vollen Verständnis ihrer Fragen und Probleme die Ergebnisse der beiden Teildisziplinen;
sie würde auf Kritik und Selbstkritik verzichten, wenn sie beide Gebiete nicht

intensiv bearbeiten würde. Wer sich vertieft mit Pädagogik beschäftigt, muß Kenntnisse der Historischen und Vergleichenden Pädagogik besitzen, um pädagogische Fragestellungen gültig beurteilen und weiterentwickeln zu können. Selbstverständlich kann man ein guter Lehrer sein, ohne daß man historische oder vergleichende pädagogische Studien betrieben hat. Man kann aber vor Irrtum oder Vordergründigkeit bewahrt werden, wenn man einen Problemzusammenhang in seiner Tiefe und Breite erfaßt.[2]

Pädagogik und Erziehungswissenschaft
– identische Begriffe?

Wir haben Pädagogik und Erziehungswissenschaft bisher als identische Begriffe nebeneinander verwendet. Sofern man unter beiden Begriffen die »Wissenschaft von der Erziehung« versteht und Pädagogik nicht primär als Erziehungspraxis auffaßt, ist dagegen nichts einzuwenden. Bis etwa in die Mitte unseres Jahrhunderts hinein hat man vorwiegend den Begriff »Pädagogik« gebraucht, obwohl der Begriff Erziehungswissenschaft bereits in der Aufklärung, also im 18. Jh., auftritt und nach dem 1. Weltkrieg mehr und mehr benutzt worden ist. Mit dem Terminus Erziehungswissenschaft statt Pädagogik soll zum Ausdruck gebracht werden, daß die wissenschaftliche Pädagogik mehr als bisher die erfahrungswissenschaftliche Komponente für die Untersuchung ihres Gegenstandes einbezieht und daß sie eine enge Beziehung zu ihren erfahrungswissenschaftlichen Nachbarwissenschaften pflegt, d. h. zu den Sozial- und Gesellschaftswissenschaften. Erziehungswissenschaft will auch die Pluralität von wissenschaftlichen Konzeptionen, Forschungs- und Denkmethoden andeuten und ganz allgemein den Wissenschaftscharakter der Disziplin hervorheben. Demgegenüber betont die Pädagogik ihre Verbundenheit mit der Philosophie und bearbeitet stärker die philosophisch-anthropologischen Grundprobleme. Aber die Grenzen sind fließend.

Wie wir schon gesagt haben, muß die wissenschaftliche Pädagogik beide Teilbereiche pflegen, gleichgültig welchen Begriff sie für ihren Gegenstandsbereich benutzt. Daher spielt diese Frage in unserem Zusammenhang keine wesentliche Rolle. Entscheidend ist, daß wir die Pädagogik oder Erziehungswissenschaft als eine *philosophisch-empirisch-handlungsorientierte Wissenschaft* verstehen. In dieser Auslegung von Pädagogik/Erziehungswissenschaft stecken

---

[2] Zur Geschichte der Pädagogik s. A. Reble (1951), 18. Aufl., Stuttgart 1995; F. März, Problemgeschichte der Pädagogik, Bd. 1, Bad Heilbrunn 1978, Bd. 2, ebd. 1980 – zur Vergleichenden Pädagogik s. P. Kern, Einführung in die Vergleichende Pädagogik, 1973; vgl. auch W. Brinkmann und K. Renner (Hrsg.): Die Pädagogik und ihre Bereiche, Stuttgart 1982, bes. S. 185-236.

Probleme, auf die wir noch näher eingehen müssen. Sie betreffen den *Wissenschaftscharakter der Pädagogik.*

Zu 2.: Wissenschaftstheoretische Grundauffassungen der Pädagogik

Wir bezeichneten soeben die Pädagogik als *eine philosophisch-empirisch-handlungsorientierte Wissenschaft.* Was heißt das? Um diese Aussage genauer als bisher zu verstehen, müssen wir auf jeden einzelnen Begriff eingehen. Zuvor soll aber noch darauf verwiesen werden, daß die genannten Begriffe den jeweiligen Standpunkt angeben, von dem aus die Pädagogik/Erziehungswissenschaft zentral betrachtet oder betrieben wird bzw. werden kann, nämlich vom philosophischen, empirischen oder handlungsorientierten Standpunkt aus.

1. Pädagogik ist eine philosophische Disziplin. Als solche hat sie im 19. Jh. gegolten. Damals war die Pädagogik eng mit der Philosophie verbunden, ja, sie war ein Glied der Philosophie, genauer gesagt: der Ethik. Das wird besonders daran deutlich, daß die Frage nach den obersten Normen der Erziehung und den daraus abgeleiteten und – wie man glaubte – überzeitlich gültigen Erziehungszielen im Mittelpunkt von Forschung und Lehre stand. Man hat diese Pädagogik daher auch als *normative Pädagogik* bezeichnet: Als solche geht sie von überzeitlich gültigen Sinnormen aus und leitet aus dem Allgemeinen das Besondere ab. Sie deduziert in einem schlußfolgernden Denkprozeß aus obersten, der Ethik entnommenen Werten die pädagogischen Maßnahmen und Mittel. Erziehungsmaßnahmen sind hiernach Nutzanwendungen von Normen. Die Pädagogik *Johann Friedrich Herbarts* gilt als Muster einer normativen Pädagogik. Herbart hat die Pädagogik aus dem »Zwecke der Erziehung« abgeleitet, d. h.: aus der »Charakterstärke der Sittlichkeit« und hieraus alle Maßnahmen und Mittel gefolgert.

Diese Art philosophischer Pädagogik ist gegen Ende des 19. Jh. durch *Wilhelm Dilthey* (1833-1911) abgelöst worden, ohne damit jedoch die philosophischen Grundlagen der Pädagogik aufzugeben. Dilthey hat aber die Pädagogik nicht als eine philosophisch-normative, sondern als eine *»geisteswissenschaftliche«* Disziplin betrachtet. Damals hatte man die Wissenschaften nach ihrer Methode in einer ersten groben Gliederung in »erklärende« und »verstehende« Wissenschaften eingeteilt. Die Naturwissenschaften – so sagte man – »erklären« ihren Gegenstand durch den gesetzmäßigen Zusammenhang von Ursache und Wirkung. Die Geisteswissenschaften oder auch die Geschichtswissenschaften versuchen dagegen, ihre Objekte zu »verstehen«. »Verstehen« meint hier: einen Sinnzusammenhang in seinem Sosein und Gewordensein aufdecken und erfassen. Dafür hat man die Methode der »Hermeneutik« benutzt. Mit Hilfe der Hermeneutik, d. h. der »Kunst der Auslegung«, will man geisteswissenschaftliche Gegenstände wissenschaftlich »verstehen«.

Die Hermeneutik war ursprünglich die Methode der klassischen Sprachwissenschaft. Mir ihrer Hilfe wurden alte Literaturdenkmale, also Texte, ›ausgelegt‹ und – ›verstanden‹. Seit Dilthey gilt sie als Grundmethode der Geisteswissenschaften. »Die Natur erklären wir, das Seelenleben verstehen wir« (Dilthey). D. h., die Natur wird durch das Experiment, also durch eine planmäßig veranstaltete Beobachtung »erklärt«. Die geisteswissenschaftlichen Tatbestände und Prozesse sind dagegen Ausdruck seelischen Lebens und müssen mit Hilfe der Hermeneutik »ausgelegt«, »gedeutet« und »verstanden« werden. Das trifft u. a. auf Sitten, Lebensformen, Lebensäußerungen, Familienstil, Unterricht sowie auf die Objektivationen zu, also auf solche Tatbestände und Prozesse, die der Mensch vergegenständlicht und damit zu Objekten gemacht hat und weiterhin macht – wie Dichtung, Religion, Kunst- und Baudenkmäler, Urkunden, Rechtsvorschriften bis hin zu Schriftstücken und Zeichnungen.

In diesem Sinn ist auch die »Erziehungswirklichkeit« Ausdruck seelischen Lebens; sie wird mit Hilfe der hermeneutischen Methode ›ausgelegt‹ und ›verstanden‹. Dabei werden die Einzelphänomene wie z. B. die Erziehungsmittel oder das Lernen und Arbeiten in der Schule oder die Bildungssysteme in Ost und West usw. auf ihre philosophisch-anthropologisch-gesellschaftlichen Ursprünge und Grundlagen zurückgeführt, auf ihre Sinnhaftigkeit und ihren Sinngehalt hin befragt und einer kritischen Reflexion unterzogen. Alle Fragen nach dem Sinn einer Sache oder eines Gegenstandes, nach den Ursprüngen und dem Gewordensein sind aber letztlich philosophischer Art. In diesem Sinne ist die Aussage zu verstehen: Pädagogik ist eine philosophische Disziplin.

2. Pädagogik ist eine empirische oder erfahrungswissenschaftliche Disziplin. Diese Richtung hat ihren Ursprung in der Aufklärung am Ende des 18. Jh. Pädagogische Theoretiker jener Zeit haben eine Verbesserung der Erziehung und der Erziehungsinstitutionen aufgrund der Analyse der gegebenen oder vorgefundenen Erziehung und der Institutionen vornehmen wollen. Sie sind von Beobachtungen und Erfahrungen ausgegangen und haben auf dieser Grundlage Erkenntnisse auf die Zukunft hin formuliert. Einen starken Antrieb hat das erfahrungswissenschaftliche Prinzip in der Pädagogik durch die experimentellen Wissenschaften, besonders durch die experimentelle Psychologie, am Ende des vorigen Jahrhunderts und zu Beginn des 20. Jahrhunderts erhalten. Auf diesen Grundlagen hat sich dann eine »Experimentelle Pädagogik« und eine »Deskriptive Pädagogik«[3] entwickelt. Hieran hat die »Pädagogische Tatsachenforschung«[4] ange-knüpft. Mit Hilfe dieser Forschungsmethode sollen die pädagogischen »Tat-sachen« und Erscheinungen wie z. B. Unterrichtsprozesse beobachtet, beschrie-ben, analysiert und darauf aufbauend pädagogische Erkenntisse der Praxis zuge-leitet werden.

So wichtig und notwendig empirische Untersuchungen für die Pädagogik sind, so darf man aber nicht übersehen, daß es eine ›rein‹ empirische Forschung in der Pädagogik nicht gibt. Sie wird immer von einem Standpunkt aus vorgenommen, und man darf auch auf dem empirischen Sektor die Sinnfrage nicht ausklam-mern. »Von einem Standpunkt aus« besagt, daß 1. die pädagogischen Tatsachen, das pädagogische Geschehen, die pädagogischen Maßnahmen und Mittel einer bestimmten geschichtlichen Zeit zugehören, also geschichtlich ›determiniert‹ sind und aus den jeweiligen historischen und gesellschaftlichen Zusammenhän-gen heraus »verstanden« werden müssen (vgl. u. a. Thema 5) und daß 2. die Er-gebnisse pädagogischer Forschung selbst der Sinndeutung bedürfen. So setzt z. B. ein Vergleich zwischen dem Bildungswesen der USA und der ehem. UdSSR voraus, daß die geschichtlich-gesellschaftliche Verwurzelung und die gesellschaftliche Zielstellung des jeweiligen Bildungssystems mit bedacht wer-den müssen.

Die Hinweise zeigen, daß die empirische oder erfahrungswissenschaftlich be-triebene Pädagogik die historisch-gesellschaftlichen Bedingungen offenlegen und die gewonnenen Fakten aus dem Sinn der jeweiligen Erziehungsverhältnisse heraus »verstehen« und »deuten« muß. In der Pädagogik/Erziehungswissen-schaft bestehen also »Voraussetzungen« für die Gewinnung wissenschaftlicher Erkenntnisse. Trotz der unbedingten Sachlichkeit und methodischen Sorgfalt, die für jede Forschung gilt, muß die Pädagogik bzw. der in der Pädagogik tätige Forscher die »Voraussetzungen« aufdecken, unter denen gearbeitet wird, ob z. B. von einem christlichen oder einem marxistischen oder von einem existenz-philosophischen oder einem kritisch-emanzipatorischen Standpunkt ausgegangen wird. Daraus folgt, daß sich die Pädagogik weder auf Voraussetzungslosigkeit noch auf Allgemeingültigkeit – beide Prinzipien in einem strengen Sinne ge-nommen – berufen kann.

3. Die Pädagogik ist eine handlungsorientierte Wissenschaft. Das gilt in ei-nem zweifachen Sinne, nämlich 1. die Pädagogik untersucht das erzieherische

---

[3] A. Fischer, Deskriptive Pädagogik, 1913; R. Lochner, Deskriptive Pädagogik, 1927, Nachdr. 1967.
[4] P. u. E. Petersen, Die pädagogische Tatsachenforschung, bes. von Th. Rutt, Paderborn 1967; vgl. auch Th. Dietrich, Die Pädagogik Peter Petersens – Der Jena-Plan: Beispiel einer humanen Schule, 6. Aufl., Bad Heilbrunn 1995; H. Merkens, Forschungsmethode, in: D. Len-zen (Hrsg.): Pädagogische Grundbegriffe, Bd. 1, S. 614-632, Reinbek 1989 – H. Tschamler, Wissenschaftstheorie, 2. Aufl., Bad Heilbrunn 1996.

Handeln aus dem Handeln oder aus der Situation heraus, und sie will 2. die gewonnenen Erkenntnisse der pädagogischen Praxis, also dem Handeln, dienstbar machen. Die Handlungsforschung geht von Phänomen-, Situations-, Fallbeschreibungen und von Berichten aus der Erziehungswirklichkeit aus und versucht, aus der komplexen Verflochtenheit der unmittelbaren Praxis Einzelmerkmale und -prozesse herauszulösen und zu erfassen. Da bei dieser Art von Forschung die Trennung zwischen Forschern und Praktikern, zwischen Subjekt und Objekt aufgehoben wird oder werden kann, haben die so gewonnenen Erkenntnisse in der Regel nur innerhalb eines bestimmten Bedingungsgefüges Geltung. Trotz der bestehenden methodischen Schwierigkeiten, die mit der Handlungsforschung verbunden sind, vertreten wir die Auffassung, daß pädagogische Tatbestände und Prozesse im Vollzug der Praxis ›aufgespürt‹ und geklärt werden sollten. Dadurch wird sichergestellt, daß die pädagogische Praxis und das pädagogische Handeln intensiver und nachhaltiger verbessert werden kann als mit Hilfe anderer Forschungsmethoden.

Pädagogik als Wissenschaft sollte philosophisches Denken und empirische Forschung umfassen und die Praxis einbeziehen

Die Pädagogik sollte die hier dargestellten drei ›Auslegungen‹ als Gesichtspunkte wahren und zu einem Ganzen verbinden, d. h., sie sollte den geisteswissenschaftlich-philosophischen Aspekt nicht gegen einen anderen und umgekehrt die anderen Aspekte nicht gegen den geisteswissenschaftlich-philosophischen Aspekt ›ausspielen‹. Pädagogik/Erziehungswissenschaft ist stets

»ein Denken vom Standort verantwortlicher Erzieher aus. Ihre Objekte sind nicht eine tote Außenwelt«, sondern Subjekte, die sich auf dem Wege der Menschwerdung befinden.[5]

Damit haben wir unsere Ausgangsfrage nach der wissenschaftstheoretischen Grundauffassung der Pädagogik, nämlich ob sie eine Geisteswissenschaft und philosophische Disziplin *oder* ob sie eine empirische Wissenschaft und sozialwissenschaftliche Disziplin ist, dahin beantwortet, daß beide Aspekte zu berücksichtigen sind. Das hat wissenschaftsmethodisch zur Folge, daß sowohl die Methode der Hermeneutik, also das »Verstehen« der Erziehungswirklichkeit, als auch die empirisch-sozialwissenschaftlichen Forschungsmethoden Bedeutung besitzen und der jeweiligen Fragestellung angemessen verwendet werden müssen.

---

[5] W. Flitner, Das Selbstverständnis der Erziehungswissenschaft in der Gegenwart, Heidelberg 1957, S. 18.

Aufbauend auf den beiden Grundauffassungen
– ergänzt durch das Prinzip der »Handlungs-
orientierung« – haben sich weitere Ansätze
oder Auslegungen von Pädagogik entwickelt

Die *geisteswissenschaftliche Tradition* ist durch Aufnahme von Gedankengängen der sog. Kritischen Theorie der Frankfurter Schule in Richtung einer *gesell-
schaftskritisch-emanzipatorischen Erziehungswissenschaft* ausgebaut worden.
Sie verweist auf die Verflochtenheit pädagogischen Denkens und Handelns mit
den jeweiligen gesellschaftlich-ökonomischen Verhältnissen und den damit verbundenen Zwängen und Abhängigkeiten, kommt von da aus zur Forderung nach
Emanzipation, Freiheit und Selbstbestimmung des jungen Menschen und nach
Umgestaltung der bestehenden Gesellschaft.

Andere Pädagogen, die aus der geisteswissenschaftlichen Tradition heraus
denken und arbeiten, haben eine »kritisch-konstruktive Erziehungswissenschaft«, wieder andere eine »realistische Pädagogik« entwickelt, ohne die geisteswissenschaftlichen Grundlagen als ›erledigt‹ zu betrachten. Die Erziehungswissenschaft soll aber nach *W. Klafki*, der für die zuerst genannte Richtung
Grundüberlegungen angestellt hat, »kritisch« sein, d. h., sie hat ihr Erkenntnisin-
teresse auf die wachsende Selbstbestimmung des Menschen hin auszurichten,
also auf Emanzipation, und sie hat die Erziehungs- und Unterrichtspraxis auf
dieses Ziel hin »konstruktiv« zu verändern, d. h. zu verbessern. Die Beziehungen
zur »Kritischen Theorie« sind augenscheinlich. In beiden Richtungen gelten als
leitende Ziele: Demokratisierung und Emanzipation. Im Unterschied zur
»kritisch-emanzipatorischen Pädagogik« ist die »kritisch-konstruktive Erziehungswissenschaft« jedoch stärker der Schulpraxis zugewandt und will sie im
Sinne der genannten Ziele gestalten.[6]

Die »realistische Pädagogik« ist demgegenüber primär pädagogisch-praktisch
ausgerichtet, ohne die Ziele der Demokratisierung und Emanzipation zu übersehen oder zu vernachlässigen. Sie interpretiert diese Ziele aber unter Beachtung
des Grundgesetzes pluralistisch und nicht ideologisch im Sinne einer bestimmten
gesellschaftspolitischen Zielstellung, nämlich der Veränderung der Gesellschaft
in einem sog. progressiven Sinne. Dennoch sind diese Ziele auch hier für die
Gestaltung der Erziehungs- und Schulwirklichkeit verpflichtend; sie stehen aber
nicht als sog. »Überbau« am Anfang des Denkens und Handelns, sondern: Die

---

[6] Vgl. E. Matthes, Von der geisteswissenschaftlichen zur kritisch-konstruktiven Pädagogik
und Didaktik: der Beitrag W. Klafkis zur Entwicklung der Pädagogik als Wissenschaft, Bad
Heilbrunn 1992 – H. Gudjons, R. Teske, R. Winkel (Hrsg.), Erziehungswissenschaftliche
Theorien, Hamburg 1986 – H. Hierdeis, T. Hug, Pädagogische Alltagstheorien und erziehungswissenschaftliche Theorien, 2. Aufl., Bad Heilbrunn 1996.

»realistische Pädagogik« setzt bei der konkreten Wirklichkeit des Schulalltags an, also bei der pädagogischen Praxis, wie sie heute und hier besteht; sie arbeitet die Gegebenheiten und Erfahrungen dieser Praxis systematisch auf, fragt nach den Hintergründen und dem Gewordensein und setzt dabei alle die Forschungsmethoden ein, die der Pädagogik/Erziehungswissenschaft zur Klärung ihrer Probleme zur Verfügung stehen (s. o.). *H.-K. Beckmann* bezeichnet die von ihm vertretene Pädagogik in seinem Buch »Schule unter pädagogischem Anspruch« als eine »realistische«, d. h., sie will den »konstitutiven Bedingungen des pädagogischen Feldes Rechnung tragen ...: Komplexität, Intentionalität, Geschichtlichkeit, Personalität und Prozeßhaftigkeit« und dadurch »Möglichkeiten und Grenzen des pädagogischen Tuns in Schule und Unterricht nüchtern abwägen und kulturelle Verantwortung und pädagogische Förderung des jungen Menschen in eine polare Beziehung setzen« (1983, S. 9; vgl. auch Lit. zum Thema 7). Hier wäre auch auf *Peter Petersen* († 1952) hinzuweisen, der bereits 1920 eine »illusionslose Erziehungswissenschaft« gefordert und darunter einen ähnlichen Sachverhalt verstanden hat. Unsere eigenen Überlegungen und Ausführungen haben sicherlich (und hoffentlich!) deutlich gemacht, daß wir den »realistischen« Standpunkt durchgängig vertreten und daß wir uns der pädagogischen Theorie und Praxis in diesem Verständnis verbunden fühlen.

Die *empirische Tradition* hat auf der anderen Seite neopositivistische und kritisch-rationalistische Wissenschaftstheorien verarbeitet und eine streng *analytisch-empirische Erziehungswissenschaft* ausgebildet. Sie verzichtet auf Werturteile und beschränkt sich auf die Erforschung der Kausalzusammenhänge im Erziehungsbereich. Hiernach sollen sich die erziehungswissenschaftlichen Theorien jenem Grad der Vollkommenheit annähern, den die naturwissenschaftlichen Theorien besitzen. Man ist von der Möglichkeit einer ›technologischen‹ Anwendung pädagogischer Erkenntnisse überzeugt (vgl. hierzu oben unsere kritischen Anmerkungen sowie u. a. Thema 3).

Neben diesen beiden Richtungen bestehen weiterhin *normative Ansätze*. Hier geht es schwerpunktmäßig um Prinzipien-, Norm- und Zielfragen. Die christliche Tradition wirkt ebenso weiter wie die marxistische oder die philosophische aufbauend auf neukantianischen oder existentialistischen Grundlagen. Die nachstehende Übersicht über pädagogische Richtungen und Auslegungen vermittelt einen Einblick in die Vielzahl der Auffassungsweisen und -möglichkeiten von Pädagogik; sie führt die unterschiedlichen Vorstellungen über Pädagogik noch einmal anschaulich vor Augen. Die der jeweiligen Richtung oder Auslegung beigefügten Namen bilden nur ›Anhaltspunkte‹. Die genannten Pädagogen vertreten nicht immer eindeutig die Richtung, der sie zugeordnet worden sind; sie beziehen auch andere Positionen in ihr Denken mit ein. Beispielsweise haben sich *P. Petersen* für die pädagogische Tatsachenforschung und *W. Flitner* für die gei-

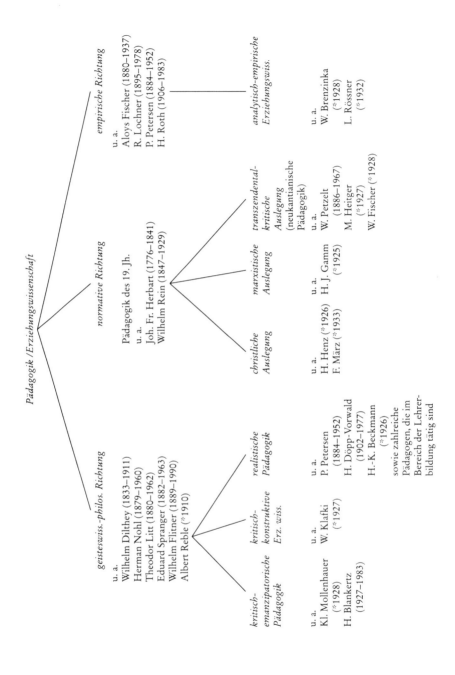

Pädagogik / Erziehungswissenschaft

geisteswiss.-philos. Richtung

u. a.
Wilhelm Dilthey (1833–1911)
Herman Nohl (1879–1960)
Theodor Litt (1880–1962)
Eduard Spranger (1882–1963)
Wilhelm Flitner (1889–1990)
Albert Reble (*1910)

kritisch-emanzipatorische Pädagogik

u. a.
Kl. Mollenhauer (*1928)
H. Blankertz (1927–1983)

kritisch-konstruktive Erz. wiss.

u. a.
W. Klafki (*1927)

realistische Pädagogik

u. a.
P. Petersen (1884–1952)
H. Döpp-Vorwald (1902–1977)
H.-K. Beckmann (*1926)
sowie zahlreiche Pädagogen, die im Bereich der Lehrerbildung tätig sind

normative Richtung

Pädagogik des 19. Jh.
u. a.
Joh. Fr. Herbart (1776–1841)
Wilhelm Rein (1847–1929)

christliche Auslegung

u. a.
H. Henz (*1926)
F. März (*1933)

marxistische Auslegung

u. a.
H. J. Gamm (*1925)

transzendental-kritische Auslegung (neukantianische Pädagogik)

u. a.
W. Petzelt (1886–1967)
M. Heitger (*1927)
W. Fischer (*1928)

empirische Richtung

u. a.
Aloys Fischer (1880–1937)
R. Lochner (1895–1978)
P. Petersen (1884–1952)
H. Roth (1906–1983)

analytisch-empirische Erziehungswiss.

u. a.
W. Brenzinka (*1928)
L. Rössner (*1932)

steswissenschaftliche Auslegung der Pädagogik eingesetzt. Beide Pädagogen verarbeiten aber die jeweilige ›Gegenposition‹ zu einem Ganzen der Pädagogik. Das tritt bei Petersen besonders stark hervor, der die Erziehungswissenschaft auf eine »realistische« Grundlage zu stellen beabsichtigte (ob ihm das durchgängig gelungen ist, kann hier nicht diskutiert werden), Tatsachenforschung, also empirische Forschung, betrieb und die Erziehungswissenschaft zugleich philosophisch-theologisch-metaphysisch begründete. Dieser Hinweis macht noch einmal deutlich, wie schwierig es ist, die einzelnen Pädagogen bestimmten Richtungen zuzuordnen. Aus diesem Grund haben wir Petersen zweimal aufgeführt, nämlich unter der »empirischen Pädagogik« aus Anlaß der von ihm betriebenen »Tatsachenforschung« und unter der »realistischen Pädagogik«, weil er hierfür die entsprechenden Begriffe gebracht und in seiner »Jena-Plan-Schule« ›realistisch-pädagogisch‹ verarbeitet hat. Diese doppelte Zuordnung hätte man auch bei H. Roth vornehmen können, der in den 60er Jahren von der »realistischen Wende« in der Pädagogik gesprochen hat. Weiterführende Literatur zu den genannten Pädagogen sollte einem Lexikon entnommen werden. Die Übersicht macht deutlich, daß es *die* Pädagogik/Erziehungswissenschaft nicht gibt. Daher ist auch ihre Einordnung in den Kreis der Wissenschaften umstritten.

Zu 3.: Zur Stellung der Pädagogik im System der Wissenschaften; die Frage nach ihrer Wissenschaftsstruktur

Man teilt die Wissenschaften in der Regel in Naturwissenschaften, in Sozial- und Gesellschaftswissenschaften und in Geistes-, Kultur- oder Geschichtswissenschaften ein. Diese Einteilung ist problematisch; denn sie läßt sich nicht konsequent ›durchhalten‹. Die Grenzen zwischen den drei Wissenschaftsbereichen sind fließend. Es gibt also keine klaren Abgrenzungen. Zwar kennen wir Wissenschaften, die einen umschlossenen Gegenstandsbereich bearbeiten. So untersucht innerhalb der Naturwissenschaften die Physik die materielle Wirklichkeit, die Astronomie die Sternenwelt, die Zoologie das Tierreich, die Anthropologie die Abstammungs- und Entwicklungsgeschichte des Menschen. Aber schon hier sind die Grenzen zur Frühgeschichte, überhaupt zur Geschichte, weiter zur Psychologie und Soziologie und anderen Disziplinen fließend, sofern man die Anthropologie nicht allein auf die Anatomie und Physiologie des Menschen begrenzt.
Eine klare Grenzziehung von den Naturwissenschaften zu den beiden anderen Wissenschaftsbereichen hin ist besonders deshalb schwierig, weil sich deren Aufgabenbereiche nicht allein auf Tatsachen und Zusammenhänge beschränken, sondern auch die Dimensionen des Sollens mit einbeziehen. Das gilt insbesonde-

re für alle jene Wissenschaften, die es mit dem Menschen zu tun haben, z. B. auch für die Medizin. Sie kann und darf sich nicht allein mit der Erforschung der menschlichen Natur und deren Abweichungen von der Norm begnügen, sondern muß die naturwissenschaftlichen Erkenntnisse durch psycho-somatische vertiefen und für die Heilung des Menschen einsetzen, also zu seiner körperlich-seelisch-geistigen Gesundung beitragen.

Die Pädagogik/Erziehungswissenschaft gehört offensichtlich in den Bereich der Wissenschaften, die es mit dem Menschen zu tun haben, die aber nicht nur das Sein, sondern auch das Sollen umfassen.[7] Aufgrund dieses weiten Spannungsbogens läßt sich Pädagogik als Wissenschaft von der Erziehung nicht ausschließlich auf einen ›Gegenstandsbereich‹ begrenzen, obwohl man diesen Terminus verwendet und von der Pädagogik als »Wissenschaft vom Gegenstandsbereich der Erziehung« spricht. Erziehung ist aber mit dem Ganzen der gesellschaftlich-kulturell-natürlichen Wirklichkeit verbunden; sie ist ein Vorgang, der sich zwischen Menschen, zwischen Mensch und Kultur und zwischen Mensch und Natur abspielt. Pädagogik gehört also – genau besehen – allen drei Wissenschaftsbereichen mehr oder minder an: den Naturwissenschaften durch die Tatsache, daß der Mensch ein Naturwesen ist und abstammungsmäßig aus dem Tierreich hervorgegangen ist; den Gesellschafts- und Sozialwissenschaften dadurch, daß der Mensch ein soziales Wesen ist; den Geistes-, Kultur- oder Geschichtswissenschaften, weil der Mensch von Ursprung her »Geistwesen« ist und mittels des Geistes Schöpfer und Geschöpf der Kultur ist. »Geist« ist jedoch nichts ›Jenseitiges‹; er gehört zur ›Natur des Menschen‹ und ist Ergebnis der Evolution.[8]

Trotz der Verbundenheit der Pädagogik mit allen drei Wissenschaftsbereichen möchten wir Pädagogik zentral als eine *anthropologische Wissenschaft* begreifen, und zwar im Sinne einer Zusammenschau der z. T. heterogenen Erträge der Einzelwissenschaften zum Sosein und zu den Möglichkeiten des Menschen. Die »Pädagogische Anthropologie« faßt die für die Pädagogik bedeutsamen anthropologischen Ergebnisse der Nachbar- und Ergänzungswissenschaften zusammen und stellt sie der Pädagogik und ihren Teilgebieten zur Verfügung. Zugleich und weit wichtiger: Die Pädagogik untersucht die pädagogischen Phänomene, Tatsachen und Zusammenhänge auf ihre anthropologische Bedeutung hin und fragt nach deren Beitrag zum Verständnis und zur Erziehung des Menschen. Beim

---

[7] Vgl. dagegen oben die Anmerkungen zur kritisch-rationalistischen Erziehungswissenschaft, die den Bereich des Sollens ausklammert und ihn der Erziehungslehre oder der Moralphilosophie der Erziehung zuweist.
[8] H. v. Ditfurth, Der Geist fiel nicht vom Himmel, München 1980 u. ö. – John C. Eccles, Die Evolution des Gehirns – die Erschaffung des Selbst (1989), dt. München 1989, 2. Aufl. 1993, bes. Kap. 8, S. 277 ff. (v. Ditfurth und Eccles vertreten unterschiedliche Standpunkte in der Frage der ›Herkunft‹ des Geistes.)

Thema 5 haben wir in diesem Sinne nach dem anthropologischen Sinn der Strafe gefragt.

Bei der Bearbeitung der an zweiter Stelle genannten Aufgabe wird die Pädagogische Anthropologie u a. auf die Tatsache verweisen müssen, daß der Mensch nicht nur der unmittelbaren erzieherischen Beeinflussung zugänglich ist, sondern daß er sich dieser Beeinflussung auch entziehen kann und tatsächlich auch entzieht. Die Pädagogische Anthropologie macht also nachdrücklich die *Grenzen der Planbarkeit der Erziehung* deutlich und ordnet aufgrund dieser Tatsache die Pädagogik jenen Wissenschaften zu, die das Sein *und* das Sollen bearbeiten. Die Grundbegriffe der Pädagogik ›Erziehen, Bilden und Unterrichten‹ umfassen immer beides: die Tatsachen, das Wirklichkeitsgeschehen *und* die Ziele, die künftige ›bessere‹ Wirklichkeit, die aber aufgrund der Unfestgelegtheit des Menschen in der Verwirklichung nicht nur stets ›bedroht‹ und unbeständig ist, sondern die auch rückläufig ist und abgleiten kann. Dadurch gibt es keinen Fortschritt im ethischen Sinne.

Als philosophisch-empirisch-handlungsorientierte und in den tiefsten Bezügen anthropologische Wissenschaft müßte man die Pädagogik/Erziehungswissenschaft einer eigenen Gruppe von Wissenschaften zuordnen: den *Wissenschaften vom Menschen*. Die oben genannten »Sozial- und Gesellschaftswissenschaften« könnten diesen Bereich unter der Bedingung abdecken, daß sie sich nicht ausschließlich als analytisch-empirische, also mathematische, Wissenschaften verstehen; sie müßten den philosophisch-anthropologischen Aspekt einbeziehen und zum Gegenstand des Nachdenkens machen. Wenn dies der Fall wäre, könnte man auf eine eigene Gruppe anthropologischer Wissenschaften verzichten.

Arbeitsaufgaben:

»... von erziehungswissenschaftlicher Erforschung (wird) erwartet (gefordert), Erklärungen für Tatsachen zu liefern, die unter den Begriff ›Erziehen‹ subsumiert (mit dem Begriff ›Erziehen‹ beschrieben) werden, um Prognosen zu ermöglichen, in denen formuliert wird, unter welchen Bedingungen welche Phänomene zu erwarten sind. Ein solches Prognosen-System ermöglicht ein technologisches Aussagensystem (›Erziehungs-Technologie‹), das Aussagen in der Form enthält: Wenn ein Erzieher e bei einem anderen Menschen (Zu-Erziehenden) einen Zustand Z bewirken will, dann kann Z nur dann realisiert werden, wenn e die Maßnahmen M realisiert (bzw. die Instrumente I benutzt bzw. die Bedingungen B herstellt oder vorfindet)« (260).

»In der pädagogischen Literatur gibt es offenbar verschiedene Begriffe von ›Erziehungswissenschaft‹, d. h. der Terminus ›Erziehungswissenschaft‹ wird bei verschiedenen Autoren verschieden definiert.« So definiert z. B. *Wolfgang Brezinka*: »Als ›Erziehungswissenschaft‹ werden Aussagensysteme bezeichnet, die in intersubjektiv nachprüfbaren Sätzen über den Wirklichkeitsbereich (Objektbereich) ›Erziehung‹ informieren« ... *Wolfgang Klafki* dagegen versteht ... – in expliziter Abhebung von Definitionen im Sinne *Brezinkas* – Erziehungswissenschaft »als Forschung und Theorienbildung im Hinblick auf die Klärung des Problems der

301

Selbstbestimmung, der Demokratisierung, der Emanzipation in pädagogischer Perspektive«
(271).
Die beiden Zitate sind dem »Taschenbuch der Pädagogik«, Teil 1, Hrsg. H. Hierdeis, Balt-
mannsweiler: Burgbücherei Schneider, 1978, entnommen. In den Aussagen sind zwei Richtungen der Pädagogik/Erziehungswissenschaft angesprochen, die wir in unseren Ausführungen behandelt haben. Arbeiten Sie das den Aussagen zugrundeliegende Verständnis von Päd-
agogik/Erziehungswissenschaft heraus und fragen Sie sich, ob die pädagogische Wissenschaft
unter der jeweils genannten Perspektive ihren Auftrag voll erfüllen kann. Wo liegen Ihre kritischen Einwände? Kann ein »monopolistischer Geltungsanspruch« den differenzierten und
reichhaltigen Fragestellungen, die die Pädagogik/Erziehungswissenschaft zu bearbeiten hat,
gerecht werden? Wäre ein »mehrperspektivistisch-dialogisches Wissenschaftsverständnis« für
die Pädagogik/Erziehungswissenschaft angebrachter, wie es *Horst Scarbath*, Hamburg, im
gleichen Handwörterbuch fordert und erläutert (284-295)? Sie sollten diese Ausführungen
nach Möglichkeit lesen.

Kommentierte Literaturhinweise:

Wulf, Ch.: Theorien und Konzepte der Erziehungswissenschaft, München 1977, 3. Aufl. 1983

In der »Einleitung« heißt es: »Die vorliegende Arbeit unternimmt den Versuch, in den gegenwärtigen Diskussionsstand der Erziehungswissenschaft einzuführen. Sie will diesen Diskussionsstand durchschaubar machen, indem sie wesentliche Positionen, die heute in der Erziehungswissenschaft vertreten werden, vorstellt und die allgemeinen theoretischen Hintergründe
dieser Positionen ausweist. Indem sie die jeweiligen spezifischen Leistungen, aber auch die
offenen Probleme und möglichen Defizite der einzelnen Positionen überprüft, will sie den Leser zu einer kritischen Einstellung der unterschiedlichen Standorte befähigen.« In diesem Sinne stellt der Verfasser vor: die geisteswissenschaftliche Pädagogik, die empirische Erziehungswissenschaft, die kritische Erziehungswissenschaft und die handlungsorientierte Erziehungswissenschaft.
Obwohl in dem vorgenannten Buch die Methodenprobleme mit angesprochen werden, nennen wir zur Vertiefung:

Roth, L. (Hrsg.): Methoden erziehungswissenschaftlicher Forschung, Stuttgart 1978

Kompetente Vertreter der Erziehungswissenschaft und ihrer Nachbarwissenschaften vermitteln einen vollständigen Überblick über die wichtigsten und am meisten bewährten Forschungsmethoden der Erziehungswissenschaft: über die geisteswissenschaftlichen Methoden,
die empirischen Methoden, die Handlungsforschung, die Methoden der Vergleichenden Erziehungswissenschaft, die Forschungsplanung und -statistik. »Erst wer von den Methoden
erziehungswissenschaftlicher Forschung Kenntnis hat, ist in der Lage, die Ergebnisse dieser
Forschung angemessen einzuschätzen« (12). Daher ist es erforderlich, daß man im Zusammenhang des Studiums der Erziehungswissenschaft und vor allem der in den »Schlußüberlegungen« erarbeiteten Fragestellungen Kenntnisse der gebräuchlichsten Methoden erziehungswissenschaftlicher Forschung erwirbt.

Tschamler, H.: Wissenschaftstheorie – Eine Einführung für Pädagogen, Bad Heilbrunn, 3.
Aufl. 1996

Der Verf. diskutiert den Wissenschaftscharakter der Pädagogik bzw. Erziehungswissenschaft.
Ausgehend von der Allgemeinen Wissenschaftstheorie, also von den Fragen nach dem allge-

meinen Sinn und dem Begriff von Wissenschaft, werden dann die wissenschaftstheoretischen Positionen innerhalb der Pädagogik geklärt. An Hand ihrer bedeutendsten Vertreter kommen zur Sprache: die geisteswissenschaftliche, die normative und die empirische Pädagogik mit ihren jeweiligen Differenzierungen. Die schwierigen Probleme werden klar dargestellt und sind methodisch gut durchgearbeitet.

Hierdeis, H. und Hug, T.: Pädagogische Alltagstheorien und erziehungswissenschaftliche Theorien, 2. Aufl., Bad Heilbrunn 1996

Die Erziehungswissenschaft befaßt sich mit den vielfältigen und vielschichtigen Problemen der Erziehung, der Bildung und des Unterrichts. Seit Ende der 70er Jahre wendet sie sich verstärkt bedeutsamer pädagogischer »Alltagsrealität« zu und bemüht sich um eine praxisrelevante Theorie. Viele pädagogische Fragen tauchen im Alltag auf und sind hier bereits ›theoriedurchsetzt‹ – wenn auch auf niederer Stufe. Diese subjektiv gefärbten Alltagstheorien sollen bewußtgemacht und zur wissenschaftlichen Theorie hingeführt werden. Wie das vor sich geht und wie dadurch die Schulpraxis positiv verändert werden kann, wird konkret an Hand eines Fallbeispiels ›durchgespielt‹. Das Buch ist als Lehr-, Lern- und Arbeitsbuch konzipiert. Die Verf. nehmen den Leser ›an die Hand‹ und führen ihn von den Alltagsproblemen zur Wissenschaft und von da zurück in die Praxis.

Weitere Literatur:

Horn, K.-P. und Wigger, L. (Hrsg.): Systematiken und Klassifikationen in der Erziehungswissenschaft, Weinheim 1994

Lehner, H.: Einführung in die empirisch-analytische Erziehungswissenschaft, Bad Heilbrunn 1994

Röhrs, H. und Scheuerl, H. (Hrsg.): Richtungsstreit in der Erziehungswissenschaft und pädagogische Verständigung, Frankfurt a.M. 1989

Roth, H.: Die realistische Wendung in der Pädagogischen Forschung, in: Neue Sammlung, Göttingen 1962, S. 481-490

Sachverzeichnis

Erziehungsmittel: 115 ff.

Erziehungswissenschaft: s. Pädagogik

Erziehungsziele, -normen, -werte: begriffliche Abgrenzung: 74 ff.; historische Entstehung und Entwicklung 85 ff., 89 ff.; Allgemeingültigkeit und anthropologische Voraussetzungen 90 ff.; 92 ff.; 95 ff.; in geschlossenen und offenen Gesellschaften 75 f.; in der Gegenwart, in Verfassungstexten 78 ff.; Erfolgskontrolle von E. 82; E. und Menschwerdung 76 ff.

Familie: 53 ff.

Familienforschung: 148 ff.

Forschungsmethoden: 21 f.; 292 ff.

Gemeinschaftsleben: 160 ff.; 171 ff.; s. auch Schulleben

Gesamtschule: 182 f., 193 ff., 196 ff., 199 ff., 204 f.; s. auch Einheitsschule

Gewissen und Gewissenlosigkeit: 85 ff.; 95 f., 98; s. auch Erziehung und Erziehungsziele

Gothaische Schulordnung (1642) 230, 253

Gruppenunterricht: 160 f.; s. auch Unterricht

Gymnasium: 189 f., 217 f.

Hauptschule: 187, 213 f.f., 216 f.; s. auch Schule, Schulorganisation

Hermeneutik: 292 ff.

Intelligenz: 141 f.; s. auch Begabung

Lehren und Lernen: natürlicher und schulischer Lernprozeß 153 f.; Theorien des Lehrens und Lernens 227 ff., 229 ff., 236 ff., 241 ff.; Lehr- und Lernschritte 227 ff., 235 f.; 239 f.; programmiertes Lernen 241 f.

Lehrer, Lehrerberuf, Lehrerausbildung: 267 ff.; Lehrerpsychologie 267 ff., 273 ff., 276 ff.; Lehrerverhaltensweisen 267 f.; Berufsaufgaben d. L. 269 ff., 273 f.; Eignungsmerkmale 273 ff., 276 ff., 279 f.; empirische Untersuchungen 277 ff.; Strukturbild des »idealen Lehrers« 279 f.

Lehrplan: 247 ff.; L. und Curriculum 249 f.; seine Bedeutung und geschichtliche Entwicklung 250 ff., 254 ff.; stoffliche Überfüllung und Versuche der Begrenzung 254 f., 255 ff., 257 ff.; L. als Rahmenplan 262 ff.; L. und Erziehungsziele 79; L-gestaltung in der Gegenwart 263 ff.; L. und Staat 247 f., 262 ff.; L. und Selbstbestimmung 248 f., 262 ff.

Leistung, Leistungsbeurteilung: 271 f.; s. auch Begabung

Mensch: als homo educandus 27 ff., 43 ff.; als nicht-festgelegtes Wesen 44 ff., 76 ff.; M. und Tier 44 ff., 76 ff.; Menschenbild 56 f., 101, 152 ff., 231 ff., 234 ff., 237 ff., 285, 299 ff.; M. und Persönlichkeitsrechte 62 ff., 66 ff., 75 ff.

Methoden des Unterrichts: s. Unterrichtsmethoden

Milieutheorie: 144 ff.; s. auch Begabung

Motivation: 236 f., 238 f., 240 f.

Normen: Entstehung von N. 87 ff.; s. auch Erziehungsziele

Pädagogik: ihre Struktur und ihr Wissenschaftsverständnis 16 ff., 19 ff., 285 f., 292 ff.; 295 ff., 299 ff.; P. und Erziehungswissenschaft 24 f., 291 f.; als Geisteswissenschaft 285 f., 292 f.; als philosophische Disziplin 292 f.; als empirische Disziplin 285 f., 293 f.; als anthropologische Wissenschaft 299 ff.; als Handlungswissenschaft 20 f., 294 f., 301; als Gesellschafts- und Sozialwissenschaft 299 ff.; Teildisziplinen der P. 286 ff., 290 f.; Übersicht 289; Allgemeine P. 288 f.; Schulpäd. 288 f.; Historische P.290 f.; Vergleichende P. 290 f.; gegenwärtige Richtungen 298 ff.; Übersicht 298; P. und Sinnfrage 294 ff.; P. Anthropologie 43 ff., 299 ff.; päd. Rationalismus 174

Pädagogische Anthropologie: s. Anthropologie

Rationalismus, päd.: 174
Realschule: 188 f., 216 f.
Reformpädagogik: 160 ff., 170 ff.

Schule: Auftrag der Sch. 158 ff., 175 ff.; Theorie der Sch. 158 ff., 165 ff., 170; Schulleben 160 ff., 170 ff.; Sch. und Leben 170 f.,176; Sch. und Berufswesen 158 ff.; Aktivitätssch. 160 f., 232, 237 ff.; Belehrungssch. 162 ff.
Schulorganisation: 179 ff.; Grundmodelle der Sch.org. 179 ff., 182 ff.; Vergleich der Grund- modelle 201 ff., 205 f.; gegliederte Sch.org. 179, 183 ff., 191 f., 205 f.; Säulensystem 184 f.; Gabelungssystem 184 f.; Berufsschule 180 f.; Elementarsch. 186; Volkssch. 186 f.; Hauptsch. 179, 213 ff., 216; Real-, Bürger-, Mittelsch. 188 f., 216 f.; Gymnasium 189 f., 217 f.; Sondersch., Hilfssch. 179 f.; Gesamtsch. 182 f., 193 ff., 196 ff., 199 ff., 204 f.; Stufensch. 183; Sch. nach der Weimarer Verf. 190 ff.; Jena-Plan-Sch. 161 f.; Privatsch. 59 f.; Waldorfsch. 59 f.
Schulsystem: s. Schulorganisation
Sittlichkeit: 86 ff.; basale 90 f.
Sophisten: 232 f.
Strafe: 115 ff.; als Erziehungsmittel 116 ff.; nach der Auffassung Schleiermachers 118 f., 120 f., 122 f.; straflose Erziehung 121 f.; natürliche Str. 123; körperliche Str. 124 ff., 127 ff., 130 f.; Kollektivstr. 132; Strafmaßnahmen 120 f., 130 f.; Disziplinarvergehen, Schulstrafen 130 f., 132 f.; Str. und Mündigwerden 122 f.

Theorie und Praxis: 16 ff., 20 ff., 22 f., 281 ff., 285 f., 294 f.

Tugenden, basale: 90 f.

Unterricht und Unterrichten: 160 ff., 164 f., 171 ff.; Theorie des U. 230 ff.; erziehender U. 160 ff.; bildender U. 165 ff.; handlungsorientierter U. 174; U.-leben 160 f., 170 ff.; Frontal- U. 243 f.
Unterrichtsberatung: s. Beratung
Unterrichtsgesetzentwurf, Preußischer: 186, 194 f., 253 f.
Unterrichtsmethoden: 228 ff.; Grundmethoden des Unterrichtens 230 ff., 233 ff., 241 ff.; Theorie der kleinen Lernschritte, Assoziationslehren und -lernen 230 ff., 243 ff.; Frontalun- terr. 244 f.; handlungsorientierter U. 174; programmiertes Lehren und Lernen 241; Struk- turlernen und -erfassen 230 ff., 236 ff., 242; Vergleich der Grundmethoden 242 ff.; Über- sicht 243; Lehr- und Lernprozeß 233 ff., 236 ff.; U. und Herbartianismus 230 ff., 233 f.; U. und Reformpädagogik 233 f., 237 ff.
Unterrichtspflicht: 62

Vererbung und Begabung: s. Begabung

Wissenschaftstheorie: 285 ff., 292 ff.

Ziele der Erziehung: s. Erziehungsziele
Zwillingsforschung: 148 ff.

Personenverzeichnis

DIETRICH
ZEIT- UND GRUNDFRAGEN DER PÄDAGOGIK